"研思同行，共享提升"

：单元作业设计初探

崔淑仙 主编

哈尔滨出版社
HARBIN PUBLISHING HOUSE

图书在版编目（CIP）数据

"研思同行，共享提升"：单元作业设计初探 / 崔淑仙主编 . — 哈尔滨：哈尔滨出版社，2023.2
 ISBN 978-7-5484-6875-2

Ⅰ．①研… Ⅱ．①崔… Ⅲ．①教学研究 Ⅳ．
① G420

中国版本图书馆 CIP 数据核字 (2022) 第 211986 号

书　　名："研思同行，共享提升"：单元作业设计初探
　　　　　 "YANSITONGXING, GONGXIANGTISHENG"：DANYUAN ZUOYE SHEJI CHUTAN

作　　者：崔淑仙 主编
责任编辑：王　婷
装帧设计：百悦兰棠

出版发行：哈尔滨出版社（Harbin Publishing House）
社　　址：哈尔滨市香坊区泰山路 82-9 号　　邮编：150090
经　　销：全国新华书店
印　　刷：三河市嵩川印刷有限公司
网　　址：www.hrbcbs.com
E-mail：hrbcbs@yeah.net

编辑版权热线：（0451）87900271　87900272
销售热线：（0451）87900202　87900203

开　　本：787mm×1092mm　1/16　印张：31.75　字数：690 千字
版　　次：2023 年 2 月第 1 版
印　　次：2023 年 2 月第 1 次印刷
书　　号：ISBN 978-7-5484-6875-2
定　　价：98.00 元

凡购本社图书发现印装错误，请与本社印制部联系调换。

服务热线：（0451）87900279

目录 Contents

教育教学管理

践行百年精神，提升学校生长力 …………………………… 崔淑仙 003
研思更进时，扬帆蓄力行 ………………………………………… 吕桂红 010
落实"双减"健全学校体育工作机制，加强和改进新时代学校体育工作 … 李宝国 015
校内外联动　践行劳动教育 ……………………………………… 刘艳红 019
落实"双减"政策　统筹作业管理
　　——探索后小数学学科作业管理减负提质增效新路径 …… 王海霞 021
强体促健　提升学生身心全面发展
　　——后南仓小学体育管理工作新途径实践探究 ………… 张海军 024
让教育回归本真　让成长源于自主
　　——浅谈"双减"背景下的学生德育自主发展 ………… 张海峰 029
"双减"背景下作业改革的思考 ………………………………… 闻　军 032
落实"双减"，有效设计小学语文作业实践探究 …………… 陈卫华 036
浅谈音乐学科作业设计 …………………………………………… 杨卫平 039
助力"双减"，夯实少先队工作 ……………………………… 贾洪坡 042

单元作业设计　语文

低年级

自然 ………………………………………………………………… 曹海红 047
相处 ………………………………………………………………… 陈永香 056
家乡——二年级上册第四单元作业设计 …………………… 张容华 063
识字单元 …………………………………………………………… 李淑云 073
想象 ………………………………………………………………… 王　凡 082
思维方法——二年级上册第五单元作业设计思考 ………… 吴春华 091

001

观察 ………………………………………………………… 张　平 096
展开想象的翅膀，获得初步的情感体验
　　——二年级上册第七单元单元作业设计思考 ………… 赵红艳 105
儿童生活 ……………………………………………………… 赵雨新 109
引导学生在不同的语境中识字学词
　　——二年级上册第二单元作业设计思考 ……………… 周清华 116
大自然的秘密——二年级上册第一单元作业设计思考 …… 朱　艳 122

中年级

留心观察——三年级上册第五单元作业设计思考 ………… 卢　靖 129
历史人物故事——四年级上册第八单元作业设计思考 …… 商文伟 133
学校生活 ……………………………………………………… 苏淑芹 137
童年美好的回忆 ……………………………………………… 杨玉兰 139
童话世界——三年级上册第三单元作业设计思考 ………… 张　萌 147
历史人物故事 ………………………………………………… 张晓冬 152
学习预测方法尝试续编故事——三年级上册第四单元作业设计思考 …… 周景月 160
神话故事 ……………………………………………………… 徐　焱 163
连续观察 ……………………………………………………… 刘佳琳 171
我手写我心　彩笔绘生活 …………………………………… 平淑清 176

高年级

小说主题 ……………………………………………………… 崔爱东 180
重温革命岁月 ………………………………………………… 黄淑芳 184
根据不同的阅读目的，选用恰当的阅读方法 ……………… 刘小利 193
说明白了 ……………………………………………………… 苏德娟 201
理想和信念 …………………………………………………… 王凯丽 204
"旧书不厌百回读，熟读深思子自知"读书明智 …………… 时文侠 213
保护环境 ……………………………………………………… 杨虹艳 223
民间故事 ……………………………………………………… 张　奕 231
舐犊情深 ……………………………………………………… 杜美杰 238
连续观察 ……………………………………………………… 李亚男 249
四时景物皆成趣 ……………………………………………… 金忠臣 261

目录

单元作业设计　数学 <<<<<

一年级

认识 10 以内的数 ·· 吴　静 271

分类　比较 ·· 杨春青 279

学看钟表 ·· 张　艳 282

二年级

认识厘米和米 ·· 韩立云 288

万以内数的认识 ·· 刘　戈 292

观察物体 ·· 刘雅清 302

三年级

长方形和正方形的周长 ·· 张俊兰 304

千米分米和毫米的认识 ·· 王雅岐 312

数学百花园——搭配、等量代换 ···································· 曹正英 320

四年级

可能性 ·· 冯　莹 328

方向与位置 ·· 王艳茹 334

运算定律 ·· 周洪萍 346

五年级

长方体和正方体 ·· 常卫东 355

方程 ·· 王海燕 378

小数除法 ·· 姜怀民 388

六年级

扇形统计图 ·· 曹彦东 397

数学百花园 ·· 沈艳秀 406

分数乘法 ·· 王　新 410

单元作业设计　英语

Happy holidays！	张　萍	423
It's Christmas Day	李　静	435
Holidays we know	李洪英	444
Weather in different seasons	李　晶	454
Festivals in the world	苏桂芳	459
Favorite Sports in Different Countries	秦美燕	470
The Twelve Animals	李丽丽	481
Ordering food	薛　源	491

教育教学管理

践行百年精神，提升学校生长力

崔淑仙

后南仓小学始建于 1903 年，到今年建校已经 120 年了。百年历史积淀了丰厚的文化。2013 年被北京市教委命名为"百年学校"。

"一所学校是要有精神的，尤其是百年学校。要时刻清楚自己是谁，在哪儿，要到哪里去！"一位教育管理专家的话对我们启发很大。于是，在欣喜之余，我们组织学校师生、校友及相关人士，回眸学校百年发展历史，展望学校美好未来，采取研读资料、走访调研、教师座谈、集体确定等方式，挖掘提炼了"求真·务实·超越"的学校精神—百年精神。

求真：品行端正，学做真人；立德树人，教人求真；尊重科学，追求真理；

务实：实事求是，诚实担当；严谨治学，脚踏实地；勤于实践，笃行致知；

超越：锐意进取，开拓创新；善于研究，精益求精；不断改进，追求卓越。

百年精神，是对我们过去工作的提炼总结，更是我们未来工作的引领和方向！

学校现有教学班 33 个，学生 1540 人，教职工 108 人。近年来在"大气成就大器，为每一个孩子的智慧人生奠基"的办学思想引领下，学校坚持内涵发展，不断提升办学品质，教育教学质量不断提升，曾获得北京市文化建设示范校、北京市课程建设先进校、北京市科技教育示范校、北京市国防教育示范校、首都文明校园等称号。

诚然我们取得了一些成绩，但是，站在北京城市副中心建设新的起点上，百年老校如何再度发展，再度提升，是我们一直思考的问题。

杜威说："教育就是生长，在它自身以外，没有别的目的。学校教育的价值，它的标准，就看它创造继续生长的愿望到什么程度，看它为实现这种愿望提供的方法到什么程度。"

"求真·务实·超越"是我们百年不变的追求，我们认为，超越暨改进，改进暨生长！

近几年，在上级的正确领导下，在学校百年精神的感召下，在北京市 UDS 等项目的引领下，我们在传承学校百年文化、促进学校生长力不断提升的道路上进行了一些尝试，现在总结如下。

一、不忘初心，找到学校发展的生长点

在上级的关怀和各个专业团队的引领下，我校不断总结研讨办学思路，旨在进一步提升办学品质。2014 年 4 月始，我校参加了首师大杨朝晖教授的 UDS 项目研究，开始了为期三年的研究性学习活动。几年来，在项目的带动下，学校的办学品质不断提升。结合各级领导专家一个个中肯的意见和建议，一次次深度地与专家对话，我们静下心来反思，找到学校发

展的生长点：立足于学校的办学历史，着眼于学校文化建设，打造学校特色，传承百年学校精神，让学校文化在课程建设、课堂实施处落地，促进学生的健康成长。

二、砥砺前行，提升学校发展的生长力

提升学校发展的生长力，就是要借助专业引领，唤醒学校主体意识和精神，转变学校思维方式，增强学校变革能力，拓展学校的发展空间。近几年，我们的提升策略是：UD 伴飞引领生长，传承发扬续力生长，管理变革自觉生长，改进日常持续生长，开放办学激活生长。

1. UD 伴飞引领生长

三年来，项目组杨朝晖教授和张梅青、高玉兰、万福等多位专家多次走进学校指导，张梅青、高玉兰校长沉浸式陪伴学校领导教师，教委小教科的负责人更是关心、引领学校发展。学校在 UD 的引领下不断进步。项目组组织的工作坊研修、校长沙龙、主题培训、专题研讨、校园走访、案例故事评优等系列活动，激活了我校领导教师尘封已久的心灵，我们学会了在相互参看中学习，在自我反思中成长。

2. 传承发扬续力生长

百年后小的发展是历代领导教师努力奋斗的结果。学校精神靠代代后小人来传承。今天的发展一定在传承的基础上进行。三代德高望重的老校长是后小的功臣；各级校友的建议是我们的财富；多位从后小走出的研修专家是学校发展的专业领航。在他们的助力下，今天的后小人定会将"求真·务实·超越"的百年精神发扬光大。

3. 管理变革自觉生长

自上而下，管理先行。人人争做"成事、成人、成己"的"三位一体"好领导。成事，从"三划"入手，所有工作按项目制管理，每位领导主动承责，人人主持策划，追求活动创新。策划活动让领导迅速成长，一直以来固有的思维模式被打破，一项项精彩的活动呈现给师生。领导的改变带来的是教师的改变，是学校的改变。

4. 改进日常持续生长

我们依托一些小而实的载体和抓手，致力于"三微"行动，重构与优化教师的日常生活。学校"五节"、升旗仪式、开学典礼、会议召开中的固化模式被打破，"教师走上前台的教师大会""今年我们这样做总结""人人都是后小星教师""学校'三划'中有我""让故事在校园流传"，活动精彩不断。我们相信，量的积累必然带来质的飞跃。

5. 开放办学激活生长

"开放办学，充分借力发展学校"，项目组专家不断地提醒我们。三年来，我们多次走进通州区域内、市级范围内伙伴校；走进京津冀共同体学校；走进成都全国自主教育主题峰会，参加全国课堂教学及说课比赛；走进重庆上桥南开小学、银川回民二小感悟"万物启蒙课程"

的魅力。我们把各级专家请进来，把知名学者请进来，把国际友人请进来，激活了我们的思维，拓宽了我们再度发展的视野。

6. 家校合力推动生长

项目组一直倡导"发挥合力，催生变革"的理念。我们认为，家长的合力不可或缺。校门口护苗团的家长义工们风雨无阻护送着孩子们，开放课堂上有家长们认真聆听的身影，校园"五节"活动中有家长们的精心策划与风采展示。历届家委会上家长代表为促进学校工作出谋划策，独具特色的家长课程更是吸引着每一个孩子……变革正在悄然发生。

多种策略的实施，促进了学校生长力的提升，学校发展有了方向，教师工作有了动力，学校办学质量不断提升。

三、求真·务实，构建学校发展的生长树

后南仓小学建校已经有120年了，百年立德树人，百年栉风沐雨。多位专家领导都说过："百年后小既有厚重的历史，又有沉重的发展包袱。"面对问题，我们没有气馁，在项目学习的引领下，我们勇于突破自我，不断学习、反思，抓住机遇，乘势而上。几年来，我们感觉到，百年老校犹如一棵生命力旺盛的老树，以积极饱满的发展态势，不断地舒枝展叶，不断地向上生长。

树根：这棵老树的巨大根系是不断生长的学校文化。

近年来，我们明确了"大气成就大器；为每一个孩子的智慧人生奠基"的办学思想，而且办学思想的内涵不断丰富。

围绕科技教育的办学特色，赋予它新的内涵，提出"我发现·我实验·我创造"的科技教育"三我"核心理念；将我校科教特色发展推进到第三阶段。

研百年办学历史，访数位校友前辈，集全校师生之力，挖掘提炼出"求真·务实·超越"的百年后小精神。

学校理念文化的确立，让我们追根溯源，清楚了我是谁，我们将到哪去；学校发展有了根基与灵魂。

树干：学校文化如何落地，课程实施是主渠道。它就如同粗壮挺拔的大树主干。几年来，我们不断梳理课程体系，丰富我们的课程内容。从八九十年代，以"五个课堂"为统领的1.0版课程体系到2000年开始，以科技教育为核心的"七彩课程"体系暨2.0版课程体系，再到"十三五"规划开局之年，在"三我"理念引领下，以"为了每一个孩子的发展"为课程建构愿景的3.0版"智慧"课程体系，再到2018年8月我们再次梳理的4.0版"三我"端蒙课程体系——秉承"以学生为中心"作为学校的办学理念，把每一个孩子放在学校的中央；以"蒙以养正"为宗旨，以创新精神为重点，以"我发现·我实验·我创造"为路径指导，以培养"三我"品质、全面发展、快乐成长的智慧少年为培养目标，开展"三我"端蒙课程的实践探索。可以说我们的课程体系不断生长着。

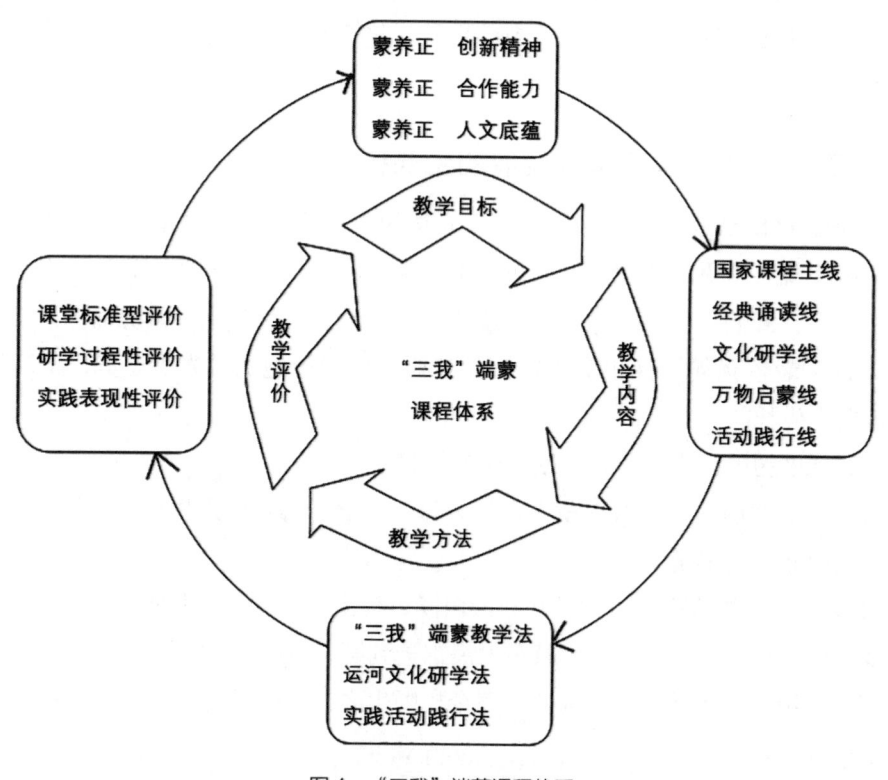

》 构建"三我"端蒙课程体系

"三我"端蒙课程体系，包含课程教学目标、教学内容、教学方法、教学评价四个维度。"三我"端蒙课程以"我善发现，我勤实验，我敢创造"为具体表现，以"尊天性，养德性；尊人性，养个性；尊本性，养习性；尊知性，养智性"（四尊四养）为原则，以保护学生的好奇心为第一要义，设立低、中、高三学段的教学目标；以六条主线为教学内容；以课堂教学法、文化研学法、实践活动践行法为方法实施；以标准性评价、过程性评价、表现性评价为课程教学评价。如图1：

图1 "三我"端蒙课程体系

（二）构建"三我"端蒙课程体的教学目标

"三我"端蒙课程体系以"四尊四养"为原则，以保护学生的好奇心为第一要义，设立低、中、高三个学段"启蒙——发蒙——开蒙"的教学目标。

低、中、高三个学段分别以"兴趣第一""实验探索""合作创新"为三个学段的学生发展目标。三个阶段目标呈现递进关系，学习过程中又呈现螺旋跃进式发展。低阶段目标是高阶段的基础，高阶段又是低阶段的发展，三个学段相互依存，拾级而上。与此同时，每一阶段又以一个核心为基础，向外扩展发展。如图2：

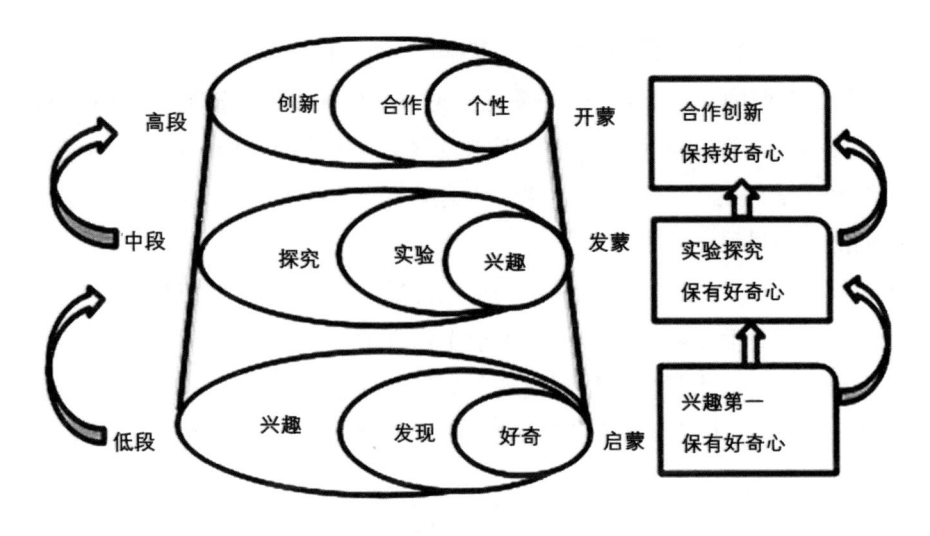

图2 "三我"端蒙课程教学目标递进图

低年级以好奇心为出发点，以"发现问题——形成情境兴趣"为落脚点，保护好奇心。
中年级以个人兴趣为起点，以"实践活动——主动探究"为着力点，保有好奇心。
高年级以个性发展为基础，以"合作研究——敢于创新"为发展点，保持好奇心。

（三）构建"三我"端蒙课程体系的教学内容

"三我"端蒙课程体系，以人的发展为核心，设立了明德、启智、健体、习劳、审美、育心六大类课程，六大类课程又由六线支撑，即国家课程为主线，同时设置经典诵读线、运河文化研学线、万物启蒙线、五大主题活动节日线、社团践行线等辅助线，六线成纲，构成"三我"端蒙课程内容体系。

课程体系的科学建构为学生健康成长提供充足的养分。

枝叶：是课程体系在课堂的实施。

"三我"端蒙课程体系，分为"明德、启智、健体、审美、习劳、育心"六大领域的课程，它就如同继续向上生长的枝干。它是国家基础类课程、地方拓展类课程、学校特色提升类课程的融通与整合。

我们非常认同这样的观点：课堂是教育的主战场，课堂的一端连着学生，一端连着民族的未来，教育改革只有进入到课堂的层面才真正进入了深水区，课堂不变，教育就不变，教育不变，学生就不变，课堂是教育发展的核心地带。

课堂更是学校文化建设核心、枢纽和载体。我校突出"三我"的课堂文化的提出基于建构主义、多元智能、"做中学"等理论，基于"培养具有实践能力和创新精神的人"的课改核心理念，它的内核是促进学生的全面发展与健康成长，转变"教师的教为中心"为"学生的学为中心"，注重学生的实际获得。

在"求真·务实·超越"百年精神引领下，我们立足本校原有基础，不断丰富"三我"

课堂的内涵，我们的理解也在不断生长，从"基础性、情感性、灵动性、启迪性、共生性"的"三我"智慧课堂特征的明确，到"学前自主探究发现—课中小组互动交流—人人参与多元实践—反馈巩固引导点拨—适度拓展不断提升"课堂教学基本模式的建构，再到每个环节中采用相应的教学策略和方法的提倡，以突出让课堂成为学生自主探究、多元实践、合作创新的主阵地功能，我们不断探讨着。

近年来，我们又将"三我"智慧课堂要求更为具象化，提出"五每三转化"要求，即课堂上让"每一个学生都有学习兴趣，每一个学生都有学习活动，每一个学生都受到关注，每一个学生都有机会，每一个学生都得到发展"的教学理念，实现"将内容转化为问题，将讲授转化为探究，将结果转化为共识"的教学路径，突出"三我"理念的体现，从而实现"三我"智慧课堂教学的转型增效。

我们通过"共研教学策略、融通教学内容、拓展课堂外延、赛课展现活力和领导切实做好课堂观察"等策略有效组织课堂实施，课堂教学品质不断提升。

我校突出"三我"理念的课堂教学研究尝试。我代表学校曾在 2015 年北京市文化建设示范校总结表彰大会上做交流发言，2017 年 9 月我代表学校在通州举行的全国教学改革创新高端论坛上做报告，2018 年 5 月在通州区小学共同体教学交流会上做介绍，2018 年 7 月 15 日，在北京举办的全国校长论坛上做介绍。我校也是我区历届教师春华、秋实杯获奖学校。

学校发展也如同大树生长，需要扎牢根基，沐浴阳光，不断向上，才可以枝繁叶茂，硕果累累。

四、注重获得，创设学生喜欢的生长园

小学六年，是学生们人生中一段非常重要的时光，如何让学生们喜欢学校，喜欢学习，让他们在这里度过六年愉快而有意义的童年生活，"建设以学生为中心的学校"的项目理念给予我们深刻启发。

"致力于改变，改进在日常""学校因规划而长远，工作因计划而扎实，生活因策划而精彩"的发展理念让我们真正行走在改进之路上。学校所有活动均体现"注重策划，寻求创新，突出整合，保证实效"原则；精彩的策划不仅助推计划的落实，更是激活管理智慧的源泉。

1. 主动认领　激发领导教师的策划热情

我们学校有着丰富的校本课程体系，五大节日课程，入学季、毕业季课程，社团课程、万物启蒙系列课程等，每项活动、课程，要想开展得有效果，学生受益，都需要精彩的策划。学期初，学校罗列出各项活动课程，各部门领导主动请缨，遵循"让策划走基层"原则，组织本部门教师自下而上，每个人都参与学校工作策划，从而释放教师的最大的能量，提升策划力和执行力，使学校教学及整体工作达到最佳水平。通过精心策划的活动打破传统形式，不断创新、超越，使师生同在多彩的活动中成长。

2. 学生中心　让每一个孩子都能获得

"为每一个孩子的智慧人生奠基"是我们的办学思想。教育教学活动中，我们遵循"为了每一个，成长每一个，绽放每一个"原则，尊重每一个孩子，给每一个孩子机会，让每个孩子都得到发展。课堂上学校践行"五每三转化"要求；学生活动中，要求人人参与、个个上台。学校的所有活动都做到尊重学生主体性，力求体现"学校大事我建言，我的课程我做主"，确保每一个学生的实际获得。例如，体育节会徽的产生过程，我们发动每一个孩子参与创作，产生一等奖后，组织全校学生投票选出，最后五（3）班周方喻同学的作品以588票胜出。我们认为，尊重，才能让教育真正发生。

后小的每一名学生都在学校健康快乐地成长着。

3. 不断创新　工作在反思中改进

后小的教师没有职业倦怠，因为他们不断体会着微改进、微创新给自己带来的欣喜。每次活动后，领导教师会自觉反思，总结提炼经验，查找不足。反思已经形成习惯。固定的活动年年搞，年年不同；重复的工作年年做，年年有新意。总结反思，增强了团队凝聚力，提升了管理水平，更是"求真·务实·超越"的学校精神的体现。

入学季课程——让孩子一进入小学的大门就喜欢上学校。

五大节日课程——伴随孩子校园生活的每一天。

毕业季课程——感恩母校培养，蓄力新的航程。

2017年10月，我校出版的《策出精彩》一书，已在全国发行！其实，我们并不高兴，因为我们觉得更精彩的策划案又产生了，前边的必将有些遗憾！我们相信，精彩会继续，精彩不断！

一位著名的科幻作家说："我永远都没有长大，但我永远都没有停止生长。"对于一所学校而言，又何尝不是这样呢？

建设一所有生长力的学校是我们的不懈追求。相信在"双减"背景下，我们全校领导教师必将踔厉奋发，让我们这所有着一百年历史的学校继续焕发生长的力量。

研思更进时，扬帆蓄力行

吕桂红

"双减"是贯彻党的教育方针，落实立德树人根本任务的重要举措，同时也是学校自我变革、不断探索的过程。而落实"双减"的关键在于学校，在于有高质量的教师，才会有高质量的教育。而高质量教育的重要体现就是学校要有优异的教学质量。面对厚厚的一本检测报告，我们认真分析了一个个精准的数据，每一个数据都诠释着一定的教学内涵，静静的数字背后包含着教学改革的收获与不足。纵观我校本次检测整体情况，语数英三科总分平均分、优秀率、及格率、三权加重都排在城区学校中值以上，成绩的背后有教学管理的成功与不足。

顾明远先生曾指出，教师的成长与学生的成长是同步发展的。"双减"过程中，教师必须重新审视知识、课程、学习等关键要素，实现理念与行为的深度变革与专业角色的重构，从根本上强化学校教育的主阵地地位，构建教育良好生态，缓解家长焦虑情绪，促进学生全面发展、健康成长。在落实"双减"的路上，我们在研究着，践行着，思考着，进行着。

一、制度引领，让管理动起来

学校建立以校长为组长，以中层领导及学科教研组长为组员的领导小组，实行"走动式管理"，通过"走进课堂观课，走进教研组教研，走进年级组活动，走进教师心里，走进学生心中"六个走进开展全程管理与监控，遇到问题及时反思与改进。同时，学校建立备课、上课、布置作业、教师批阅反馈等多项管理制度，科学有效地落实"双减"各项工作。

二、勤学共享，让理念新起来

学校定期组织全体教师进行"双减"文件精神的学习，明确"双减"工作就是"减轻学生的课业负担，减轻家长校外培训的负担"，明确"双减"的意义就是"以学生健康成长为核心，以需求为导向，以质量为目标，时刻要办人民满意的学校"，对其进行全员学习深入理解并成为指导教学行为的行动指南。学科教师将"双减"工作要求列入学科计划，以计划为引领扎实落实到教学活动中。同时，学校还利用"科教论坛"开展落实"双减"工作的交流研讨，集经验、实践心得、反思等分享、培训于一体。

三、减负提质，让课堂真起来

落实"双减"工作要做到减而有效、量减质提。切实提高课堂教学实效就是要聚焦学生实际获得，让每一名学生学会、学足、学好，让学习真正发生，让思维在课堂激扬。

（一）减负增效，着力在课前

我校充分利用牵手教研，进行集体备课，打通学段、学科间的界限，开展整合与创新，有针对性地进行学科素养的训练与培养。备课做到"四读""四想""四有"。"四读"即读课标、读教师用书、读教材、读拓展材料；"四想"即教一科想全科、教本节想单元、教小学想中学、教现在想将来。"四有"即脑中有纲（标准）、胸中有本（教材）、目中有人（学生）、手中有法（方法）。教师课前增负，能带给学生课堂高效和减负。

（二）减负增效，着力在课堂

我们继续打造"三我"智慧课堂，力争实现"五每三转化"。一年级坚决做到零起点教学，二至六年级各学科严格落实学科计划，按进度进行正常教学。同时，我校采取多课联动机制，研究出多种教学策略。我们总结出课堂教学中的"三创设""三处理""五体现"。"三创设"即创设和谐氛围，让学生在乐中学；创设问题情境，让学生在疑中学；创设生活情境，让学生在趣中学。"三处理"即处理好教与学的关系、处理好过程与结果的关系、处理好知识与能力的关系。"五体现"即课堂教学体现基础性、灵动性、趣味性，智慧性、创新性。

我们的实践方向是，经过多层学习与讨论，明确智慧课堂五个特性：基础性、情感性、灵动性、启迪性、共生性，从而为老师引领研究的方向，我们的改进行动是：

1. 共研究　建模式

在课堂教学中继续共同研究与落实"我发现·我实验·我创造"的智慧课堂模式即"学前自主探究发现—课中小组互动交流—人人参与多元实践—反馈巩固引导点拨—适度拓展不断提升"。每个环节中应采用相应的教学策略和方法，使课堂成为学生自主探究、多元实践、合作创新的主阵地。

2. 重策略　促生长

深入研究并落实"三我"智慧课堂模式，构建以学生为中心的课堂，我们将以课题为依托，改变教学方式，落实课堂上让"每一个学生都有学习兴趣，每一个学生都有学习活动，每一个学生都受到关注，每一个学生都有机会，每一个学生都得到发展"的教学理念，实现"将内容转化为问题，将讲授转化为探究，将结果转化为共识"的教学路径，突出"三我"理念的体现，从而实现"三我"智慧课堂教学的转型增效。

落实"三我"智慧课堂有效路径：明确模式—校本教研—教学观察—科学评价—不断反思—总结交流。进一步落实市区校多层融合的智慧课堂研究模式，有效推进"三我"智慧课堂的形成，培养学生的"三我"品质和核心素养，形成我校富有特色的"三我"课堂文化。我们将通过资源录制课、微格课、教研课、引路课、观摩课、常态课、评优课等课例研究形式，深入落实"三我"模式教学策略，让相对独立又相互关联与融通的教学策略成为考量一节好课的标准。

发现式教学策略：以学生为中心，让学生在学习过程中始终处于主动地位，通过听、读、看、说、做、思、议等方法，让他们主动去发现知识内容、道理、规律、问题，教师加以点拨引导。

探究式教学策略：教师以导学单、自主学习单、实验记录单、选择答题卡、观察日记等方式为媒介，以实验操作为平台，将科学知识呈现给学生；学生通过亲自动手、动脑的探究活动掌握概念与知识，获得科学探究的能力与技巧，培养自己发现问题、解决问题的能力。

情景教学策略：通过生活展现情境、实物演示情境、画面再现情境、音响渲染情境、角色扮演情境、语言描绘情境等方式，增强学生对教学内容的感知、理解和思考。

小组合作策略：通过有效的小组合作学习，培养学生合作探究意识与沟通交流的能力。

多元评价策略：课堂教学中的恰当评价能激发学生学习的兴趣，增强自信，使学生享受学习快乐的同时，思维得到深度开发，创新精神得到高度发扬。

整体提升策略：让不同层次的学生都有所发展，不让一名学生掉队。学校将采取问卷调查了解每个学生的学情、个别指导突出个性化教学、同学互助共同提高、记录典型以点带面等方法，带动整体学习能力的提升。

四、精雕细琢，让作业活起来

我们要求教师作业设计不论内容还是形式都要实现四个"转变"，即由重数量到重质量，由重记忆到重理解，由重抄写到重操作，由重模仿到重创新。努力做到"四有"，即有趣味、有层次、有特色、有实效。各学科教师根据学校的"作业设计创新之我见"的主题研究，结合学科特点，利用多种形式，开展作业设计交流与评选活动。

作业内容既要突出新知识的重点，又要注意新旧知识的联系，既要考虑巩固"双基"，又要注意发展智能，既要面向大多数，又要照顾"两头"。形式上灵活多样，生动活泼。如有口头的、观察性的、思考性的、实践操作性的作业，有时，根据教学需要，还可让学生自己设计作业，发挥他们的自主性，并且布置作业因人而异，既有统一的必做作业，也有选择性和自主性的作业。

我们提倡教师在设计作业时，注意整合各学科的资源，着眼于培养学生综合运用知识、解决实际问题的能力，使课程的工具性和人文性得到较完美的统一。如数学教师与校本课程教师合作设计了利用月饼盒制作建筑环境小模型的作业，学生运用数学中的面积、体积知识制作模型；运用劳动技术课学到的泥工、纸工、种植技能制作装饰布景；运用语文课学到的知识进行描写说明。多样的设计不仅调动学生各科知识的储备，还会促进他们多元智能的发展。

五、批阅反馈，让评价亮起来

教师给学生布置的作业要做到及时批改、多形式反馈、多角度评价，切实提高作业的效益。低年级充分利用各种图章和自制的风格迥异的小奖状，与等级评价相结合，注重激发兴趣；

中高年级充分利用作业记录表，把各学科课上、课外作业情况联系起来统一评价，注重提高能力。

学校不仅细化了作业管理要求，而且有相应的检查措施：

1. 不定期抽查各班或全年级所有学科作业，细致记录，与任课教师反馈交流。

2. 不定期查阅后进生作业管理跟踪记录袋，督促教师关注后进生，关注每个学生的发展。

3. 结合知几项目的单元练习的反馈数据，及时了解学科单元检测质量，每月召开一次"月诊断分析会"，及时问诊课堂，及时改进。同时，了解各科作业量、作业内容、作业形式等，发现问题及时沟通解决。

4. 学期末展览评优，各科常规、特色作业由全体师生参观评优。

六、研训并行，让教研实起来

为了促进教师的专业发展，学校还建立教师发展体系，以"超越计划"为引领，加强校本教研，做到五个带动：课题带动、项目带动、杯赛带动、活动带动、骨干带动。实施"外训内升"工程，扎实开展校本教研活动，全面提升提高教师素质。

学校将通过"五化一评"的研训机制加强教师专业素养的提升。

1. 多元学习常态化。具有先进的教育教学理论是一个团队的精神营养剂。落实"双减"需要从改变理念开始，从学习"双减"政策开始，因此，我们提出了"在学习状态下思考，在思考状态下工作，在研究过程中改进与创新"的教师成长口号。"自主学习制"与"集中分享制"成为提升专业水平的营养剂。"集中分享制"，利用"科教论坛"开展"双减"政策大学习、大理解、大讨论、大落实交流研讨主题活动，针对每月教学情况，围绕主题，从课堂教学、作业管理、课后服务等方面开展经验交流与分享

2. 校本教研主题化。根据各级教学计划，学校确定重点教研内容。坚持月主题教研活动制度。每月按教研计划确定研讨主题，确定教师主题研讨活动主讲人，围绕主题组织教师进行理论学习、交流、研讨活动。如在课堂教学中如何落实"三我"核心理念，打造高效的智慧课堂模式，多样化的作业设计等，期末组织各教研组进行形式多样的交流与总结。

3. 研修方式多样化。在研修方式上，我们不拘泥一格，采取"全员、骨干、青年、班主任、名师培训"等多种方式。坚持"指导教师制"，切实搞好传、帮、带活动。青年教师做好"六个一"力争做到主动发展（师徒结对视频）。我校的"牵手教研"活动打破研修的固有模式，跨学段、多学科融通的教研意识已根植于教师心中，新的研修模式在探索实践中逐步形成。

4. 业务培训经常化。为提升教师专业素质，学校结合相关的教学项目，聘请各级专家进行专题培训与讲座。相信通过一次次的学习与头脑风暴，会更加开阔教师的视野，激活教师的思维。学科教师会进一步理清单元备课的思路、作业设计的深度与广度，每一位领导教师都是学习者、思考者、践行者，教研团队在培训中凝聚与成长。

5. 教师培养普适化。学校成立吴正宪名师工作室、骨干教师工作室，不仅制订了培养制

度和计划，同时还以骨干教师工作室为引领，大胆尝试新的教学模式。以骨干教师工作室为首承担市区级研究课题，把课题与教学改革有机结合。每学期讲骨干引领课、走上"科教论坛"传经送宝，有效带动青年教师、中年教师的共同发展，逐渐实现教师培养普适化。

在落实"双减"的改革之路上，在北京城市副中心突飞猛进的建设进程中，我们百年老校会勇于面对自我，大胆剖析自我，大胆超越自我，研思更进，扬帆蓄力不断前行。

落实"双减"健全学校体育工作机制，加强和改进新时代学校体育工作

李宝国

一、制定总目标

贯彻落实习近平总书记关于教育、体育的重要论述精神，切实加强和改进新时代学校体育工作。以服务学生全面发展、增强学生综合素质为目标，严格落实"双减"工作，健全学校体育工作机制，完善教学、训练、竞赛体系，深化体教融合，提高教育教学质量。力争到2030年，我校学生体质健康水平全面达到《"健康中国2030"规划纲要》要求，到2035年实现多样化、现代化、高质量的学校体育体系。

二、开足开齐体育课，加强体育教师队伍建设，提高整体素质

（一）认真贯彻并落实新时代学校体育工作要求，增加体育教师配置，合理安排分工，保证体育课、训练队及各项群体活动的正常开展，增加体育教师名额、1—6年级保证每周5节体育课（每年级每周4节体育课，没有体育课当天利用课后三点半时间上一节体育课活动）。

（二）加强体育教师业务培训。组织体育教师的各类培训、继续教育等业务学习，以研修中心体育教研为依托，加强教师培训，结合"京津冀教育联盟"和"全国体育教育联盟""自主教育峰会"等活动，不断扩充视野提高站位。对青年体育教师制定出了健康成长的三步走策略，使之逐步成长为青年骨干教师。加强田径队教练的培训提高训练新水平。

三、抓好常规活动，规范体育教学

（一）体育课严格按照课堂常规的要求去做，每月进行定期检查听课，做到计划教案课堂教学"三过关"。

（二）体育课堂教学注重学生素质和能力培养，改进教学方法，避免一切伤害事故的发生，严格执行《后南仓小学体育活动安全防范措施》，在开展学生身体素质练习的同时，体育教师还注重对学生进行思想品德教育，把育人育体有机结合在一起，注重体育课堂的时效性，全面提高学生身体素质。

四、增加学生体育锻炼时间，确保学生体育活动一小时以上

（一）增加学生校内外体育锻炼时间，科学提升学生锻炼实效。每班每周确保 5 节体育课，确保学生每天 1 小时以上的体育活动时间。

（二）落实学生在校体育活动一小时，制订计划、布置安排，体育大课间的开展面向全体学生，结合学校课外体育活动安排，从学生参与面的大小和人数多少合理落实课外活动项目。

（三）培养学生每天坚持体育锻炼的习惯。全面落实大课间体育活动制度，学校每天统一安排 40 分钟的大课间体育活动，利用大课间、课外体育活动结合学校好习惯的培养推进"日日练课程"，学生每天做到"两个一"即在校人手一绳每天坚持一分钟跳绳、在家每天坚持一分钟跳绳，并记录在自己的"日日练手册"里。通过学生自主练习自主记录逐步培养锻炼习惯，开展以班级为单位的每日 800—1200 米长跑活动，从而不断提高学生的身体素质。

五、认真做好《学生体质健康测试》工作

根据市、区教委关于做好《国家学生体质健康标准》数据采集上报工作的通知的要求，结合我校实际情况制定实施《学生健康测试标准》方案，成立领导小组，从领导到体育教师、班主任组成完整的测试体系，全面落实学生体质健康测试制度、抽测复核制度，并及时把测试成绩汇总存档，建立学生体质健康档案，确保学校合格率 98% 以上。根据体质健康测试结果制定学生"运动处方"，指导学生科学开展体育锻炼。建立校内公示制度，健全家校沟通机制，及时将学生的体质健康测试结果和健康体检结果反馈家长，形成家校协同育人合力。

六、积极开展学校健康教育，强化学生健康意识，加强近视防控工作

（一）健全工作机制。成立由党支部书记、校长任组长的"防近"领导小组，全面负责中小学生的近视防控工作，确保"防近"措施的有效实施。建立体卫主任、班主任、保健教师、体育教师、家委会代表和志愿者等组成的视力健康队伍，明确分工、细化职责，实施部门协作、家校互动、综合防控策略，促进学生健康成长。

（二）营建良好的"防近"氛围。利用校园广播、宣传橱窗、家长会、家委会等形式组织进行专家讲座、同伴教育、榜样示范活动，向学生及家长宣传爱眼护眼知识，营建防近氛围，提升"防近"意识和能力。

（三）强化队伍建设。按照《学校卫生工作条例》要求，配齐保健教师。积极参加保健教师岗位培训、新理论新技术培训和经验交流。充分发挥学校卫生健康副校长作用，指导学校做好近视防控工作，全面提高学校保健教师的业务水平和工作能力，强化教师队伍建设。

（四）严控学生电子产品使用。一是学生个人手机、平板等电子产品严禁带入课堂，带入学校的由班主任统一保管。各教师使用电子屏幕开展教学时长累计不超过教学总时长的 30%。二是宣传保护视力重要性，强调家长以身作则引导孩子合理有度使用电子产品。严禁

8岁以下学生玩电子游戏，学生每天使用电子屏幕时间不得超过1小时。

（五）切实减轻学生学业负担。合理安排学生作业时间，小学一二年级不布置书面家庭作业，三至四年级每天作业总量不得超过30分钟，五至六年级每天作业总量不得超过1小时。各学科加强沟通，科学布置作业，提高作业设计质量，促进学生完成好基础性作业，强化实践性作业，减少机械、重复训练，严禁使学生作业演变为家长作业。

（六）切实强化体育课和课外锻炼。按照要求开足开齐体育课，力争每天开设1节体育课，每周至少5节体育课，各学科不得以任何理由、任何形式挤占体育课，保证每天体育锻炼1小时的实效性。每天安排至少30分钟的大课间活动。

（七）严格落实学生作息管理。严格作息管理，各学科教师不得出现拖堂现象，保证每天上下午做1次眼保健操，不得占用。

（八）加强学校卫生健康教育。每学期对学生、教师和家长分批开展有针对性的健康教育，每学期至少开展一至两次近视防控专题教育，切实将健康教育融入课堂教学、校园文化和学生日常行为规范。

（九）严格落实视力日常监测。每学期对全体学生进行视力日常监测不少于2次，建立视力不良学生健康档案并进行有针对性干预，发现视力异常学生及时告知家长进行专业检查，配合医疗卫生机构开展视力筛查。

（十）开展丰富多彩的健康促进活动。一是开展视力保护宣传教育。充分利用校园广播、宣传栏、墙报、宣传单等多种形式，宣传科学用眼、预防近视等眼睛保健知识，培养学生爱眼、护眼意识，养成正确的读写姿势和用眼卫生习惯。二是开展视力健康学校活动。利用国旗下讲话、主题班队会、教师会等时间开展视力健康培训、讲座，组织学生开展手抄报比赛、演讲比赛，开展护眼小能手评比活动。对学生家长发放爱眼倡议书、要求家长配合学校做好学生家庭健康的引领者、监督者、视力健康最佳保持者，护眼膳食能力者。

（十一）切实改善学校教学环境。严格落实普通中小学校建设标准，每学期对各班教室、专业教室、图书室等采光和照明条件进行一次检查和清洁，至少每月调整一次学生座位，至少每学期集中调整一次学生课桌椅高度。配合区疾控中心完成学校教学环境监测等工作，对于不达标的项目及时整改，直至检测项目符合国家标准。

（十二）切实加强学生视力健康日常干预。严格组织全体学生每天上下午各做1次眼保健操，认真执行眼保健操流程，做眼保健操之前提醒学生注意保持手部清洁卫生。教师必须掌握眼保健操的正确穴位与手法和"一尺、一拳、一寸"的正确读写姿势，并教会学生熟练应用，监督并随时纠正学生不正确的眼保健操手法和不良读写姿势。教师发现学生出现看不清黑板、经常揉眼睛等迹象时，有义务询问其视力情况并及时提醒，倡导学生课间走出教室，走向操场。

（十三）加强经费保障，力争达到国家标准。将学生近视防控列入学校年度预算，专门用于视力健康状况检查、建立视力健康档案、开展宣传、培训等工作。力争实现学生总体近视率每年呈下降趋势,视力健康整体水平有所提升;学生体质健康标准达标优秀率有所提升,逐步达到国家标准。

总之,在促进学生体质健康工作中,我们要以习近平总书记关于教育、体育的重要论述精神为指导,切实加强和改进新时代学校体育工作,按照上级《关于全面加强和改进新时代学校体育工作的行动方案》要求,探索体育工作新思想新途径,把学校体育工作抓实抓细,培养学生健康科学的学习生活方式,营造有利于学生健康成长的良好环境,全方位促进学生身心健康,确保每一个学生健康快乐成长,为北京市副中心教育事业做出我们的贡献!

校内外联动　践行劳动教育

刘艳红

2018年9月习近平总书记在全国教育大会上提出了将劳动教育纳入培养社会主义建设者和接班人的总体要求；2020年3月26日，中共中央、国务院发布的《关于全面加强新时代大中小学劳动教育的意见》指出：要把劳动教育纳入人才培养全过程，贯通大中小学各学段，贯穿家庭、学校、社会各方面。"双减"政策更加注重的是学生德智体美劳全面发展，在深刻领悟习近平总书记的讲话及上级文件精神后，我校充分认识到任何成就都是刻苦劳动的结果，劳动是学生成长的必要途径，具有树德、增智、强体、育美的综合育人价值，因此我校注重全面加强对学生的劳动教育。

一、设立"校级劳动日"，树正确劳动价值观

为营造浓郁的劳动氛围，培养学生的劳动意识，我校将每周五确定为学校劳动日。在这天的下午，利用课后服务时间，老师们除通过劳动教材外，还充分利用根据我校实际开发的校本劳动教材，向学生讲述劳动历史、知识，弘扬劳动精神，教育学生树立热爱劳动、崇尚劳动、尊重劳动者的价值观。同时还将校本劳动教材的内容与我校的小种植及科技节融合，学生用从教材中学到的知识，在老师的指导下，在学校的种植箱中种上蔬菜、花、麦苗等，定期给它们浇水、松土，并通过记观察日记等形式记录它们的生长过程，通过自己的双手制作有一定科技含量的作品等。学生的劳动成果会通过升旗仪式、科技节开幕闭幕式等平台进行展示，从中体验劳动带给的快乐与价值。

在周五劳动日这天，各班要对班级卫生进行彻底的大扫除，学校还制定了校级大扫除活动方案，定期组织全校性的大扫除活动。学校根据学生的年龄特点给各班划分责任区，班主任及教育助理参与到学生的大扫除劳动中，其他老师打扫各办公室，共同劳作后，师生感觉学校是那样的"净"、那样的"美"，笑容也不由自主地爬到每个人的脸上。

二、依托"文明班评比"，浸润劳动责任教育

对学生的劳动教育绝不是引领学生为了劳动而劳动，而应在激发学生劳动的内在需求和动力的同时，引领学生学习掌握必要的劳动技能，培养学生的劳动责任感。我校校园面积相对不大，专用教室及场所相对较少，可提供的劳动内容有限，根据我校实际，我校把校园日常劳动的重点放在"美化教室、美化校园"上，引领学生学会打扫教室、抹净窗台桌椅，整

理图书及作业本、美化教室环境、丰富教室文化等方面，同时引领学生树立"我的地盘我清理"的责任意识，自己座位周围、班级责任区有脏物时及时进行清理，学校将班级卫生及班级文化纳入文明班评比的重要内容，各班也通过班级内评比，不断引领学生树立正确的劳动观及劳动态度，浸润劳动责任感，养成爱劳动习惯。

三、协同"家庭教育"，强化劳动技能培养

劳动教育本质上是一种教育实践，协同家庭教育，抓住衣食住行等日常生活中的劳动实践机会，鼓励学生自觉参与、自己动手，随时随地、坚持不懈地进行劳动，掌握洗衣做饭等必要的家务劳动技能，实现居家成长乃至终身发展。学校依托美德节及线上家长会，让家长成为孩子家务劳动的指导者、协助者和督促者，引领学生自己的事自己做，努力争当自理能力小能手、服务家人小帮手，养成居家劳动习惯，学生将居家劳动的照片、视频及感悟通过班会、升旗仪式等平台与师生进行分享。

学校还建议家长抽出时间陪伴孩子多参与社会性的劳动，在增长劳动知识、技能的同时，拓宽学生的劳动视野，深刻认识劳动的意义。

四、构建有效劳动教育支持系统，践行劳动教育知行合一

学校空间有限，为了切实提升学生的劳动素养，还应充分发挥校外教育在劳动教育中的支持作用，如社区、实践活动基地等，把学生带进田间、车间、服务场所等，组织学生参加力所能及的生产劳动，体验现代科技条件下劳动实践新形态、新方式，让劳动教育真正"活起来""动起来"。让学生与普通劳动者一起经历劳动过程，在劳动实践活动中出力流汗，在真实的生活情境中感悟劳动，培养劳动精神，实现知、情、意、行有机统一。

这方面我校会积极争取上级支持帮助，给予资源及场所的支持，构建区校社联动、多方协同、形成合力的劳动教育活动支持系统，为学校及学生提供个性化劳动学习平台和资源支持，建立家庭、学校、社会各方面齐抓共管、协同实施的机制。

学校会邀请"劳模工匠"，通过他们向学生讲述劳动故事、展示劳动成果，感悟工匠精神，体会劳动价值，让"劳动"得到学生的情感共鸣，增强劳动光荣感及社会责任感。还可以让劳模参与学校的劳动方案设计或指导学生走出去参与实践活动等，形成立体化的劳动教育体系。

总之，力争形成协同育人合力，切实落实劳动教育。

落实"双减"政策 统筹作业管理

——探索后小数学学科作业管理减负提质增效新路径

王海霞

"双减"政策背景下，更加强调要布置有效作业，努力实现作业的减量提质增效，达到作业与教学的有机融合，提升教学质量与育人水平的同时，切实减轻学生作业负担。更强调作业应以育人为要义，应该是有温度、有价值、可选择的，要引导学生从内心重新认识作业的意义，促进学生多动手、多动脑，实现作业与教学的有机融合，变"要我做"到"我要做"。经过几个月的实践，现总结我校数学学科几点经验做法：

一、顶层设计，制订方案，促进作业管理有效落实

为贯彻落实"双减"工作有关要求，有效引导教师实现作业的减量增质，布置有效作业，在保障和提升教学质量与育人水平的同时，切实减轻学生作业负担。学校先后制订了《后南仓小学作业管理方案》《后南仓小学作业布置、批改、反馈统筹办法以及相关制度》《作业公示制度》《作业统筹管理办法》《书面作业总量控制说明》等相关制度，并在教学计划中着重强调了本学期对作业管理的新要求。

二、提前试做，年级统筹，加强备课中作业分层设计

开学初，学校在备课要求中，重点强调本学期要在每课时的教学设计中，提前设计好分层作业，并提倡教师可以提前做一做，明确作业题目和教学内容与知识结构的关联性，明确作业中的难点、易错点，预测学生会采用的解法以及可能遇到的障碍，预估不同学习水平学生的表现，感受学生在作业中会出现哪些问题。

"备课也要备作业，不能管种不管收。"开学初我们把作业设计作为校本教研的重要工作内容，由教研组长牵头，年级组实行统筹安排。将作业与教学进行一体化设计，在教学设计中明确作业设计及内容。每日作业布置要与单元作业、周末作业综合考虑，统筹安排，注重提高作业质量，消除低效作业，杜绝有负面影响的作业，丰富作业类型，实现优质作业资源的共建共享，帮助教师尽快提高作业设计能力。

学校分别在开学初、期中前和期中后，对老师们的教案和作业进行了有针对性的检查，并重点反馈了各组分层作业的统筹管理情况。要求基础性作业要少而精，分层作业要精准，

弹性作业要合理，个性化作业要体现必要性。

三、分层精选，丰富类型，有效实现作业减量增质

作业设计中要充分考虑不同层次学生的知识、能力基础和学习压力情况，为不同层次的学生设计适合的作业内容与形式，让每个学生都能够在作业中获得成功体验与进步发展。

我校低年级作业以趣味性、实践性作业为主，由学生自主选择完成，从而激发学生学习热情，培养学生思维和创新能力，并将知识应用于生活。例如，一年级学习分类后，回家用分类的知识整理书桌，进行垃圾分类；学习加减法后，给同学讲一讲数学故事；学习数的分与合，学生互相出题作答；二年级学习了厘米和米后，用眼睛找一找教室中 1 厘米长的或 2 米高的物体；同学之间比比身高、比一比臂长；用身体上不同的"尺子"量一量黑板的长、书本的长度；学习乘法口诀后，用纸牌游戏练口诀；通过画一画、圈一圈，有效理解乘除法等。

中年级老师们的做法是把作业分为基础性作业、拓展性作业、实践性作业及单元大作业。

1. 基础性作业是针对学生的个性差异设计的，是以扎实掌握基础知识和基本技能为主，重点是那些学习稍有困难的学生，适当减少他们的作业量。但每课的基础性练习必不可少，一些拓展性练习，他们可以选做或不做。

2. 拓展性作业：对部分学有余力的学生，可以要求他们来做一些拓展题，例如，数学书上的思考题，练习册中出现的能力提升题，并利用课上精彩三分钟的时间，由这些学生来讲解这些习题，拓宽学生的解题思路，激发学生的探究热情。

3. 生活性的实践作业：寻找知识的生活原型，例如，寻找生活中的负数、生活中的植树问题，让学生感受生活中的数学，拓宽学生的学习空间。

4. 大单元作业：抓单元的作业设计，注重整体性、目标性、连续性，例如，在教学《千米、分米和毫米》这一单元时，老师们就布置了实际测量的实践性作业，让学生通过测量、调查、记录、分享、讨论，体验多样的作业方式，加强学习内容与学生经验、现实生活与社会实践之间的联系，也突出了这一单元的教学特点。

高年级除了把每天的作业都分成"最低要求""一般要求"和"较高要求"三部分，还不定期地布置完成提前预习的前置性家庭作业。把课堂上需要充分动手操作的环节，提前布置给学生独立探究，在课堂伊始进行充分的交流分享，教师再进行适当的点拨，有效达成了"减负提质"的目标，使我们的数学课堂更加高效。

四、利用"互联网+"采集作业大数据，精准施策

上个学期，我校数学和英语学科非常荣幸地参加了"基于学业大数据双监测的知几项目"，此项目是借助智能采集终端和 AI 算法技术，在常规作业及测试环境中，不改变教师和学生纸质书写，实现对学业质量和学业负担实时动态的过程性追踪和监测，并自动输出各层级学业质量及负担的动态监测分析报告，形成阶段性的分层作业、补偿性作业、错题本、校本题库

等资源，帮助学生巩固知识、形成能力、培养习惯；帮助教师分析检测效果、精准学情、改进方法；依据大数据对学生进行精准分层，设计有针对性的作业题目，采取适合的作业类型，有效提升学生学习效率，提高学生学业质量。为教、学、研、管工作提供全面、客观、精准的数据支撑。

五、全批全改，多元评价，阶段展示评优

批：我校数学教师长期坚持"留多少，批多少""不让错题过夜"的宗旨，对所留作业进行细致的全批全改。批改符号要规范，既要有等级评价、印泥奖章，还要有个性化评语激励，例如"加油""你真棒""为你点赞""书写用尺子就更好了"等语言。而且我们还要求对作业的批改不但要判断正误，还要根据学生的不同能力水平，分层分类批注错误点，找出学生的错因，提出具体的学习方法建议。

辅：对作业中出现的普遍性问题要集中讲评并设计巩固性练习，对个性问题应加强面批讲解。强化个别辅导，帮助每一位有需要的学生查漏补缺。为培养学生良好的学习习惯，部分高年级学生在老师的指导下，分别设计了前置预习本、课堂笔记本、错题积累本、数学阅读本等。

评：数学老师们对每个学生每日作业完成情况都有详细的记录，老师们通过画不同符号记录全对、有错、未交、未改、已改学生情况，并与我校五星少年评价挂钩，学期末评选"书写星""计算星"。另外还要与学生综合素质评价手册和《蒙以养正　星路熠熠——五星少年成长记录手册》相整合，教师要针对每一位学生的作业完成状况进行发展性记录。学期末征集优秀作业设计案例。

展：学校作业管理检查分期中、期末定期检查和不定期抽查两种形式，主管主任发现问题及时与老师沟通整改。学校每个学期都会组织典型作业展示，如：1. 各学科全部作业展；2. 按班级个人全学科作业展；3. 优秀作业展；4. 特色作业展……让作业展示成为一道最靓丽的风景线，学期末评出优秀作业个人、班级及辅导教师。

总之，"双减"政策减轻的是学生作业负担，但不能就此降低教学质量。我校教师严格按照"双减"精神，合理设计学生作业内容与时间，提高作业的有效性，设置科学合理有效的分层作业、弹性作业，正确认识作业，从而做到"减负不减质，减负要增效"，脚踏实地、扎扎实实地落实"双减下的作业设计工作"！

强体促健　提升学生身心全面发展

——后南仓小学体育管理工作新途径实践探究

张海军

学校认真贯彻国务院及北京市《关于强化学校体育促进学生身心健康全面发展的意见》，体育工作坚持树立"天天锻炼、健康成长、终身受益"的指导思想，把强化体育工作、增强学生体质、促进学生身心健康协调发展作为工作目标，全面实施《国家学生体质健康标准》。学校现就如何提升体育教育质量，切实发挥体育在培育和践行社会主义核心价值观、建立健全与北京城市副中心地位相适应的学校体育工作体系阐述我校的一些做法。

» 发展目标：

我校体育工作继续认真贯彻《学校体育工作条例》，树立"天天锻炼，健康成长，终身受益"的指导思想，以结合"三我"理念，促进体育课堂实效性，全面提高学生身体素质为出发点，关注学生的身心健康。确保学生每天一小时的锻炼时间，提高阳光体育活动的各项水平，创设更强的校园体育文化氛围。

一、健全组织机构，完善规章制度

为保证体育工作的顺利开展，首先做到组织落实，成立体育工作领导小组，校长任组长，主管领导为副组长，体育组长、年级组长为组员。

主管领导全面负责学校的体育工作，制订比较完善的体育工作规划，每学期末写细致、全面的工作总结，并开总结会。切实有效地执行《后南仓小学课间操管理制度》《后南仓小学体育课堂常规》《后南仓小学课外体育活动管理办法》《后南仓小学体育器材管理制度》《后南仓小学课余训练管理办法》《后南仓小学体育竞技奖励条例》《后南仓小学体育活动安全防范措施》。

二、加强队伍建设，提高教师素质

优秀的教师队伍是做好各项工作的关键和前提。我校不断加强体育教师队伍的建设，努力提高教师的素质。体育工作是要付出千百倍的耐心和巨大努力的一项艰苦工作，如何适应新形势下的育人发展需要，是我校领导一直在认真思考的课题。我校在培养青年体育教师方面下了很大功夫，对青年体育教师制定出了健康成长的"三步走"策略：第一步，进行岗位基本功培训，通过听"汇报课、跟踪课、展示课"不断提高年轻教师自身素质；第二步，熟悉教材教法，以老带新以骨干促普通；第三步，学校为青年教师创造展示才华的机会，通过"走出去，请进来"使之成为研究型教师。要求他们通过"三步走"逐步成长为骨干教师，能自觉开展教研活动，由普通型教师、经验型教师，向实验型、科研型教师转变，为迈向新型教师奠定了重要基础。

1. 认真贯彻并落实《学校体育工作条例》，在人员上精心调配，在分工上合理安排，保证体育课、训练队及各项群体活动的正常开展。

2. 注重各类培训

（1）我校现有8名体育教师，其中本科学历8人，骨干教师1人。学校在时间、经费及工作的安排等方面给予优先保证，大力支持他们的学历进修、继续教育，提高理论水平及文化层次，创造机会让他们参加"京津冀教育联盟"和"全国教育联盟"活动，不断扩充视野提高站位。

（2）加强田径队教练的培训。为提高教练员的业务素质，学校与高水平运动队取得联系，相互沟通，继续同潞河中学、通州二中运动队保持业务联系，虚心向他们学习请教，进行业务指导，争取将我校田径队训练提高到新的水平。

3. 学校为体育教师的理论及业务学习提供方便，订购相关报纸、杂志，扩大视野、更新理念。

4. 定期组织体育教师参加市区级的教研活动，了解教改动态，指导教学方向，以便跟上教改及科研的步伐。

5. 为稳定队伍、优化结构、选拔骨干、推出新人，采取"走出去，请进来"的方法，提高教师素质。请市区级专家、教研员到校听课、评课、共同商讨研究，多为体育教师创造展示的机会。

6. 通过加强队伍的建设，力争显著效果。争取三年内体育组再增加一至二名党员和区级骨干教师，使之真正成为思想过硬、业务能力强的一支专业化队伍。体育组先后被评为北京市首届优秀体育教研组、连续六年被通州区评为区级优秀教研组，以及通州区优秀创新型团队、通州区青年文明号。

三、抓好常规活动，规范体育教学

1. 认真贯彻落实《学校体育工作条例》，按照《九年义务教育全日制小学、初级中学课程计划》要求，配备专职或兼职体育教师，确保每个教学班保质保量上好体育课。

2. 体育课严格按照课堂常规的要求去做，做到有学年计划、学期计划、单元计划、有教案。体育教案重难点突出、目的明确，执行新课标的要求，以"健康第一"为宗旨，充分培养学生的创造性和合作意识。我校曾多次、多名体育教师在教案评比和基本功大赛上获奖。

3. 体育课堂教学注重学生素质和能力培养，有效的教学方法、合理的场地安排、器材安全保证，保护帮助及时到位，严格执行《后南仓小学体育活动安全防范措施》，避免一切伤害事故的发生。在发展学生身体素质练习的同时，体育教师还注重对学生进行思想品德教育，把育人育体有机地结合在一起，同时注重学生基础知识基本技能的掌握，严格执行《中、小学生体育考核标准》，做好记录，年终做好登统工作。

四、落实《学校体育工作条例》，确保学生体育活动一小时

1. 我校始终严格执行国家规定的中小学课程计划，开足体育课。一至六年级每周4节体育课，课间操30分钟。没有体育课的班级，每天下午第二或第三节课上不少于40分钟的课外体育活动课。上下午各做5分钟的眼保健操，确保学生每天不少于1小时的体育活动时间。

2. 落实学生在校体育活动一小时。制订计划、布置安排，课外活动的开展要面向全体学生，结合学校的社团课程要从学生参与面的大小和人数多少选择课外活动项目，形成人人参与课外活动、个个都有喜爱的项目的良好氛围。充分发挥校外教育的独特功能，采取与校外教育机构、校外教育基地、俱乐部等社会资源相结合方式开展活动，努力创建良好的课外教育环境。课外活动由体育教师加强技术指导，进行科学管理，并做好课外活动记录，班主任负责把学生组织到操场上。期末评出课外活动优秀班，予以表彰，同时纳入对班主任、教师的考评。

3. 学校设立学生大课间体育活动，在学生没有体育课的当天下午必须安排一节课外体育活动，坚持常年开展以班级为单位的每日800—1000米长跑活动。

4. 学校建立健体提升社团，促进我校学生积极参加体育锻炼，每周三次体育活动课，养成经常锻炼身体的习惯，提高自我保健能力和体质健康水平

五、课余训练与阳光体育竞赛

1. 开展阳光体育，拓展体育社团课程

落实阳光体育活动，把阳光体育与社团课程有机整合。面向全体学生，围绕阳光体育项目开设精品课程，不断完善"三我"慧体课程体系。结合阳光体育竞赛活动，学校开设了轮滑、街舞、篮球、拉丁舞、空竹、跳皮筋、足球、健美操、棒球、踢毽子等精品社团，并取得了很好的成效。以组织开展多样化的比赛为途径，力争在市、区级阳光比赛中取得优异成绩，从而彰显我校体育特色。加强田径队训练工作、建立校级运动员梯队建设；提高教练员的业务素质，将我校田径队训练提高到新的水平。

2. 我校于1995年就被认定为北京市体育田径传统校。田径在我校有着光辉的历史，学校有一支由四至六年级组成的田径运动员梯队，有一支优秀的教练员队伍，训练科学合理，有计划、有教案，常年坚持不断，每天早晚不少于1.5小时训练时间，暑假不少于5周的训练，寒假不少于2周的训练，并克服场地困难，与潞河中学联系，去他们体育场训练。我校在区运动会上，连续获得团体前六名的好成绩，并在市传统校比赛中多人多次获得好成绩。

3. 加快发展校园足球。把发展青少年校园足球作为推进素质教育、引领学校体育改革创新的重要突破口，深化体制机制改革，重点加强校园足球的课堂教学、竞赛训练、教师培训、考核评价、对外交流等工作，加快形成政府主导、学校实施、社会参与的校园足球发展合力。建立健全青少年校园足球特色学校管理机制，充分发挥校园足球特色学校在发展校园足球中的骨干、示范和带动作用。实施校园足球场地设施改造建设专项工程，推动建设一批校园足球场。进一步完善足球竞赛机制，加强足球后备人才培养。

4. 为了提高学生身体素质，开展好群众性体育活动，每年4—5月份举行1—6年级参加的学校体育节，设置一些趣味比赛，通过体育节选拔好的体育苗子，吸收到田径队来。冬季每年都组织踢毽子比赛、跳绳比赛、拔河赛等，并将各班成绩纳入班级评比。今年学校结合学生好习惯的培养又推出了"日日练课程"，要求学生每天做到"两个一"，即在校人手一绳每天坚持一分钟跳绳、在家每天坚持一分钟跳绳，并记录在自己的"日日练手册"里，通过学生自主练习自主记录逐步培养锻炼习惯，从而不断提高学生的身体素质。

六、以学校"五大节日"为依托，每年举办特色体育节。

学校特色体育节活动推进我校体育工作的全面发展，培养学生终身体育锻炼的意识，增强学生体质，发挥学生特长，促进学生在身体、心理及社会适应能力等方面和谐发展。提高团结合作、抵御挫折的意识和能力，使学生充分享受运动带来的乐趣，用丰富多彩的校园体育活动，丰富体育文化内涵，对学生实施全面的素质教育，培养学生合作、自信、勇敢、公平竞争及团队精神等良好品质及参与的意识。养成良好的锻炼习惯和健康的生活方式，形成热爱体育、崇尚运动、健康向上的良好风气，在校园内营造注重健康、重视体育的良好氛围。

体育节活动是载体，活动内容是方式，整体展现学校办学思想、办学理念是目的；体育节活动是学校"五大节日"课程建设的一次集中展示；是为每位学生搭建参与活动、展示自我、超越自我、促进个性发展的平台。每位学生积极争当"健美之星"涵盖的"五星"中的"体能星""竞赛星""自护星"。体育节活动是让每名学生都在参与活动中体验快乐，在过程中得到锻炼，在运动中促进健康，师生和谐共同发展。

七、认真做好《学生体质健康测试》工作

1. 根据市、区教委关于做好《国家学生体质健康标准》数据采集上报工作的通知的要求，激励我校学生积极参加体育锻炼，养成经常锻炼身体的习惯，提高自我保健能力和体质健康水平，结合我校实际情况制定本实施方案认真执行《学生健康测试标准》，学校领导小组职责是负责安排学校按要求开设的体育课，督促体育课规范教学，结合测试标准加强学生体质训练，组织人员开展学生体质达标测试工作，督查实施《国家学生体质健康标准》情况。从领导到教师、班主任建立完整的测试体系，大力宣传，相互协调配合，为测试工作做好后勤保障工作，具体测试由体育教师负责，并及时把测试成绩汇总存档。确保学校合格率98%以上。

2. 积极开展学校健康教育。通过教学、专题讲座、班会、板报等多种形式开展健康知识教育，倡导健康生活方式。改善学校卫生环境，加强控烟宣传，做好学生常见病的预防和控制工作。有针对性地开展防近视控肥胖工作，完善慢性病高危学生的健康管理制度。适时增加中小学生健康体检监测指标，建立学生健康体检和体质健康标准测试数据库。

八、筹措资金，提供有力保障，实施体育场地对外开放政策

1. 为进一步落实《学校体育工作条例》和《北京市体育传统项目学校》《通州区项目重点学校管理办法》的要求，确保体育工作的顺利开展，学校在资金方面有重点地向体育投入。

2. 落实训练经费。教练员利用周六周日、节假日、寒暑假及业余时间组织学生训练，按照规定计入工作量。

3. 加大资金投入。自被确定北京市体育传统项目学校、通州区项目重点校以来，学校用于训练、运动会、奖励、器材设施等开支，均超过总办公经费的2.5%。

4. 场地管理规范，节假日向公众开放。

学校自2011年以来实行体育场地对外开放政策，节假日对公众开放。

| 开放时间 | 上午9:00-11:00，下午14:00-16:00 |

为落实《国务院办公厅关于强化学校体育促进学生身心健康全面发展的意见》（国办发〔2016〕27号）和《北京市人民政府办公厅关于强化学校体育促进学生身心健康全面发展的实施意见》精神的一些做法，工作中我们将继续努力，不断加强管理，探索体育工作新思想新途径，把学校体育工作抓实抓细，力争再上新的台阶，为北京市副中心教育事业做出我们的贡献！

让教育回归本真　让成长源于自主

——浅谈"双减"背景下的学生德育自主发展

张海峰

陶行知先生说："千教万教教人求真，千学万学学做真人。"学做人，做真人，是教育的本真内涵。而这个"教"，不是单向地灌输、讲解，而是一种引领与效仿的结合。教育的效果，更多地在于受教育者学生的表现。没有学生主体自觉自愿的参与，就不可能有真正道德的发展。随着国家"双减"政策的落地实施，教育更要回归本真，学真知，做真人。因此，在德育教育中需要发挥学生的自主意识，才能真正做到立德树人。

一、建立良好师生氛围，给学生自主发展的空间

俗话说，亲其师，信其道。良好的师生关系，是学生发挥自主性的重要因素。学生是主体，教师是引路人，要相信他们、鼓励他们、帮助他们。

教育的目的就不应是让学生无条件地服从某些规则，而是鼓励学生接受理性的自我指导与自我决定。在我从事少先队大队辅导员工作期间，我更多时候的角色是学生干部的"顾问"。大队长和大队委共同决定少先队日常事务，有的负责小干部管理，有的负责升旗手训练，俨然是一个个小管家。我这个顾问也是乐得轻松，提供建议，引导方向。他们在我面前轻松愉悦，很多的想法令我意外和惊喜。

比如，一次几个大队委和我说，六年级有很多同学希望能像少先队大队干部一样为学校多做些事情。他们拿不定主意。我问他们："这些同学是想当大队干部，戴三道杠，还是想为大家服务呢？""有的就是想毕业前在其他年级同学面前炫耀一下。"一个大队委说。"也不全是，他们和我说过，现在学校他们年级最高，是其他年级的哥哥姐姐，想教其他年级，可是又觉得名不正，言不顺。"另一个大队委说道。我说："我觉得，首先，要清楚大家的动机。凡是想为同学服务，我们欢迎。还有就是不一定非得是队干部啊，也可以有其他形式，咱们的文明引导员也没戴'三道杠'啊，为别人服务，是一份光荣。你们先调查，想想办法，咱们再一起讨论。"

几天后，几个大队委把他们的设想和我透露，他们准备用义务服务的形式把六年级有意愿的同学组织起来，去协助老师进行门前秩序管理、低年级教室打扫、课间文明引导等，并让他们佩戴绶带上岗。我支持他们的想法，并立即定制了一批绶带，于是，第一批"志愿服

务岗"诞生了。

毕业年级"志愿服务岗"让这些即将离开母校的学生充满了自豪，他们戴上绶带的同时，言行更规范了，哥哥姐姐的范儿更浓了……

其他年级的学生看他们则流露出了羡慕的眼神，我借着学生的创意，鼓励各班主任在班级内也根据情况设立一些岗位，让每个学生都肩负一份责任，享受一份光荣。

二、巧妙设计引领，发挥学生自主意识

康德认为："学生永远是'未完成的人'，是开放的、可能的人，是永远需要学习进步、提高发展的人。"每个学生都有自动自发地把事情做好的欲望。当学生出现问题时，我们需要巧妙引导，让学生主动改掉不良行为，形成正确的道德认知。

如有一段时间，学生假期回校，整体松散，不文明行为等较多。是批评扣班级分还是另辟蹊径呢，"树立一个反面的典型不如树立正面的榜样去影响他们"，我这样想着。

经过一番思索，我决定利用网络方式搞一次投票，让学生自己选出榜样，并在此过程中规范自己的言行，养成良好的习惯。

升旗仪式时，我先用回声的故事讲述了文明的力量。接着说道："接下来的日子里，你可能会发现在校园里、大门口会有老师将镜头对准你，不要害羞躲避镜头，这是对你的赞赏，说明你此时的行为最模范。学校将从这些照片中选择出候选人，通过网络投票的形式评选出最美红领巾。我们的最美红领巾可能就是你，一切看你的表现哦！"

就这样，我们第一次最美红领巾网络评选开始了。

第一步是确定候选人。主要是两条途径。一是中队推荐。各个中队、学生推荐，推荐在班级活动中表现优异的学生，上传照片。

二是辅导员随机抓拍。辅导员手拿相机走校园，抓拍队员的良好表现，用镜头捕捉瞬间，发现校园里的美。

我发动中队辅导员、任课教师和我一起用相机、手机的镜头去发现队员们的好行为、好表现，定格那一个个美丽的瞬间。

第二步是线上平台公平票选。

利用学校微信公众号平台，将候选人10人一组进行随机分组，号召全校师生参与投票。一个微信号码可以给多个候选人投票，但只能给每名候选人投一票。

活动用时三周，总共收到有效投票61652票，受到了学生和家长的广泛关注。活动过程和活动结束后，我发现，学生们在悄悄地发生着变化。他们的领巾更整洁了，队礼更标准了，语言更文明了，脸上的笑容更灿烂了！小干部们再也没有找我"投诉"，门卫大爷对我说："孩子们懂事了！"

我想学生们的变化更多来自自己的主动改变，是自己改变了自己。

三、丰富评价手段，为自主成长喝彩

学生品德和习惯的形成是一个自我认知的过程，在这个过程中，积极正面的评价能够促进学生的成长，消极负面的评价则可能抑制他们的成长。作为教师，我们要用好评价手段，为学生的成长喝彩。

我校的五星评价体系，采用多元评价的机制，通过自评、同学评、家长评、老师评、学校评，描绘出学生最真实、全面的自我，让学生的优点得以闪光。在评选五星少年时，依据学生年龄特点，遵照学校的五星评价指标，根据实际，将日常评价与节日课程评价相结合，贯穿到每一位任课教师的课堂教学中。每节课，教师都可以根据学生表现、实际参与过程情况，采用自评、互评等方式对学生进行公平、公正的评价，并给予小五星。学生及时记录五星小星自评要素、事迹，班级、学校定期组织小星评选，采取自评、他评、师评等方式，每周学生得到三方面的肯定评价，就可以得到小周星；当集齐5—8个小周星就可以得到对应的小五星，小五星积攒到3—5颗时，就能得到大五星。集齐大五星即可成为五星少年。

这样，评价就真正是"浸"在每个学科里，"润"在每一节课中，"深"到每一个家庭，"透"到每一次活动中。五星评价真正调动了全体教师、学生、家长的积极性，实现了全员参与，人人评价，促进学生全面发展，形成了家校的教育合力。

几年来，学生们通过争星活动，发现了热爱学习的自我，积极上进的自我，有特长的自我，心灵手巧的自我；看到了自己的进步，体验到了成功的快乐，找到了自身的价值。而当成绩摆放到家长面前时，家长们也充满了期待与欣喜。这让他们对孩子的了解不再停留在一组组枯燥的数字上，而是更加全面地了解了自己的孩子。

苏霍姆林斯基说过："每个孩子都是一个独立的世界——完全特殊的、独一无二的世界。"教育就该让每一个"独立世界"更美好，再组成我们这个绚烂多姿的美好世界！

"双减"背景下作业改革的思考

闻 军

2021年7月，中共中央办公厅、国务院办公厅印发《关于进一步减轻义务教育阶段学生作业负担和校外培训负担的意见》，将义务教育阶段的作业改革与落实立德树人根本任务、建设高质量教育体系、构建教育良好生态和促进学生全面发展紧密联系起来，是对长期以来存在的中小学生作业功能被异化、质量低下、负担过重以及管理失效问题的直接回应。

"双减"政策的落地，将原先搁置的应试教育之锚拔起，重新抛向全人、全面发展的深海。在这样的变革中，效果最易于看见的、也最为凸显的就是作业的设计——如何减轻作业负担，成为教学变革中关注的焦点。

作业管理是"双减"工作的重要方面。作业过多、过难、过偏会导致学生厌学、教师倦怠、家长焦虑。"双减"之后，作业建设成为教学改革的重要抓手，许多学校都在作业建设方面进行了积极探索。减轻作业负担成为当下亟待攻克的课题？这也引发了我对作业改革的几点思考：

一、作业设计要立于高处向宽处行

1. 作业设计要延续与拓展课堂教学

作业的功能之一是通过完成特定任务巩固所学知识，是一种典型的能力训练，也是核心素养形成的有效方法。在"双减"背景下，必须重构课堂教学结构，将教师的"讲"与学生的"练"紧密结合，使课堂教学与课堂作业练习形成一种深度联结。学生的作业尽量"随堂做、当堂清"，这也便于教师及时批改反馈。

教学过程中的每个相对后置的环节，都需要以前置环节为基础，回应前置环节的目标指向及实施效果，从而做到有的放矢、应需而为。作业位于教学全程的末端，前置各环节的渐次推进、既定任务的逐级达成、预设目标的实现，为作业设计环节提供了必要基础，也对高质量的作业设计提出了要求。

课后作业设计和课堂教学设计一样，共同服务于教学目标的实现。如果说课堂教学是迈向既定教学目标的第一步，而且是至关重要的一步，那么课后作业便是迈向既定教学目标的第二步，而且是不可或缺的一步。课后作业是课堂教学的延伸和接续，对于巩固和强化课堂教学的初步成果具有决定性作用。所以，课后作业的设计除了要严格参照教学目标外，还需要密切关注课堂教学的实施情况，根据对课堂教学效果的检视结论，有针对性地调整作业设计的目标、内容及方式等，使之与课堂教学成为一个完整的、连续不断的互动过程，以谋求教学目标的最终达成。

2. 作业设计要基于精准数据的学情研判

学情分析和判断，在整体教学设计中是首要任务。这是教学设计的始发环节，对于教学设计的科学性、针对性、合理性与可行性会产生至关重要的作用。缺少这一步，教学设计便成了目中无人的设计，教学也很容易成为目中无人的教学，而脱离了"人"的教学是没有价值的。进行学情分析和判断是教学设计和作业设计的基础。

教师对学情精确研判，根据不同层次学生的实际情况，教师可将作业分为不同层级，涵盖基础题、拓展题、挑战题等类型，让各层次的学生都能"吃得了、吃得饱"。针对潜能生，教师要指引学生分阶段完成小目标，然后逐步达成大目标，让学生收获成就感和自信心。尤其重要的是，教师在设计作业时要有意识为学生搭建思维支架，使不同层次的学生通过完成作业获得进步与成长。学生可根据实际水平自由选择不同层次的作业，让作业更具针对性和弹性，从而让不同学生获得不同的发展。

针对不同层次学生，采用不同策略，为精准研判学情奠基础。对于优等生，教师更多引导学生思考更多、更优解题方法。对于中等生，教师要督促学生找到错误的原因，并防止类似错误再次发生。对于潜能生，教师要尽量"面批面改"详细指导，指出学生的具体错误，帮助学生弄清楚自己的问题是概念性错误、知识性错误，还是解题方法性错误、答题规范性错误等。教师还要督促学生改正错误，再找一些难度系数接近的题目帮助学生强化巩固。

3. 作业设计需要厘清关系建构作业体系

学科作业设计需要建构作业体系，系统思考作业的目标、结构和内容，厘清作业之间的关系，而不是局限在当下，孤立、碎片化地布置作业。设计《作业清单》有利于教师根据学业质量标准，整体把握小学教材体系，依据学生身心发展规律系统设计作业。《作业清单》包括"基础作业""学科+作业""超学科作业"三种。三种作业各自独立又有内在关联，构成一个完整的学期作业体系。《作业清单》有利于作业的纵向推进，确保作业难度、要求、内容、形式等方面的科学性和适切性，避免不同年级作业内容超前布置、简单重复等情况。

基础作业定位于减少低阶重复性作业，聚焦重点和难点，及时巩固课堂学习的基础知识和技能。课堂基础作业作为保底作业供学生选择。课后基础作业体现一定的弹性，80%重基础，20%体现开放性与探究性。

"学科+作业"关注作业的研究性、实践性、选择性和综合性，旨在彰显学科融合的思想，发展学生融会贯通、实践创新的能力。一般每月1次，每学期3—4次。

"超学科作业"彰显全科育人、知行合一的作业理念，关注学生作业的过程性体验、个性化展示、实践创新能力的提升，培养学生合作交流、共同学习的社会化素养。一般每学期1次。

4. 作业设计教学评一体化落实教学目标

作业设计要进行教学评一体化设计，紧紧围绕课程标准和教学目标，让作业内容与教学内容相吻合。作业与学生现有基础相适应，针对学生作业完成状况进行成长性记录，以便评估学生学习情况和知识能力水平的全时段发展情况，把握好作业与课前、课中、课后的学习相关性以及学习任务之间的内在逻辑联系。研究检测卷命题蓝图，作业与考试挂钩，学什么、练什么就考什么，保持考试命题方向与作业改革方向的一致性。每天的作业布置要与单元作业、周末作业、假期作业融为一体，教师要综合考虑、统筹安排，精心设计作业内容，注重从知识本位向能力素养本位的转变。

二、健全长效管理机制强化作业管理

健全长效管理机制。强化作业管理的总体要求"压总量、控时间、调结构、提质量"，学校制定《作业管理条例》《作业总量审核制度》《作业质量评价制度》等，用制度约束行为。及时总结作业管理经验，分析存在的问题，健全作业管理校本机制，深化作业设计研究。把作业设计能力作为教师基本功，定期开展作业设计培训。组长作为每天作业设计的组织者，强调"不经审视的作业不值得做"。

学校要定期举行"作业管理"主题研讨会，开展"晒晒我的作业"学科组创新作业设计研讨会，打通学科之间的作业通道。同时采取以赛促研的方法，开展青年教师单元作业设计比赛。

三、重塑和完善管理结构推进作业统筹

发挥学科组和年级组作业统筹职能有利于突破作业实践中的个体主义，有利于增强教师之间的专业合作，有利于重塑学校的管理结构与文化。

学校管理体系和管理能力是教育现代化的重要构成因素。从管理体系的角度看，加强学科组和年级组的作业统筹是学校充分发挥中层管理者和一线教师等主体作用的重要手段，是提升其管理能力的一次实战。学科组和年级组是学校的重要组织，能够连接学校层面的制度、决策，以及扎根在教学一线的教师，调动学科组和年级组在作业统筹中的积极性有助于重塑学校分布式、扁平化管理的文化基因。总之，学科组和年级组的作业统筹作为一种专业实践是对学校管理体系和管理能力的练兵，有助于提升学科教师、学科组长、年级组长在落实重大政策、协同解决实践难题方面的战斗力和凝聚力，有助于提升学校的整体管理水平。只有增强作为学校关键组织的学科组和年级组的纽带与中坚作用，才能激活学校在落实"双减"政策中的本土智慧，才能提升学校优质育人资源供给的能力，确保学生在校学足、学好。

总而言之，作业设计应站在全面育人的高度来构思，各学科教师的联合教研将成为"双减"下的常态，落实"学科+"作业的融合是努力方向。作业是学生每天都能接触到的，如果作业设计能够在教师的精心设计和悉心指导下变得更加科学严谨、有的放矢、形质兼优，必将

让学生乐在其中。学生将在作业中再度发现学习的乐趣、学习的意义和自我的力量。每一名学生的作业也会成为不可复制的个人作品，是更典型、更美好的思维艺术品。

"双减"为作业建设打开了全新思路。我认为每位教师都必须对作业进行重新定义，发挥作业的育人功效。教师要充分认识并牢牢把握作业在教学与评价之间的连接功能，不断提升在作业建设方面的专业能力。学校也需加强作业的规范管理，助力作业的统筹管理的深入实践研究，促进作业改革的纵深深化。

落实"双减"，有效设计小学语文作业实践探究

陈卫华

作业，自古就是教学的重要组成部分，是提高学习质量的重要保障。但是，把作业上升到国家高度，还是第一次。中共中央办公厅、国务院办公厅文件明确要求"发挥作业诊断、巩固、学情分析等功能，将作业设计纳入教研体系，系统设计符合年龄特点和学习规律，体现素质教育导向的基础性作业"。那么，如何提高作业设计质量，进而实现既减轻学生作业负担又提高学业质量的目标？

《语文课程标准》提出："语文课程的目标是全面提高学生的语文素养。""教师要精心设计作业，要有启发性，分量要适当，不要让学生机械抄写，以利于减轻学生负担。"在新课改的指引下，我们语文教师应构建语文作业的新形式，讲究作业设计策略，优化作业设计方法，体现学生的个性化特点，使每一个学生的语文素养都得到良好的发展。

一、"双减"政策下，解决教学中存在的问题需要

学生家庭作业繁重是中国基础教育的沉疴，极大地阻碍了素质教育的推行，"减轻学生课业负担"成为广大家长和学生的共同呼声。在现实教学中，我们的学生整天埋头于"作业堆"中，作业形式简单枯燥，训练单调，浪费了学生大量的课外时间，忽视学生的个性化发展和思维能力的训练和提高，挫伤学生的学习热情和积极性，甚至严重影响了学生的身心健康，导致厌学心理的产生，因而直接影响了教学质量的提高。我们的作业设计，虽然在学生巩固基础知识方面起了一定积极作用，但对促进学生语文知识的形成，激发学生学习语文的兴趣，培养学生终身学习语文的能力，发展综合语文素质存在许多问题。

二、"双减"政策下，遵循作业设计原则

（一）趣味性原则

兴趣必须是学生获得所学知识的动力。如何"寓教于乐"是语文教师研究的重点。我们应该充分发挥教师的引导作用，把学生心理发展的特点与语文教学结合起来，让每个学生每天做作业的时候没有负担，做着开心。

兴趣是每个学生快速完成语文作业最有效的动力。在语文作业的设计中，教师需要借助各种视觉感官，更加注重作业的完成。因此，例如，在二年级《快乐读书吧》引导学生阅读儿童故事教学中，为了调动学生阅读兴趣，把学生熟悉的故事情节用图片的形式展现并让学

生猜猜故事名字，学生在玩中回忆故事情节，接下来小组内选择喜欢的故事最感人的情节，说一说，演一演。把整个故事串联起来，进行讲故事。学生们用自己喜欢的方式了解故事的内容，而且训练了表达能力。其中，有的学生充当小老师，结合故事向同学们提出问题，虽然在课堂中，但是教师用这种仿佛"过家家"的环节，继续在故事中"穿梭"，学生不仅兴趣浓厚，在提问回答中思维也得到了训练，从而激发了其他学生的学习兴趣。其实这都是教师在课前精心设计的课堂趣味性的作业。作业形式的改变，使每个学生在通过实践主动探究和自主创新的学习过程中完成作业，启发学生的创新思维，训练学生的学习能力和不断提升学生的学习兴趣，进而大大提升语文课堂教学的学习质量。

（二）实践性原则

实践性作业就是语文教师在设计作业时需要考虑到学生的学习实践，注重作业的理论实践性和教学探究性，让作业的内容与学生的实际学习生活相联系，通过实地调查观察、动手设计制作、亲自参与等多种方式使学生去深入感知，从而提升学生的实践能力。

《语文课程标准》指出，语文课程是学生学习运用祖国语言文字的课程，学习资源和实践机会无处不在，无时不有。因而，应该让学生多读多写，日积月累，在大量的语文实践中体会、把握、运用语文的规律。这就要求我们老师要积极引导学生观察生活、体验生活，让学生在生活化的语言实践中活化作业。

在设计实践性作业时，教师可以从以下几点入手：

1. 阅读性作业——拓宽视野，注重积累

阅读性作业可以分为预习性的阅读作业和课后补充性的阅读作业。预习性的阅读作业，通常在课前进行，让学生围绕课文内容查找相关资料。这样既可以提供课外知识，帮助学生进一步认识课文内容，又可以在阅读、加工、整理资料的过程中参与阅读实践。

重点说说课后阅读性作业。语文学科重在平时积累，如何设计有效的、学生喜欢的阅读实践作业呢！首先要依学情而定，课上完成教学任务后，需要设计课后作业拓展延伸，提升学生的学习能力与语文素养。例如教授完《"诺曼底号"遇难记》一文，学生通过人物的语言动作描写对主人公船长的高尚品质有了初步认识，那么，课后设计学生阅读《挑山工》、《小英雄雨来》等故事，带着本课所学方法去阅读寻找书中人物的言行，从中体会主人公的高尚品质，在班内组织一次"我心中的英雄"小型故事会进行展演。教师在作业设计时，只提供"拐杖"，由学生自主选择阅读内容或不同的形式积累交流。

2. 观察性作业，善于观察，培养习惯

罗丹说过，生活中不缺少美，而是缺少发现美的眼睛。生活是丰富多彩的，要引导学生观察、发现生活中的美，感悟生活，在生活中时时处处学习语文。比如：在教学《雾在哪里》一课，对于这种常见的自然现象，学生都见过，但是从没有有目的地观察过雾，教师就可以有目的地设计观察作业：你在哪看见过雾？它是什么样子的？颜色、味道、感受，等等，观察后想想用什么方式把你看到的雾介绍给大家。学生只有观察有了方向，有了方法，才能捕捉生活中的亮点，为写作提供素材，同时提高对生活的感悟力，培养观察习惯。

3. 想象性作业，大胆想象，合理创造

想象力才是一切知识的源泉，有想象才有创造，培养学生的想象力，训练学生的思维，也是作业设计时教师应该勇于尝试的。只要想象作业设计得合理，学生的想象力就会充分发挥，会充满创造力。例如，教授完《小猴子下山》一课，为了让学生知道小猴子明白了不能喜新厌旧，看见一个扔一个，结果什么都没得到的道理，教师设计了这样的想象问题：小猴子空着手回到家，猴妈妈会对小猴子说什么呢？学生们把自己当成猴妈妈，语重心长地说："以后可不能见到一个就把手里的扔了。""孩子，做事情要专心，不能毫无目标。"学生在教师创设的想象情境中，合理想象，把枯燥乏味的语言，变成角色语言，顺理成章地表达出来，这个作业设计，为学生的想象搭建了台阶，展现出语文课堂中想象的魅力。

作为语文教师，在"双减"背景下，我们要敢于创新，不断尝试，积极探索，从学生的发展出发，设计好语文作业，学生能主动、有兴趣地完成作业，充分发挥作业的积极作用，促进学生自主发现、实践探究的全面发展。

浅谈音乐学科作业设计

杨卫平

提起作业，人人皆知，那是老师对学生所学知识的巩固、强化所需的必要练习。如果说起音乐作业，恐怕很多人都感到茫然，甚至疑惑不解。"音乐"能有作业吗？又有什么作业呢？它以何种形式反映，又以何种形式批阅呢？是不是无端增加早已并不轻松的学生的负担呢？音乐学科的作业设计形式巧妙多样，旨在让学生感悟音乐、热爱音乐、拥有音乐，绝不会对学生造成所谓负担。对作业的完成也是独具特色的：既可独立操办，也可合伙经营，还可同其父母、老师等联手打造，自由灵活，别有情趣。怎样才能激发学生对音乐的兴趣，增强音乐的感悟能力呢？根据他们喜欢节奏欢快、旋律上口、轻松活泼的儿童歌曲这一特点，我给他们布置如下的作业：每个小朋友回家请爸爸妈妈帮助，找到你最喜欢的一首儿歌，然后你将它（优盘等形式）带到学校，在音乐课或兴趣课上自己介绍并放给同学们听。

一、音乐课后作业可以分为以下五类

（一）练习型作业

练习型作业可以巩固学生的音乐技能，提高学生音乐素养，发展学生的音乐特长，是音乐课后作业的主要形式之一。包括：

1. 布置学生预习新歌、乐谱视唱、歌曲复习、器乐练习曲的课后练习、舞蹈或歌唱表演的课后复习。

2. 将器乐欣赏中涉及的乐器介绍给学生后，特邀利用课余时间学习器乐的学生准备乐曲，使参加课外活动的学生有展示和巩固练习的平台，又增加其他学生欣赏音乐的乐趣。

3. 中高年级通过抄谱、写歌词、朗读歌词和演唱等形式，激发学生的音乐情感，提高学生背诵记忆歌曲的能力。

（二）体验型作业

如果说练习型作业是单纯型作业，体验型作业就是加深学生对音乐的感悟和体验，从而更好地提高学生的音乐素养。

1. 课上欣赏了世界音乐名曲后，教师将音乐复制给每个学生（也可以放在校园网站上让学生下载，或者在百度中搜索音乐。），布置作业——"请同学们课后继续听乐曲，感受乐曲描述的意境，体会乐曲的情感"。

2. 低年级可以动手自制各种音乐符号，用于训练中使用。用途有听记节奏、听记旋律、模仿大自然音响等，训练学生听觉的灵敏性。

（三）活动型作业

随着课堂教学活动性的增强，音乐的课后作业也应该向活动化发展。通过活动，提高学生音乐实践能力，同时也可以增进交流，增强学生的自信心，扩大音乐视野，达到活动育人的目的。

1. 观看相关的音乐剧、音乐会、健康音乐 CD、各个盛大节目的文艺晚会、六一儿童节晚会等。观看后填写记录表，老师及时讲评，对完成作业情况好的学生进行表扬，对完成作业情况不好的学生多鼓励，不增加学生负担，不影响学习情绪。

2. 利用音乐课学到的知识和技能参加班队活动、社会公益演出，对学生是极好的锻炼。

3. 举办家庭音乐会，学生与家长、亲戚、朋友轮流表演，学生可以将学会的好听的歌曲、好看的舞蹈，表演给朋友、家人听，用视频或照片、录音的形式汇报。

（四）研究型作业

当前的教学要变学生被动接受为学生主动探究，提倡研究性学习，布置音乐课后研究型作业是在音乐课中尝试研究性学习的有效途径之一。

1. 通过网上查询等方法收集资料，了解作曲家及乐曲，下载有关下一课主题的资料。

2. 针对乐理教学，请学生举一反三。如休止符有哪些作用？学生用已学的音乐作品，说明休止符有创设意境、表达情感、表示动作、方便演唱等作用，有的学生甚至说休止符是"此时无声胜有声"。

3. 收集有关一个主题的歌曲或图片，如"革命歌曲""四季""动物"，作为课堂教学的拓展。

（五）创造型作业

音乐课不仅要培养学生的感受音乐、欣赏音乐、表现音乐的能力，还要培养学生创造美的能力。具体包括根据歌曲编创舞蹈，给歌曲配打击乐伴奏，根据歌曲新编歌词，旋律填空，给儿歌编旋律等。

二、音乐作业设计可以从以下三方面着手

1. 让他们搜集播放中外著名歌曲，还可以分若干主题进行收集展播，如"摇篮曲""小夜曲""山歌"等。

2. 让学生观察、体验生活。在现实生活中，去寻找不同的生活时段、生活场景所播放的音乐，叫他们去探索、总结和分析，寻找规律，并为之设计音乐内容。如让学生去体验工厂、医院、学校、运动场、舞厅、车站、公园、餐厅等场所播放的音乐及特点，以及根据一天的时间变化或一年的季节变化，音乐又应该做何调整。

3.在前面的作业锻炼下，就可以提高难度，让学生去体验、聆听、分析人的一生与音乐的密切关系。通过作业反馈，他们是这样总结设计的：婴儿时期——《摇篮曲》《圣母颂》等，幼儿时期——《我爱我的幼儿园》《娃哈哈》等，小学阶段——《少年先锋队队歌》《咱们从小讲礼貌》等，中学阶段——《共青团员之歌》《我多想唱》等，大学阶段——《二十年后再相会》、乐曲《罗密欧与朱丽叶》《梁祝》和《命运交响曲》，成人阶段——《婚礼进行曲》《凯旋进行曲》，老年阶段——《旧友进行曲》《夕阳红》，临终——《葬礼进行曲》《回忆》等。另外，他们还设计了生日音乐，取得成绩后的胜利音乐，失望失败时的无奈音乐，气愤时的发泄音乐，被人误解时的伤心音乐等。总之，在新形势下音乐课后作业是必不可少的，它是提高学生音乐素养的有效途径之一。当然，音乐课后作业的设计要根据教学内容、学生情况有针对性地安排，不能盲目布置而导致增加学生过重的课业负担。

助力"双减"，夯实少先队工作

贾洪坡

为落实团中央、教育部、全国少工委印发《关于印发〈落实中央"双减"有关要求推进少先队实践教育重点项目实施方案〉的通知》要求，一年来，我校充分发挥少先队组织的独特育人优势，始终聚焦主责主业，在党支部的带领下，以"育人为本，道德为先"为宗旨，高举队旗跟党走，与时俱进、锐意创新，引领全体少先队员传承好红色基因，赓续好红色血脉，用实际行动奏响"请党放心 强国有我"的铮铮誓言。

一、制度为先，夯实组织建设

第一，加强辅导员队伍建设。少先队辅导员是少先队员的亲密朋友和指导者，肩负着培养社会主义接班人的重任。为提高我校辅导员的业务水平，学校严格落实每周1课时少先队活动课，并定期组织辅导员老师参加市、区级少先队辅导员技能培训。为庆祝建队72周年，我校积极开展"请党放心 强国有我"主题队日活动，组织中队辅导员参加区级少先队活动课评优活动，为辅导员专业成长搭桥铺路。

第二，加强少先队阵地建设。少先队组织阵地是少先队开展活动的主要场所，学校对少先队室进行了标准化更新和维护，组建了新一届国旗班和少年先锋岗，还充分利用学校宣传栏、黑板报、公众号等宣传少先队活动，不断拓展育人空间，打造规范化少先队活动阵地，为队员们的健康成长搭建平台。

第三，加强小干部队伍建设。学校每学年都会选拔组建新一届文明监督岗，开展一次大队委竞选活动，并实行每周1次小干部例会制度，由各大队委员针对本职工作总结上一周发现的问题和不足，大队委员会讨论并指出本周工作的改进方向。高效健全的队组织，责任心强、能力突出的小干部，是学校少先队工作得以顺利完成的重要保障。这一年来，我们持续加强小干部队伍建设，大大提升了小干部的组织力和影响力，使学校少先队工作蒸蒸日上。

二、习惯为重，促进养成教育

学校少工委始终以队员习惯养成教育为重点，努力将队员的习惯教育渗透到教育的每一个细节。我校结合小学德育目标与队员们实际情况，制定了一系列养成制度，如《文明班评比细则》《微习惯20条》等，内容包括课堂、课间、集会、锻炼、劳动等方面，让每位队员注重各种习惯的养成。与此同时，为让这些制度有效落地，由学校"红领巾监督岗"以每日检查与定期抽查相结合，从细微之处使学生养成良好的行为习惯。这样不仅培养了一支高素质的少先队小干部队伍，同时也起到一定的模范带头作用，引导少先队员规范日常行为，养成良好的习惯。

三、活动为核，推进"双减"工作

根据团中央、教育部、全国少工委印发《关于印发〈落实中央"双减"有关要求推进少先队实践教育重点项目实施方案〉的通知》要求，我校少先队组织倾力打造各类主题实践活动，紧扣实践教育主线，努力为队员们创设宽松、和谐的成长氛围，让他们在自主活动、实践教育中彰显个性，塑造人格。

第一，传统节日主题教育。中国传统节日历史悠久，内涵丰富，学校少先队利用重要时间节点开展主题活动。如清明节祭扫活动，追寻革命先辈的英雄足迹；"五一"劳动节进行劳动教育，体验劳动人民的光荣；追溯端午节起源，感受节日文化的内涵；"六一"儿童节举行庄重的入队仪式；"七一"建党日举行向党献礼活动；还有深受队员们喜欢的艺术节演出、爱心义卖活动等。

第二，主题教育实践活动。如3月份"学雷锋"活动月，让队员们学习并传承雷锋精神；3月8日"感恩教育"活动，让队员们知恩，感恩；3月22日"世界水日"主题实践活动，让队员们理解水资源的重要性，倡导队员们节约用水用电；4月22日"世界地球日"环保教育活动，让队员们注重垃圾分类，争做环保小卫士；9月10日"教师节"尊师重教实践活动，让队员们尊敬师长，感恩老师的辛苦付出。10月13日"建队日"主题队日活动，让队员们学习少先队知识，保持少先队员的光荣感、使命感。为了更好地发挥少先队组织实践育人优势，在"双减"政策背景下，学校少工委审时度势，开展了"文明交通你我他""等灯""爱心捐赠"等志愿服务活动，以队员为主体，重在体验感悟，大大提升了队员们适应社会的本领。此外，学校的读书节、美德节、科技节、体育节、艺术节、校外实践活动等，学校均倡导全员参与。一年来，形式多样的主题教育活动，极大地丰富了队员们的课余生活，引导队员们德、智、体、美、劳全面发展，为扎实推进"双减"工作，助力减负提质增效，尽最大力量。

四、家校合力，共同呵护成长

在队员的成长过程中，家庭教育是起点，学校教育是基础，社会教育则是补充和延伸。孩子的教育是学校、家庭和社会的共同责任，需要相互支持，形成教育合力。学校少先队通过召开家长会，组建家委会，聘请专家对家长们进行家庭教育指导，每学年的少代会、毕业典礼，队员们都会在家长志愿者的帮助下完成，达成了家校合力，相互促进，共同呵护了队员们健康成长。

"研思同行，共享提升"：单元作业设计初探

少先队的光荣事业鼓舞人心，中华民族伟大复兴的中国梦催人奋进。让我们更加紧密地团结在以习近平同志为核心的党中央周围，在"双减"政策的指引下，脚踏实地、开拓创新，向着更加辉煌的未来，奋勇前进！

单元作业设计

语文

自然

基本信息			
学科	语文	教师姓名	曹海红
年级	一年级	教科书版本	部编版
单元主题	自然		
单元内容(从教材内容和学生情况两个方面进行分析)	本单元围绕自然这个主题,编排了《秋天》《小小的船》《江南》《四季》4篇课文。这些课文内容丰富,题材各异,有散文、古诗和儿歌,课文语言简洁明快,亲切自然,能唤起学生对四季的感受,激发学生对大自然的喜爱之情。一年级学生刚入学不久,基本没有什么知识的储备,课堂上还是需要以直观的方法来激发他们的学习兴趣,所以在讲授这一单元的时候教师可以适当给学生提供相关的图片或视频,丰富学生对自然现象的认识,以便更好地理解课文内容。		
关键能力或核心素养	1.重视朗读基本功的训练,提醒学生用普通话朗读。 2.引导学生初步认识自然段,建立自然段的概念。		
单元整体目标	1.认识44个生字、9个偏旁和1个多音字;会写16个字和6个笔画。 2.积累和拓展带叠词的"的"字短语。 3.正确朗读课文,读准字音。 4.背诵《秋天》《小小的船》《江南》《四季》。		
单元课时整体安排	《秋天》(2课时) 《小小的船》(2课时) 《江南》(2课时) 《四季》(2课时) 《我们做朋友》(1课时)《语文园地四》(2课时)		
第一课时			
课时内容	《秋天》		
课时目标	1.认识"秋、气"等4个生字和木字旁、口字旁2个偏旁,认识新笔画横撇,会写"了、子"2个字。 2.初步认识自然段,正确朗读课文,感受秋天的美丽。		
学业要求	了解	理解	掌握	运用
	初步了解自然段。	认识"秋、气"等4个生字和木字旁、口字旁2个偏旁,认识新笔画横撇,会写"了、子"2个字。	"了、子"两个字的写法。	正确朗读课文,感受秋天的美丽。

续表

作业设计	课内作业： 一、写一写。 "了"的笔顺：_____ "了"的笔顺：_____ 二、选字填空。 了　子 走□　儿□	设计意图： 　　通过笔顺的练习考查孩子是否能掌握按照正确笔顺书写"了、子"。选字的练习考查孩子是否能正确区分形近字。
	课后作业： 读一读儿歌《秋天的颜色》。	设计意图： 　　通过读儿歌感受大自然秋天的特征和美及对秋天的喜爱之情。

第二课时

课时内容	《秋天》			
课时目标	1.认识"大、飞"等4个生字，认识人字头，会写"大、人"2个字。 2.学习第二、三自然段，理解"那么、一会儿"等词的意思，进一步感知秋天的特征。 3.结合图片，知道秋天是个美丽的季节。背诵课文。			
学业要求	了解	理解	掌握	运用
	认识"大、飞"等4个生字，认识人字头。	理解"那么、一会儿"等词的意思。	会写"大、人"2个字。背诵课文。	结合图片感受到秋天是个美丽的季节。
作业设计	课内作业： 写一写。 大的笔顺：_____ 人的笔顺：_____			设计意图： 　　通过笔顺的练习考查孩子是否掌握能按照笔顺正确书写"大、人"。选字的练习考查孩子是否能正确地区分形近字。通过连线孩子进一步知晓秋天的特征。
	课后作业： 用秋天不同的落叶做一幅美丽的叶贴画。			设计意图： 　　在生活中发现秋天的美，感受秋天的特征。

第一课时

课时内容	《小小的船》
课时目标	1.认识"的、船"等10个生字，会写"月、儿"2个字和横折钩、竖弯钩2个新笔画，认识叠词。 2.正确朗读课文，初步感受夜空的美丽。

续表

学业要求	3.理解"两头尖"等词语的意思,知道小小的船和弯弯的月儿之间的联系。			
	了解	理解	掌握	运用
	认识"的、船"等10个生字,认识叠词。初步感受夜空的美丽。	"两头尖"等词语的意思。	会写"月、儿"2个字和横折钩、竖弯钩2个新笔画。知道小小的船和弯弯的月儿之间的联系。	会用"月、儿"2个字组词。正确朗读课文。
作业设计	课内作业: 一、写一写。 月 ☐☐☐ 儿 ☐☐☐ 二、读一读,连一连。 ㇄ héngzhégōu 乚 shùwāngōu 三、找伙伴。 ★月 ( ) ★儿 ( )	设计意图: 通过写一写、读一读、连一连、找伙伴课堂练习夯实学生对基础知识的掌握。		
	课后作业: 学唱歌曲《小小的船》。	设计意图: 激发学生学习课文的兴趣,为背诵课文打基础。		
第二课时				
课时内容	《小小的船》			
课时目标	一、巩固生字,积累带叠词的"的"字短语,理解文中"只"的意思,正确书写"头、里"。 二、创设情境学习课文第二句话,想象夜空的美丽。 三、朗读课文,背诵课文。			

续表

学业要求	了解	理解	掌握	运用
	巩固认读字。	理解文中"只""里"的意思。	正确书写"头、里"。背诵课文。积累带叠词的"的"字短语。	想象夜空的美丽。
作业设计	课内作业： 一、看拼音写汉字。 tòu　shàng　tián　lǐ □　□　□　□ 二、读一读，连一连。 闪闪的　　天 蓝蓝的　　船 小小的　　月儿 弯弯的　　星星 三、比一比，赛一赛。 看谁说的叠词多。		设计意图： 　　在夯实基础知识的前提下进一步提高孩子的叠词积累量。	
	课后作业： 画一幅有关星空的诗配画。		设计意图： 感受夜空景色之美。	

第一课时

课时内容	《江南》
课时目标	1.正确认识"江、南"等9个生字，认识三点水儿、草字头2个偏旁，了解东、西、南、北四个方位，会写"东、西"2个字和新笔画竖弯，感受汉字的趣味。 2.正确朗读课文，了解诗歌的停顿和节奏。 3.借助课文插图，初步感受江南水乡人们采莲时的美好情景。

学业要求	了解	理解	掌握	运用
	"江、南"等9个生字，认识三点水儿、草字头2个偏旁，了解东、西、南、北四个方位。	会用"东、西"两个字组词。感受汉字的有趣。	会写"东、西"2个字和新笔画竖弯。正确朗读课文。	借助课文插图，感受江南水乡人们采莲时的美好情景。

续表

作业设计	课内作业： 写出下列汉字的笔顺再填空。 东 _____ 第5笔是 _____ 。 西 _____ 第5笔是 _____ 。	设计意图： 检查学生是否掌握了本节课的生字。
	课后作业： 学唱歌曲《江南》	设计意图： 感受江南水乡人们采莲时的美好情景。

第二课时				
课时内容	《江南》			
课时目标	1.巩固学习"东、南、西、北"4个方位词，理解田田、鱼戏、莲叶间等词语的意思，会写"可"字，会写笔画，竖钩。 2.创设情境，通过演一演等方式理解诗句，正确朗读课文，背诵课文。 3.借助图片丰富对江南的认识，进一步感受江南的美丽。			
学业要求	了解	理解	掌握	运用
	"东、南、西、北"4个方位词。	田田、鱼戏、莲叶间等词语的意思。通过演一演等方式理解诗句。	会写"可"字，会写笔画，竖钩。正确朗读课文，背诵课文。	借助图片丰富对江南的认识，进一步感受江南的美丽。
作业设计	课内作业： 写出"会"的笔顺。			设计意图： 考查学生对本课要求会写的字是否能正确书写。
	课后作业： 背一首描写江南美景的诗。			设计意图： 感受江南水乡的美好情景。

第一课时	
课时内容	《四季》
课时目标	1.初步认识"尖、说"等9个生字和言字旁、折文2个偏旁，读准多音字"地"，能正确书写"四、天"2个字。 2.了解诗歌是由小节组成的，正确朗读诗歌，初步了解四季的特征。 3.学习第一小节，深入了解春天的特征，模仿说话。

续表

学业要求	了解	理解	掌握	运用
	1.认识"尖、说"等9个生字和言字旁、折文2个偏旁，读准多音字"地"。 2.诗歌是由小节组成的，正确朗读诗歌，初步了解四季的特征。	"四、天"2个字组词。	能正确书写"四、天"2个字。	深入了解春天的特征，模仿说话。
作业设计	课内作业： 拼一拼，写一写。 sì □季　　tiān □春		设计意图： 通过完成课内作业考查学生是否完成了本节课的教学目标。	
	课后作业： 背一首描写春天的古诗。		设计意图： 进一步了解春天的特征。	
第二课时				
课时内容	《四季》			
课时目标	1.随文认读"青、蛙、弯、皮"4个生字，认识"虫"字旁，会写"是"，通过实物演示、做动作等方式理解"谷穗、弯弯、鞠着躬、顽皮"等词语的意思。 2.正确朗读课文，背诵课文。 3.借助看图，想象拓展，进一步感受四季的美丽。			
学业要求	了解	理解	掌握	运用
	"青、蛙、弯、皮"4个生字，认识"虫字旁"。	"谷穗、弯弯、鞠着躬、顽皮"等词语的意思。	会写"是"。	借助看图，想象拓展，进一步感受四季的美丽。
作业设计	课内作业： 课内阅读。 ____，他对青蛙说："我是夏天。" ____，他鞠着躬说："我是秋天。" 背一背，把选文补充完整。（填序号） ①谷穗弯弯　②荷叶圆圆		设计意图： 通过读一读和课内阅读两个方面考查学生是否掌握了认读字的正确读音和对本篇课文教学目标的完成情况。	
	课后作业： 用超轻黏土分别捏捏代表不同季节的动植物。		设计意图： 通过动手操作，进一步感受四季的美丽。	

续表

	第一课时				
课时内容	《口语交际：我们做朋友》				
课时目标	1.能向他人做自我介绍，就感兴趣的话题与对方进行交流，增强主动交往的意识。 2.知道看着对方交谈是一种基本的交际礼仪，在和他人说话时能看着对方的眼睛，养成良好的交际习惯。				
学业要求	了解		理解	掌握	运用
	能向他人做自我介绍，就感兴趣的话题与对方进行交流。		看着对方交谈是一种基本的交际礼仪，在和他人说话时能看着对方的眼睛。	就感兴趣的话题与对方进行交流。	在和他人说话时能看着对方的眼睛。
作业设计	课内作业： 同桌之间互相看着对方的眼睛进行自我介绍后，个别学生台前展示。			设计意图： 培养学生自信同时锻炼了学生的表达能力，及如何有礼貌地与他人交流。	
	课后作业： 和父母或者邻居小朋友交流自己感兴趣的话题。			设计意图： 增强学生的表达欲望。	
	第一课时				
课时内容	《语文园地四》				
课时目标	1.认读"男""女"等6个生字，认识反义词并积累，正确书写"女、开"2个字和"撇点"1个笔画。 2.正确朗读12个词语，选择其中的词语，说说自己喜欢的季节。 3.展示自己借助姓名认识生字的成果，提高自己在生活中自主识字的兴趣。				
学业要求	了解	理解		掌握	运用
	"男""女"等6个生字。	展示自己借助姓名认识生字的成果。		认识反义词并积累，正确书写"女""开"2个字和"撇点"1个笔画。	说说自己喜欢的季节。
作业设计	课内作业： 一、书写"女""开"。 　　□　□ 二、说说自己喜欢的季节。			设计意图： 采用练习巩固、拓展帮助学生在轻松愉悦的学习氛围中掌握知识。	

续表

	课后作业： 读儿歌《对子歌》。	设计意图： 通过儿歌的形式帮助学生巩固反义词，并增加学生的识字量。
第二课时		
课时内容	《语文园地四》	
课时目标	1.借助拼音，把名言读正确并能背诵，感受时间的宝贵，初步培养珍惜时间的意识。 2.与同学分享，和大人一起读课文同时阐述小松鼠找花生的收获，了解花生生长的常识，对大自然感兴趣。	

学业要求	了解	理解	掌握	运用
	花生生长的常识。 培养珍惜时间的意识。	时间的宝贵。	把名言读正确并能背诵。	分享读书感受。

作业设计	课内作业： 背一背，填一填。 1.（　　）之计在于春，（　　）之计在于晨。 ①一月　②一年　③一日 2.一寸（　　）一寸（　　），寸（　　）难买寸（　　） ①光阴　②金	设计意图： 积累名言感受时间的宝贵。
	课后作业： 背一句自己喜欢的名言。	设计意图： 积累名言。

| 单元评估作业 | 一、根据笔顺猜生字，并组词。

piě diǎn　piě　héng　　héng　piě　shù
□　□　□　　　□　□　□

二、快乐阅读。
　　树叶长在树上，树枝拿他当扇子。落到地上，小虫拿他当被子。飞到天上，小鸟拿他当风筝。漂在河里，鱼儿拿他当花伞……
　　说："大家都喜欢我，我真高兴！" ||

续表

	树叶有什么作用？连一连。 　　　长在树上　　　鱼儿　　　当风筝 　　　落到地上　　　树枝　　　当花伞 　　　飞到天上　　　小虫　　　当扇子 　　　漂在河里　　　小鸟　　　当被子

相处

基本信息			
学科	语文	教师姓名	陈永香
年级	二年级	教科书版本	部编版
单元主题	相处		
单元内容(从教材内容和学生情况两个方面进行分析)	本单元围绕"相处"这个主题，编排了《狐假虎威》《纸船和风筝》《风娃娃》3篇课文和1个语文园地。 《狐假虎威》是寓言，内容简单，通过讲故事来讲述一个道理。《纸船和风筝》《风娃娃》是童话，童话是儿童文学的一种，通过丰富的想象、幻想、夸张来塑造艺术形象，反映生活。这几篇课文故事情节生动有趣，角色个性鲜明，引导学生在学习和生活中注意与人友好相处。		
关键能力或核心素养	"综合运用多种方法自主识字、自由阅读"是本单元教学的一个重点。一年级编排连环画课文，引导学生遇到不认识的字借助图画、字形特点、联系上下文和生活经验等方法猜字阅读，在此基础上，本册安排了《纸船和风筝》《风娃娃》两篇全文不注音的课文，旨在引导学生把之前学习的方法以及本学期学习的部首查字法等识字方法综合运用到课文的学习中来。这样的安排也是为二年级下册课文不再全文注音的学习做铺垫。在识字教学中，宜采用归类识记的方法帮助学生记忆，并在课文语境和生活情境中帮助学生积累。关于自主阅读，要继续学习分角色朗读课文，朗读时，通过角色体验，感受童话的人物形象，明白民间故事所传达的道理，体会语言的寓意。 "借助提示，复述课文"是本单元教学的另一个教学重点。《风娃娃》课后题要求学生根据提示讲故事。教学时须引导学生在了解课文主要内容"风娃娃来到了哪些地方，做了什么事"的基础上，引导学生借助提示讲故事。		
单元整体目标	1.会认"假、威"等53个生字，读准"转、闷"2个多音字、会写"食、物"等31个生字。 2.综合运用多种方法自主识字，利用形声字的特点猜读拟声词，并能根据语境恰当运用。 3.继续学习默读，试着做到不出声。学习分角色朗读课文。 4.在阅读过程中感悟故事中的人和事，引导学生大胆交流自己的想法，培养学生的主动性。 5.感悟故事蕴含的道理，明辨是非美丑，懂得该怎么做事以及怎样与人友好相处。		

续表

单元课时整体安排	课文：《狐假虎威》（2课时）　　《纸船和风筝》（2课时） 《风娃娃》（2课时）　　语文园地（3课时）			
第一课时				
课时内容	《狐假虎威》			
课时目标	1.认识"假、威"等15个生字，读准多音字"转、闷"，会写"食、爷、物、就、爪"5个字。 2.理解成语"狐假虎威"的意思。			
学业要求	了解	理解	掌握	运用
	课文内容。	关键词语的意思。	熟读课文。	能模仿狐狸和老虎的动作。
作业设计	课内作业： "大摇大摆""东张西望"等四字词语的积累，并模仿动作。			设计意图： 通过积累增加词汇量，通过模仿理解词义。	
	课后作业： 熟读课文，把自己想象成课文中的主人公进行动作模仿。			设计意图： 在模仿的过程中体会内心的活动，加深对课文的理解。	
第二课时				
课时内容	《狐假虎威》			
课时目标	1.会写"神、活、猪"3个字。 2.分角色演一演"狐假虎威"的故事。			
学业要求	了解	理解	掌握	运用
	找到课文中描写狐狸和老虎的动词。	狐假虎威的寓意。	联系生活，分辨真假。	和比自己强大的人如何相处。
作业设计	课内作业： 读课文思考：最初，老虎紧紧地抓住了狐狸，现在老虎已经被狐狸蒙住了，这时候，狐狸竟然没有跑，为了让老虎对它深信不疑，狐狸是怎么做的？			设计意图： 为理解"狐假虎威"的寓意做铺垫。	
	课后作业： 1.给爸爸、妈妈讲一讲这个故事。 2.用"神气活现"说一句话。			设计意图： 培养讲故事的能力，锻炼语言表达能力。	

续表

	第三课时			
课时内容	《纸船和风筝》			
课时目标	1.指导朗读，感受小熊和松鼠成为好朋友时的开心，在吵架后又互相思念的痛苦和伤心。 2.了解课文内容，初步理解课文大意。 3.发挥学生的想象力，练习用"祝福"说话。 4.会认12个生字，会写"祝"。			
学业要求	了解	理解	掌握	运用
	课文内容大意。	本文关键字的字义。重点是形声字。	12个生字的读音，"祝"的书写。	会用"祝福"说句子送给文中的小熊和小松鼠。
作业设计	课内作业： 用"祝福"说一句话，把祝福送给小松鼠或者小熊，表达自己美好的祝愿。	设计意图： 在练习说话的同时理解词义，并联系生活实际表达自己的情感，加深对课文的理解。		
	课后作业： 熟读故事提示 提示： 课文讲_____和_____通过_____和_____成为好朋友，吵架后，又借_____和_____和好的故事。	设计意图： 对于二年级学生来讲，讲故事和背诵原文的概念不清晰，而故事的"提示"恰恰能把故事梗概描述清楚，有了故事梗概，讲故事就能水到渠成。因此熟读"提示"的设计就尤为重要。		
	第四课时			
课时内容	《纸船和风筝》			
课时目标	1.正确书写"张、纸"等4个字。 2.感受友谊带来的快乐，对如何交朋友和维系友谊有所感悟。			
学业要求	了解	理解	掌握	运用
	了解角色情感世界。	联系学生自己的生活实际，理解角色内心世界的感受。	结合多种方法进行识字，掌握本课形声字的字形和字义。	运用默读、朗读、齐读、自由读、配乐读等多种方式理解课文内容。

续表

作业设计	课内作业： 根据提示讲故事 提示： 1.把提示读明白，按照提示的步骤讲故事。 2.用上书中的词语。 3.加入自己的想象。 4.尽量使用自己的语言。	设计意图： 运用默读、朗读、齐读、自由读、配乐读等多种方式读书，理解课文内容。
	课后作业： 　　总结本课的形声字，说说哪边表义，哪边表声。和这些形声字属于一个家族的字你还知道哪些？举一两个例子，看看它们都和什么有关系。	设计意图： 　　本单元的形声字有很多，利用形声字的特点进行识字、理解字义比较巧妙，学生在总结的过程中就对这些形声字的字形字义有所了解。

第五课时

课时内容	《风娃娃》			
课时目标	1.认识"助、抽"等13个生字，会写"车、得、秧、苗"4个生字。 2.初读课文，了解风娃娃都做了哪些事。			
学业要求	了解	理解	掌握	运用
	风娃娃经历了什么事。	用什么方法来记住生字。	风娃娃做了哪些好事，又做了哪些坏事。	风还能帮我们做什么。
作业设计	课内作业： 　　用自己最擅长的方法认字，并书写。	设计意图： 　　多种方法自主识字。		
	课外作业： 　　1.有感情地朗读课文，读准字音。 　　2.给爸爸、妈妈讲一讲风娃娃都做了哪些好事和哪些坏事。	设计意图： 　　熟悉课文，并学着讲故事。		

第六课时

课时内容	《风娃娃》
课时目标	1.正确书写"汗、场、伤、路"4个字，会写"田野、风车"等11个词语。 2.懂得"做事情光有好的愿望还不行，还要看是不是真的对别人有用"的道理。

续表

学业要求	了解	理解	掌握	运用
	风娃娃前后的心情。	它的心情为什么会有那么大的反差。	多种读书方法。	用默读的方式理解课文内，体会默读的优势。
作业设计	课内作业： 默读4—6自然段风娃娃一下子就做了两件好事，风娃娃特别高兴，此时的它是怎么想的？		设计意图： 练习默读的读书方式。	
	课外作业： 根据提示，"风娃娃来到田野""风娃娃来到河边""风娃娃来到广场"，讲一讲这个故事。		设计意图： 进一步落实本单元的语文要素。	
第七课时				
课时内容	《语文园地八》			
课时目标	认识"狼、猩"等11个生字，尝试不同的分类方法。			
学业要求	了解	理解	掌握	运用
	认识图片上的这些动物。	借助拼读读出它们的名字。	分类法有哪些。	用这些方法进行分类。
作业设计	课内作业： 说说你为什么这么分类？		设计意图： 培养说话条理性。	
	课外作业： 搜集好的分类方法。		设计意图： 学会观察总结。	
第八课时				
课时内容	《语文园地八》			
课时目标	1.能利用形声字的特点猜读拟声词，并根据语境恰当运用。 2.了解左右结构的汉字中左右宽窄大致相等的字的书写要点，养成减少修改次数的书写习惯。			
学业要求	了解	理解	掌握	运用
	什么是拟声词？	这些词在生活中有什么作用？	模仿发出这些声音。	在哪里能用到这些声音？
作业设计	课内作业： 选择合适的拟声词填写在括号中。		设计意图： 恰当使用拟声词。	

续表

	课外作业： 比较用了拟声词之后，句子有什么变化。	设计意图： 拟声词在生活中的用途，能让句子变得更加生动。	
第九课时			
课时内容	《语文园地八》		
课时目标	1.背诵含有动物名称的四字词语。 2.阅读童话故事《称赞》，感受称赞给生活带来的美好与快乐。		
学业要求	了解	理解	掌握	运用
	读通《称赞》。	成语的意思。	积累成语并分类。	会用这些词语。
作业设计	课内作业： 给这些成语分类，说说你为什这么分。	设计意图： 学会观察和总结。	
	课外作业： 1.大家把我们学到的12个成语正确地抄写在自己的本子上。 2.课下自己查一查这12个成语是什么意思。	设计意图： 积累运用。	
单元评估作业	一、在加点字正确的读音下面打"√"。（6分） 违抗（kàng kàn）　受骗（biàn piàn）　奶酪（lào nào） 抓住（zhuǎ zhuā）　帮助（bāng pāng）　转圈（zhuǎn zhuàn） 二、照样子，写一写。 1.瞧了瞧　____了____　____了____ 2.一（个）松果　一（　）纸条　一（　）奶酪 3.高兴极了　_____极了 三、读一读句子，选择正确的字打"√"。 1.他（两　俩）都有（两　俩）个苹果。 2.（弟　第）一名是她的表（弟　第）。 3.老虎用（抓　爪）子（抓　爪）住了狐狸。 4.五星红旗在天安门广（场　扬）上空高高飘（场　扬）。 四、选择合适的拟声词填空。（填序号） A.哗啦啦　B.叽叽喳喳　C.汪汪汪　D.轰隆隆　E.叮叮咚咚　F.呱呱呱 小狗见人（　）　青蛙唱歌（　）　天上打雷（　） 泉水唱歌（　）　大雨倾盆（　）　小鸟唱歌（　）		

五、选一选，填动物名（填序号），并根据句子意思填写恰当的成语。
A.龙　B.狗　C.鼠　D.马　E.虎　F.蛇　g.鱼　H.鸟

狼吞（　）咽　　惊弓之（　）　　漏网之（　）

打草惊（　）　　（　）飞凤舞　　鸡鸣（　）吠

害群之（　）　　胆小如（　）

1. 被弓箭吓怕了的鸟。比喻受过惊吓，有一点动静就害怕的人。（　　）
2. 像龙在飞腾（téng），像凤在起舞。比喻山势蜿蜒（wān yán）起伏，雄伟壮观，也比喻书法笔势舒展活泼。（　　）
3. 胆量小得像老鼠。形容胆量极小。（　　）

家乡

——二年级上册第四单元作业设计

基本信息				
学科	语文	教师姓名	张容华	
年级	二年级	教科书版本	部编版	
单元主题	家乡			
单元内容(从教材内容和学生情况两个方面进行分析)	本单元围绕"家乡"这个主题编排了《古诗二首》等4篇课文,内容涵盖古今,跨越海峡,表现了祖国的辽阔和美丽,激发学生热爱祖国山河的情感。 "联系上下文和生活经验,了解词语意思"是本单元教学重点。学生对一年级下册"联系上下文,了解词语的意思"已经有了一定的认识,本单元的重点是这一训练的巩固与提升。"字词句运用"旨在引导学生联系上下文理解加点词语的意思,可以与课文中的相关教学进行整合。在教学过程中,教师须充分调动学生的学习经验和生活经验,指导学生自主学习。			
关键能力或核心素养	1. 充分调动学生的学习和生活经验,提升自主阅读的能力。 2. 不断提升学生的语言表达能力。可以结合课后练习的安排,通过多种途径,引导学生学习课文的语言表达,强化字词句的积累和运用。 3. "写话"编排的是学写留言条,重在培养学生的写话兴趣,留心周围事物,写自己想说的话。			
单元整体目标	1. 认识55个生字,读准4个多音字,会写37个字。 2. 正确流利地朗读课文,背诵古诗和指定课文内容。 3. 能联系上下文和生活经验,理解词句的意思。 4. 了解留言条的基本内容与格式,并能根据实际情况写留言条。 5. 增强认识家乡、赞美家乡的情感。			
单元课时整体安排	《古诗二首》(2课时)　　　　《日月潭》(2课时) 《黄山奇石》(2课时)　　　　《葡萄沟》(2课时) 《语文园地四》(2课时)			
第一课时				
课时内容	《古诗二首》			
课时目标	1. 认识"依、尽"等11个生字,会写"依、尽"等9个生字。 2. 初读古诗,了解大意。			

续表

学业要求	了解	理解	掌握	运用
	初读古诗，了解大意。	会写"依、尽"等9个生字。	识字方法。	大声朗读两首古诗，想象画面。
作业设计	课内作业： **【基础性作业】** 一、看拼音，写生字。☆ 二、记一记：认真读一读并记一记第45页的认读生字。☆☆ 三、读一读：大声朗读两首古诗。☆☆☆ **【提高性作业】** 四、在朗读的过程中理解"依、穷、疑"等字的意思。☆☆☆☆	设计意图： 一题和二题是进行识字教学，为理解古诗打好基础。 三题读古诗，增强记忆力，提高感悟能力。 四题在读的基础上初步理解古诗的语境。		
	课后作业： 推荐读古诗《黄鹤楼送孟浩然之广陵》。	设计意图： 注意古诗文的拓展和积累。		

第二课时

课时内容	《古诗二首》			
课时目标	1.能正确流利地朗读和背诵古诗。 2.展开想象，用自己的话说说诗句中描述的画面，初步体会站得高看得远的道理，感受大自然的壮丽。			
学业要求	了解	理解	掌握	运用
	诗句中描述的画面。	初步体会站得高看得远的道理，感受大自然的壮丽。	古诗里的字词句。	用自己的话说说诗句中描述的画面。
作业设计	课内作业： **【基础性作业】** 一、朗读比赛。☆ 二、背一背：背诵古诗。☆☆	设计意图： 采取比赛的形式激发学生的学习兴趣。 通过两节课的学习，在理解的基础上，指导背诵课文。		

续表

	三、记一记。☆☆☆ 穷尽　山穷水尽 烟云　烟消云散 四、用自己的话告诉父母这两首诗的意思吧！☆☆☆☆ 孩子，你今天又得几颗星呀？	积累词语，提高学生对词语的综合运用能力。 创设这个环节的目的是激发学生的兴趣，通过交流，学生基本可以复述诗意，同时增加亲子关系，提高协同背诗的目的。
	课后作业： 完成一幅诗配画。	设计意图： 把自己感悟到的画面表现出来。
第三课时		
课时内容	《黄山奇石》	
课时目标	1.认识"闻、名"等15个生字，认识字"都"，会写"南、部"等9个生字，认读生字组成的词语。 2.初步感受黄山石的魅力、千奇百怪。	
学业要求	了解　　　　　理解　　　　　掌握　　　　　运用 知道写景文章的初步形式,初步感受黄山石的魅力。　　联系上下文结合生活实际，理解千奇百怪的意义。　　"南、部"等9个生字。　　本课字词的运用。	
作业设计	课内作业： 【基础性作业】 一、记一记：我是识字小能手，请你与小伙伴分享一下是怎样记住本课生字的。 【提高性作业】 二、把词语补充完整。 风景如（　）　一（　）独秀 （　）不虚传	设计意图： 通过识字游戏激发学生学习热情，调动学习的积极性，巩固识字。 以填空的形式提高学生的阅读能力，积累词语。
第四课时		
课时内容	《黄山奇石》	
课时目标	1.正确、流利地朗读课文，背诵课文第二至第五自然段。看懂图意，能抓住"奇"字欣赏奇石的特点。 2.联系上下文和生活经验，理解"陡峭"等词语的意思。 3.能用"像"说说图片中石头的形状，并写一写。	

续表

学业要求	了解	理解	掌握	运用
	黄山石头的特点。	联系上下文和生活经验,理解"陡峭"等词语的意思。	正确、流利地朗读课文。	能用"像"说说图片中石头的形状,并写一写。
作业设计	课内作业: 【基础性作业】 一、在括号里填入合适的词语。 （　　）的风景区 （　　）地啼叫 二、照样子,看图写句子。 例:那巨石真像一只雄鸡,伸着脖子,对着天都峰不住地啼叫。 1.那巨石好像_____ _____。 2.那巨石真像_____ _____。 【提高性作业】 三、读一读,选几个词语说说某处景物。		设计意图: 　　补充词语目的是提高对词语的运用能力。 　　仿照例句结合图画教学,用"好像"和"真像"造句子,培养学生自由运用的能力。 　　这道题用于培养学生的综合运用能力。		
	课后作业: 完成语文园地四的字词句运用。		设计意图: 　　把同类知识整合在一起,提高教学效率。		
第五课时					
课时内容	《日月潭》				
课时目标	1.认识"潭、湖"等15个生字,会写"湾、名"等9个生字,认读生字组成的词语。 2.正确、流利、有感情地朗读课文,感受日月潭的秀丽风光。				
学业要求	了解	理解	掌握	运用
	认识"潭、湖"等15个生字。	"湾、名"等9个生字,认读生字组成的词语。	正确、流利、有感情地朗读课文。	感受日月潭的秀丽风光。

续表

作业设计	课内作业： 【基础性作业】 一、看拼音写汉字。 　　tái wān　　　　zhǎn xiàn 　　（　　）　　　（　　） 　　pī fēng　　　　zhōng yāng 　　（　　）　　　（　　） 二、比一比，组词。 　　披（　）弯（　）央（　） 　　波（　）湾（　）映（　） 【提高性作业】 三、写出带有下列偏旁的字。 　　辶（　）（　）（　） 　　扌（　）（　）（　）	设计意图： 　　充分发挥学生学习的主体作用，鼓励学生发现书写要点，便于下一步指导书写。 区分形近字，加深记忆。 用字族的方法归类学习。
	课后作业： 　　查找有关《日月潭》的资料，了解我国的宝岛台湾。	设计意图： 　　通过对资料的查找，知道它是祖国领土不可分割的一部分。引导学生更加热爱自己的祖国热爱自己的家乡。

第六课时

课时内容	《日月潭》		
课时目标	1.正确、流利、有感情地朗读课文，理解"群山环绕、隐隐约约、好像披上轻纱"等词语、短语的意思。 2.感受日月潭的秀丽风光，体会作者对日月潭的由衷赞美。背诵课文第二至第四自然段。 3.积累词语，说话训练。		
学业要求	了解	理解	掌握	运用
	感受日月潭的秀丽风光，体会作者对日月潭的由衷赞美。	结合生活实际，理解"群山环绕、隐隐约约"等词语的意思。	背诵课文第二至第四自然段。	积累词语，说话训练。
作业设计	课内作业： 【基础性作业】 一、在括号里填上合适的词语。 　　（　）（　）环绕	设计意图： 　　生字的学习是低年级教学的基础，本环节的目的是巩固复习生字。	

续表

	（　）（　）古迹 （　）（　）灯光 （　）（　）茂盛 山（　）水（　） 蒙蒙（　）（　） 二、你觉得日月潭美在哪儿？找出有关的句子读一读。 三、背诵课文第二至第四自然段。 四、照样子，写句子。 例：日潭像圆圆的太阳。 　　月潭像 　　落叶像 【提高性作业】 五、填空。 （　　　），湖面上漂着薄薄的（　　）。天边的（　　）和山上的（　　），（　　）地倒映在湖水中。	通过欣赏激发起学生对日月潭的喜爱之情。 在理解的基础上背诵，注意知识的积累。 仿照例句，注意字词句的运用。 在会背诵的基础上，注意进一步指导填空，指导书写的同时感受日月潭的美丽风光。
	课后作业： 巩固背诵第二至第四自然段。	设计意图： 课后需要进一步巩固背诵。

第七课时

课时内容	《葡萄沟》				
课时目标	1.认识"沟、产"等生字，读准多音字"好、干、分"，会写"份、坡、枝、起、客、老"6个字。 2.能正确、流利地朗读课文，初步了解葡萄沟这个好地方。 3.联系上下文理解"盛产""茂密""五光十色"等词语。熟悉了解并练习用"……就像……""……有的……有的……"句型造句。				
学业要求	了解	理解	掌握	运用	
	认识"沟、产"等生字。	葡萄沟是个好地方，培养学生热爱家乡的情感。	读准多音字"好、干、分"。	朗读课文，读准字音。	

续表

作业设计	课内作业：	设计意图：
	【基础性作业】 一、看拼音写词语。 shān pō　　zhǎn kāi hào kè 二、用"√"给加点的字选择正确的读音。 1.把葡萄的水分（fēn fèn）蒸发掉，就制成了非常可口的葡萄干（gàn gān）。 2.妈妈热情好（hào hǎo）客，总是把最好（hào hǎo）的东西拿出来招待客人。 三、请你大声朗读课文，读准字音。 【提高性作业】 四、仿照课文第二自然段描写葡萄颜色多的句子，描写公园里的花。 葡萄一大串一大串地挂在绿叶底下，有红的、白的、紫的、淡绿的，五光十色，美丽极了。 公园里的花都开了，有桃花、杏花、迎春花，_____。 下课了，同学们在操场上活动，_____，丰富多彩，热闹极了。	本课共有10个会写字，"份、坡、枝、收、城"是左窄右宽，"利"是左宽右窄，"客"是上窄下宽，"市"是上宽下窄，学生书写时要把握整体结构的不同。 要特别关注多音字"好、干、分"，可结合语境辨析字音。 借助拼音自读课文，读准字音，读通句子，遇到不理解的词语可以联系上下文或者请教同桌一起解决。 这道题可以结合语文书第39页的识字加油站进行练习。
	课后作业： 推荐阅读：《和大人一起读—画家乡》。	

续表

	第八课时			
课时内容	《葡萄沟》			
课时目标	1.会写"老、收、城、市、利"5个字。 2.能联系上下文理解"五光十色"等词语的意思,能够将句子说具体说完整。 3.能了解葡萄沟的葡萄品种多这种实际和葡萄干是怎么制作的过程。 4.感受葡萄沟的风土人情,产生对葡萄沟的向往之情。			
学业要求	了解	理解	掌握	
	能了解葡萄沟的葡萄品种多这种实际和葡萄干是怎么制作的过程。是怎么制作的。	能联系上下文理解"五光十色"等词语的意思,能够将句子说具体说完整。	会写"老、收、城、市、利"5个字。	
作业设计	课内作业: 【基础性作业】 一、会写"老、收、城、市、利"5个字。 二、我会选。 　　　密　　　蜜 1.外面乌云(　)布,好像要下雨了。 2.可爱的小女孩笑得那么甜(　)。 　　　留　　　流 1.眼泪顺着她的脸颊无声地(　)下来。 2.请你(　)下你的联系方式。 三、课内阅读。 茂密的枝叶向四面展开,就像搭起了一个个绿色的凉棚。葡萄一大串一大串地挂在_____底下,有红的、白的、紫的、淡绿的,_____,美丽极了。 【提高性作业】 你喜欢葡萄沟吗?说说理由。		设计意图: 　　自主识字是学生喜闻乐见的一件事。 在语境里区分同音字。 能联系上下文理解"五光十色"等词语的意思,能够将句子说具体说完整。 总结,新疆吐鲁番的葡萄沟是个好地方,那里盛产水果,其中葡萄最惹人喜爱。葡萄沟的葡萄种类多、颜色美、味道甜、产量高,这里生产的葡萄干也非常有名。	

续表

第九课时					
课时内容	《语文园地四》				
课时目标	1.借助火车票上的信息认识8个生字，增强在生活中主动识字的意识。 2.能展开想象，用"像"字说出生活中的事物。 3.能联系上下文理解词句的意思。 4.了解留言条的基本内容和格式，并能根据实际情况写留言条。				
学业要求	了解		理解	掌握	运用
	借助火车票上的信息认识8个生字，增强在生活中主动识字的意识。		能联系上下文理解词句的意思。	能展开想象，用"像"字说出生活中的事物。	了解留言条的基本内容和格式，并能根据实际情况写留言条。
作业设计	课内作业： 【基础性作业】 一、识字加油站。 二、你能说出加点词语在句中的意思吗？ 三、写话。 【提高性作业】 文中出现几个时间的写话练习。				设计意图： 　　通过生活识字的方法，激发起学生在生活中识字的兴趣。 　　联系上下文的方法，理解词语后，我们还可以借助字典来确认。 　　利用教师的总结，让学生对写留言条的方法和格式有明确的认识。	
	课后作业： 在校外学习看到的字。				设计意图： 学以致用。	

第十课时					
课时内容	《语文园地四》				
课时目标	1.发现描写颜色词语的构词规律，并积累相关的词语。 2.背诵风景名句，初步感受祖国山河的壮美。 3.阅读《画家乡》，感受家乡的美。				
学业要求	了解		理解	掌握	运用
	发现并积累相关的词语。 阅读《画家乡》，感受家乡的美。			背诵风景名句。	介绍自己的家乡。
作业设计	课内作业： 【基础性作业】 一、我发现。 二、日积月累。				设计意图： 　　发现描写颜色词语的构词规律，并积累。 　　培养学生积累词语的习惯。	

续表

	三、让我们看图片，并阅读，把这四句话也积累下来。 【提高性作业】 四、日积月累的拓展内容。	对于班里个别优秀生可以结合日积月累再进行拓展。
	课后作业： 了解自己家乡的特点。	设计意图： 为赞美家乡做准备。

识字单元

基本信息			
学科	语文	教师姓名	李淑云
年级	一年级	教科书版本	部编版
单元主题	识字单元		
单元内容(从教材内容和学生情况两个方面进行分析)	教材内容：这是第二个识字单元，延续了第一个识字单元的编排特色，编排了《画》《大小多少》《小书包》《日月明》《升国旗》5篇识字课文，将识字运用于生动形象、充满童趣的情境之中，内容浅显，内涵丰富，形式多样，渗透对比识字等多种识字方法。 学生情况：一年级学生刚刚走入校门，年龄小生活经验少，还处于直观动作思维阶段。在第一个识字单元，学生认识了象形字，初步感受了汉语的音韵特点。在本单元，学生将认识会意字，并将进一步了解汉字偏旁表义的构字规律。要充分利用学生已有的生活经验，创设丰富多彩的教学情境，采用具体形象的直观手段，激发学生的识字热情。要充分借助学生已有的识字经验，运用学过的识字方法，提高识字效率，巩固识字成果。		
关键能力或核心素养	能利用已有的生活经验，借助会意字识字、归类识字、反义词识字等多种方法识字。进一步了解汉字的文化内涵，喜欢学习汉字。初步感受汉字的魅力。		
单元整体目标	1.认识60个生字和9个偏旁；会写23个字和2个笔画。能利用已有的生活经验等多种方法识字。了解汉字偏旁表义的构字规律。了解汉字"从左到右""先撇后捺"的笔顺规则。 2.正确朗读课文。背诵课文。 3.感受古诗描绘的景色；培养学生爱惜文具的好习惯；懂得团结协作力量大的道理；受到初步的爱国主义的教育；要懂得爱惜粮食。 教学重点： 1.利用多种方法认识60个生字和9个偏旁；会写23个字和2个笔画。了解汉字偏旁表义的构字规律。了解汉字"从左到右""先撇后捺"的笔顺规则，在田字格中正确书写。 2.正确朗读课文，读准字音，背诵课文。 3.理解课文内容，感受古诗描绘的景色；培养学生爱惜文具的好习惯；懂得团结协作力量大的道理；受到初步的爱国主义的教育；要懂得爱惜粮食。 教学难点： 1.正确规范书写本单元的字。在识字写字中感受汉字的美。 2.理解课文内容，感受古诗描绘的景色；培养学生爱惜文具的好习惯；懂得团结协作力量大的道理；受到初步的爱国主义的教育；要懂得爱惜粮食。		

续表

单元课时整体安排	《画》（2课时）　　《大小多少》（2课时）　《小书包》（2课时） 《日月明》（2课时）　《升国旗》（2课时）　《语文园地五》（2课时）			
第一课时				
课时内容	《画》第1课时			
课时目标	1.通过偏旁、归类、反义词、识字等方法，认识"远"等10个生字和走之1个偏旁，正确书写"去、不"两个字。 　　2.在图文结合、归类识字的过程中，理解生字的意思，并在此基础上了解古诗的大意。能正确朗读古诗。			
学业要求	了解	理解	掌握	运用
	认识10个生字。古诗的意思。	生字的意思。	正确书写"去"和"不"。正确朗读古诗。	运用所学方法识字。
作业设计	课内作业： 1.连一连。拼音与字连线。 2.书写"去"和"不"三遍。		设计意图： 巩固本课学习的知识。	
	课后作业： 1.在生活中找找本课认识的字。 2.把《画》大声读给家长听。		设计意图： 帮助学生在生活中识字，激发学生识字兴趣。	
第二课时				
课时内容	《画》第2课时			
课时目标	1.通过认读、组词听写等多种方法复习10个生字和走之一个偏旁，正确书写生字"来""水"。 　　2.背诵古诗，图文结合，感受诗中描绘的景象；在图文结合、归类识字的过程中，理解生字的意思，并了解古诗的大意。			
学业要求	了解	理解	掌握	运用
	古诗的意思。	生字的意思。	正确书写"来"和"水"。背诵古诗。	运用所学方法识字。
作业设计	课内作业： 把古诗补充完整，回答问题。 远看（　）有色，近听（　）无声。 春（　）花还在，（　）（　）鸟（　）惊。 1.补充诗句。 2.古诗描写了（　）（　）（　）（　）等景物。		设计意图： 巩固本课学习的知识。	

续表

	课后作业： 1.把古诗背给家长听。 2.和家长玩对对子的游戏。	设计意图： 积累古诗。感受汉字的乐趣。		
第三课时				
课时内容	《大小多少》第1课时			
课时目标	1.通过联系生活等识字方法，认识"多"等8个生字和反犬旁、鸟字边两个偏旁，会写"少、小、鸟"3个字和竖折折钩这个笔画。 2.正确朗读课文，了解大小多少的对比关系，学习"头"等量词的正确使用。			
学业要求	了解	理解	掌握	运用
	认识8个生字，反犬旁，鸟字边。了解大小多少的对比关系。	生字的意思。	正确书写少、小、鸟和竖折折钩。正确朗读课文。	运用所学识字方法识字。学习"头""只"等量词的正确使用。
作业设计	课内作业： 1.照样子，填一填。 ①多 ②小 ③去 ④地 大—（②） 少—（ ） 天—（ ） 来—（ ） 2.书写本课所学生字3遍。	设计意图： 巩固本课学习的知识。		
	课后作业： 1.生活中帮助本课认识的字找朋友。 2.把课文读给家长听。	设计意图： 生活中识字，激发学生识字兴趣，提高学生识字能力。		
第四课				
课时内容	《大小多少》第2课时			
课时目标	1.认识"苹、果、杏、桃"4个生字，会写"牛、果"两个生字。 2.通过儿歌与插图进一步了解大、小、多、少的对比关系，背诵课文，积累量词短语。			
学业要求	了解	理解	掌握	运用
	认识4个生字。了解大、小、多、少的对比关系。	生字的意思。	正确书写牛和果。背诵课文。	运用所学方法识字。积累量词短语。

续表

作业设计	课内作业： 1.选一选。 只 头 个 堆 颗 群 一（ ）牛　　一（ ）鸭子 一（ ）猫　　一（ ）枣 一（ ）杏子　一（ ）桃 2.书写本课所学的生字。	设计意图： 　　巩固本课所学的知识。积累量词短语。
	课后作业： 1.背诵课文。 2.在家中找找量词短语。用数量词说说家中事物。	设计意图： 　　巩固本课所学的知识。积累量词短语。
第五课时		
课时内容	《小书包》第1课时	
课时目标	1.认识"书""包"等8个生字和包字头、单人旁、竹字头3个偏旁。会写"书、本"两个字，注意笔顺和关键笔画的位置。 2.正确朗读词语，知道学习用品的名称，了解它们的用途。	
学业要求	了解 / 理解 / 掌握 / 运用	
	认识8个生字和包字头等3个偏旁。知道学习用品的名称，了解它们的用途。 / 生字的意思。 / 正确书写"书"和"本"。正确朗读词语。 / 运用所学方法识字。注意笔顺和关键笔画的位置。	
作业设计	课内作业： 1.连一连。 　bāo zì tóu　　亻　包 　dān rén páng　⺮　作 　zhú zì tóu　　⺈　笔 2.书写本课所学生字。	设计意图： 　　巩固本课所学习的知识。
	课后作业： 1.生活中给本课认读字找朋友。 2.说说自己的学习用品名称。	设计意图： 　　生活中识字，激发学生识字兴趣，提高学生识字能力。
第六课时		
课时内容	《小书包》第2课时	
课时目标	1.认识"课、早、校"3个生字。会写"早、刀、尺"3个字，注意笔顺和关键笔画的位置。 2.朗读儿歌，学习摆放文具和整理书包。	

续表

学业要求	了解	理解	掌握	运用
	认识3个生字。	生字的意思。	正确书写"会""写""早"等三个字。正确朗读儿歌。	运用所学方法识字。关键笔画的位置。会整理书包。
作业设计	课内作业： 1.正确书写本课生字。 2.看图说话。 我会（　　　　　　）。		设计意图： 　　巩固本课所学习的知识。提高学生口语表达能力。	
	课后作业： 1.生活中帮助本课认识的字找朋友。 2.自己整理书包。		设计意图： 　　生活中识字，激发学生识字兴趣。培养学生爱惜文具的好习惯。	

第七课时

课时内容	《日月明》第1课时
课时目标	1.了解会意字的构字特点，感受古人的造字智慧，认识"明、力"等9个生字和日字旁，会写"木、林、土、力"4个字。 2.正确朗读课文，积累由本课生字组成的词语。

学业要求	了解	理解	掌握	运用
	了解会意字的构字特点，认识9个生字和日字旁。	生字的意思。	正确书写"木、林、土、力"。正确朗读课文。	运用所学识字方法识字。积累词语。
作业设计	课内作业： 1.连一连 　chén　　从　　lín　　众 　cóng　　森　　tiáo　　条 　sēn　　尘　　zhòng　　林 2.正确书写本课生字。		设计意图： 　　巩固本课所学习的知识。	
	课后作业： 1.正确朗读课文。 2.生活中给本课认读的字找朋友。		设计意图： 　　生活中识字，激发学生识字兴趣，提高学生识字能力。	

"研思同行，共享提升"：单元作业设计初探

续表

	第八课时				
课时内容	《日月明》第2课时				
课时目标	1.复习"明、力"等9个生字，认识"条、心"2个生字。会写生字"心"和笔画卧钩。 2.正确朗读课文，领悟团结协作力量大的道理，积累有本课生字组成的词语。				
学业要求	了解	理解	掌握	运用	
	认识2个生字。	生字的意思，领悟团结协作力量大的道理。	正确书写"心"和卧钩。正确朗读课文。	运用所学方法识字。积累有本课生字组成的词语。	
作业设计	课内作业： 加一加变新字。 人＋人＝（ ）　小＋土＝（ ） 小＋大＝（ ）　木＋木＝（ ）				设计意图： 巩固本课所学知识。帮助学生了解会意字的构字特点。
	课后作业： 1.正确朗读课文。 2.在生活中找找团结就是力量的事例。				设计意图： 领悟团结协作力量大的道理。
	第九课时				
课时内容	《升国旗》第1课时				
课时目标	1.认识"升"等5个生字和国字框、绞丝旁，会写"中、五"2个字。 2.正确朗读课文，初步理解国旗的含义。知道升国旗是一种庄重的仪式。				
学业要求	了解	理解	掌握	运用	
	认识5个生字和国字框、绞丝旁两个偏旁。	生字的意思。理解国旗的含义。	正确书写"中、五"。正确朗读课文。	运用所学方法识字。参加升旗仪式。	
作业设计	课内作业： 1.连字成词。 　国　美　敬　多　立 　丽　旗　么　正　礼 2.正确书写本课生字。				设计意图： 巩固本课所学知识。
	课后作业： 1.正确书写本课生字。 2.画国旗。				设计意图： 理解国旗的含义。

续表

第十课时			
课时内容	《升国旗》第2课时			
课时目标	1.认识"歌、起"等6个生字，会写"立、正"2个字。 2.朗读课文，背诵课文，理解国旗的含义，知道升国旗是一种庄严的仪式，要尊敬国旗，热爱国旗。			
学业要求	了解	理解	掌握	运用
	认识6个生字。知道升国旗是一种庄严的仪式。	生字的意思。理解国旗的含义。	正确书写"立、正"。正确朗读课文背诵课文。	运用所学方法识字。要懂得尊敬国旗，热爱国旗。
作业设计	课内作业： 1.读一读，连一连。 　　guó qí　　　升起 　　guó gē　　　国旗 　　měi lì　　　国歌 　　shēng qǐ　　美丽 2.书写本课生字。 3.背诵课文。		设计意图： 　　巩固本课所学习的知识。	
	课后作业： 1.找找中国的世界之最。 2.和家长说说周一升国旗时我们该怎样做。		设计意图： 　　要懂得尊敬国旗，热爱国旗。	
第十一课时			
课时内容	《语文园地五》第1课时			
课时目标	1.联系生活经验，识记5个生字。发现各组词语的排列规律，尝试运用有关词语。 2.初步感知汉字偏旁，表意的构字规律，复习巩固生字。 3.区别平舌音和翘舌音。鼻音和边音读准字音。 4.了解汉字从左到右和先撇后捺的笔顺规则。按照规则书写汉字。			
学业要求	了解	理解	掌握	运用
	认识5个生字。初步感知汉字偏旁，表意的构字规律。了解汉字从左到右和先撇后捺的笔顺规则。	感知汉字偏旁，表意的构字规律。	区别平舌音和翘舌音。鼻音和边音读准字音。按照规则书写汉字。	发现各组词语的排列规律，尝试运用有关词语。按照规则书写汉字。

续表

作业设计	课内作业： 1.标序号，选一个词说一句话。 昨天　今天　明天 明年　今年　去年 2.花　草　莲　苹 这些字偏旁都是（　），这些字与（动物　植物）有关。	设计意图： 巩固本课所学习的知识。
	课后作业： 　　在课后生字表中找找草字头和木字旁的字。 　　生活中去寻找草字头和木字旁的字。	设计意图： 巩固所学知识，偏旁识字。激发学生识字兴趣。

第十二课时

课时内容	《语文园地五》第2课时			
课时目标	1.借助拼音朗读古诗《悯农》，并能背诵，要懂得爱惜粮食。 2.和大人一起读《拔萝卜》，了解故事内容，尝试续编故事。			
学业要求	了解	理解	掌握	运用
	古诗的意思。	"粒粒皆辛苦"的含义。	正确朗读并背诵古诗。	续编故事。
作业设计	课内作业： 　正确朗读并背诵《悯农》。			设计意图： 古诗积累。要懂得爱惜粮食。
	课后作业： 　和大人一起读《拔萝卜》，了解故事内容，尝试续编故事。			设计意图： 激发学生阅读兴趣。
单元评估作业	一、看拼音写词语。 　shuǐguǒ　　lì zhèng　xiǎo niǎo 　（　　　）（　　　）（　　　） 　shū běn　　zhōng xīn　zǎo shang 　（　　　）（　　　）（　　　） 二、连一连。 　zǒu zhī　　　　辶 　fǎn quǎn páng　犭 　shù zhé zhé gōu　乚			巩固本单元会写字。 通过连一连巩固本单元学习的偏旁和笔画。感受汉字的乐趣。

续表

	三、写出每组字的偏旁。 说　话　语　（　　） 树　林　桃　（　　）	初步感知汉字偏旁，表意的构字规律，复习巩固生字。激发学生学习汉字的兴趣。
	四、排列诗句顺序后回答问题。 （　）谁知盘中餐 （　）汗滴禾下土 （　）锄禾日当午 （　）粒粒皆辛苦 1. 排列顺序。 2. 这首诗告诉我们。 珍惜时间　　（　　　　） 爱护学习用具（　　　　） 珍惜粮食　　（　　　　）	积累古诗，要懂得爱惜粮食。

想象

基本信息			
学科	语文	教师姓名	王凡
年级	一年级	教科书版本	部编版
单元主题	想象		
单元内容（从教材内容和学生情况两个方面进行分析）	本单元围绕"想象"这一主题编排了四篇课文《影子》《比尾巴》《青蛙写诗》《雨点儿》四篇课文；一个口语交际《用多大的声音》以及一个语文园地。本单元的四篇课文以儿童的视角对自然界、生活中的一些现象进行了生动描摹，充满儿童情趣。 口语交际，要求根据不同场合，用合适的音量与他人交流。可通过出示图片引导学生进行想象、训练。通过练习，告诉学生用合适的音量与他人交流是讲文明、有礼貌的表现。 语文园地分"字词句运用""展示台""日积月累""和大人一起读"四部分。字词句运用中分辨生字结构可与课文学习生字时有效整合；认识方位词也可在学习课文《影子》时进行训练。展示台中结合图片想一想这是生活中哪个场景，从而进行识字；日积月累是古诗节选《古朗月行》，可结合诗句引导学生进行想象、借助图片背诵。 学情分析：经过前面几个单元阅读课文的学习，学生已了解一些识字方法。第二、第三单元拼音的学习也为阅读扫清了障碍，绝大多数学生能够借助拼音进行阅读，也可以简单地提取课文主要内容。本单元围绕"想象"编排课文内容，一年级孩子想象力丰富，愿意交流自己的想法，课堂上教师要注意引导学生根据课文内容合理展开想象。		
关键能力或核心素养	语文要素：想象		
	单元	要素体现	
	一上六单元	把课文读正确、通顺，读好疑问句和陈述句，根据角色进行朗读。	
	二上七单元	展开想象，获得初步的情感体验。	
	本单元以"想象"为主题，语文要素是"把课文读正确、通顺，读好疑问句和陈述句，根据角色进行朗读"。为二年级上册七单元"展开想象，获得初步的情感体验"打好基础，做好铺垫。		
单元整体目标	字词识写： 1.认识43个生字、10个偏旁和2个多音字；会写17个字和3个笔画。		

续表

	2.知道汉字有上下结构和左右结构，学习按结构进行归类。 3.交流在生活中自主识字的习惯。 语言积累： 1.积累一问一答的语言表达，积累由生字拓展的词语。 2.借助儿歌巩固方位词"前、后、左、右"，了解方位词"东、西、南、北"。 3.背诵《比尾巴》《古朗月行（节选）》。 阅读理解： 1.朗读课文，读好问句的语气。 2.学习分角色朗读课文，读好人物说话的语气。认识逗号和句号，根据标点读好停顿，初步建立句子的概念。 3.和大人一起读《谁会飞》，感受儿歌的生动有趣，了解动物都有自己不同的活动方式。 口头表达： 1.学会用"前、后、左、右"4个方位词说话。 2.根据不同的场合，用合适的音量与他人交流。 3.知道用合适的音量与他人交流是讲文明、有礼貌的表现。		
单元课时整体安排	分类	内容	课时
	课文	5.影子	2课时
		6.比尾巴	2课时
		7.青蛙写诗	2课时
		8.雨点儿	2课时
	口语交际	用多大的声音	1课时
	语文园地六	字词句运用 展示台 日积月累 和大人一起读	2课时
第一课时			
课时内容	《影子》		
课时目标	1.认识"影、前"等5个生字，会写"在、后"2个字。 2.正确朗读课文第1小节，结合生活经验，展开想象，体会影子的特点。 3.借助情境，辨别"前、后"2个方位，并用这2个字来表达方位。		

续表

学业要求	了解	理解	掌握	运用
	认识"影、前"等5个生字。	理解第1小节内容。	会写"在、后"2个字。	借助情境，辨别"前、后"2个方位，并用这2个词来表达方位。
作业设计	课内作业： 句式练习： 影子这条小黑狗总是跟着我， 当我（　　），它（　　）。 当我（　　），它（　　）。		设计意图： 　　由小黑狗想到影子的特点，激发学生的生活体验，读出感情。	
	课后作业： 带着动作与同桌读一读。		设计意图： 　　多种形式朗读，加深理解，再次体会影子的特点。	

第二课时

课时内容	《影子》
课时目标	1.认识"左、右"等6个生字和宝盖、女字旁、月字旁3个偏旁；会写"我、好"2个字和斜钩1个笔画。 2.正确朗读课文，体会"我"对影子的喜爱之情。 3.借助情境，辨别左、右2个方位，并用这2个词来表达方位。

学业要求	了解	理解	掌握	运用
	认识"左、右"等6个生字。	理解课文内容。	会写"我、好"2个字和斜钩1个新笔画。	借助情境，辨别"左、右"2个方位，并用这2个词来表达方位。
作业设计	课内作业： 说一说你周围前后左右都是谁？ 用"我的前面是（　　）"或"（　　）在我后面"，这样的句式来说一说。		设计意图： 　　引导学生在游戏中进一步感知方位，运用不同句式表达，了解句子。	
	课后作业： 　　晴天时，看看自己的影子是不是像课文中说的这样。		设计意图： 　　结合生活经验，体会课文内容。	

续表

	第一课时			
课时内容	《比尾巴》			
课时目标	1. 认识"比、尾"等9个生字和提手旁1个偏旁。会写"长、比"2个字和竖提1个笔画 2. 朗读课文,读好问句的语气。背诵课文第1、2小节。 3. 积累语言表达。			
学业要求	了解	理解	掌握	运用
	认识"比、尾"等9个生字。	理解第1、2小节内容。	会写"长、比"2个字和竖提1个笔画。	让学生说一说疑问句。
作业设计	课内作业: 句式练习:在猴子、兔子、松鼠这三种小动物中,你最喜欢谁的尾巴?你知道它们的尾巴有什么作用吗?		设计意图: 帮助学生积累课外知识,了解更多动物尾巴的作用。	
	课后作业: 与同桌拍手读课文。		设计意图: 多种形式朗读,在朗读中加深理解,读好问句。同时培养合作意识。	
	第二课时			
课时内容	《比尾巴》			
课时目标	1. 认识"最、公"2个生字和八字头1个偏旁。会写"巴、把"2个字。 2. 朗读课文第3、4小节,读好问句的语气。背诵课文。 3. 模仿课文一问一答的形式做问答游戏,积累语言表达。			
学业要求	了解	理解	掌握	运用
	认识"最、公"2个生字。	理解课文3、4小节内容。	会写"巴、把"2个字。	模仿课文一问一答的形式做问答游戏。
作业设计	课内作业: 借助图片、仿照样子说一说: 谁的尾巴像剪刀? 燕子的尾巴像剪刀。 谁的尾巴(　　　)? (　　　)。		设计意图: 学习完课文后,学生进行儿歌创编,帮助学生积累语言。	

续表

	课后作业： 　　收集你喜欢的动物的尾巴图片，观察特点，仿照课文的句式说一说。	设计意图： 　　结合生活实际，体会动物尾巴的作用。
第一课时			
课时内容	《青蛙写诗》			
课时目标	1. 认识"写、诗"等11个生字和秃宝盖、四点底2个偏旁。会写"下、雨"2个字。 2. 借助具体事物认识逗号和句号。 3. 正确朗读课文。			
学业要求	了解	理解	掌握	运用
	认识"写、诗"等11个生字。	理解课文前3个小节内容。	会写"下、雨"2个字。	认识逗号、句号，读好停顿。
作业设计	课内作业： 　　课文中为什么说小蝌蚪像逗号，水泡泡像句号？在插图中找一找。			设计意图： 　　文中插图与标点符号很相似，加深对课文内容的理解，也帮助学生记住标点符号的样子。
	课后作业： 　　借助标点读好课文。			设计意图： 　　在读中记住标点符号的样子，在读中体会标点符号的作用。
第二课时			
课时内容	《青蛙写诗》			
课时目标	1. 正确朗读课文，感受诗歌的生动有趣。 2. 复习词语，会写"个、们"2个字。 3. 结合具体事物认识标点。			
学业要求	了解	理解	掌握	运用
	了解标点符号的作用。	理解课文内容。	会写"个、们"2个字。	遇到所学标点符号，认识并读好停顿。
作业设计	课内作业： 　　出示学习单，练习使用标点符号。 　　1. 早上（　　）我背着书包去上学（　　）。 　　2. 后天（　　）我要去看电影（　　）。			设计意图： 　　了解标点符号的作用，利用练习题落实到用，帮助学生掌握并运用标点符号。

续表

	课后作业： 和同学说一说课文中谁像哪个标点符号，为什么？	设计意图： 在说中加深印象，帮助学生更好地运用。		
第一课时				
课时内容	《雨点儿》			
课时目标	1.认识"彩、半"等7个生字和三撇、穴宝盖2个偏旁。读准多音字"数"。会写"半、从"2个字和横钩1个笔画。 2.朗读课文。			
学业要求	了解	理解	掌握	运用
	认识"彩、半"等7个生字。	理解课文内容。	会写"半、从"2个字。横钩1个笔画。	仿照课文中的句式说句子。
作业设计	课内作业： 认识"彩、半"等7个生字。理解课文内容；会写"半、从"2个字，横钩1个笔画。仿照课文中的句式说句子。	设计意图： 在读中体会内容，并进行句式练习，将语言内化，给学生留下深刻印象。		
	课后作业： 练习阅读文中的对话。	设计意图： 引导学生提前找出文中大雨点儿和小雨点儿的对话，读好语气，理解课文内容。		
第二课时				
课时内容	《雨点儿》			
课时目标	1.认识"更、绿、出"3个生字，读准多音字"长"，会写"问、有"2个字。 2.分角色朗读课文，读好逗号和句号的停顿。 3.理解课文，体会雨点儿给大地带来的美好变化。			
学业要求	了解	理解	掌握	运用
	认识"更、绿、出"3个生字。	大雨点和小雨点所到之处带来的变化。	会写"问、有"2个字。	根据课文内容展开合理想象。
作业设计	课内作业： 如果你是刚长出的小花，你想对大雨点儿说些什么？如果你是更绿的草丛，你会对小雨点儿说什么？	设计意图： 根据课文内容，展开想象，体会变化以及心情。		

	课后作业： 出示图片（沙漠、禾田、干涸的河沟），如果你是雨点儿，你想去哪儿？和同学说一说。	设计意图： 体会雨点儿带给大地的变化，结合插图展开想象，锻炼学生的想象力。		
第一课时					
课时内容	《口语交际：用多大的声音》			
课时目标	1.根据场合，用合适的音量与他人交流。 2.知道根据场合，用合适的音量与人交流是文明、有礼貌的表现。			
学业要求	了解	理解	掌握	运用
	在什么样的场合用多大音量说话。	理解为什么这样做。	掌握在不同场合用多大声音说话的方法。	在生活中或学习中实践。
作业设计	课内作业： 出示图片（飞机上、学校楼道里、学校操场上），说一说这些场合该用什么样的音量说话。		设计意图： 在练习中，将口语课和生活联系起来，帮助学生体会该用多大声音说话。	
	课后作业： 和家长到不同场合，试着用课堂上学过的知识和家长交流。		设计意图： 由课堂走向生活，由生活回到课堂，让口语交际能力得到运用。	
第一课时					
课时内容	《语文园地六》			
课时目标	1.能判断汉字的结构，将汉字按结构进行分类。 2.朗读儿歌，背诵儿歌。初步了解借助太阳辨别方向的方法。 3.展示在生活中自主识字的成果，激发自主识字的兴趣。			
学业要求	了解	理解	掌握	运用
	能判断汉字的结构，将汉字按结构进行分类。	理解儿歌内容。	掌握识字方法。	借助太阳辨别方向的方法。
作业设计	课内作业： 下午放学，面向太阳。 前面是（　　），后面是（　　）。 左面是（　　），右面是（　　）。		设计意图： 引导学生辨别方向后，在句式训练中提高生活实践能力。	

续表

	课后作业： 你还认识哪些建筑物上的字，认一认，读一读。	设计意图： 鼓励学生在生活中识字，培养学生养成留心观察的好习惯。
	第二课时	
课时内容	《语文园地六》	
课时目标	1.借助拼音，正确、流利地朗读古诗，背诵古诗。 2.尝试用多种合作的方式，和大人一起读《谁会飞》，感受儿歌生动有趣的一面。	
学业要求	了解 | 理解 | 掌握 | 运用	
	了解古诗意思。 | 理解"白玉盘""瑶台镜"是什么。 | 背诵古诗。 | 仿照儿歌句式创编儿歌。	
作业设计	课内作业： 句式练习： 谁会飞？ （　　）会飞。 （　　）怎样飞？ （　　　　）。	设计意图： 仿照句式创编儿歌，开发学生语言能力，激发阅读兴趣。
	课后作业： 带着动作与同桌读一读。	设计意图： 多种形式朗读，加深理解，再次体会影子的特点。
单元评估作业	一、根据场景判断说话音量的大小，对的画"√"。 （1）　　　　　　　　　　（2） ①应该大声说话。（　　）　　①应该大声说话。（　　） ②应该小声说话。（　　）　　②应该小声说话。（　　） 二、读一读，选一选。 （1）在下面的场合中，我们应该大声说话的有（　　），我们应该小声说话的有（　　）。 ①演（yǎn）讲比赛（sài）　　②在公共餐（cān）厅吃饭	

续表

③上课回答问题　　　　④在医院看望病人
⑤在图书馆看书　　　　⑥在电影院看电影

（2）我们大声说话是为了（　　），小声说话是为了（　　）。
①让别人能听清楚　　　②不打扰别人

（3）我们要根据不同的场合选择不同的音量，这是一种（　　）的表现。
①不文明　　　　　　　②文明

三、填一填，背一背。

早上起来，面向太阳。
前面是（　　），后面是（　　），（　　）面是北，
（　　）面是南。

四、我会用。

早上，太阳升起的方向是（　　）；傍（bàng）晚，太阳落下的方向是（　　）。
傍晚，面向太阳，左面是（　　），右面是（　　）。

思维方法

——二年级上册第五单元作业设计思考

基本信息				
学科	语文	教师姓名		吴春华
年级	二年级	教科书版本		部编版
单元主题	本单元的人文主题是"思维方法"。初步体会课文讲述的道理,感受和体会课文语言表达的多样性,学习表达。			
单元内容(从教材内容和学生情况两个方面进行分析)	1.第五单元围绕"思维方法"这一主题,编排了《坐井观天》《寒号鸟》《我要的是葫芦》三篇课文。《坐井观天》借助小鸟和青蛙的对话,让学生懂得认识事物不能目光短浅、固执己见,要学会接受别人的意见,全面地看问题;《寒号鸟》中寒号鸟因为懒惰不听劝阻而被冻死,让学生懂得勤奋的重要性,要用自己的劳动创造自己的生活;《我要的是葫芦》是"种葫芦的人只想要葫芦,却不管叶子上的蚜虫,导致葫芦都落了"的故事,让学生懂得事物之间是有联系的,不能只注重结果而忽略了过程。 2."商量"是本单元口语交际的主题,语文要素是"要用商量的语气,把自己的想法说清楚",重在引导学生在具体情境中开展与人商量的交际活动,培养学生与人商量的基本素养。语文园地中安排了"我爱阅读"这一版块,是一篇寓言故事《刻舟求剑》,旨在让学生运用学到的知识进行自主阅读,体会故事的寓意,是延续"思维方法"的主题阅读。 3.这些故事虽然短小,但寓意深刻。本单元课文的教学要有充分的时间让学生交流讨论,鼓励学生说出自己的想法,重点引导学生结合课文内容和生活实际来谈寓意、说体会。			
关键能力或核心素养	编者在这个单元安排了两项语文要素的学习训练:一项是阅读训练要素"初步体会课文讲述的道理";另一项是表达训练要素"初步感受课文语言的表达效果",目的是培养学生的思维能力和语言表达能力。本单元对于"思维与表达"的要求是根据课文有关的具体情境展开思考,让学生结合课后习题和生活实际认真思考探究,发表自己的观点,在交流讨论中,体会课文讲述的道理。强调学生从"读"到"思考"再到"交流"的过程;对于多样性表达的要求,借助课后习题,体会同一个意思可以用不同的句式和不同的语气加以表达。			
单元整体目标	1.认识35个生字,读准3个多音字,会写26个生字,会写27个词语。 2.能分角色朗读课文,读好对话,读出不同句子的语气。			

续表

	3.能联系生活实际，初步体会课文讲述的道理。 4.能结合课后习题，初步感受课文语言的表达效果，学习表达。
单元课时整体安排	课文：《坐井观天》（2课时）　　《寒号鸟》（2课时） 　　　《我要的是葫芦》（2课时）　《口语交际：商量》（1课时） 　　　《语文园地五》（2课时）

第一课时

课时内容	本单元的所有教材内容
课时目标	1.初步体会课文讲述的道理，引导学生结合课文内容或联系实际生活进行思考，在交流讨论中初步体会其中的道理。 2.通过讲故事的方式，引导学生联系生活实际理解寓意。 3.引导学生通过观察和想象，仿照例句把事物描写得更形象具体。 4.整体预习和巩固本单元的生字新词。
学业要求	了解	理解	掌握	运用
	本单元学习主要内容及单元主题。	语文要素设置及各节课的训练重点。	初步体会课文讲述的道理，感受和体会课文语言表达的多样性，学习表达。	从"简要推断"到"体会讲述的道理"再到"谈谈简单的看法"的编排思路，体现了由易到难、螺旋上升的梯度发展序列。
作业设计	课内作业： 1.分角色朗读课文，读好下面的句子。 　（1）天不过井口那么大，还用飞那么远吗？ 　（2）天无边无际，大得很哪！ 　（3）不信，你跳出井来看一看吧！ 2.小鸟和青蛙在争论什么？他们的说法为什么不一样？	设计意图： 　学生通过代入角色朗读，了解角色的想法，在多种形式的朗读中读好小鸟和青蛙对话中的不同语气。 　引导学生关注小鸟和青蛙观点的不同之处，能简单说出他们争论的问题"天到底有多大"并且思考他们观点不同的原因。
	课后作业： 　阅读语文书第70页的寓言故事《刻舟求剑》，小组讨论：这个故事告诉我们什么道理？	设计意图： 　学生结合课文内容或联系实际生活进行思考，在交流讨论中初步体会其中的道理。

续表

第二至十课时		
《坐井观天》2课时	课内作业： 1.整体感知，角色朗读。 2.角色扮演，深入体会。	设计意图： 感受语气的表达作用。 体会课文讲述的道理。
《寒号鸟》2课时	课内作业： 　分角色朗读课文。想一想：为什么喜鹊能住在温暖的窝里，寒号鸟却冻死了？ 课后作业： 　议一议：你生活中见过喜鹊或寒号鸟这样的人吗？说说他们的故事。	设计意图： 　引导学生通过角色扮演，了解故事内容，思考导致喜鹊和寒号鸟不同结局的原因，体会故事寓意。 　有的同学做事很磨蹭，早晨吃饭不着急，上学迟到；写作业拖拉，不能及时交。假期中没有好的写作业的习惯，结果开学时熬夜写作业。 　平时不预习，结果上课时不能及时回答教师的问题。
《我要的是葫芦》2课时	课内作业： 　1.朗读课文，想一想：种葫芦的人想要葫芦，为什么最后却一个也没得到？ 　2.读一读，注意句子不同的语气。 　有几个虫子怕什么？ 　有几个虫子不可怕。 　叶子上的虫还用治？ 　叶子上的虫不用治。 课后作业： 　亲子交流：给家人讲一讲《我要的是葫芦》这个故事，说说他为什么一个葫芦也没得到。再听听家人会对你说什么。	设计意图： 　思考种葫芦人一个葫芦都没有得到的原因，促进学生对事物之间相互联系的理解，初步体会课文讲述的道理。 　体会同一个意思可以用感叹句或陈述句、反问句或陈述句来表达，不同的语气表达了不同的情感。感受和体会课文语言表达的多样性，学习表达。
口语交际《商量》1课时	课内作业： 　1.和别人商量事情时要注意： 　（　　）（　　）（　　）。	1.要有礼貌地说，要耐心听取别人的意见。要说清楚理由，不能吞吞吐吐。被拒绝要表示理解，不要勉强别人。

续表

		2.你认为小丽的做法怎么样？	2.小丽的做法很好，虽然别人拒绝了她，但仍然很有礼貌。
语文园地五 3课时	课内作业： 　　1.你知道的描写说话的词语有哪些？ 　　2.你所知道的左右结构的字还有哪些？左右结构的字书写规则是怎样的？ 　　3.填空。 　　（　）言片语　豪言（　）语　三言（　）（　）蜜语 课外作业： 　　1.课下搜集关于雪景的诗句。 　　2.你还知道哪些关于冬天的古诗？		1.直言不讳、无所顾忌、拐弯抹角、故弄玄虚、侃侃而谈、滔滔不绝、虚情假意。 　　推心置腹、旁敲侧击、喋喋不休、慢条斯理、含糊其辞、唠唠叨叨。 　　2.左右结构的字有很多，如：结、构、地、使、唤、请、到、被、纳、知、时、坦、提、新、旧、投、诉、说、话、辉、煌、林、羽、你、他、报、服。 描写雪景的诗句：千里黄云白日曛，北风吹雁雪纷纷。——高适《别董大》 窗含西岭千秋雪，门泊东吴万里船。——杜甫《绝句》 3.（1）雪梅（宋）卢梅坡 梅雪争春未肯降，骚人搁笔费评章。 梅须逊雪三分白，雪却输梅一段香。 （2）梅花　（宋）王安石 墙角数枝梅，凌寒独自开。 遥知不是雪，为有暗香来。 （3）逢雪宿芙蓉山主人 　　（唐）刘长卿 日暮苍山远，天寒白屋贫。 柴门闻犬吠，风雪夜归人。
单元评估作业	一、字词欢乐谷。 1.用"√"画出下列词语中加点字的正确读音。 　　抬（tái tǎi）头　　弄（nèng nòng）错　　喜鹊（què qiè） 　　蚜（yá yà）虫　　赛（shài sài）过　　狂（kuáng wáng）吼 2.读拼音，写词语。 　　jǐng yán　　huí dá　　qíng lǎng　　kū cǎo　　lín jū 　　_____　　_____　　_____　　_____　　_____ 　　qí guài　　yè lǐ　　qián miàn　　shān jiǎo　　zhī tóu 　　_____　　_____　　_____　　_____　　_____		

3.选字填空。(填序号)
(1)①峰 ②锋 ③蜂　蜜（　）　山（　）　（　）利
(2)①幕 ②墓 ③慕　开（　）　羡（　）　（　）地
4.读句子,选字填空。
　　渴　喝　棵　颗
(1)一只乌鸦口（　　）了,到处找水（　　）。
(2)一（　　）流星悄悄滑落,落到了山那边一（　　）大树下了。
5.下面形容话语很少的成语有哪些?用"√"画出来。
千言万语（　）　三言两语（　）　只言片语（　）　豪言壮语（　）
6.照样子,写一写。
例:冻得直打哆嗦　.　热得　　　　　　急得
例:热得像蒸笼　　冷得像　　　　　　快得像

课文感知:
1.《我要的是葫芦》告诉我们事物之间是有密切联系的,不能只顾结果,不考虑其他。
2.《坐井观天》告诉我们认识事物,看待问题,站得高才能看得远。

阅读展示台。
公鸡和兔子、鸭子是邻居。
一天中午,兔子想向公鸡借个盆,公鸡说:"我自己要用,不借。"
傍晚,(果然　突然)刮起了大风,下起了大雨。公鸡的屋顶被大风吹掉了。他急得又叫又跳。兔子和鸭子听见了公鸡的叫声,都放下了手里的活,跑来帮公鸡抢修屋顶。风停了,雨停了,屋顶修好了。
公鸡看看修好的屋顶,(在　再)看看满身泥浆的兔子和鸭子,不由得脸红了。
1.用"\"画去括号内不恰当的词。
2.兔子和鸭子听见了公鸡的叫声是怎么做的呢?用"＿＿"画出相关语句。
3.公鸡为什么会脸红呢?

4.短文告诉我们的道理是（　　）。
A.人与人之间要友好相处,要学会帮助别人
B.自私的人是得不到朋友的
5.请你发挥想象,写一写兔子向公鸡借盆时会怎么说。要用商量的语气哟!

"研思同行，共享提升"：单元作业设计初探

观察

基本信息			
学科	语文	教师姓名	张平
年级	一年级	教科书版本	部编版
单元主题	观察		
单元内容（从教材内容和学生情况两个方面进行分析）	一、单元教学内容 　　本单元围绕"观察"这个主题编排了《雪地里的小画家》《乌鸦喝水》《小蜗牛》3篇课文及口语交际《小兔运南瓜》和《语文园地八》。课文以动物为主人公，充满了童真和童趣，能激发学生的阅读兴趣。通过学习本单元课文，让学生体会到，只要留心观察，生活中处处都有学问。还要引导学生初步认识自然段，知道每个自然段前都要空两格，能找到每一个自然段的起始和结束。 　　本单元有两个教学重点：一是初步培养学生寻找明显信息的能力。继续引导学生借助圈一圈、画一画的方法，从课文中提取相关的信息，再和大家交流。二是借助图画读课文。本单元首次出现了没有全文注音的连环画课文，引导学生利用连环画课文图文对应的特点，借助图画理解课文内容，并借助图画猜猜不认识的字。 　　二、学情分析 　　一年级孩子，知识储备不足，处于直观形象思维阶段，理解能力和语言表达能力有限，所以在教学中采用借助图片、联系生活等方法帮助学生构建思维，从而达到理解学习内容的目的。		
关键能力或核心素养	1.初步培养学生寻找明显信息的能力。 2.借助图画阅读课文。		
单元整体目标	1.认识38个字、2个偏旁和1个多音字；会写16个字和1个笔画。 2.了解汉字"先中间后两边""先外后内"的笔顺规则，在田字格中正确书写。 3.正确、流利地朗读课文；能找出课文中明显的信息。 4.借助图画，自主阅读不全文注音的课文。 5.了解一些自然常识，激发学生观察自然、观察生活的兴趣。 6.背诵《雪地里的小画家》《风》。 7.与人交流，能大胆说出自己的想法。 8.积极参与讨论，能选出自己喜欢的方案，并能说出理由。 9.拓展积累由熟字构成的12个新词，学习写新年贺卡。		

续表

单元课时整体安排	观察 — 落实要素 — 《雪地里的小画家》（2课时）／《乌鸦喝水》（2课时）／《小蜗牛》（2课时）；拓展积累 — 口语交际（1课时）／《语文园地八》（2课时）				
第一课时						
课时内容	《雪地里的小画家》				
课时目标	1.认识"群、竹、牙"3个生字，会写"竹、牙、马"3个字。 2.正确朗读课文，读准轻声，读出感叹句的语气，读出儿歌的节奏。尝试背诵课文的前三句。 3.了解"小画家"画了什么。感受大自然的奇妙，学习认真观察。				
学业要求	了解	理解	掌握	运用
	1.认识"群、竹、牙"3个生字。 2.结合插图，了解"小画家"画了什么。	会写"竹、牙、马"3个生字，正确朗读课文。	读出感叹句的语气，背诵课文前三句。	读出儿歌节奏，感受大自然的奇妙，学习认真观察。
作业设计	课内作业： 1.用"雪地里来了（　）（　）（　）和（　）"的句式说说雪地里来了哪些小画家。 2.练习书写"竹、牙、马"。 3 尝试背诵课文的前三句。	设计意图： 　　通过读课文并结合插图，初步了解课文内容。 　　在正确朗读课文的基础上尝试背诵。
	课后作业： 1.读熟课文。 2.想象小动物们画了什么？	设计意图： 　　熟读课文了解课文内容，为第二课时的学习做好准备。
第二课时						
课时内容	《雪地里的小画家》
课时目标	1.巩固"群、竹、牙"3个字，认识"用、几"等7个生字，正确认读多音字"着"，学写新笔画横折弯钩，会写"用、几"2个字。 2.运用多种形式朗读课文，背诵全文。

续表

	3.结合插图,知道小动物脚印的不同形状和图画之间的关联。了解青蛙冬眠的特点,感受大自然的奇妙。			
学业要求	了解	理解	掌握	运用
	认识"步、参、加"等7个生字,了解青蛙冬眠的特点,感受大自然的奇妙。	知道小动物脚印的不同形状和画之间的关联。	会写"用、几"及新笔画横折弯钩,背诵全文。	正确认读多音字"着"。
作业设计	课内作业: 1.句式练习: 我看见（　　）从雪地走来,它的脚印像（　　）。 2.练习书写"用、几"。 3.给加点字选择正确读音。 睡着（zhe zháo）看着（zhe zháo） 4.尝试背诵课文。		设计意图: 帮助学生提炼课文的主要内容。 通过练习正确区分多音字"着"的读音。	
	课后作业: 1.尝试背诵课文。 2.雪地里还可能会来哪些小画家,他们会画些什么?请你说一说,画一画。 3.了解:还有哪些动物进行冬眠?		设计意图: 通过自己喜欢的方式了解冬眠的小动物,提高学生进行课外阅读的兴趣。	

第一课时

课时内容	《乌鸦喝水》			
课时目标	1.多种方法认识"乌、鸦、处、拽、办"5个生字,会写"只、石"。 2.整体感知故事,了解乌鸦喝不着水的原因,体会乌鸦的心情。 3.能正确朗读课文,试着读出乌鸦找水喝时的心情。			
学业要求	了解	理解	掌握	运用
	认识"乌、鸦、处、拽、办",了解乌鸦喝不着水的原因,体会乌鸦的心情。	理解乌鸦能喝到水的原因。	会写"只、石"二字。	也来说一说疑问句。

续表

作业设计	课内作业： 1.读课文，标出自然段。 2.给加点字选择正确的读音。 到处（cù chù） 找到（zǎo zhǎo） 办法（bàn pàn） 旁边（páng bàng） 3.练习书写"只、石"二字。	设计意图： 多种方式帮助学生识记生字。
	课后作业： 你帮乌鸦想一想：哪些方法可以喝到水？	设计意图： 让学生懂得遇到问题应该认真思考、积极想办法。

第二课时

课时内容	《乌鸦喝水》			
课时目标	1.借助字理识字等方法认识"旁、许"等6个生字，会写"出"。 2.正确、流利地朗读课文第二、第三自然段，体会并读出乌鸦喝水时高兴的心情。 3.能够说一说乌鸦喝着水的办法，懂得遇到困难，应认真思考、积极想办法解决的道理。			
学业要求	了解	理解	掌握	运用
	认识"旁、许"等6个生字。	在具体语境中理解"渐渐"一词的意思。	会写"出"；正确、流利地朗读课文第二、第三自然段。	能够联系生活，积极帮助乌鸦想办法。
作业设计	课内作业： 1.拼一拼，写一写。 　shí　　　jiàn　　duō shǎo 　□头　看□　　□□ 2.选一选。 　喝　渴 小弟弟口（　）了，要（　）水。 3.照样子，说句子。 瓶子里的水渐渐升高了。 雨渐渐_____。 _____渐渐_____。			设计意图： 通过练习，巩固所学生字，并在具体语境中区分形近字。 在具体语境中理解"渐渐"一词的意思。

续表

	课后作业： 把《乌鸦喝水》的故事讲给家人听。	设计意图： 培养学生语言表达能力和学习语文的兴趣。
<td colspan="3" align="center">第一课时</td>
课时内容	<td colspan="2">《小蜗牛》</td>
课时目标	<td colspan="2">1.认识"住、孩"等5个生字和新偏旁王字旁。会写"对、妈"等4个字。 2.能借助图画，猜读"蜗、芽、莓、蘑、菇"等字。 3.正确、流利地朗读课文，知道课文讲了4个不同的季节。</td>
学业要求	了解	理解	掌握	运用
	根据字理或借助图画等认识"住、孩"等10个生字和王字旁1个偏旁。	能借助图画，理解"蜗、芽、莓、蘑、菇"等字表示的意思。	会写"对、妈"等4个字。	正确、流利地朗读课文。
作业设计	课内作业： 1.写一写。 "妈"的笔顺： "对"的笔顺： 　2.一年有（　）个季节，分别是（　）（　）（　）和（　）。	<td colspan="2">设计意图： 通过多种形式认识生字、掌握生字。</td>
	课后作业： 　读一读课文，通过多种方式了解每个季节有什么特点。	<td colspan="2">设计意图： 鼓励学生用多种方式了解生活、了解大自然。</td>
<td colspan="3" align="center">第二课时</td>
课时内容	<td colspan="2">《小蜗牛》</td>
课时目标	<td colspan="2">1.能借助字理等方法，认识"爬、呀"等7个生字，会写"全、回"。 2.能正确、流利地朗读课文。 3.知道小树林一年四季的变化、知道小蜗牛每次见到的景象和妈妈说的不一样的原因，体会童话阅读的乐趣。</td>
学业要求	了解	理解	掌握	运用
	了解一年四季有不同的特点。	知道小树林一年四季的变化、知道小蜗牛每次见到的景象和妈妈说的不一样的原因。	会写"全、回"2个字。	能正确、流利地朗读课文。

续表

作业设计	课内作业： 　1.比一比，再组词。 　树（　）全（　）马（　） 　对（　）会（　）妈（　） 　2.选一选，填一填。 　①春　②夏　③秋　④冬 　（1）树叶碧绿碧绿的，这是（　）天。 　（2）树叶全变黄了，这是（　）天。 　（3）地上盖着雪，这是（　）天 　（4）小树发芽了，这是（　）天。	设计意图： 　通过字形对比，掌握形近字。 　知道小树林一年四季的景色各不相同。
	课后作业： 　向身边的人介绍一个你喜欢的季节。	设计意图： 　了解四季的不同特点。

第一课时

课时内容	《小兔运南瓜》			
课时目标	1.与人交流，能大胆说出自己的想法。 2.积极参与讨论，能选出自己喜欢的方法，并能说出理由。			
学业要求	了解	理解	掌握	运用
			大胆说出自己的想法。	选出喜欢的方法，讲一讲小兔运南瓜的故事。
作业设计	课内作业： 　1.把你想到的方法讲给同学听。 　2.同桌合作，讲讲小兔运南瓜的故事。			设计意图： 　鼓励学生积极参加讨论，大胆说出自己的想法。
	课后作业： 　1.选一种运南瓜的方法画出第二幅图。 　2.把小兔运南瓜的故事讲给家长听。			设计意图： 　培养学生口语表达能力。

续表

第一课时	
课时内容	《语文园地八》
课时目标	1. 能借助拼音，结合生活，认识"工、厂"等5个生字，会写"工、厂"2个字。和同学交流自己知道的其他职业，积累有关词语。 2. 拓展积累6组熟字构成的新词。 3. 学习用正确的格式写一句新年祝福语，表达对家人、朋友的祝福。

学业要求	了解	理解	掌握	运用
	了解常见职业和工作单位。	拓展积累6组熟字构成的新词。	会写"工、厂"2个字。	尝试写一句新年祝福语。

| 作业设计 | 课内作业：
1. 按要求给下列词语分类。
①学校 ②工人 ③老师 ④工厂
⑤医生 ⑥军队 ⑦医院 ⑧军人

工作单位　　　职业

2. 选一选，下列词语中不属于新年祝福语的是：
　出入平安　新年大吉　财源广进
金光闪闪　吉祥如意 | 设计意图：
能够区分工作单位和职业的不同。

知道常用的新年祝福语。 |
| | 课后作业：
　制作一张贺卡，尝试用正确格式写一句新年祝福的话。 | 设计意图：
知道常用的新年祝福语并尝试使用。 |

第二课时	
课时内容	《语文园地八》
课时目标	1. 了解"先中间后两边""先外后内"的笔顺规则，按规则写汉字。 2. 能正确、流利地朗读古诗《风》，了解意思，想象画面、进行背诵。

学业要求	了解	理解	掌握	运用
	1. 了解"先中间后两边""先外后内"的笔顺规则。 2. 了解《风》意思。	理解《春节童谣》要表现的风俗。	1. 按规则书写汉字。 2. 正确、流利地朗读古诗《风》。	背诵《风》。

作业设计	课内作业： 　　1.判断正误。 　　（1）"水"字的书写规则是"先两边后中间"。（　　） 　　（2）"月"的笔顺是"先外后内"。（　　） 　　（3）"问"的最后一笔是竖。（　　） 　　2.按要求完成下列练习。 　　解落（　　）秋叶，能开（　　）月花。 　　过江（　　）尺浪，入竹（　　）竿斜。 　　（1）把诗句补充完整，我知道所填词语都是表示（　　　　）的。 　　（2）这首诗是一个谜语，谜底是（　　　　）。	设计意图： 　　巩固生字的书写顺序。 　　了解《风》的诗意。
	课后作业： 　　1.背诵《风》。 　　2.和大人一起读一读《春节童谣》。	设计意图： 　　积累古诗。
单元评估作业	一、看图片，把音节补充完整。 　　_____zi　　_____yā　　_____wū 　　hú_____　　_____guǒ 二、读拼音，写词语。 　　huí lái　　bú yòng　　zhú lín　　chǎng zi 　　jǐ zhī　　yuè yá　　chū mén　　mǎ chē 三、一字组多词。 　　法（　　）（　　）　　石（　　）（　　） 　　工（　　）（　　）　　对（　　）（　　）	

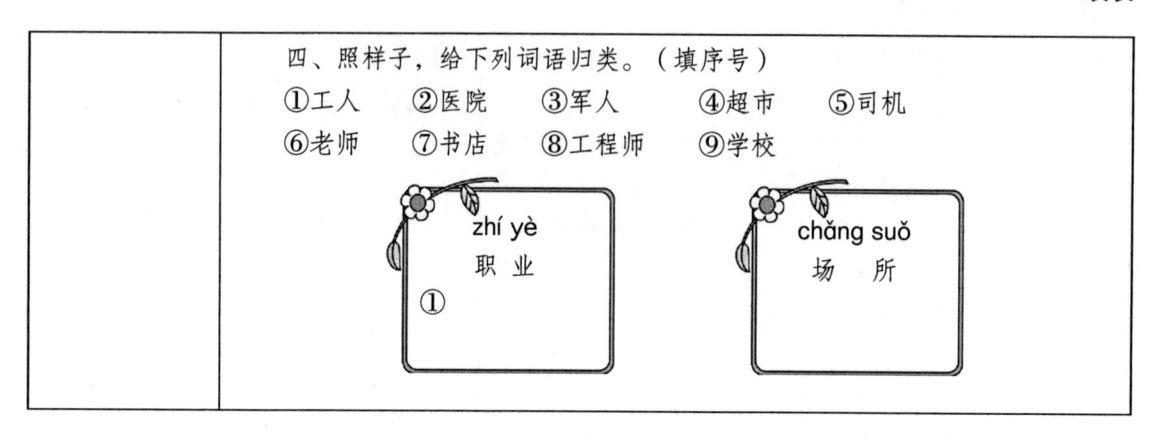

续表

	四、照样子，给下列词语归类。（填序号）
	①工人　　②医院　　③军人　　④超市　　⑤司机 ⑥老师　　⑦书店　　⑧工程师　　⑨学校 　　zhí yè　　　　　　　　　chǎng suǒ 　　职　业　　　　　　　　　场　所 　　　①

展开想象的翅膀，获得初步的情感体验

——二年级上册第七单元单元作业设计思考

基本信息			
学科	语文	教师姓名	赵红艳
年级	二年级	教科书版本	部编版语文
单元主题	展开想象的翅膀，获得初步的情感体验		
单元内容(从教材内容和学生情况两个方面进行分析)	本单元围绕"想象"这个主题，编排了《古诗二首》《雾在哪里》《雪孩子》三篇课文。这是继一年级上册第六单元后又一个以"想象"为主题的单元，本单元课文侧重体现想象之美：《古诗二首》中的想象能让人入情入境；《雾在哪里》中的想象充满童趣；《雪孩子》中的想象美好纯真。课文选材经典，语言生动，充满儿童情趣。 　　《古诗二首》引导学生结合文中插图，想象诗中描写的画面，感受山寺的高耸入云和草原的高远辽阔。《雾在哪里》要求学生发挥想象感受雾的淘气，也借助想象说出自己的感受。《雪孩子》激发学生展开想象，感受雪孩子和小白兔之间美好的友谊。本单元以"想象"架构单元内容，同时将"展开想象，获得初步的情感体验"这一语文训练要素或深或浅地融入在三篇课文中。在教学过程中，教师需要引导学生根据课文内容和生活经验展开想象，形成自己的感受。 　　本单元的写话练习重在借助图画——展开想象——创编故事，并在问题的引导下写几句完整通顺的话。通过对学生生活中熟悉的小动物引发想象，激发学生写话的兴趣，让学生把图中的内容和想象到的内容写下来，体验写话的乐趣。		
关键能力或核心素养	本单元以"想象"引领单元内容，同时将"展开想象，获得初步的情感体验"。在这个单元安排了两项语文要素的学习训练：一项是阅读训练要素"初步学习默读""展开想象，获得初步的情感体验"；另一项是表达训练要素"观察图画，展开想象，续编故事"。		
单元整体目标	1.认识39个生字，读准1个多音字，会写24个字，会写22个词语。 2.能正确、流利地朗读课文；背诵古诗《夜宿山寺》《敕勒歌》；学习默读，试着做到不出声。 3.图文对照，想象画面，大致理解古诗意思；能发挥想象说话，体会雾的淘气；能发挥想象续编故事，感受雪孩子和小白兔的友谊。 4.能朗读比较两组句子，抄写其中优美的语句。		

"研思同行，共享提升"：单元作业设计初探

续表

单元课时整体安排	课文：《古诗二首》（2课时）　　　　《雾在哪里》（2课时） 《雪孩子》（2课时）　　　　　　　《语文园地》（4课时）			
第一课时				
课时内容	本单元的所有教材内容			
课时目标	1.借助单元导语了解本单元内容主题，明确展开想象，获得初步的情感体验。 2.通览整组教材，整体规划单元学习活动，为单元学习做好准备。 3.整体预习和巩固本单元的生字新词。			
学业要求	了解	理解	掌握	运用
	本单元学习主要内容及单元主题。	语文要素设置及各节课的训练重点。	结合插图，想象画面。发挥想象，感受淘气。拓展想象，感受友情。	引导学生借助图画展开想象，在问题的引导下写几句完整通顺的话，体验写话的乐趣。
作业设计	课内作业： 　　1.体会"高百尺"，抬头想象，借助图片第一次感受山寺之高。 　　出示星空画面，想象生活中的天空，为什么在诗人眼中仿佛能摘到星辰？再次体会山寺之高。结合实际想象生活中你有没有这样的体验？ 　　2."恐惊天上人"，想象"恐惊天上"哪些人呢？		设计意图： 　　活动中学生通过插图观察，结合生活想象、交流探索等方式，深入理解诗意。		
	课后作业： 　　1.把这首诗用自己的话讲一讲。 　　2.将想象的画面通过朗读表现出来。		设计意图： 　　借助图片、结合生活想象画面，再用自己的话说一说。		
第二至十课时				
《古诗二首》2课时	课内作业： 　　你站在草原上望向天空看到了什么？风一吹，草弯下了腰，你还可以看到什么？		设计意图： 　　借助图片、结合生活想象画面。		

续表

《雾在哪里》1课时	**课内作业：** 　　如果你就是这个淘气的孩子，你还打算飞到哪里？把谁藏起来？ 　　雾是个淘气的孩子，在你眼里，雾又是什么呢？ **课后作业：** 　　带上想象，用上述句式把起雾时你看到的和想到的景象说出来。	**设计意图：** 　　借助图片和生活引导想象、拓展想象。 　　学生缺少将文字、画面相结合的体验，因此需要教师引入雾藏起事物，景物变化的图片，帮助学生直观感知，激发学生想象的空间。 　　学生发挥想象感受雾的淘气，也借助想象说出自己对雾的感受，再一次帮助学生学习用语言和文字描述想象的事物。
《雪孩子》1课时	**课内作业：** 　　看着雪孩子变成白云，小白兔心里会想些什么呢？他会说什么？ 　　要点："谢谢你，你真是一个舍己为人、善良、勇敢的雪孩子。""我一定会等你回来的。"……鼓励学生能用连贯的句式说。 **课外作业：** 　　下雪时和家人一起堆雪人，编一个你和雪人之间的小故事。	**设计意图：** 　　展开想象、创编故事。 　　借助插图想象画面——感悟情感发展想象——通过视频了解成因——观察插图激发想象——想象创编表达情感。 　　在学习过程中学生对小白兔心理活动想象不到位，在此过程中，教师要多借助插图和文段以及引入视频，帮助学生感悟小白兔和雪孩子之间的情感，将心理活动通过语言、行为等方式进行表达。 　　联系生活，展开想象，创编故事。
习作1课时	**课内作业：** 　　1.看看这幅图，小老鼠在干什么？电脑屏幕上突然出现了谁？接下来会怎样？ 　　2.快把你想到的写下来吧！ **课后作业：** 　　根据作文评价单进行自评自改。	能观察图画，展开想象，把故事写完整。

"研思同行，共享提升"：单元作业设计初探

续表

单元评估作业	一、"自然风光"词语我会认。 　　　　　　tān　　　　yē　　　　　　ké 　　　　　海滩　　　椰树　　　　贝壳 　　　　　　mò　　　　　　　　luò tuó 　　　　　沙漠　　　胡杨　　　　骆驼 　　　　　　　　　　　　　　　jùn 　　　　　高原　　　雪莲　　　　骏马 　　　　xuán yá 　　　　　悬崖　　　青松　　　　雄鹰 联系生活识字。 1.教师引导观察：请同学们认真思考，这四组词语有什么特点？ 2.联系生活识字：请同学们结合自己的生活体验，介绍一下自己了解的这些事物吧。 二、你见过下面这些词语描写的景象吗？选一两个，说一说当时的情景。 　　云开雾散　　微风习习　　冰天雪地　　风雨交加 　　云雾缭绕　　寒风刺骨　　鹅毛大雪　　电闪雷鸣 三、读读下面的句子，说说有趣在哪里。 "我要把大海藏起来。"于是，雾把大海藏了起来。 调皮的风拿了我的手绢，擦过了汗，扔到地上；又拿了妹妹的圆帽子，当作铁环滚走了。

儿童生活

基本信息			
学科	语文	教师姓名	赵雨新
年级	一年级	教科书版本	部编版
单元主题	儿童生活		
单元内容（从教材内容和学生情况两个方面进行分析）	本单元围绕"儿童生活"这个主题编排了《明天要远足》《大还是小》《项链》3篇课文，题材丰富，内容贴近学生的生活；有远足郊游，有成长点滴，有海边玩耍，不仅展现了多彩的儿童生活场景，也展现了儿童丰富的内心世界，以及他们日常生活中的不同情感体验。		
关键能力或核心素养	本单元重点培养学生识字写字的能力，鼓励学生有感情朗读，激发学生的读书兴趣，在阅读的过程中提高学生的思维发展和理解能力。		
单元整体目标	1.本单元认识38个生字和5个偏旁；会写11个字；学习表示亲属称谓的词语；发现日字旁和女字旁所代表的意思，了解汉字偏旁表义的构字规律；能区分形状相近的笔画，并正确书写。 2.正确、流利地朗读课文；初步尝试找出课文中一些明显的信息；联系生活实际，理解课文内容，感受儿童丰富多彩的内心世界。 3.学习"的"字词语的合理搭配；看图写词语，能根据图意说一两句话；朗读、背诵成语，了解成语蕴含的道理。 4.本单元教学重点是联系学生的生活实际，理解课文内容；"的"字词语的合理搭配。		
单元课时整体安排	课文	《明天要远足》	2
		《大还是小》	2
		《项链》	2
	《语文园地七》		2
《明天要远足》第一课时			
课时内容	识字写字，朗读课文。		
课时目标	1.认识8个字和目字旁，学习书写"明才"。 2.正确流利朗读课文，读好诗歌中带轻声字的词语，读好感叹词。 3.借助图片想象，联系生活实际，初步感受对远足的向往和期盼。		

续表

学业要求	了解	理解	掌握	运用
	认识8个生字和课文内容。	目字旁和重点词句的意思。	书写生字，读熟课文。	写生字词语。
作业设计	课内作业： 1.认一认，连一连，把生字和拼音连在一起。 　shuì　nà　hǎi　zhēn　lǎo　shī 　那　真　海　师　睡　老 2.看拼音写生字，注意占格。 　míng tiān　　rén　cái 　□天　　　　人□	设计意图： 　识字写字是语文教学的重点，课堂教学中要融入文本情境，通过多种形式的练习帮助学生把字音、字义与字形建立联系，促进汉字整体识记。		
	课后作业： 　读熟课文。	设计意图： 　通读课文的过程中巩固生字的字音字形。		

《明天要远足》第二课时

课时内容	朗读课文，理解课文内容，写字。			
课时目标	1.复习巩固生字词，运用字理识字等方法认读"同、什、才、亮"4个字和京字头，会写"同学"2个字。 2.通过触摸实物和联系生活体验，多种形式朗读课文，体会情感，读出诗歌中的情味。 3.联系生活实际，展开想象，进一步体会对远足的期待之情并和同学分享。 4.联系生活，借助句式尝试仿说。			
学业要求	了解	理解	掌握	运用
	认识4个字和京字头。	理解课文中词语句子的意思。	书写生字，朗读课文。	合理搭配词语。
作业设计	课内作业： 1.看图说一说：（　　）的大海 　　　　　　　　（　　）的云朵 2.出示一节诗的范例，学生可以根据老师出示的图片仿说，也可以根据自己的生活经验，想象仿说。	设计意图： 　语言表达是语文课重点训练的内容，通过图片丰富学生的想象，激发学生表达的欲望，同时训练"的"字短语的合理搭配。仿说训练，可以提升思维，丰富语言，让学生感受诗歌的趣味。		

	课后作业：	设计意图：
	你心中最想去什么地方，说一说，并把它的样子画下来。	丰富学生的想象力，练习语文表达能力。

	《大还是小》第一课时
课时内容		识字，初读课文。
课时目标		1.用联系生活等方法认识10个生字，认识双人旁，学写"衣"。 2.正确朗读全文，流利地朗读第一、二自然段，通过联系生活、观察插图等方法知道"我"为什么觉得自己很大，读出自豪感。 3.联系生活，借助"我（　　）的时候，我觉得自己很大"的句式，说说什么时候觉得自己很大。
学业要求	了解	理解	掌握	运用
	认识10个生字和双人旁。	课文重点词句的意思。	正确书写生字。	联系生活说一句话。
作业设计		课内作业： 　　根据提示，把课文第一、二自然段变成一首小诗： 　　　　　我很大 　　有时候，我觉得自己很大。 　　我自己穿衣服的时候， 　　我自己系鞋带的时候， 　　我自己（　　）的时候， 　　我自己（　　）的时候， 　　我觉得自己很大！ 　　学生配上音乐，边做动作边读读这首小诗。		设计意图： 　　本课10个生字集中在第一、二自然段，这些生字适合用随文识字、多次复现的方式进行识记。在前面学习课上编的这首小诗的基础上，再次复现了本课学习的生字，而且后面两句由学生自由练说，既进一步巩固生字，又引导学生根据生活实际，进行语言表达的实践。
		课后作业： 　　自己的事情自己做，搜集生活中自己做事的瞬间，拍照记录下来。		设计意图： 　　鼓励学生变得坚强勇敢、自理自立，让课堂与生活联系起来。

	《大还是小》第二课时
课时内容	朗读课文，理解课文，联系生活体会课文内容。
课时目标	1.认识生字"门、快"，认识竖心旁，会写"自、己、门"。 2.正确、流利地朗读第三至第六自然段，联系生活实际，知道"我"为什么觉得自己很小。通过想象画面、代入体验等方法，尝试读出"我"的矛盾心理。 3.联系生活，借助"我（　　）的时候，我觉得自己很小"的句式，说说什么时候觉得自己很小。

续表

学业要求	了解	理解	掌握	运用
	认识2个生字和竖心旁。	理解课文内容，体会心情。	书写生字，朗读课文。	联系生活说一句话。
作业设计	课内作业： 　　1.句式练习：我（　　）的时候，我觉得自己很小。 　　2.交流讨论："我"是想长大还是不想长大，为什么？		设计意图： 　　教学过程中让学生联系自己的生活经验，体会"我"内心的真实感受与矛盾心理，充分发表自己的想法，关注学生不想长大的理由，给予恰当的评价和引导。	
	课后作业： 　　勇于挑战自己，开动脑筋、鼓足勇气，做一件证明自己长大的事情，拍照记录下来。		设计意图： 　　联系生活实际，符合学生的心理特点，激发学生热爱生活、勇于面对生活、挑战自我、勇敢成长的积极心理，关注学生实际获得。	

《项链》第一课时

课时内容	识字，初读课文，了解课文内容。
课时目标	1.用看偏旁、字理识字等方法认识7个字，会写"白的"2个字。 2.能正确、流利地朗读课文第一自然段，感受大海、沙滩、海浪的美。 3.在朗读中积累"蓝蓝的、黄黄的、雪白雪白的"一类的词语。

学业要求	了解	理解	掌握	运用
	认识7个生字。	课文重点词句的意思。	书写2个字。	"的"字短语的积累运用。
作业设计	课内作业： 　　1.词语积累，读好词语并照样子说几个。 　　蓝蓝的　黄黄的 　　雪白雪白的 　　2.看图，口头填空。 　　（　　）的大海 　　（　　）的沙滩 　　（　　）的浪花		设计意图： 　　朗读指导要前后关联，前面几个单元要求读准字音，读好停顿，后面要继续关注，同时要注意学生朗读的实际情况，有针对性地指导。比如本课中"的"字短语出现较多，要让学生注意积累，同时朗读时容易拖腔拿调，因此教学时要指导学生读好"的"字短语，有效避免学生拖长音的问题。	
	课后作业： 　　整理海边游玩的照片，说一说游玩的过程和心情。		设计意图： 　　联系学生的生活实际，激发学生的学习兴趣。	

续表

《项链》第二课时

课时内容	朗读课文，理解课文，"的"字短语的搭配。				
课时目标	1.用编儿歌、对比、联系生活等方法认识"娃、挂、活、金"4个字，学写"又、和"2个字，能合理搭配并积累"的"字短语。 3.能正确、流利地朗读课文第二自然段，知道大海的项链是什么，感受小娃娃们在海边玩耍时的乐趣。				
学业要求	了解	理解	掌握	运用	
	认识4个字。	理解课文内容。	书写2个字，朗读课文。	"的"字短语的合理搭配。	
作业设计	课内作业： 　　1.课文中小娃娃有一条（　　）的项链，是（　　）和（　　）穿成的；大海有一条（　　）的项链，是（　　）穿成的。 　　2.根据课文内容填空： 　蓝蓝的（　　） 　彩色的（　　） 　小小的（　　） 　　3.课后第二题，看图说一说： 　金色的（　　） 　雪白的（　　） 　快活的（　　）	设计意图： 　　朗读课文，理解课文内容，基于学生的生活经验，将语文学习与现实生活结合，与想象世界结合，借助图片丰富想象，代入体验，培养学生的理解能力，促进学生的思维发展。 　　积累"的"字短语是本课的教学重点。教学中我们从课文里出现短语出发，延伸到课后第二题，看图拓展积累，引导学生根据生活经验进行拓展，从课内到课外，从易到难，层层推进。			
	课后作业： 　　用多种方法制作一条项链，送给喜欢的人。	设计意图： 　　体会学习的快乐，丰富学习的内容，锻炼学生的动手能力。			

《语文园地七》第一课时

课时内容	亲属称谓词语，偏旁的意义，练习笔画的书写。			
课时目标	1.认识"哥、姐、弟、叔、爷"5个生字，学习并积累表示亲属称谓的词语。 2.了解日字旁和女字旁所代表的意思，积累带有这两个偏旁的字，进一步了解汉字偏旁表义的构字规律。 3.比较弯钩和竖钩、竖提和竖折、竖弯钩和竖弯、斜钩和卧钩的不同，并能正确书写。			
学业要求	了解	理解	掌握	运用
	亲属称谓词语。	偏旁的意义。	笔画的书写。	亲属称谓。

113

续表

作业设计	课内作业： 1. 读词语卡片，认亲属称谓词。 2. 在识字表中圈出日字旁和女字旁的字，说说你有什么发现。汉字偏旁表示字义，你还能照样子说几个吗？ 三点水：江河海浪 草字头：＿＿＿＿ ……	设计意图： 　　汉字应用于生活，同时生活中也可以识字。利用家庭称谓识字，激发学生的学习兴趣，让学生在实践中积累词语，在词语分类的过程中巩固生字，理解称谓关系。 　　了解汉字的构字规律，让学生发现学习汉字的乐趣，帮助学生掌握积累汉字的方法。
	课后作业： 　　画一张全家福，介绍一下你的家人。	设计意图： 　　激发学生的学习兴趣，在语文实践中学习积累字词，训练语言表达能力。

《语文园地七》第二课时

课时内容	看图说话，学习成语。
课时目标	1.看图写词语，能根据图意说一两句话。 2.读背成语，初步了解成语中蕴含的道理。

学业要求	了解	理解	掌握	运用
	中华传统文化知识。	成语蕴含的道理。	背熟成语。	看图写词语，写一两句话。

作业设计	课内作业： 1.看图写词语，再说一两句话。 2.积累成语，背一背。 种瓜＿＿＿，种豆＿＿＿。 前人＿＿＿，后人＿＿＿。 千里之行，＿＿＿＿＿。 百尺竿头，＿＿＿＿＿。	设计意图： 　　说话练习不要拘泥于写出的词语。交流要关注学生是否把话说完整，引导学生运用本单元学习的"的"字短语，内容贴近学生的生活实际。教师要及时肯定，让学生体会到成就感。 　　成语是中华传统文化的瑰宝，每个成语都蕴含了丰富又深刻的道理，要让学生积累成语，明白成语的意思，丰富学生的学习过程。
	课后作业： 　　给家长背一背日积月累的成语，并试着讲一讲意思。	设计意图： 　　积累成语，提高学生的理解能力，训练语言表达能力。

单元评估作业	一年级上学期第七单元评估

一、拼一拼、认一认、连一连。

shuì　zhēn　tóng　liàng　hòu　chuān　lán　jīn

真　亮　睡　同　穿　金　候　蓝

二、拼一拼、写词语。

míng bái　　zì jǐ　　tóng xué
□ □　　□ □　　□ □

dà mén　　yǔ yī　　hé hǎo
□ □　　□ □　　□ □

三、把合适的词语连起来。

洁白的　　　　　天空
蓝蓝的　　　　　浪花
雪白的　　　　　云朵
彩色的　　　　　麦田
金色的　　　　　项链

四、根据原文填空。

1.大海的项链是什么？（　　）
①脚印　　②海螺和贝壳
2.千里之行，始于＿＿＿＿。
＿＿＿＿竿头，更进一步。

五、看图说话。

引导学生在不同的语境中识字学词

——二年级上册第二单元作业设计思考

基本信息			
学科	语文	教师姓名	周清华
年级	二年级	教科书版本	部编版
单元主题	引导学生在不同的语境中识字学词		
单元内容（从教材内容和学生情况两个方面进行分析）	第二单元为识字单元，以"场景""树木""动物""农事"等识字主题识字、写字，引导学生在不同的语境中识字学词。识字单元重在识字与写字，要引导学生分析汉字规律，鼓励学生运用已掌握的识字方法自主识字。整体而言，本单元在识字与写字方面的语文训练要素中承载着更为重要的职能。 本单元编排了四篇课文。课文内容都是大自然中的场景、事物，内容贴近儿童生活，读起来朗朗上口。《场景歌》把语义相关的数量词分类集中在四个不同场景中，让学生在朗读中欣赏美景、认事物和识汉字，初步感知量词用法。《树之歌》是一首介绍树木特征的归类识字儿歌，本课汉字是大部分与树木有关的形声字。《拍手歌》以拍手游戏的形式，串起了八种动物的生活场景。在场景中识字学词，感受人与动物之间共处的场景。《田家四季歌》描绘农民一年的农事活动，在春、夏、秋、冬四个情境中识字，了解一年四季农作物生长和农事活动常识，感受辛勤劳动带来的喜悦。 语文园地培养学生用部首查字法识字，初步建立部首概念。日积月累和我爱阅读的《十二月花名歌》引导学生积累名言和认识事物，重在熟读成诵。		
关键能力或核心素养	一、识字要素： 　　形声字的识字教学活动是本单元的教学重点。本单元对于形声字的学习主要是结合课文和图片，让学生自主发现、探究，在情境中理解形声字的形旁和声旁相结合的构字规律。 　　在语文园地中通过创设真实情景激发学生自主识字的兴趣，引导学生养成遇到不认识的字查字典的习惯。 　　二、阅读要素： 　　本单元的课文以歌谣形式呈现，朗朗上口，富有节奏和韵律。教学时学生通过拍手打节奏读、同桌合作读、小组比赛朗读等方式，在反复朗诵中感受节奏韵律。朗读出短语间的停顿和节奏变化，在正确朗读的基础上，借助填空、图片等逐步引导学生积累运用、熟读成诵。		

续表

单元整体目标	1.认识56个生字,读准2个多音字,会写40个生字。 2.能正确、流利地朗读课文。 3.积累词语谚语等。				
单元课时整体安排	课文:《场景歌》(2课时)　　　　《树之歌》(2课时) 　　　《拍手歌》(2课时)　　　　《田家四季歌》(2课时) 语文园地二(2课时)				
第一课时					
课时内容	本单元的所有教材内容。				
课时目标	1.借助单元导语了解本单元内容主题,明确读写训练重点。 2.通览整组教材,整体规划单元学习活动,为单元学习做好准备。 3.整体预习和巩固本单元的生字新词。				
学业要求	了解	理解	掌握		运用
	本单元学习主要内容及单元主题。	语文要素设置及各节课的训练重点。	在不同的场景中识字。		学会正确使用量词。正确流利地朗读课文,背诵课文。
作业设计	课内作业: 　1.朗读课文。 　2.说一说,看谁说得多。 　一(　　)鱼塘 　一(　　)稻田 　一(　　)石桥 　一(　　)翠竹 　一(　　)海鸥 　一(　　)帆船				设计意图: 　朗读课文学习不同事物用不同量词。本题是在此基础之上,对量词学习进行了拓展积累,"学习用不同的量词表达同一个事物"。理解课内"一方鱼塘"——从已知知识中提取信息并匹配——换量词"一口鱼塘、一片鱼塘"——明白同一个事物可以用不同的数量词来修饰。
	课后作业: 　以"校园"为场景,找一找说一说。				设计意图: 　在身边的场景中发现事物用不同的量词说一说。
第二至十课时					
《场景歌》2课时	课内作业: 　1.背诵课文. 　2.想一想还有哪些事物能用不同的量词来表达,看谁说得多。				设计意图: 　背诵课文,积累量词;同时在具体的场景中积累量词的表达。

"研思同行，共享提升"：单元作业设计初探

续表

《树之歌》	课内作业： 读一读，记一记。 泡桐　白桦　云杉　翠柏 桂花　枫叶　松子　白果 课后作业： 观察生活中的树木，选取一种树木，仿照文中的语言形式，开展"我为小树代言"的活动。	设计意图： 《树之歌》是一首介绍树木特征的归类识字儿歌，引导学生利用形声字形旁表意的特点来积累识字。 在观察实践的基础上，模仿课文写法，开展"我为小树代言"的活动。
《拍手歌》	课内作业： 找一找，说说每组加点的字有什么相同之处。 孔雀　大雁　老鹰 锦鸡　黄鹂　天鹅 课后作业： 试着找一找生活中还有哪些动物的名字含有"隹"和"鸟"部件。	设计意图： 本题编排了6个鸟类名称的词语，并配有相应的图。引导学生体会带有"隹""鸟"的字一般与鸟类有关，借助偏旁推测字义，提高部件归类识字的能力，激发学生对汉字的探究兴趣。
《田家四季歌》	课内作业： 读一读，记一记。 播 bō 种　　插 chā 秧 yāng 耕 gēng 田　　采桑 除 chú 草　　割 gē 麦 打谷机 jī 课后作业： 试着按季节积累与农事活动有关的词语。	设计意图： "插秧、耕田、采桑"等一组关于四季农事活动的词语，让学生读一读，记一记。引导学生理解、识记、积累关于四季农事活动的词语，感受辛勤劳动带来的喜悦，从而进一步了解农家生活。
单元评估作业	一、字词欢乐谷。 1.用"＿＿＿"画出每组词语中加点字读音有误的一项，并改正在括号内。 （1）军（jūn）舰　沙滩（tān）　稻（dào）田　翠（cuì）竹（　　） （2）梧（wú）桐　桦（huá）树　手掌（zhǎng）　世（shì）界（　　） （3）雄鹰（yēng）　蝴蝶（dié）　麦（mài）苗　谷（gǔ）粒（　　）	

118

2.读句子，根据拼音，写词语。

（1）

　　　yì　qún　　　　　　shí　qiáo　　　　　　yáng　shù

　　　[　|　]　孩子正在　[　|　]　旁边的大　[　|　]　下玩耍，时不时传出他们的欢笑声。

（2）

　　　qiū　jì　　　　nóng　máng　　　　　　xīn　kǔ

　　　[　|　]　是　[　|　|　]　的时节，人们特别　[　|　]　。

3.给下列汉字加偏旁，变成新字再组词。

○同——____（　　　）　　　○士——____（　　　）

○乔——____（　　　）　　　○元——____（　　　）

○苗——____（　　　）　　　○巴——____（　　　）

4.在学校举行的词语听写大赛中，明明以满分的成绩获得了第一名。下列不可能是明明写的一组是（　　　）。

①队旗　枫树　深处　石桥　　②棉衣　竹林　金挂　松柏

③木棉　水杉　树叶　朋友　　④写字　化石　月光　红领巾

5.看图片，填量词。

一（　　）小溪　　　一（　　）红日　　　一（　　）草地

几（　　）大树　　　两（　　）鸭子

6.按查字典的要求填空。

要查的字	部首	除去部首有几画	读音	组词
归				
领				
笨				

二、句子芳草地。

梧桐树叶像手掌。（用加点词语仿写句子）

1. 弯弯的月儿像_____。

2. _____像_____。

三、课文回放亭。

1. 枫树秋天_____，_____披绿装。

2. 你拍九，我拍九，_____。你拍十，我拍十，_____是大事。

3. _____，_____，花开草长蝴蝶飞。

4. 看到右面的图片，我想到的名言是（　　）。

①己所不欲，勿施于人。

②与朋友交，言而有信。

③不以规矩，不能成方圆。

④树无根不长，人无志不立。

四、阅读展示台。

拍手歌

你拍一，我拍一，几只小鸡叫叽叽。

你拍二，我拍二，屋檐底下有燕儿。

你拍三，我拍三，孔雀开屏真好看。

你拍四，我拍四，蜘蛛结网捉虫子。

你拍五，我拍五，蜜蜂采蜜真辛苦。

你拍六，我拍六，树上很多小斑鸠。

你拍七，我拍七，蜻蜓像架小飞机。

你拍八，我拍八，青蛙捉虫顶呱呱。

你拍九，我拍九，鱼儿成群水里游。

你拍十，我拍十，保护动物人人知。

1. "蜻蜓、蜘蛛"有相同的偏旁_____，我推测它们可能与（　　）有关。

①昆虫　　②鸟儿　　③鱼类　　④兽类

2. 这首《拍手歌》共写了_____种小动物。

3.根据儿歌内容，判断下列说法的对错，对的画"√"，错的画"×"。
（1）蜘蛛结网为了捕捉虫子。（　　）
（2）"青蛙捉虫顶呱呱"的意思是青蛙捉虫子的时候喜欢呱呱叫。（　　）
4.这首《拍手歌》告诉我们一个什么道理？用"_____"画出相关语句。

五、写话训练营。

看图片，想想：小白兔在干什么？具体过程是怎样的？它会怎么做？发挥想象，动笔写一写吧！

"研思同行，共享提升"：单元作业设计初探

大自然的秘密

——二年级上册第一单元作业设计思考

基本信息				
学科	语文	教师姓名		朱艳
年级	二年级	教科书版本		部编版
单元主题		大自然的秘密		
单元内容（从教材内容和学生情况两个方面进行分析）	本单元以"大自然的秘密"为主题，编排了《小蝌蚪找妈妈》《我是什么》《植物妈妈有办法》三篇课文，每篇课文都包含了一些关于自然的科学知识。通过阅读本组课文，学生可以了解大自然中一些事物的变化规律，知晓日常生活中的一些科学现象，产生阅读科学童话、探索大自然奥秘的兴趣，同时产生保护环境、热爱自然的意识。 本单元在每一课的课后题和《语文园地一》的"字词句运用"中，都安排了相应的练习，引导学生感受这些动词给人带来的真实感、生动感，并通过说句子、演一演等练习，引导学生把阅读中学到的词语与日常生活情境建立联系，在运用中发展语言与思维能力。三篇课文都配有多幅插图，画面色彩鲜艳，形象活泼生动，与课文内容形成呼应。可以帮助学生借助图片理解重点词句，了解课文内容，还可以借助图片讲述课文内容，背诵课文。 本次口语交际的话题是"有趣的动物"，是对本单元主题"大自然的秘密"的拓展和延伸，可以进一步激发学生探索大自然奥秘的兴趣。 从本册起，"和大人一起读"改为"我爱阅读"，意味着由一年级时的学生和老师、大人一起读的形式，转向以学生自主阅读、伙伴相互交流为主的形式。交流的方式更加丰富，学生可以在无拘无束的交流中，感受阅读的乐趣。 本单元安排了"快乐读书吧"，阅读主题为"读读童话故事"，推荐了《小鲤鱼跳龙门》《"歪脑袋"木头桩》等五本童话集，重在初步培养学生对书的认识，引导学生养成爱护图书的良好习惯。 根据二年级学生情况，在教学中要关注以下几点：第一，动词的学习不能脱离具体语境，不要孤立地讲授词义，要引导学生在阅读中感受动词的表达效果。要重视词语的运用，充分利用学生的生活经验，引导学生在日常生活情境中运用学过的词语。第二，教材从二年级开始，提供了多种方法引导学生讲故事。本单元重点在于借助图片了解并讲述课文内容，教学时要引导学生在了解每幅图所对应的故事内容的基础上，以图片为线索梳理故事脉络，整体把握故事内容。第三，教师可以根据教学内容，相机引导学生在理解大自然的奥秘的同时，感受人			

续表

	与自然的和谐共生，明白保护自然环境的重要性。第四，低年级课外阅读指导的核心任务是激发学生的阅读兴趣，培养自主阅读能力。教师要组织开展跟进式阅读，可以分阶段组织分享与交流活动，促进和保持学生阅读的兴趣。
关键能力或核心素养	本单元有两个语文要素： 1.积累并运用表示动作的词语。"积累并运用表示动作的词语"这一语文要素的目的是让学生在了解表示动作词语意思的基础上，在感受动词带来的生动感、真实感的基础上，学会用动词来说句子、写句子，把学生的语言表达与日常生活联系起来，提升学生的语言运用能力。 2.借助图片，了解课文内容。目的是让学生通过文中插图或者教师补充的课外图片，在直观了解课文内容基础上帮助学生更好地讲故事和背诵课文，提高学生的理解能力。
单元整体目标	1.认识41个生字，读准4个多音字，会写30个字，会写27个词语。 2.能正确、流利地朗读课文，分角色朗读《小蝌蚪找妈妈》，背诵《植物妈妈有办法》，背诵古诗《梅花》。 3.积累并运用表示动作的词语。通过演一演的方式，理解动词的意思，感受动词运用的准确。 4.能借助图片或关键词，了解课文内容。用自己的话讲故事或自然界的现象。 5.增强阅读科普类短文和探索大自然奥秘的兴趣。阅读《企鹅寄冰》、明白故事中的科学常识，体会读的乐趣。 6.联系生活经验，清楚地介绍一种动物。联系生活，学习与野外活动有关的8个词语，认识11个生字。用"有时候……有时候……""在……在……在……在……"说句子。 7.认真听别人介绍，对不明白的地方，能有礼貌地提问。 8.写好古结构的字、注意有的字左边窄、右边宽，有的字左边宽、右边窄、养成良好的写字习惯。 9.产生阅读童话故事的兴趣，能自主阅读自己喜欢的故事，能了解故事的主要内容。 10.认识书的封面，了解书名、作者等基本信息，初步养成爱护图书的好习惯。 11.感受课外阅读的快乐，乐于与大家分享课外阅读成果。
单元课时整体安排	《小蝌蚪找妈妈》（2课时） 　《我是什么》（2课时） 《植物妈妈有办法》（2课时） 　《口语交际：有趣的动物》（1课时） 《语文园地一》（3课时）
第一课时	
课时内容	《小蝌蚪找妈妈》初读课文，学习字词。
课时目标	1.认识"塘、脑"等14个生字，读准多音字"教"，会写"两、哪"等10

续表

学业要求	了解	理解	掌握	运用
	个字，会写"看见、哪里"等8个词语。 2.能分角色朗读课文，借助图片表示时间变化的句子，表示动作的词语，了解课文内容。			
	借助图片、表示时间变化的句子，表示动作的词语，了解课文内容。	认识"塘、脑"等14个生字。	读准多音字"教"，会写"两、哪"等10个字，会写"看见、哪里"等8个词语。	能分角色朗读课文。

作业设计	课内作业： 借助图片和关键词"甩""游""迎""追""披""露""鼓""蹬""跳""蹦"，练习说一说小蝌蚪是怎样长成青蛙的。	设计意图： 在提取出描写小蝌蚪成长变化的句子进行梳理的同时，引导学生借助图片了解课文内容。为学生讲故事提供练习的支架。
	课后作业： 回家后看着书上的图片给爸爸妈妈讲一讲小蝌蚪找妈妈的故事。	设计意图： 使学生能分角色朗读课文，借助图片、表示时间变化的句子、表示动作的词语，了解课文内容做训练。

第二课时

课时内容	《小蝌蚪找妈妈》分析、理解课文。
课时目标	1.结合课文内容，借助课文图片，按顺序说清楚蝌蚪生长变化的过程，能看图讲小蝌蚪找妈妈的故事。 2.积累并运用"披、鼓、露、甩"等表示动作的词语，积累"脑袋、口袋"等词语。

学业要求	了解	理解	掌握	运用
	借助图片、表示时间变化的句子，表示动作的词语，了解课文内容。	结合课文内容，借助课文图片，按顺序说清楚蝌蚪生长变化的过程。	能看图讲小蝌蚪找妈妈的故事。	积累并运用"披、鼓、露、甩"等表示动作的词语，积累"脑袋、口袋"等词语。

作业设计	课内作业： 借助图片联系生活，分别说一说"甩、披、露、鼓"是什么意思，再说一句话。	设计意图： 1.形成解释的能力。 2.联系生活利用关键词说句子的能力。

续表

	课后作业： 　　回家后运用有趣的动词介绍一种喜欢的小动物或植物。	设计意图： 　　1.训练运用有趣的动词介绍一种喜欢的小动物或植物。 　　2.积累并运用"披、鼓、露、甩"等表示动作的词语，积累"脑袋、口袋"等词语。
\multicolumn{3}{c}{第三课时}
课时内容	\multicolumn{2}{l}{《我是什么》初读课文，学习字词。}
课时目标	\multicolumn{2}{l}{1.认识"晒、极"等15个生字，读准多音字"没"，会写"变、极"等10个字，会写"天空、傍晚"等10个词。 2.体会"落、打、飘"用词的准确，并能仿照说句子。}
学业要求	了解 | 理解 | 掌握 | 运用	
	认识"晒、极"等15个生字。 | 读准多音字"没"，会写"变、极"等10个字。 | 体会"落、打、飘"用词的准确性。 | 1.会写"天空、傍晚"等10个词。 2.体会"落、打、飘"用词的准确性，并能仿照说句子。	
作业设计	课内作业： 　　读一读课文的第三、第四自然段，说一说你知道了什么。结合"我"的变化，同桌之间猜一猜"我"是什么，并说说理由。	课内作业： 　　读一读课文的第三、第四自然段，说一说你知道了什么。结合"我"的变化，同桌之间猜一猜"我"是什么，并说说理由。
	课后作业： 　　小实验：一杯水，套上透明塑料袋，晒太阳。你发现了什么？想一想这是为什么？	设计意图： 　　知道水在一定条件下会变成汽、云、雨、冰雹和雪。
\multicolumn{3}{c}{第四课时}
课时内容	\multicolumn{2}{l}{《我是什么》分析、理解课文。}
课时目标	\multicolumn{2}{l}{1.能正确流利朗读课文，能提取关键信息，用自己的话简单说出水的变化过程。 2.知道水在一定条件下会变成汽、云、雨、冰雹和雪，了解水既能给人们带来好处，也能给人们带来灾害。}

续表

学业要求	了解	理解	掌握	运用
	知道水在一定条件下会变成汽、云、雨、冰雹和雪。	了解水既能给人们带来好处，也能给人们带来灾害。	能正确流利朗读课文。	能提取关键信息，用自己的话简单说出水的变化过程。
作业设计	课内作业： 1.出示冰雹和下雪的视频，感受冰雹和雪花下落的状态不同。 2.试着读出不同，读出自己对动词的理解。		设计意图： 意在了解动词之间的细微差别，体会语言的准确性，并能运用动词联系生活实际说话。	
	课后作业： 从下雨、下冰雹、下雪中任选一个喜欢的场景画一画，并运用学过的动词说一说它们是怎样下来的。		设计意图： 能提取关键信息，用自己的话简单说出水的变化过程。	
第五课时					
课时内容	《植物妈妈有办法》初读课文，学习字词。			
课时目标	1.认识"植、如"等12个生字，读准多音字"为、得"。 2.能正确流利地朗读课文。			
学业要求	了解	理解	掌握	运用
	认识"植、如"等12个生字。	读准多音字"为、得"。	能正确流利地朗读课文。	能正确流利地朗读课文。
作业设计	课内作业： 课文介绍了哪几种植物？在课文中画出来，再说说它们是怎么传播种子的。		设计意图： 借助关键词或图片理解课文。	
	课后作业： 你还知道哪些植物传播种子的方法？可以选用下面的词语，仿照课文说一说。（见教材）		设计意图： 培养借助关键词或图片复述故事的能力。	
第六课时					
课时内容	《植物妈妈有办法》分析、理解课文。			
课时目标	1.会写"法、如"等10个字。会写"办法、如果"等9个词语。 2.背诵课文。 3.能提取关键词语，了解蒲公英、苍耳、豌豆三种植物传播种子的方法。体会"乘着、挂住、炸开"用词的准确。			

续表

学业要求	了解	理解	掌握	运用
	体会"乘着、挂住、炸开"用词的准确性。背诵课文。 会写"法、如"等10个字。会写"办法、如果"等9个词语。 能提取关键词语，了解蒲公英、苍耳、豌豆三种植物传播种子的方法。	背诵课文。	会写"法、如"等10个字。会写"办法、如果"等9个词语。	能提取关键词语，了解蒲公英、苍耳、豌豆三种植物传播种子的方法。
作业设计	课内作业： 1.借助插图说一说蒲公英妈妈想出了什么办法让孩子离开自己，找出相关语句读一读。 2.抓住关键词演一演。 3.有感情读一读、背一背。		设计意图： 1.提取信息的能力。 2.借助关键词或图片复述故事的能力。	
	课后作业： 回家后给爸爸妈妈讲一讲植物妈妈们传播种子的方式。		设计意图： 学生在完成这道习题时，经历了如下活动过程： 提取信息——借助插图说办法——借助关键动词体会植物妈妈办法的巧妙，想象孩子的心情，演一演。朗读体会尝试背诵。	
单元评估作业	奇妙的大自然之我的发现			
	【作业目标】 1.在拓展自然知识的同时继续积累并运用表示动作的词语。 2.激发学生探索大自然奥秘的兴趣，强化热爱保护自然的意识。			
	【作业设计（情境任务）】 走进大运河森林公园，借助学习单（必要时可查阅资料）观察公园中的动植物。回校后开展走进"奇妙的大自然之我的发现"系列活动，交流分享自己的观察结果。			
	【作业时长】 周末两天完成学习单，回校后利用一节课进行汇报总结。			

"研思同行，共享提升"：单元作业设计初探

学习单一：有趣的动物

动物名称	动物的样子	动物是怎样活动的
例如：蜻蜓	例如：长着（一对翅膀） 穿（披）着（　　　） 长着（　　　） 露着（　　　）	例如：利用（翅膀）（飞行）。 利用（　　）（　　）。

学习单二：有趣的动物

植物名称	植物传播种子的方式（写清动词）	仿照课文结构创编小诗
例如：柳树	例如：乘着风　纷纷出发	例如： 　　柳树妈妈准备了"小风车"，把它送给自己的娃娃。 　　只要有风轻轻吹过，孩子们就乘着风纷纷出发。

留心观察

——三年级上册第五单元作业设计思考

基本信息			
学科	语文	教师姓名	卢靖
年级	三年级	教科书版本	部编版
单元主题	留心观察		
单元内容(从教材内容和学生情况两个方面进行分析)	"三上"第五单元是本套教材中第一次出现的习作单元,这种单元自成体系:课文分精读课文、习作例文两类。精读课文《搭船的鸟》《金色的草地》注重引导学生体会表达上的特点,学习习作方法;习作例文《我家的小狗》《我爱故乡的杨梅》为学生习作提供范例,便于学生借鉴和仿写。其间,以"交流平台"的形式对本单元学到的一些表达方法或要求进行梳理和提示;"初试身手"提供一些试写练习或实践活动,让学生试着用学到的方法练一练。最后,让学生在获得充分的感性和理性认识的基础上,掌握一定的习作方法,进行单元习作练习。 本单元主题为"留心观察"。学生学习留心观察,目的是积累生活素材,有内容可写,不断提高习作能力。教材力图引导学生做生活的有心人,留心观察周围的人、事、景、物,感受作者观察的细致,体会细致观察的好处,逐步养成观察的习惯。本单元的篇章页引用了法国艺术家罗丹的名言,旨在说明留心观察的重要性。		
关键能力或核心素养	本单元的语文要素是"体会作者是怎样留心观察周围事物的",习作要求是"仔细观察,把观察所得写下来"。围绕"留心观察"这一主题,本单元编排了两篇精读课文和两篇习作例文。4篇课文内容贴近儿童,以日常生活中的动物、植物和场景为描写对象,表现周围世界的五彩缤纷。		
单元整体目标	1.认识10个生字,读准1个多音字,会写26个生字,会写25个词语。 2.感受作者观察的细致,体会留心观察的好处。 3.能和同学交流自己观察到的动物、植物或场景及其变化情况。 4.能继续仔细观察一种动物、植物或一处场景,把具体所看到的写下来。		
单元课时整体安排	课文:《搭船的鸟》(2课时) 《金色的草地》(1课时) 初试身手、习作例文(2课时) 习作(1课时)		

续表

第一课时	
课时内容	本单元的所有教材内容。
课时目标	1. 借助单元导语了解本单元内容主题，明确读写训练重点。 2. 通览整组教材，整体规划单元学习活动，为单元学习做好准备。 3. 整体预习和巩固本单元的生字新词。
学业要求	了解 / 理解 / 掌握 / 运用
	本单元学习主要内容及单元主题。 / 语文要素设置及各节课的训练重点。 / 体会作者是怎样留心观察周围事物的。 / 学生从不同角度、调动不同感官进行连续观察，记录变化。
作业设计	课内作业： 课堂学习单 1.《搭船的鸟》作者观察了翠鸟的（　　）和翠鸟（　　）。 2.《金色的草地》先写了蒲公英（　　　　　　），接着描述了（　　　　　　），然后重点描写了（　　　　　　），结尾抒发了（　　　　　　）。	设计意图： 1. 在学生自读单元导语，明确单元主题和单元训练重点的基础上完成"课堂学习单"，指导学生对整个单元教学内容进行初步预习。 2. 在交流预习的基础上借助"课堂学习单"梳理单元学习内容。 3. 通过自主学习、小组互学、交流展示、点拨指导、自学测评等正确认读和书写本单元前两课字词。
	课后作业： 1. 自主绘制单元学习导图。 2. 在不懂的地方做上记号，提出自己的疑问，写在左侧。 3. 完成字词测评单。	设计意图： 1. 根据提供的单元学习导图参考框架及模板，提示梳理单元学习内容的基本思路，绘制单元学习导图。 2. 能够对即将学习的内容进行质疑，从而有目的地参与课堂学习活动。
第二至七课时	
《搭船的鸟》 2课时	课内作业： 1. 圈出体现翠鸟美丽的词语，思考：作者是按照什么顺序写的？ 2. 作者描写翠鸟捕鱼过程的五个动词（　　）、（　　）、（　　）、（　　）、（　　），从这些词语可以体会到翠鸟（　　），以及作者观察的（　　）。	设计意图： 1. 了解"我"对翠鸟外貌、动作所做的观察，感受"我"的观察细致，初步体会留心观察的好处。 2. 捕鱼时，引导学生从动作和敏捷这两个方面，体会"我"观察的细致。学习分解动作观察法，为习作打下基础。

续表

	课后作业： 观察一种你喜欢的小动物，在"观察记录单"上简要地记录观察所得。 **观察记录单** 	观察对象	
观察时间	
观察地点	
观察所得 （连续动作）	（　）—（　）— （　）—（　）		
---	---	---
《金色的草地》1课时	课内作业： 1.仔细读第三自然段，请你找一找每个时间点草地是怎样变化的？ 　　早上，草地_____，因为蒲公英_____； 　　中午，草地_____，因为蒲公英_____； 　　傍晚，草地_____，因为蒲公英_____。 2.观察含羞草。没触碰的含羞草是什么样子的？被笔触碰后含羞草什么样子？ 　　小练笔：把对它的细致观察写下来吧！比一比，谁写的含羞草最有趣，最精彩！	设计意图： （1）体会作者是怎样留心观察周围事物的。 （2）活动中，引导学生通过整体感知，品读课文，进行小组合作探究，游戏表演，合作读文等形式体会作者是怎样留心观察事物的。
	课后作业： 1.修改自己的小练笔，把它与同学分享。 2.继续观察一种动物、植物或一处场景，在"观察记录单"上简要地记录观察所得。	

"研思同行，共享提升"：单元作业设计初探

续表

	观察记录单	
	观察对象	
	观察地点	
	观察时间	
	观察所得	

初试身手习作例文2课时	课内作业： 　　1.找出你觉得"王子"淘气可爱的地方，读一读。 　　2.认真读《我爱故乡的杨梅》，填写表格。 | 杨梅 | 特点 | | --- | --- | | 外形 | | | 颜色 | | | 味道 | | 课后作业： 　　初试身手： 　　你在生活中观察到了什么？用几句话写下来。	设计意图： 　　1.体会作者观察的细致及其好处。 　　2.初试身手和习作例文的整合，可以帮助学生突破习作难点，消除畏难情绪。
习作1课时	课内作业： 　　1.结合习作例文，赏读具体的句子，指导从多方面、多角度进行观察。 　　2.结合指导习作《我眼中的的缤纷世界》。 课后作业： 　　根据作文评价单进行自评自改。	1.教师引导学生进行自主、合作、探究的学习，掌握观察的方法。 　　2.把自己平时观察中新的发现，或是观察中发生的事具体、生动地写下来。
单元评估作业	1.字词归类分享单：易读错、易写错、易混淆字（形近字、同音字）。 2."我有一双发现的眼睛"试着去观察周围景物的变化，把观察所得记录下来。	

132

历史人物故事

——四年级上册第八单元作业设计思考

基本信息				
学科	语文	教师姓名	商文伟	
年级	四年级	教科书版本	部编版	
单元主题	历史人物故事			
单元内容（从教材内容和学生情况两个方面进行分析）	本单元课文主要是围绕"历史人物故事"这个主题进行编排设计，由《王戎不取道旁李》《西门豹治邺》《故事二则》三篇课文及《语文园地》组成。目的是使学生感受到历史人物的智慧，收获一些对今后生活有所指导的道理。本单元的教学重点在于能引导学生根据课文内容复述故事情节，体会故事蕴涵的道理。《王戎不取道旁李》通过写王戎七岁时和小朋友看到路边有果实累累的李树，小朋友都争先恐后去摘，只有王戎没有摘并告诉他们李子是苦的故事。告诉我们遇到事情要多想，多思考，不能盲目地跟从的道理。《西门豹治邺》主要讲了魏国的国君派西门豹管理邺这个地方，西门豹巧施妙计，破除迷信和百姓一起兴修水利，带动当地经济发展的故事，刻画了一个为老百姓做好事、办实事的古代地方官的形象，赞扬了他一心为民、反对迷信、信守承诺、足智多谋、尊重科学的品质。《扁鹊治病》这则寓言通过写蔡恒侯不听扁鹊劝告延误病情，结果病死的故事，告诉我们对于小病，小的缺点、错误要防微杜渐，及时医治、改正，否则后果不堪设想。《纪昌学射》这则寓言讲的是纪昌在飞卫的指导下，先练好了眼力，再学开弓放箭，最后成为射箭能手的故事，以生动的事例阐明了无论学什么技艺，只有练好基本功才能成大器的道理。			
关键能力或核心素养	1.学会文言文学习的方法。 2.会复述课文大概故事内容。了解人物品质，明白故事道理。			
单元整体目标	1.熟练认读生字词，朗读课文。 2.了解文章课文内容，复述文章故事情节，抓清主次复述。			
单元课时整体安排	第一课时《王戎不取道旁李》　　第二课时《王戎不取道旁李》 第三课时《西门豹治邺》　　　第四课时《西门豹治邺》 第五课时《故事二则》　　　　第六课时《语文园地—习作》			

续表

	第一课时			
课时内容	本单元的所有教材内容。			
课时目标	1.借助单元导语了解本单元内容主题,明确读写训练重点。 2.通览整组教材,整体规划单元学习活动,为单元学习做好准备。 3.整体预习和巩固本单元的生字新词。			
学业要求	了解	理解	掌握	运用
	本单元学习主要内容及单元主题。	语文要素设置及各节课的训练重点。	了解文章课文内容,会复述文章故事情节,抓清主次复述。	写清楚一次心跳的故事。
作业设计	课内作业: **课堂学习单** 1.会写生字并组词语。 　　戎　诸　竟 2.认读生字"戎"字。 　这个字由两部分组成——"戈"指的是长柄兵器,"十"是铠甲的"甲",是上战场时所穿的盔甲,合起来表示争斗、战争的意思。 　字音难点:"戎"(róng)不能读成(yóng); 　"诸"(zhū)不能读成(zhǔ)。 　3.书写"戎、尝、诸、竟、唯"。 　字形难点:"戎"左下部是"十",不是"开";"诸"中间没有"亻";"竟"下半部是"口"加"儿"不能写成"日"加"儿"。		设计意图: 　1.在学生自读单元导语,明确单元主题和单元训练重点的基础上完成"课堂学习单",指导学生对整个单元教学内容进行初步预习。 　2.在交流预习的基础上借助"课堂学习单"梳理单元学习内容。 　3.通过自主学习、小组互学、交流展示、点拨指导、自学测评等正确认读和书写本单元前两课字词。	
	课后作业: 　1.自主绘制单元学习导图。 　2.在不懂的地方做上记号,提出自己的疑问,写在左侧。 　3.完成字词测评单。		设计意图: 　1.根据提供的单元学习导图参考框架及模板,提示梳理单元学习内容的基本思路,绘制单元学习导图。 　2.能够对即将学习的内容进行质疑,从而有目的地参与课堂学习活动。	

续表

	第二至第七课时	
《西门豹治邺》 2课时	课内作业： 一、读拼音写词语。 　　1.师傅用尽全身的力气把 tú dì（　　）推上岸，自己却被洪水 yān mò（　　）了。 　　2.河神 qǔ xí fu（　　）的日子到了。 二、选字组词。 　　　观　官　逼　副 　（　）看　　做（　） 　一（　）　　（　）迫 　　　催　摧　旱　早 　（　）毁　　（　）促 　（　）上　　（　）灾 三、把下列词语补充完整，再选词填空。 　人烟（　）（　）　（　）心（　）胆 　各（　）各（　）　田地（　）（　） 　（　）如（　）色　磕（　）求（　） 　①田地荒芜　②提心吊胆 　1.这里连年灾害，寸草不生，（　）。 　2.敌人被我军吓掉了魂，（　）地跑回去了。 　会概括课文主要内容。理解文章主次内容。	设计意图： 　通过在语境中选择易错字的读音和书写生字，达到读准字音、规范书写的目的，尝试熟记词语。 　引导学生根据故事的起因、经过、结果给课文分段，并概括大意，可以使学生了解故事的大意，掌握课文的整体脉络。
《故事二则》 2课时	课内作业： 一、加点字读音完全正确的一组词语是（　　）。 　A.蔡桓侯（yuán）　B.敷药（fú） 　C.骨髓（suí）　　D.药剂师（jì）	设计意图： 　通过在语境中选择易错字的读音和书写生字，达到读准字音、规范书写的目的，尝试熟记词语。

135

		二、选出与题中加点词含义相同的一项。 　　1.君有疾在腠理。（　） 　　A.眼疾手快　　B.疾风知劲草 　　C.积劳成疾 　　2.扁鹊望桓侯而还走。（　） 　　A.走上讲台　　B.转身跑 　　C.走漏风声 三、这两则故事给你什么启示？	体会防微杜渐、不要讳疾忌医，要善于听取别人正确意见和学习要练好基本功的道理。
习作2课时		课内作业： 　　1.结合习作例文，赏读具体的句子，指导从多方面、多角度进行观察。 　　2.结合指导习作《我的心儿怦怦跳》。	1.教师引导学生进行自主、合作、探究的学习，掌握观察的方法。 2.把自己平时观察中新的发现，或是观察中发生的事具体、生动地写下来。 3.应用多种体现心理描写的方法。
		课后作业： 　　根据作文评价单进行自评自改。	
单元评估作业		1.字词归类分享单：易读错、易写错、易混淆字（形近字、同音字）。 2."我有一双发现的眼睛"试着去观察周围景物的变化，把观察所得记录下来。	

学校生活

苏淑芹

一、单元内容分析

三年级上册第一单元围绕"学校生活"这个主题编排了《大青树下的小学》《花的学校》《不懂就要问》三篇课文。前两篇是精读课文，第三篇是略读课文。《大青树下的小学》描写了一所边疆小学欢乐祥和的校园生活，体现了我国各民族儿童之间的友爱和团结。《大青树下的小学》引导学生进行充分朗读，边读边想象画面，关注有新鲜感的词句，在相互交流的基础上理解词句的意思，进一步感受这所学校的特别之处，最后用自己的话表达对这所学校的印象，并借助提示，说一说自己学校生活的某个场景。《花的学校》是散文诗，通过丰富的想象，把童真书写得淋漓尽致，表现了孩子和妈妈之间深厚的感情。要求学生能联系上下文，结合生活实际，想象画面，入境朗读，读懂课文，体会把花当作人来写的好处，并运用积累的词句，在情境中仿写句子。《不懂就要问》通过孙中山小时候向私塾先生提问的故事，培养学生不懂就要问的学习习惯。这是一篇略读课文，要求学生了解略读课文的基本学习要求，并关注有新鲜感的词句，通过联系上下文、结合插图等方式读懂这些词句，交流并积累。

本单元的习作主题为《猜猜他是谁》，这是本套教材第一次正式的习作练习。教材以游戏的方式激发学生的习作兴趣，让学生在二年级写话的基础上自然地进入习作练习。本次习作不仅贴合了学生的校园生活，而且和单元主题"学校生活"紧密联系。教师要利用教材中的图示，引导学生分别从外貌、性格、品质、爱好四个角度提供介绍同学的范例，帮助学生打开思路，但要求不高，写出一两点就可以，并提示学生要注意基本的格式，最后通过猜一猜的游戏形式进行交流，降低了习作任务的严肃性。

语文园地分为交流平台、词句段运用、日积月累三部分。交流平台重在培养学生在课内外积累有新鲜感词句的意识。词句段运用第一板块出示了两组并列结构的成语，要引导学生发现这两组成语构词的特点，以便更好地理解和积累这些成语；第二板块列举了本单元课文中的三个句子，引导学生读出句子中的重音，以便更好地表达情感；第三板块呈现的是五个有创意的兴趣小组的名字，引导学生在参与学校活动的同时，增强运用语言文字的意识。日积月累中安排了古诗《所见》，重在积累背诵。

二、语文要素分析

本单元的人文主题是"学校生活"。导语是"美丽的校园，成长的摇篮，梦想启航的地方"。编者在这个单元安排了一项阅读训练要素——阅读时，关注有新鲜感的词语和句子。

"阅读时，关注有新鲜感的词语和句子"是引导学生交流阅读感受并主动积累。这个要素从"一上"第七单元就开始渗透学习偏正短语的合理搭配。

"一下"第三单元学生在《小公鸡和小鸭子》一课中引导学生体会加上描述动作情状的词语使得句子更加生动。《树和喜鹊》一课引导学生积累意思相对的词语和AABB结构的词语；《怎么都快乐》在引导学生积累动宾短语的基础上再引导学生建立初步的归类意识。"一下"第四单元学生积累ABAC类的词语。二年级上册第一单元学习并运用表示动作的词语。"二上"第四单元学生学会联系上下文和生活经验，了解词句的意思。"二上"第六单元，学生可以借助词句，了解课文内容。

通过第一学段的学习，学生已经具备了一定的词语积累和借助不同方法了解词句意思的能力，也能初步按照要求提取文字信息、回答问题或借助提示进行复述，能与同学交流读文后的感想和体会，这些都是学习这个单元的有利条件。

三、课后习题的指向分析及教学环节设计

课后习题，是这本教材中不容忽视的重要组成部分，与课文相辅相成构成一个整体。统编教材的课后习题将听、说、读、写等知识点和能力点有机地融合在一起，凸显语文要素，构建了知识体系。因此在教学中教师应透彻解读课后习题的编排意图，根据课堂需要合理开发和利用课后习题资源，让语文要素得以落实，使教学目标有所依据，使活动设计有了抓手，从而促进学生语文素养的整体发展。

针对习题按照以下三步落实语文要素，走近：了解教材的习题体系；转化：读懂习题背后的意图；建立：教学的基本思路。

四、单元作业设计

【作业目标】

积累并运用有新鲜感的词语和句子，丰富想象，感受美好的"校园生活"。

举办绘画展"我心目中的学校"。要求学生画出自己心目中的学校，像美术馆展出作品一样做一个小讲解员，能按照一定顺序，清楚、完整介绍自己的作品。

作业要求如下：

1. 每人画一张我心目中的学校，并配上自己积累的有新鲜感的词句。
2. 清楚完整地介绍自己的作品，在班级内进行评比。
3. 全年级举办美术作品展览会，每个班级评选出最佳的10幅作品，选出自己最喜欢的艺术作品。
4. 按照这种方式在美术课上完成自己的绘画作品。

童年美好的回忆

基本信息			
学科	语文	教师姓名	杨玉兰
年级	四年级	教科书版本	部编版
单元主题	第六单元：童年美好的回忆		
单元内容（从教材内容和学生情况两个方面进行分析）	本单元课文主要是围绕"童年美好的回忆"这个主题进行编排设计，由《牛和鹅》《一只窝囊的大老虎》《陀螺》三篇课文及《语文园地》组成。目的是使学生感受到童年的快乐，收获一些对今后生活有所指导的道理。本单元的教学重点在于能引导学生根据情感变化描写，体会故事蕴涵的道理。语言生动、童趣十足、又蕴含一定哲理的文章的《牛和鹅》，感受一篇文笔清新、又略带困惑和忧伤的《一只窝囊的大老虎》。通过小朋友之间的故事，感受故事的含义。教学时注意引导学生体验童年的乐趣和想法，收获道理的同时培养学生热爱生活的情感。教学时应通过反复有感情的朗读，带学生进入文中的童年世界，与故事的主角产生情感共鸣，并通过学习对人物的语言、动作、神态的细致刻画，体会表现人物性格特点的表达方式，运用到自己的写作当中去。《语文园地》中，教材在学生深入理解了通过人物的动作、语言、神态的描写能够体会出人物的心情变化，进行了更深层次的拓展和延伸，引导学生进行口语交际、习作和展示活动。 作为四年级的学生，他们在三年级上学期第四单元已经学习了猜测和推想的阅读方法，涉及的课文有《总也倒不了的老屋》《胡萝卜先生的长胡长》《小狗学叫》，三年级下学期第六单元用多种方法理解难懂的句子，涉及的课文有《童年的水墨画》《肥皂泡》。因此以学过的阅读方法引出批注的方法，学生们很顺利地就能够学习此知识。		
关键能力或核心素养	1.学习用批注的方法阅读。 2.记一次游戏，把游戏的过程写清楚。		
单元整体目标	基础性目标 ↓ 熟练认读生字词，朗读课文。	阅读性目标 ↓ 引导学生通过关注人物的动作、语言、神态体会人物的心情，分析、效仿课文侧面的批注示例，在有感触的地方进行批注，养成阅读好习惯。	表达性目标 ↓ 写清楚一次游戏的同时，要把自己的想法和感受也写出来。

续表

单元课时整体安排	第一课时《牛和鹅》 第三课时《一只窝囊的大老虎》 第四课时《一只窝囊的大老虎》 第五课时《陀螺》		第二课时《牛和鹅》 《口语交际：安慰》 第六课时《语文园地—习作》	
第一课时				
课时内容	《牛和鹅》			
课时目标	1.认识"谓、拳"等11个生字，会写"模、甚"等15个字，会写"甚至、顽皮"等14个词语。 2.通过批注示例整体掌握批注的几个常见角度：内容、写法和体会。			
学业要求	了解	理解	掌握	运用
	认识"谓、拳"等11个生字。	会写"模、甚"等15个字，会写"甚至、顽皮"等14个词语。	可以从疑问、内容、写法、启发等方面给文章加上批注。	阅读时把读书感想、疑难问题，随手批写在书中的空白地方，帮助理解、深入思考。
作业设计	课内作业： 1.字词储藏室。 （1）给加点字的正确读音下面画上"——"。 　掐住（qiā kǎ） 　捶（chuí chíu） 　胸（xōng xiōng） 　答应（yīng yìng） 　扳（bān bǎn）牛角 　拖倒（dǎo dào） 　划（huá huà）船 　几扇（shān shàn） 　胳膊（bó bì） （2）看拼音，写词语。 　suī rán（　　　） 　chuí dǎ（　　　） 　wán pí（　　　） 　dà gài（　　　）			设计意图： 　通过在语境中选择易错字的读音和书写生字，达到读准字音、规范书写的目的，尝试熟记词语。 　操作时间：2分钟

2. 仿一仿，试一试，说一说。

教材批注	角度
事情真的是这样吗？	
远远地站在安全的地方，绕个大圈。	
鹅之前多神气，现在多狼狈。	
逃跑——被鹅咬住——呼救。	
看来鹅并不可怕。	

课后作业：

请同学们找出1—4处课文内容，尝试批注一下。

我找到的句子	我的批注
1	
2	
3	
4	

设计意图：

在初读课文的基础上，圈画出自己想批注的地方，分层作业，为第二课时感受"我"面对鹅的心情变化做准备。

操作时间：10分钟

第二课时

课时内容	《牛和鹅》
课时目标	1.关注作者面对大鹅时的一系列表现，及时引导学生发表感想并进行记录。 2.熟练运用批注的方法，养成阅读好习惯。
学业要求	了解 / 理解 / 掌握 / 运用
	圈画出"我"的动作、语言、神态的词句。	"我"见到鹅和被鹅袭击时的心情。	能够说出"直到现在，我还记得金奎叔的话"的原因。	会对表示动作、语言、神态的词句做出正确的批注。

续表

作业设计	课内作业： 1."我"的秘密：请同学们圈画出文中表示"我"的动作、语言、神态的词语。小组一起交流，你从词语中找到的秘密是什么，写在书的旁边。 （1）动作词句： （2）语言词句： （3）神态词句： （4）秘密： 2.思考小能手：为什么"直到现在，我还记得金奎叔的话"？和同学们交流一下。	设计意图： 通过让学生圈画出表示"我"的动作、语言、神态的词句，找出"我"见到鹅和被鹅袭击时的心情变化。 操作时间：5分钟 通过记录"直到现在，我还记得金奎叔的话"的收获，实现了从启示角度做批注的方法运用，并收获了文章的中心思想，教育了学生如何养成良好的品格。 操作时间：5分钟
	课后作业： 阅读小能手 阅读课后《牛的写意》，做出至少一处的批注。	设计意图： 熟练运用批注的方法，从不同角度合理批注，养成阅读好习惯。 操作时间：10分钟

第三课时

课时内容	《一只窝囊的大老虎》			
课时目标	1.让学生在不理解的地方进行批注。 2.通过预习默读收集学生的问题，借助问题来共同分析课文的内容和写法。			
学业要求	了解	理解	掌握	运用
	认识"囊、羡"等8个生字，读准多音字"露、角、啊、哄、唉"。	会写"段、俩"等13个字，会写"文艺、表演"等15个词语。	能在不理解的地方做批注，并借助批注进行阅读。	阅读时把不理解的内容画出来，批注写在书中的空白地方，帮助理解、深入思考。
作业设计	课内作业： 字词储备室。 1.看拼音写词语。 bān jí（　　　　）	设计意图： 通过在语境中选择易错字的读音和书写生字，达到读准字音、规范书写的目的，尝试熟记词语。		

142

续表

	yí duàn（　　　） pái liàn（　　　） zá guō（　　　） 2.选择恰当的词语填到句中的括号里。 　　　忽然　　　突然 （1）他的（　　　）到来，打乱了我的学习计划。 （2）我（　　　）想起来了，大哥往常就是这样呼唤羊群的。	操作时间：2分钟
	课后作业： 　　读中思，思中学，在阅读中边质疑边批注，加深了对课文的理解，收获真不小。请同学们思考以下问题，选择其一和同学们交流分享。 　　1."我"演出真的失败了吗？ 　　2.班主任为什么看了"我"半晌才决定让我演老虎？ 　　3.老师对我的演技并不满意，为什么却没说什么？	设计意图： 　　通过上一课的学习，学生了解了批注最常见的四种角度，这里重点让学生从质疑的角度练习批注，进一步掌握提出疑问的批注方法，学会深度质疑，并通过质疑解疑，对课文内容深入理解。 　　操作时间：10分钟

第四课时

课时内容	《一只窝囊的大老虎》			
课时目标	1.能借助描写"我"动作、语言、神态的语句，说出"我"心情的变化及变化的原因。 2.能结合生活经验说出"我"的演出是否窝囊，并试着用合适的方式开导"我"。			
学业要求	了解	理解	掌握	运用
	圈画出表示"我"的动作、语言、神态的词句。	能借助描写"我"动作、语言、神态的语句，说出"我"心情的变化及变化的原因。	能结合生活经验说出"我"的演出是否窝囊，并试着用合适的方式开导"我"。	阅读时把不理解的内容画出来，批注写在书中的空白地方，帮助理解、深入思考。

续表

作业设计	课内作业： 火车开起来：小组比一比，哪组火车开得快！ "我"的心理变化 羡慕→殷切期待→担心→自信→紧张 ↓ 疑惑←后悔←狼狈←难为情←不在意 1.在文中画出"我"的语言、动作、神态语句。 2.做出批注。		设计意图： 能借助描写"我"动作、语言、神态的语句，说出"我"心情的变化及变化的原因。 操作时间：10分钟
	课后作业： 你愿意做文中的主人公的好朋友吗？请你试着用合适的方式开导主人公，不要感觉自己很窝囊。可以找个同学情境表演。 选择本单元口语交际中《安慰》内容中的一种情况，做一组情境表演，注意选择合适的方式安慰，可以借助语调、手势等恰当地表达自己的情感。		设计意图： 结合生活经验，表演"我"的演出"窝囊"，并试着用合适的方式开导主人公。锻炼学生口语交际能力，达成语文园地中口语交际《安慰》的内容目标。 操作时间：10分钟
第五课时			
课时内容	《陀螺》		
课时目标	让学生在理解比较深的地方做批注。 引导学生多在心情相关描写处进行批注，初步尝试与文中主角进行交流理解。		
学业要求	了解	理解	掌握	运用
	认识"兵、恨"等8个生字，读准多音字"钉、旋"。	会写"否、旋、况"等15个生字，会写"冰天雪地、否则"等17个词语。	能在体会较深的地方做批注。	能在体会较深的地方做批注，并借助批注进行阅读。

续表

| 作业设计 | 课内作业：
一、字词储备室。
1.在加点字的正确读音后面画"√"。
铁钉（dīng dìng）
旋转（xuān xuán）
帅气（shuài shài）
2.看拼音写词语。
fǒu zé（　　　）
kuàng qiě（　　　）
réng rán（　　　）
yù liào（　　　）

二、字里行间找秘密。阅读下面的句子，同学们知道了作者什么秘密？
1.因此，曾有很长一段时间我的世界堆满乌云，快乐像过冬的燕子一般，飞到一个谁也看不到的地方去了。
2.这消息曾使我一整天处于恍惚的状态，老想象着那只陀螺英武的风姿。
尤其当我看到这枚"鸭蛋"的下端已嵌上一粒大滚珠时，更是手舞足蹈，恨不得马上在马路上一显身手！
3.这使我士气大减，只是在一旁抽打，不敢向任何人挑战。
这真是个辉煌的时刻！我尝到了胜利的滋味，品到了幸运的甜头。

三、说一说。
小组交流，联系生活实际，对于"人不可貌相，海水不可斗量"这句话，你是怎样理解的。 | 设计意图：
通过在语境中选择易错字的读音和书写生字，达到读准字音、规范书写的目的，尝试熟记词语。
操作时间：2分钟

让学生能够借助关键语句在体会较深的地方做批注，并借助批注进行阅读，理清文章结构。
操作时间：10分钟 |
| | 课后作业：
1.从得到陀螺、遭受嘲笑到战斗胜利，"我"的心情与感受有哪些变化？用文中的词语来形容。 | 设计意图：
借助引导学生交流"我"的心情变化，理清文章脉络。通过有趣味的实践作业，使学生在娱乐中体验游戏的快乐及其心情的变化，为写一次游戏的习 |

	2.友情手拉手。	作做好了铺垫。
	同学们，如果你的家中有陀螺、沙包、跳绳等玩具，请邀请伙伴一起玩一玩，记住一定要体会自己心情的变化，下节课一起来交流。	操作时间：10分钟

第六课时

课时内容	《语文园地—习作》				
课时目标	1.能按顺序把游戏写清楚，写出想法和感受，把自己的心情描述出来。 2.能自己修改习作，并把习作改写清楚。				
学业要求	了解		理解	掌握	运用
	游戏的规则。		游戏内容。	学会恰当用词，做到语句通顺。	按一定的顺序记叙，能够把自己的心情描述出来。
作业设计	课内作业： 　　思维碰碰车：哪位同学说一说上节课的作业，和小伙伴玩了什么游戏，心情如何，先填一填下面的表格，再交流。 | 游戏规则及时间地点人物 | | | 游戏过程及心情 | | | 游戏结果及收获 | |			设计意图： 　　通过表格梳理文章提纲，能够将一次游戏过程写清楚，并按一定的顺序记叙，能够把自己的心情描述出来。 操作时间：10分钟	
	课后作业： 　　把完成的作文仔细朗读两遍后，可以用修改符号进行进一步完善。			设计意图： 　　自己修改习作，并能把习作改写更加清楚，发挥学生主观能动性，养成良好的习作习惯。 操作时间：10分钟	
单元评估作业	本单元的作业设计重点是引导学生在有感情朗读和默读的基础上，学习用批注的方法阅读，具体落实到每一个教学点，有先后顺序，第一篇学习批注，第二篇练习批注，第三篇从另一个角度练习批注，语文园地则集中进行梳理，总结提升。上面七个课时作业的设计是由易到难，由说到写，循序渐进，基础、发展和拓展实践，层层递进，既进行了语言、思维训练，又激发了学生在有趣味的作业中产生的创造欲。				

童话世界

——三年级上册第三单元作业设计思考

基本信息			
学科	语文	教师姓名	张萌
年级	三年级	教科书版本	部编版
单元主题	童话世界		
单元内容（从教材内容和学生情况两个方面进行分析）	本单元的人文主题为"童话世界"，围绕这一主题编排了不同作家、不同风格的四篇中外童话《卖火柴的小女孩》《那一定会很好》《在牛肚子里旅行》《一块奶酪》。交流平台梳理总结了童话的基本特点以及阅读童话的好处。除了四篇课文，本单元还安排了"快乐读书吧"，引导学生阅读《安徒生童话》《稻草人》《格林童话》，走进童话中的人物，体会童话的魅力。本单元习作要求是"试着自己编童话，写童话"。		
关键能力或核心素养	本单元阅读方面的要素是"感受童话丰富的想象"。童话是通过丰富的想象、幻想和夸张来编写故事，因此丰富的想象是童话故事的一大特点。四篇童话充满了丰富而奇特的想象，引人入胜，又发人深思。《卖火柴的小女孩》中的小女孩擦燃火柴后看到了奇异的幻象；《那一定会很好》的主人公一粒种子不断产生愿望，恰巧不断地实现了；《在牛肚子里旅行》中，小蟋蟀经历了一场惊险的旅行；《一块奶酪》中，蚂蚁队长因为小小的奶酪渣，有着激烈的思想斗争。本单元教学旨在通过读童话引导学生感受童话丰富的想象，从而尝试发挥想象写童话。 本单元写作方面的要素是"试着自己编童话，写童话"。"试着"一词明确本次习作旨在激发学生编童话的兴趣，未对"写"提出更高的要求。 本单元教材编排体例体现了阅读铺路、由读到写的进阶，让学生在课文阅读中感受童话想象丰富的特点，在整本书阅读中丰富认知，在习作中发挥自己的想象，感受想象的乐趣。		
单元整体目标	1.认识39个生字，读准8个多音字，会写26个生字，会写33个词语。 2.默读课文，能了解故事的主要内容。能对文中的人物做出简单的评价。 3.能展开想象，体会人物心情的变化。分角色朗读课文，能读出相应的语气。 4.能把《在牛肚子里旅行》的故事讲给别人听，能体会故事中朋友之间的真挚情谊。		

续表

单元课时整体安排	课文：《卖火柴的小女孩》（2课时） 《在牛肚子里旅行》（1课时） 《那一定会很好》（1课时） 《一块奶酪》（1课时） 习作：（1课时） 快乐读书吧：（1课时） 语文园地：（1课时）		
第一课时			
课时内容	本单元的所有教材内容。		
课时目标	1.借助单元导语了解本单元内容主题，明确读写训练重点。 2.通览整组教材，整体规划单元学习活动，为单元学习做好准备。 3.整体预习和巩固本单元的生字新词。		
学业要求	了解	理解	掌握	运用
	本单元学习主要内容及单元主题。	语文要素设置及各节课的训练重点。	感受童话故事丰富的想象。	发挥想象写故事，创造自己的想象世界。
作业设计	课内作业： **课堂学习单** 1.《卖火柴的小女孩》中小女孩擦燃（　）次火柴？每次擦燃后都看到了什么？ 2.《那一定会很好》中的一粒种子，从一粒种子到阳台上的木地板，它经历了一段怎样的历程？ 3.《在牛肚子里旅行》中，红头都在牛肚子里的哪些部位旅行？ 4.你喜欢《一块奶酪》中的蚂蚁队长吗？			设计意图： 1.在学生自读单元导语，明确单元主题和单元训练重点的基础上完成"课堂学习单"，指导学生对整个单元教学内容进行初步预习。 2.在交流预习的基础上借助"课堂学习单"梳理单元学习内容。 3.通过自主学习、小组互学、交流展示、点拨指导、自评等正确认读和书写本单元前两课字词。
	课后作业： 1.自主绘制单元学习导图。 2.在不懂的地方做上记号，提出自己的疑问，写在左侧。 3.完成字词测评单。			设计意图： 1.根据提供的单元学习导图参考框架及模板，提示梳理单元学习内容的基本思路，绘制单元学习导图。 2.能够对即将学习的内容进行质疑，从而有目的地参与课堂学习活动。

单元作业设计——语文（中年级）

续表

第二至八课时		
《卖火柴的小女孩》2课时	课内作业： 　　小女孩一共擦燃了几次火柴，每次擦燃后看到了什么，表达了她怎样的愿望？ 　　小女孩第一次擦燃了火柴，看到了（　　），表达了她（　　）愿望；小女孩第二次擦燃了火柴，看到了（　　），表达了她（　　）愿望；小女孩第三次擦燃了火柴，看到了（　　），表达了她（　　）愿望；小女孩第四次擦燃了火柴，看到了（　　），表达了她（　　）愿望；小女孩第五次擦燃了火柴，看到了（　　），表达了她（　　）愿望；	设计意图： 　　（1）目标指向：通过对小女孩五次幻象认知，体会她处境的悲惨，从而感受作者丰富的想象。 　　（2）学习方式：通过绘制幻象图、想象画面、补白内心、朗读、讲故事等方式走进小女孩的内心世界。 　　（3）学习流程：梳理幻象，完成导图——抓住幻象，走进人物——借助导图，试讲故事 　　（4）学习评价：结合黑板上的阶梯图和书中的插图讲故事。
	课后作业： 　　给你的家人讲一讲这个童话故事，把你印象深刻的部分讲详细。	
《在牛肚子里旅行》1课时	课内作业： 　　1.默读课文，圈出红头在牛肚子里旅行经过的部位。 　　2.完成红头在牛肚子里旅行的线路图，根据红头的旅行线路图，简单讲一讲这个故事。 　　牛嘴——（　　）——（　　）——（　　）——被喷出来	（1）目标指向：第一题明确了梳理旅行路线图，感受这篇童话故事的"惊险"的特点，第二题是引导学生走进人物内心世界，体会它们之间的友情，感受生动语言和鲜明的人物特征。 　　（2）学习方式：通过绘制旅行路线图、想象画面、补白内心、朗读、讲故事等体会青头与红头之间的友情。 　　（3）学习流程：画路线导图，讲简单故事——想内心活动，悟丰富想象——借旅行路线，讲生动故事。
	课后作业： 　　根据牛肚子旅行的路线图，把故事讲给别人听，可以加入青头的语言、动作把故事说完整。	
《那一定会很好》1课时	课内作业： 　　1.学生自主阅读学习提示，交流本节课学习目标。 　　2.快速读课文，找一找一粒种子到阳台上的木地板经历了哪些变化？绘制一幅种子的生命历程图，并简单讲讲故事。 　　种子——（　　）——	（1）目标指向：了解种子的生命历程，体会种子乐观的人生态度，从而感受作者丰富的想象。 　　（2）学习方式：通过绘制历程图、朗读、续编故事、讲故事等方式感受小种子积极的人生态度。 　　（3）学习流程：读学习提示，明学习目标——填历程图表，讲故事梗概

149

续表

	（　　　）——（　　　）——阳台上的木地板。	抓人物内心，感丰富想象——借历程图表，讲生动故事。
	课后作业： 把这个故事讲给他人听。	
《一块奶酪》 1课时	**课内作业：** 1.默读课文，想一想课文围绕一块奶酪讲了一件什么事，尝试填写故事的发展图。 （　　）奶酪——（　　）奶酪——（　　）奶酪——（　　）奶酪 2.展开想象，猜测蚂蚁队长在搬运过程中看到掉下来的奶酪渣，它想了些什么？	（1）目标指向：本习题涵盖了两个内容，其一为了解故事内容，其二为人物评价。 （2）学习方式：通过绘制故事发展图、想象画面、补白内心、朗读、讲故事等感受蚂蚁队长的人物形象。 （3）学习流程：绘制发展图表，了解故事内容——想象队长心理，感受人物形象——借助他人语言，评价蚂蚁队长——讲好完整故事，感受想象丰富
	课后作业： 把这个故事讲给他人听，可以加上你对蚂蚁队长的看法。	
习作1课时	**课内作业：** 1.指导从多方面、多角度进行想象。 2.结合书上人物、地点词语指导习作编写童话。	本单元写作方面的要素是"试着自己编童话，写童话"，激发学生兴趣，在作文评改课中依照习作要求进行了自评、互评环节，在"我是童话故事大王"活动中进行了二次评选。
	课后作业： 根据作文评价单进行自评自改。	
快乐读书吧 1课时	**课内作业：** 一、认一认，在你读过的书的书名下画横线。 《一千零一夜》《王尔德童话》 《郑渊洁童话》《十万个为什么》 《小熊维尼历险记》《皮皮鲁》 《水浒传》《三国演义》 二、哪个故事站错了队伍？把它用"\"画去。 1.海的女儿　八仙过海　莴苣姑娘 2.忠实的约翰　吹泡泡　白雪公主 3.三个纺织女　卧薪尝胆　拇指姑娘	交流阅读觉得找到了一个朋友；当我们再一次读这本好书时的感受和收获；教师指导阅读，让学生潜移默化一遍又一遍地读一本书。

续表

语文园地 1课时	课后作业： 　　写一写你看到过的一篇童话故事的读后感。（50字左右）	
	课内作业： 　　一、写出以"口"为偏旁的字。 　　口 　　（　）（　）（　）（　）（　） 　　（　）（　）（　）（　）（　） 　　（　）（　）（　）（　）（　） 　　二、用修改符号修改句子。 　　1.夜已经很深了，他还在写做业。 　　2.联欢会上，我们听到了悦耳的歌声优美的舞蹈。 　　3.校园里飘扬着五颜六色的红旗。	1.引导学生回顾自己课内外学习的童话，说说自己喜欢童话的原因。 　　2.读准生字，积累生字。 　　3.熟悉三种修改符号，学会使用修改符号修改病句。 　　4.积累日积月累的句子。
	课后作业： 　　背诵日积月累的三句谚语。（50字左右）	
单元评估作业	单元学习后进行班级讲童话故事比赛。依据每一节课上讲故事的要求制定讲故事标准，依据标准选出班级"故事大王"参加年级讲故事大赛。进行年级讲童话故事大赛，评选出年级"故事大王"。	

历史人物故事

基本信息				
学科	语文	教师姓名	张晓冬	
年级	四年级	教科书版本	部编版	
单元主题	第六单元：历史人物故事			
单元内容（从教材内容和学生情况两个方面进行分析）	本单元课文主要是围绕"历史人物故事"这个主题进行编排设计，由《王戎不取道旁李》《西门豹治邺》《故事二则》三篇课文及《语文园地》组成。目的是使学生感受到历史人物的智慧，收获一些对今后生活有所指导的道理。本单元的教学重点在于能引导学生根据课文内容会复述故事情节，体会故事蕴含的道理。《王戎不取道旁李》通过写王戎七岁时和小朋友看到路边有果实累累的李树，小朋友都争先恐后去摘，只有王戎没有摘并告诉他们李子是苦的事实。告诉我们遇到事情要多想，多思考，不能盲目地跟从的道理。《西门豹治邺》主要讲了魏国的国君派西门豹管理邺县这个地方，西门豹巧施妙计，破除迷信和百姓一起兴修水利，带动当地经济发展的故事，刻画了一个为老百姓做好事、办实事的古代地方官的形象，赞扬了他一心为民、反对迷信、信守承诺、足智多谋、尊重科学的品质。《纪昌学射》这则寓言讲的是纪昌在飞卫的指导下，先练好了眼力，再学开弓放箭，最后成为射箭能手的故事，以生动的事例阐明了无论学什么技艺，只有练好基本功才能成大器的道理。 　　《扁鹊治病》这则寓言通过写蔡桓侯不听扁鹊劝告延误病情，结果病死的故事，告诉我们对于小病，小的缺点、错误要防微杜渐，及时医治、改正，否则后果不堪设想。			
关键能力或核心素养	1.学会文言文学习的方法。 2.会复述课文大概故事内容。了解人物品质，明白故事道理。			
单元整体目标	基础性目标 ↓ 熟练认读生字词，朗读课文。	阅读性目标 ↓ 了解文章课文内容，会复述文章故事情节，抓清主次复述。		表达性目标 ↓ 写清楚一次心跳的故事。

续表

单元课时整体安排	第一课时《王戎不取道旁李》 第三课时《西门豹》 第五课时《故事二则》		第二课时《王戎不取道旁李》 第四课时《西门豹》 第六课时《语文园地－习作》	
第一课时				
课时内容	《王戎不取道旁李》			
课时目标	1.认识本课"戎、诸、竞"3个生字，会写"戎、尝、诸、竞、唯"5个字，理解"唯""信然""竞走"词的意思。 2.掌握本课的生字词，理解词语的意思。			
学业要求	了解	理解	掌握	运用
	认识本课"戎、诸、竞"3个生字，会写"戎、尝、诸、竞、唯"5个字，理解"唯""信然""竞走"词的意思。	理解文言文中实词和虚词的意思。	掌握本课的生字词。	生字会写，重点词语会理解。
作业设计	会写生字并组词语。 　　戎　诸　竞 1.认读生字"戎"字。 　这个字由两部分组成——"戈"指的是长柄兵器，"十"是铠甲的"甲"，是上战场时所穿的盔甲，合起来表示争斗、战争的意思。 　字音难点："戎"（róng）不能读成（yóng）； 　"诸"（zhū）不能读成（zhǔ）。 2.书写"戎、尝、诸、竞、唯"。 　字形难点："戎"左下部是"十"，不是"廾"；"诸"中间没有"亻"；"竞"下半部是"口"加"儿"不能写成"日"加"儿"。			学生字，读准字音，理解实词和虚词，是学习文言文的重要方法。

"研思同行，共享提升"：单元作业设计初探

续表

	〔尝〕曾经。 〔李〕李子。 〔游〕玩耍。 〔子〕果实。 〔折枝〕压弯了树枝。 〔竞〕争先跑过去。竞：争逐。 〔走〕跑。 〔唯〕只有。 〔曰〕说。 〔诸〕众，一些，这些，许多。 〔信〕的确。 **虚词：** 〔然〕如此。 〔之〕他（它）。	

第二课时

课时内容	《王戎不取道旁李》			
课时目标	理解重点句子"树在道边而多子，此必苦李"的意思。体会王戎善于观察分析，不盲从的优秀品质。			
学业要求	了解	理解	掌握	运用
	体会王戎善于观察分析，不盲从的优秀品质。	理解重点句子"树在道边而多子，此必苦李"的意思。	会背诵课文。	明白道理。
作业设计	1.为什么王戎不去摘李子？ "树在道边/而多子，此必/苦李。" 2.学习了这篇课文，你从聪明过人的王戎身上，能学到什么？ 遇到事情多观察，多思考，多分析推理，不盲目行动。		注重教给学生抓住重点词语联系画面及上下文来理解课文的方法，还注重培养学生自读勾画、合作提高的良好学习习惯，训练学生的语言文字，使学生真正成为语言的实践者，从而保证双基训练能落到实处。	

第三课时

课时内容	《西门豹治邺》
课时目标	1.认识"豹、芜、娶"等12个生字，会写"豹、派、娶"等15个生字，理解"田地荒芜、提心吊胆、磕头求饶"等词语。 2.熟读课文，理解大意。

续表

学业要求	了解	理解	掌握	运用
	认识"豹、芜、娶"等12个生字，会写"豹、派、娶"等15个生字，了解"田地荒芜、提心吊胆、磕头求饶"等词语。	会写字，会辨认，会组词，理解词语意思。理解课文大概内容。	生字会写。	理解四字词语，会理解造句。会概括主要内容。
作业设计	一、读拼音写词语。 1.师父用尽全身的力气把 tú dì（　　　）推上岸，自己却被洪水 yān mò（　　　）了。 2.河神 qǔ xí fu（　　　）的日子到了。 二、选字组词。 　　　观　官 （　）看　做（　） 　　　逼　副 一（　）　（　）迫 　　　催　摧 （　）毁　（　）促 　　　旱　早 （　）上　（　）灾 三、把下列词语补充完整，再选词填空。 人烟（　）（　） （　）心（　）胆 各（　）各（　） 田地（　）（　） （　）如（　）色 磕（　）求（　） ①田地荒芜　②提心吊胆 1.这里连年灾害，寸草不生，（　）。 2.敌人被我军吓掉了魂，（　）地跑回去了。	设计意图： 　　通过在语境中选择易错字的读音和书写生字，达到读准字音、规范书写的目的，尝试熟记词语。 　　操作时间：2分钟		

"研思同行，共享提升"：单元作业设计初探

续表

	1.熟读课文。纠正字音，读出感情。 2.会概括课文主要内容。理解文章主次内容。	引导学生根据故事的起因、经过、结果给课文分段，并概括大意，可以使学生了解故事的大意，掌握课文的整体脉络。同时，提供两种分段方法，提倡了学生对课文的多元化理解。

第四课时

课时内容	《西门豹治邺》			
课时目标	1.引导学生理解重点词句在这里面文中的意思，学习本课描写人物言行、表现人物品质的写法。 2.了解西门豹是怎样调查原因、兴修水利的，受到破除迷信的教育。 3.分析西门豹人物形象，了解西门豹的为人处世的态度。			
学业要求	了解	理解	掌握	运用
	了解西门豹是怎样调查原因、兴修水利的，受到破除迷信的教育。	理解重点词句在这里面文中的意思，学习本课描写人物言行、表现人物品质的写法。	分析西门豹人物形象，了解西门豹的为人处世的态度。	阅读时把不理解的内容画出来，批注写在书中的空白地方，帮助理解、深入思考。
作业设计	一、一字多义我会选。 闹：A.喧闹，不安静；B.干，弄，搞；C.开玩笑；D.发生（灾害） 1.这里的雨水少，年年闹旱灾。（　　） 2.跟你闹着玩儿，请别介意啊！（　　） 3.每闹一次，他们要收几百万。（　　） 4.这里闹得很，没法看书，换个地方吧！（　　） 二、按要求写句子。 1.老百姓把漳河的水引到田里。（改为"被"字句） _____	设计意图： 　　让学生更详细感受西门豹的人物，让每一位学生都有身临其境之感，使学生对课文内容的理解进一步深化。		

续表

	2.从此，还有谁敢再给河神娶媳妇呢？（改为陈述句） _____ _____ 3.庄稼得到了灌溉。庄稼年年得到好收成。（把这两句话用关联词合并成一句） _____ _____ 三、按课文内容填空。 　　第一段（　　）：了解原因，摸清真相。 　　第二段（　　）：将计就计，惩办首恶，揭露骗局。 　　第三段（　　）：兴修水利，年年丰收。 四、分析下面的句子有什么含义。 　　1.巫婆说："河神是漳河的神，每年要娶一个年轻漂亮的姑娘。要是不给他送去，漳河就要发大水，把田地全淹了。" _____ _____ 　　2.西门豹发动老百姓挖了12条渠道，把漳河的水引到田里。庄稼得到了灌溉，每年的收成都很好。 _____ _____	
第五课时		
课时内容	《故事二则》	
课时目标	1.认识本课"拜、桓、侯"等11个生字，正确理解"纪昌学射、百发百中、扁鹊治病、无能为力"等词语。 2.正确、流利、有感情地朗读课文。 3.联系有关词句，体会人物的想法。 4.体会防微杜渐、不要讳疾忌医，要善于听取别人正确意见和学习要练好基本功的道理。	

学业要求	了解	理解	掌握	运用
	联系有关词句，体会人物的想法。	体会防微杜渐、不要讳疾忌医，要善于听取别人正确意见和学习要练好基本功的道理。	1.认识本课"拜、桓、侯"等11个生字，正确理解"纪昌学射、百发百中、扁鹊治病、无能为力"等词语。 2.正确、流利、有感情地朗读课文。	利用学到的道理结合实际引导自己的生活。
作业设计	一、加点字读音完全正确的选项是（　　）。 　A.蔡桓侯（yuán）　B.敷药（fú） 　C.骨髓（suí）　　D.药剂师（jì） 二、选出与题中加点词含义相同的一项。 　1.君有疾在腠理。（　　） 　A.眼疾手快　B.疾风知劲草 　C.积劳成疾 　2.扁鹊望桓侯而还走。（　　） 　A.走上讲台　B.转身跑 　C.走漏风声 三、这两则故事给你什么启示？		设计意图： 　通过在语境中选择易错字的读音和书写生字，达到读准字音、规范书写的目的，尝试熟记词语。 体会防微杜渐、不要讳疾忌医，要善于听取别人正确意见和学习要练好基本功的道理。	

第六课时

课时内容	习作
课时目标	1.引导学生根据本单元课文的写法，围绕自己心跳的事去写习作。 2.要写清事情的经过，有条理地叙述。 3.引导学生学会审题、选材、明确习作要求，并互相分享交流。 4.掌握叙述事情的方法，并运用到写作中。 5.叙事要做到内容具体，感情真挚。

学业要求	了解	理解	掌握	运用
	引导学生学会审题、选材、明确习作要求之间互相分享交流。	1.围绕自己心跳的事去写习作。 2.学会审题、选材，明确习作要求。	学会恰当地用词，做到语句通顺。	按一定的顺序记叙，能够把自己的心情描述出来。

续表

作业设计	1.请你以"心儿怦怦跳"为题，选择自己亲身经历的一件事写下来，与大家分享。注意要把事情的经过写完整，写具体，表达自己的真情实感。 2.描写心跳的时候，我们要抓住心跳的过程；详细介绍你的心理活动，你的想法，动作表现，什么后果，获得什么样的感受。	设计意图： 　　通过表格梳理文章提纲，能够将心儿怦怦跳过程写清楚，并按一定的顺序记叙，能够把自己的心情描述出来。 操作时间：10分钟
	写好后仔细阅读，推敲个别字词用法，学会修改。	设计意图： 　　自己修改习作，并把习作能改写更加清楚，发挥学生主观能动性，养成良好的习作习惯。 操作时间：10分钟
单元评估作业	本单元作业设计根据教参和课程标准要求，结合学生实际特点，从每一课的字词句到段篇章的知识的理解把握和运用。这样才能符合课上讲课下练，提高学生对知识的掌握程度，激发他们爱学习的欲望。	

"研思同行，共享提升"：单元作业设计初探

学习预测方法尝试续编故事

——三年级上册第四单元作业设计思考

基本信息			
学科	语文	教师姓名	周景月
年级	三年级	教科书版本	部编版
单元主题	学习预测方法尝试续编故事		
单元内容（从教材内容和学生情况两个方面进行分析）	第四单元以"预测"策略为学习主题，选编了三篇课文、一个口语交际、一篇习作和一个语文园地。 　　精读课文《总也倒不了的老屋》，节选了作者慈琪原作的主要内容，讲述了老屋与小猫、老母鸡、小蜘蛛之间的故事，内容完整。课文用反复的手法推进情节的发展，文中不仅情节相似，语言、动作和心理等方面也具有相似性。两篇为略读课文，均为不完整的文本；《胡萝卜先生的长胡子》讲述了胡萝卜先生漏刮了一根胡子后的有趣经历，需要学生有依据地预测补充情节与结局；《小狗学叫》讲述的是小狗学叫的奇特经历，但故事会如何发展？结局如何呢？需要学生自主运用预测策略探讨合适的结局。		
关键能力或核心素养	第四单元是阅读策略单元，是本套教材首次以阅读策略为主线组织单元内容。导语是："猜测与推想，使我们的阅读之旅充满了乐趣。""一边读一边预测，顺着故事情节去猜想。学习预测的一些方法。尝试编故事。" 　　1.立足单元整体，横向看关联。 　　第四单元为预测策略学习单元，第三单元为童话单元，语文要素为感受童话丰富的想象，为在第四单元的童话阅读中引导学生展开丰富想象、依据童话情节反复的特点大胆预测奠定了基础；第二单元运用多种方法理解难懂词语，包括依据生活经验、联系上下文、已有阅读经验、借助插图等方法来理解难懂的词语。而这些方法，也是学生预测的依据。 　　2.立足部编教材纵向看递进。 　　部编版教材在单元编排方面，以阅读策略为主线，低年级循序渐进，为学生自主阅读能力的培养搭建了螺旋上升的阶梯，为学生习得阅读方法、自主阅读奠定了基础。		
单元整体目标	1.认识22个生字，读准5个多音字，会写13个生字，会写14个词语。 2.能一边阅读一边预测，初步感受预测的乐趣。 3.能了解自己和他人名字的来历。 4.能根据插图和提示把故事写完整。		

续表

单元课时整体安排	课文：《总也倒不了的老屋》（2课时）《胡萝卜先生的长胡子》（1课时）《小狗学叫》（1课时） 口语交际、习作例文：（2课时）			
第一课时				
课时内容	本单元的所有教材内容。			
课时目标	1.借助单元导语了解本单元内容主题，明确读写训练重点。 2.通览整组教材，整体规划单元学习活动，为单元学习做好准备。 3.整体预习和巩固本单元的生字新词。			
学业要求	了解	理解	掌握	运用
	本单元学习主要内容及单元主题。	语文要素设置及各节课的训练重点。	一边阅读一边预测，初步感受预测的乐趣。	学生"一边读一边预测，顺着故事情节去猜想。学习预测的一些方法。尝试编故事"。
作业设计	课内作业： 　　1.读课文的过程中，你有没有猜到后面会发生什么？和同学交流。 　　2.老屋给你留下了什么印象？联系插图和课文内容说一说。	设计意图： 　　了解"预测"的含义。 　　1.出示课题，质疑老屋什么样？为什么总也倒不了？ 　　2.猜一猜问题的答案。 　　老屋什么样呢？可能屋子很旧很旧了，快要倒了。老屋为什么总也倒不了呢？可能有人维修，可能是被施了魔法。 　　3.小结预测策略：我们根据题目，结合自己的问题，猜测课文的内容，这种方法就叫"预测"。 　　4.印证。 　　预测后，我们要到课文中去看看自己的预测是否和原文一致。			
	课后作业： 　　老屋给你留下了什么印象？联系插图和课文内容说一说。	设计意图： 　　让学生感受到所有的善良、仁爱、同情、体贴都源自一个字，那就是"爱"。			
第二至第五课时				
《总也倒不了的老屋》2课时	课内作业： 　　我们平时的阅读中就可以用预测的方法，在图书馆中找到自己想看的书呢。你想看哪本书，说说你的理由吧	设计意图： 　　让学生一边阅读一遍预测，感受预测的乐趣。运用预测方法进行有效阅读。			

续表

《胡萝卜先生的长胡子》1课时	课内作业： 故事还没有结束，你认为后来可能会发生什么事情？你为什么这样想？听老师把故事讲完,看看自己的预测和故事有哪些相同和不同。	设计意图： 以导图的形式梳理课文内容，并续写一个情节，发散学生思维，巩固学生运用预测方法、自主阅读的能力。
	课后作业： 依据课文内容列出思维导图，续写一个情节。	
《小狗学叫》	课内作业： 1.学生自主阅读前面的故事情节，猜一猜故事的结局。引导学生创造性想象，预测补充结局。 2.提问学生：你喜欢哪个结局？预测一下会发生什么？说说你的理由。	设计意图： 1.边读边预测，感受预测的乐趣。 2.自主运用合适的方法进行预测，做到预测有依据，并依据故事实际内容及时修正自己的想法。 3.分享自己运用预测阅读的方法，表达自己的观点和感受。情绪。
习作1课时	课内作业： 1.结合习作例文，赏读具体的句子，指导从多方面、多角度进行观察． 2.结合指导习作《续写故事》。	1.教师引导学生进行自主、合作、探究的学习，掌握观察的方法。 2.教师引导学生根据插图和提示续写故事。
	课后作业： 根据作文评价单进行自评自改。	
单元评估作业	1.字词归类分享单：易读错、易写错、易混淆字（形近字、同音字）。 2.根据插图和提示续写故事。	

神话故事

基本信息			
学科	语文	教师姓名	徐焱
年级	四年级	教科书版本	部编版
单元主题	神话故事		
单元内容（从教材内容和学生情况两个方面进行分析）	1.教材内容分析： 　　本单元以神话组织单元，编排了三篇精读课文和一篇略读课文，其中《精卫填海》是文言文。本单元课文旨在让学生体会古代劳动人民对自然、对世界的独特理解和神奇想象，并感受故事中鲜明的人物形象。 　　本单元的语文阅读要素其一是"了解故事的起因、经过、结果，学习把握文章的主要内容"。精读课文的课后题和略读课文的学习提示围绕该要素进行了精心编排。第二个语文要素是"感受神话中神奇的想象和鲜明的人物形象"。"交流平台"引导学生从神奇的想象、人物个性鲜明、借助神的故事表达对世界的认识等方面，总结梳理神话的特点，并在语文园地的"词句段运用"中予以强化。本单元的习作安排的是《我和＿＿＿＿＿过一天》，内容是选择一个感兴趣的神话或童话故事，想象自己与其主人公渡过一天会发生的故事，进一步鼓励学生大胆想象，并使他们乐于表达。 　　本单元独特之处是编排了"快乐读书吧"，推荐阅读中国古代神话和世界经典神话，进一步激发学生阅读神话的兴趣，了解祖先在探索和改造世界过程中的独特解释和美好向往。 2.学生情况分析： 　　四年级的学生对于神话故事并不陌生。在教学中，要顺势点拨：神话本身就是虚构的、超越经验的想象。适时链接相关传说或科学事实，帮助学生认识到同一事物的神话不是唯一的，神话故事不等同于科学事实。学生在三年级时，学习了"了解文章的主要内容"，但这仍然是学生的难点，对学生的阅读理解能力、提炼概括能力有一定的要求。在学习中，应让学生经历整体感知—细读文本—提炼归纳的过程。		
关键能力或核心素养	1.了解故事的起因、经过和结果，学习把握文章的主要内容。 2.感受神话中神奇的想象和鲜明的人物形象。		
单元整体目标	1.认识32个生字，读准3个多音字，会写34个字，会写29个词语。 2.能了解故事的起因、经过和结果，学习把握文章的主要内容。 3.能感受神话中神奇的想象和鲜明的人物形象。		

续表

单元课时整体安排	第一课时：《盘古开天地》　第二课时：《盘古开天地》 第三课时：《精卫填海》　　第四课时：《普罗米修斯》 第五课时：《普罗米修斯》　第六课时：《女娲补天》 第七课时：《习作：我的_____过一天》			
第一课时				
课时内容	《盘古开天地》			
课时目标	1. 认识"隆、肢"8个生字，会写"睁、翻"等15个字，会写"睁眼、黑乎乎"等14个词语。 2. 借助插图，初步掌握课文内容。			
学业要求	了解	理解	掌握	运用
	认识"隆、肢"8个生字。	会写"睁、翻"等15个字，会写"睁眼、黑乎乎"等14个词语。	借助插图，初步掌握课文内容。	结合插图简单说一说课文内容。
作业设计	课内作业： 一、字词识记 用"\"画去加点字错误的读音和字形。 　1. 他用斧子劈（pī bì）开了大石头，然后逃了出来。 　2. 远处传来了隆（lōng lóng）隆的雷声，他躲在山洞里，四（枝　肢）冰凉，血液（yē yè）仿佛凝固了。 二、梳理脉络。 　为连环画选择合适的标题，将文字填在横线上。	设计意图： 　通过在语境中选择易错字的读音和书写生字，达到读准字音、规范书写的目的。 　结合文中的插图，帮助学生初步厘清课文内容。		

164

	_____ _____		
	课后作业： 从课文中找出你认为神奇的地方，用喜欢的方式在文中画出来。		设计意图： 为第二课时感受神话的神奇做准备。
	第二课时		
课时内容	《盘古开天地》		
课时目标	1.边读边想象，说出课文中神奇的地方。 2.能讲述盘古开天地的过程，交流对盘古的感受。		
学业要求	了解	理解	掌握	运用
	从课文中找出神奇的语句。	感受神话中神奇的想象。	感受盘古鲜明的人物形象。	能讲述盘古开天地的过程。
作业设计	课内作业： 一、你的面前是一座神话故事山，需要你更多的智慧，请你再次阅读《盘古开天地》，归纳出起因、经过和结果，填写在故事山上。 二、请你仔细阅读神话故事，在小组内说一说：课文中的神奇人物是谁？神奇法宝是什么？有什么神奇力量？神奇情节有什么？可以把关键词写在横线上。 _____ _____		设计意图： 帮助学生按照事情发展顺序讲好盘古开天地的过程。 在品读语言文字中，感受盘古的人物形象。
	课后作业： 阅读《中国古代神话》，选择一个你最感兴趣的故事，讲给同学听。		设计意图： 激发学生阅读中国古代神话故事的兴趣。

"研思同行，共享提升"：单元作业设计初探

续表

第三课时				
课时内容	《精卫填海》			
课时目标	1.认识"帝、曰"等4个生字，读准多音字"少"，会写"帝、曰"等5个字。 2.能正确、流利地朗读课文。背诵课文。 3.能结合注释，用自己的话讲述精卫填海的故事。 4.能和同学交流精卫给自己留下的印象。			
学业要求	了解	理解	掌握	运用
	认识"帝、曰"等4个生字，读准多音字"少"。	会写"帝、曰"等5个字。	结合注释，讲述精卫填海的故事。	交流精卫给自己留下的印象。
作业设计	课内作业： 一、欢迎来到《精卫填海》这个故事王国，请你完成第一关的挑战，正确书写词语。 （　　）的小女儿女娃，在东海（　　）身亡，再也没有（　　）家中，因此变成了（　　）。 二、展开想象，这些神话人物会有怎样的对话？补白下面的内容。 海神咆哮着，嘲笑精卫道：＿＿＿＿＿＿＿。 精卫坚定地回答：＿＿＿＿＿＿。 炎帝听说了精卫的所作所为，说道：＿＿＿＿＿＿。 你想对精卫说：＿＿＿＿＿＿。	设计意图： 通过书写本课生字，识记字形。 发展学生思维，训练表达，让学生感受到神话的神奇，加深对精卫人物形象的认识。		
	课后作业： 背诵《精卫填海》，尝试用自己的话讲讲这个故事，如果能加入想象，说出人物的动作、语言、神态等，用上连接词，就更好了。	设计意图： 训练学生理解文言文的学习能力，感受神话神奇之处。		
第四课时				
课时内容	《普罗米修斯》			
课时目标	1.认识"斯、惨"等13个生字，读准多音字"还"，会写"悲、惨"等5个字。			

续表

	2.能流利地朗读课文。感受故事的神奇之处。 3.能准确读出众神的名字，并可以简单梳理出人物关系。			
学业要求	了解	理解	掌握	运用
	认识"斯、惨"等13个生字。	会写"悲、惨"等5个字。	感受故事的神奇。	简单梳理人物关系。
作业设计	课内作业： 一、字词识记。 1.根据拼音书写词语，并把对应的人物序号的生字填在横线上。 ①普罗米修斯　②宙斯 ③赫拉克勒斯　④赫淮斯托斯 bēi cǎn（　　）的生活。 hěn xīn（　　）的众神领袖___。 zhù míng（　　）的大力士___。 不敢 wéi kàng（　　）命令的火神___。 huò dé（　　）自由的英雄___。 二、探究神奇。 边读课文边用喜欢的方式把故事中你认为神奇的地方做上标记。	设计意图： 　　巩固本课所学生字，能把课文中出现的众神名字与别称一一对应。 边读边想象神话的奇妙。		
	课后作业： 1.根据课文人物关系选择恰当关联词填空。 　　因为……所以…… 　　虽然……但是…… 　　不仅……还…… （1）（　　）普罗米修斯"盗"取了火种，（　　）宙斯决定严厉惩罚他。 （2）（　　）赫淮斯托斯十分敬佩普罗米修斯，（　　）不敢违抗宙斯的命令。 （3）大力士赫拉克勒斯看到普罗米修斯悲惨的遭遇（　　）挽弓搭箭射死了鹫鹰，（　　）用石头砸碎了锁链。 2.梳理脉络。 请你适当补充情节，把上面三句话连起来，梳理一下人物关系。	设计意图： 让学生简单梳理人物关系，对本课内容有初步感知。		

续表

第五课时				
课时内容	《普罗米修斯》			
课时目标	1.能按照起因、经过、结果的顺序，讲一讲普罗米修斯"盗"火的故事。 2.分享故事中触动自己的情节，并体会神话人物鲜明的形象。			
学业要求	了解	理解	掌握	运用
	普罗米修斯神话故事的起因。	神话故事的经过和结果。	体会人物形象。	能按顺序讲故事。
作业设计	课内作业： 　一、还记得《普罗米修斯》这个故事的起因、经过和结果吗？按照事情发展顺序，用三角形把课文分成三个部分，并简单说一说大意。 　二、探究神奇。 　哪个情节给你留下了深刻印象，通过这个情节你感受到了哪位神话人物的什么形象？	设计意图： 　认清故事的起因、经过和结果。 感受神话故事的奇妙之处。		
	课后作业： 　一、如果你能穿越到《普罗米修斯》神话故事中，你想对普罗米修斯说：_____ _____。 　你想对_____说：_____ _____。 　二、拓展延伸。有兴趣的同学们可以读一读《希腊神话》这本书，你会认识更多形象鲜明的神话人物，了解更多神奇故事。	设计意图： 　加深对人物形象的感知。		

第六课时				
课时内容	《女娲补天》			
课时目标	1.认识"措、混"等9个生字。 2.能说出故事的起因、经过和结果。 3.发挥想象，试着把女娲从各地捡来无色石头的过程说清楚、说生动。			
学业要求	了解	理解	掌握	运用
	认识"措、混"等9个生字。	神话故事的经过和结果。	体会鲜明的人物形象。	把故事说清楚、生动。

作业设计	课内作业： 一、默读课文，同桌之间说一说女娲补天的起因、经过和结果。 二、想一想：女娲在捡五色石的过程中，可能会遇到什么困难？她在解决困难时会有什么动作？或者使用哪些神力？	设计意图： 梳理故事情节。 引导学生发挥想象，为讲好故事做铺垫。
	课后作业： 阅读《中国古代神话》和世界经典神话故事，选择喜欢的故事，制作中外神话简介卡。	设计意图： 整合快乐读书吧，增加阅读积累。
第七课时		
课时内容	习作《我和_____过一天》	
课时目标	能选择一个自己喜欢的神话或者童话人物，围绕"我和_____过一天"展开想象，写一个故事。	

学业要求	了解	理解	掌握	运用
	把故事写清楚的方法。	把握神话或童话人物特点，想象故事情节。	写与神话人物相关的故事。	想象丰富，描写清楚。

作业设计	课内作业： 1. "水娃"文学社要开展神话、童话人物技能大比拼，想要抢占"神话故事排行榜"的榜首，请为你最喜欢的神话或童话人物制作他们专属的名片，助力他们打擂成功吧！（可以在已有名片中进行补充，也可以自主绘制、完成名片） 2. "神话人物排行榜"已经张贴出来啦！你想和哪个人物过一天呢？去了哪里？做了什么？发生了什么故事呢？快来筹划一下你这神奇的一天吧。	设计意图： 创设情境，为写作做准备。 激发学生当小作家的欲望。
	课后作业： 一、用笔记录这神奇的一天。 二、请给你最喜爱的神话人物写一段颁奖词。 我们班将举办"我最喜爱的神话人	设计意图： 完成习作。 在写颁奖词的过程中继续感悟神话人物个性特点。

续表

	物"颁奖活动，请你为他写一段颁奖词。 三、古诗积累。 1. 我能讲关于嫦娥的故事。 2. 我能背诵《嫦娥》。	积累古诗《嫦娥》。
单元评估作业	为了选出"神话故事大王"，我们先要在班级里比一比、赛一赛。请看讲故事评选要求： | 评价标准	评价结果（同学评）
---	---
1. 能按照起因、经过、结果的顺序介绍故事。	☆☆☆
2. 能讲出深化的神奇之处。	☆☆☆
3. 口齿清晰，讲述生动、吸引人。	☆☆☆ | 请同学们积极准备，期待在最终的舞台上看到你们的身影！加油！	

连续观察

基本信息			
学科	语文	教师姓名	刘佳琳
年级	四年级	教科书版本	部编版
单元主题	连续观察		
单元内容（从教材内容和学生情况两个方面进行分析）	"处处留心皆学问"，本单元以"连续观察"为主题，编排了《古诗三首》《爬山虎的脚》《蟋蟀的住宅》三篇课文。《古诗三首》描绘了从不同角度观察到的景物。《爬山虎的脚》和《蟋蟀的住宅》分别以日常生活中的植物和动物为观察对象，描写了事物的特点和变化，展现了作者连续细致的观察。 　　本单元的教学重点旨在引导学生通过细致观察、连续观察，感受作者对大自然的无限热爱。引导学生通过阅读，感受三首古诗的语言美和自然美。在理解课文内容的同时，感受植物的无限魅力，增加热爱大自然的生活情趣。蟋蟀吃苦耐劳、不肯随遇而安的精神，表达了作者对蟋蟀的喜爱之情。教学时注意引导学生学习作者观察和表达的方法，养成留心观察周围事物的习惯和能力。教学时应通过有感情朗读，使学生置身其中，感受大自然的美丽。学习并运用观察方法描写事物，表达自己的感受。		
关键能力或核心素养	本单元的语文要素是"体会文章准确生动的表达，感受作者连续细致的观察"，贯穿其中的正是通过连续、细致的观察获得的对自然的感知、对人生的感悟。本单元所选的三篇文章，就是通过文本引导学生从不同角度、调动不同感官来进行连续观察，记录变化。口语交际的内容是围绕"爱护眼睛，保护视力"这个话题进行讨论，重点是指导学生懂得正确的用眼方法，爱护自己的眼睛，同时，在口语交际中，注意说话的音量和语气，避免打扰到别人；不要重复别人说过的话。本单元的习作是写观察日记，写一写你在认真观察后发现的事物的特点及变化，也正贴合了这一单元主题，叙述时要做到语言精练。语文园地通过交流培养学生细致观察的习惯；通过理解加点词语的意思，体会句子表达的意思的不同；通过朗读、背诵等方式积累有关气候的谚语。本单元在选材上，古今兼具，中外皆涉及。它们都围绕"观察"这一核心，表现了善于观察对学习、成长的重要作用，给我们有益的启示。		
单元整体目标	1. 会认22个生字，读准"降、曲"2个多音字，会写39个生字。 　　2. 正确、流利、有感情地朗读课文，感受作者连续细致的观察，培养观察兴趣，养成留心观察周围事物的习惯。 　　3. 背诵古诗，想象古诗中描绘的景象，感受古诗中蕴含的深刻哲理。		

续表

	4.学习认真细致的观察，学会按照一定顺序进行观察，把观察到的内容用日记的形式记下来。 5.懂得正确的用眼方法，爱护自己的眼睛。 6.在口语交际中，注意说话的音量，避免打扰到别人；不要重复别人说过的话。 7.通过比较句子，体会把观察结果表达出来的准确性。
单元课时整体安排	1.单元整体导读（2课时）。旨在点明要素。 2.《古诗三首》（1课时）；《爬山虎的脚》（2课时）；《蟋蟀的住宅》（2课时）。旨在落实要素。 3.口语交际（1课时）；习作《写观察日记》（2课时）；语文园地（1课时）。旨在实践运用，拓展提升。

第一课时

课时内容	本单元的所有教材内容。
课时目标	1.借助单元导语了解本单元内容主题，明确读写训练重点。 2.通览整组教材，整体规划单元学习活动，为单元学习做好准备。 3.整体预习和巩固本单元的生字新词。
学业要求	了解 / 理解 / 掌握 / 运用
	本单元学习主要内容及单元主题。 / 语文要素设置及各节课的训练重点。 / 初步体会观察的方法及表达的准确。 / 学生从不同角度、调动不同感官来进行连续观察，记录变化。
作业设计	课内作业： **课堂学习单** 一、填一填。 1.《暮江吟》一诗生动地描写了（　　）季节的（　　）、（　　）、（　　）、（　　）。 《题西林壁》一诗中给你启发的诗句是（　　）。 《雪梅》中作者将（　　）和（　　）做了对比，（　　）更白，（　　）更香。 2.《爬山虎的脚》先写了爬山虎的（　　），又写了爬山虎（　　），最后写了爬山虎（　　）。	设计意图： 1.在学生自读单元导语，明确单元主题和单元训练重点的基础上完成"课堂学习单"，指导学生对整个单元教学内容进行初步预习。 2.在交流预习的基础上借助"课堂学习单"梳理单元学习内容。 3.通过自主学习、小组互学、交流展示、点拨指导、自学测评等正确认读和书写本单元前两课字词。

续表

	二、画一画。 　　1.哪些地方可以看出作者观察得特别仔细，在课文里画一画。 　　2.尝试画一画爬山虎的脚。	
	课后作业： 　　1.自主绘制单元学习导图。 　　2.在不懂的地方做上记号。罗列自己的问题。 　　3.完成字词测评单。 　　4.《古诗三首》预学单（包括基础字词、内容感知、资料搜集、阅读质疑等板块）。	设计意图： 　　1.根据提供的单元学习导图参考框架及模板，提示梳理单元学习内容的基本思路，绘制单元学习导图。 　　2.能够对即将学习的内容进行质疑，从而有目的地参与课堂学习活动

第二课时

课时内容	梳理本单元的教材内容			
课时目标	1.了解单元学习主要内容，绘制单元学习导图。 2.整体预习和巩固本单元的生字新词。			
学业要求	了解	理解	掌握	运用
	单元学习主要内容及单元主题。	语文要素设置及各节课的训练重点。	单元结构和基础。	能讲述盘古开天地的过程。
作业设计	课内作业： **课堂学习单** 　　1.《蟋蟀的住宅》一文，作者介绍了自己观察到的蟋蟀住宅的（　　），以及（　　），表达了对蟋蟀（　　）（　　）的精神的赞美之情。 　　2.词语测评单。 　　3.简单的思维导图设计。		设计意图： 　　1.根据提供的单元学习导图参考框架及模板，提示梳理单元学习内容的基本思路，绘制单元学习导图。 　　2.扫清字词障碍，为学习课文做好准备。	

第三至十二课时

9《古诗三首》 1课时	课内作业： 　　1.小组内借助注释、插图说说诗句的意思。 　　2.课堂学习单。 　　3.书后习题，随堂解决。	设计意图： 　　1.结合本单元的主题，以"观察"为切入点，通过三首古诗的学习引导学生明白可以在不同时间连续观察、多角度观察、将不同事物进行对比观察的道理。

续表

	课后作业： 　　1.背诵三首古诗，默写《题西林壁》，绘制诗配画。 　　2.完成《爬山虎的脚》预学单。	2.以读促悟，结合课下注释理解诗的大意。 　　3.三首诗都运用了寓情于景的写法，在教学中引导学生用心读诗，琢磨关键词，鼓励学生发挥想象，在头脑中形成画面。
10《爬山虎的脚》2课时	课内作业： 　　1.课堂学习单。 　　2.阅读资料袋，以自己喜欢的一种形式把《爬山虎的脚》梳理成一篇观察记录。	设计意图： 　　1.以读促悟，阅读文中准确且生动的句子体会观察要细致，学习文中打比方、作对比的写作方法。学习作者是怎样把观察到的事物具体地、有顺序地写下来的。 　　2.通过对重点句子的分析让学生体会作者是怎样细致、连续地观察事物的，从而培养学生认真观察事物的兴趣和习惯。 　　3.阅读资料袋，以自己喜欢的一种形式把《爬山虎的脚》梳理成一篇观察记录；制订自己的观察计划，为写观察日记做准备。
	课后作业： 　　1.积累课文中写得准确、形象的句子，并完成《蟋蟀的住宅》预学单。 　　2.制订自己的观察计划，包括观察对象、时间、观察的方法，观察到的特点等，写好观察记录，为写观察日记做准备。	
训练表达课：本单元习作《写观察日记》2课时	**第一课时** 课内作业： 　　1.结合交流平台，赏读具体的句子，指导从多方面、多角度进行观察。 　　2.结合指导写观察日记。 课后作业： 　　根据作文评价单进行自评自改。 **第二课时** 课内作业： 　　1.根据作文评价单进行作文互评。 　　2.修改习作。 课后作业： 　　根据作文评价单的互评再次修改。	1.教师引导学生进行自主、合作、探究的学习，掌握观察的方法。 　　2.把自己平时观察中新的发现，或是观察中发生的事具体、生动地写下来。

续表

训练表达课（口语交际课）1课时	课前作业： 观察班内不正确的用眼现象，完成调查表。 课内作业： 根据调查表、口语交际评价表进行组内、班内交流。 课后作业： 完成爱护眼睛、保护视力的宣传手抄报或宣传画。	1.引导学生完成调查表，以便课上交流。 2.通过小组和全班交流明确不爱护眼睛的不良后果。 3.课堂小结"三注意""两不看"。 4.通过交流知道交流时应该注意的问题。
单元巩固展示课2课时	课内作业： 1.根据"交流平台"，完成课堂学习单，梳理观察的方法：整体观察、局部观察、细节观察、连续观察。 2.表达准确性学习单。 课后作业： 1.背诵并默写关于天气的谚语。 2.预习第四单元，完成预学单。	1.学习认真细致观察的方法。 2.在组词中，学习换一个字，表达相同意思的技巧；明确同义词表达的侧重点。 3.体会句子中加点词语的不同表达作用。 4.积累关于天气的谚语。
单元评估作业	字词归类分享单：易读错、易写错、易混淆字（形近字、同音字），四字词语、近义词反义词。 **单元要素归纳表** 	课文	单元要素梳理	典型例句	表达准确、生动
---	---	---	---
9古诗三首	对比观察		
10爬山虎的脚	连续动作及变化，感受细致观察。 时间标志词，感受连续观察。		
11蟋蟀的住宅	连续细致的观察				

我手写我心 彩笔绘生活

基本信息			
学科	语文	教师姓名	平淑清
年级	四年级	教科书版本	部编版
单元主题	第六单元：我手写我心 彩笔绘生活		
单元内容（从教材内容和学生情况两个方面进行分析）	本单元为习作单元。课文安排了两篇课文和两篇习作例文。《麻雀》叙述了一只老麻雀在猎狗面前奋不顾身地保护小麻雀的故事，赞扬了母爱的无私、伟大。《爬天都峰》课文通过叙述"我"和老爷爷相互鼓励，一起爬上天都峰顶的事，揭示了在与人相处的过程中要善于互相鼓励、共同进步的道理。《我家的杏熟了》叙述了"我"家的杏儿熟了，奶奶分杏给吃的事。这件事告诉我们：只有大家分享，才会感到快乐。《小木船》讲述了作者由眼前的小木船展开回忆，重温了"我"和陈明友谊破裂以及和好如初的经过，表达了"我"对陈明的思念之情。		
关键能力或核心素养	本单元为习作单元。语文要素是了解作者是怎样把事情写清楚的。习作要求是写一件事，把事情写清楚。通过"交流平台"，归纳梳理《麻雀》《爬天都峰》的写作方法。通过初试身手，练习观察图画发挥想象，把画面生动地描述清楚；把观察到的家人做家务的过程写下来。		
单元整体目标	1.学生整体读第五单元文章和习作，了解本单元的导语与单元目标。 2.精读与精讲《麻雀》《爬天都峰》。学习细节描写与文章的写作顺序。 3.学习"交流平台""初试身手"。归纳梳理《麻雀》《爬天都峰》的写作方法。 4.尝试小练笔。学习习作例文。 5.单元习作《生活万花筒》。 6.修改习作并交流。		
单元课时整体安排	本单元可以用9个课时完成。两篇精读课文用4个课时，"交流平台"和"初试身手"用1个课时，习作例文用2个课时，习作用2个课时。		
第一课时			
课时内容	《麻雀》		
课时目标	1.认识课后7个生字，学写"巢"字，随文理解"庞大、无可奈何"的意思。 2.正确流利、有感情地朗读课文，感受老麻雀深深的母爱。 3.学习作者把事情写清楚的方法：记录所见、所闻、所想，并迁移练笔。		

续表

学业要求	了解	理解	掌握	运用
	认识课后7个生字，初步理解课文内容。	正确流利、有感情地朗读课文，感受老麻雀深深的母爱。	学习作者把事情写清楚的方法。	留心生活，把自己的想法记录下来。
作业设计	一、课内作业： 尝试概括课文内容。 师：上一单元我们学习了根据故事的起因、经过、结果三要素概括主要内容，请大家试着用这种办法，用简单的话说一说课文讲了一件什么事。 二、习得方法，迁移练笔。 1.回溯课文，再次发现。 我们一起回到课文中，仔细读读，作者除了写自己的所见所闻，还写了什么？（学生默读、思考） 2.出示"交流平台"的插图。选择其中一组人物进行描写，注意抓住人物的动作、神态等细节。 3.修改练笔：读一读自己的小练笔，展开想象，让读者更明白人物想法。		设计意图： 让学生明白写事情时间、地点和人物要交代明白。 抓住故事的起因、经过、结果就能用简练的语言概括课文。这个办法特别适用于写人记事类文章。 作者把看到的、听到的、想到的都写下来了，活灵活现地展现麻雀和猎狗相遇的情景。让读者对两种动物的认识更清楚、深刻。	

第二课时

课时内容	《爬天都峰》
课时目标	1.有感情地朗读课文。 2.知道可以按一定的顺序写事，抓住怎么想、怎么说、怎么做，把事情发展过程中的主要内容写清楚。 3.理解课文内容，懂得要善于从别人身上汲取力量，不怕困难，奋力向上的道理。

续表

学业要求	了解	理解	掌握	运用
	有感情地朗读课文，理解课文主要内容。	理解课文内容，懂得要善于从别人身上汲取力量，不怕困难，奋力向上的道理。	抓住怎么想、怎么说、怎么做，把事情发展过程中的主要内容写清楚。	用一段话把炒菜这个过程写下来，注意用上表示动作、语言、心理活动的词句。
作业设计	1.你知道课文是按什么顺序写的吗？		是按照爬山前、爬山中、爬上峰顶后的顺序来写的。	
	2.出示句子，体会作者心理变化。			
	啊，峰顶这么高，在云彩上面哩！我爬得上去吗？		知道作者在描写时运用了心理描写。	
	"小朋友，你也来爬天都峰？""老爷爷，您也来爬天都峰？""对咱们一起爬吧！"		体现出由开始的犹豫不自信到受到鼓舞、坚定决心的过程，体会遇到事情要互相鼓励、互相汲取力量的道理。知道写记事作文时要抓住物的语言描写。	
	"一会儿……一会儿……"像小猴子一样。		通过动作描写来表现作者从害怕再到战胜困难，登上天都峰的心理。	
	3.就让我们用上这种把事情写清楚的方法来把"交流平台"图片的内容说清楚。		观察家人炒菜或擦玻璃等其他家务的过程，用一段话把这个过程写下来，注意用上表示动作的词。	

第三课时

课时内容	《生活万花筒》
课时目标	1.引导学生根据本单元课文的写法，围绕自己亲身经历的、或看到的事去写习作。 2.引导学生学会审题、选材、明确习作要求。 3.掌握叙述事情的方法，把事情的起因、经过、结果写清楚。 4.叙事要做到内容具体，感情真挚。

续表

学业要求	了解	理解	掌握	运用
	根据本单元课文的写法，围绕自己亲身经历的、或看到的事去写习作。	会审题、选材，明确习作要求。	掌握叙述事情的方法，把事情的起因、经过、结果写清楚。	选择自己感兴趣的题目或自选题目，以及生活中自己经历过的事，注意用上本单元学过的知识。
作业设计	1.按照事情发展的顺序，课文是怎么把奶奶分杏和小木船这两件事写清楚的？ 2.学习习作提示，确定写作材料。 （1）默读习作提示，思考：文中列举了哪些事？ （2）回顾亲身经历的事，看看有没有必要把它写下来。 3.想想你想写的自己印象深刻的是什么事，是什么原因让你这样，是激动，是伤心，还是害怕……按要求准备。 要求：（1）说一说是什么事。 （2）说一说事情的原因。 4.根据你刚才的材料进行写作练习，注意要把过程写得生动具体。		知道按照起因、经过、结果的顺序写事情。内容要突出重点，详略得当。 审题指导这个环节能让学生很快了解题目，把握写作重点。 通过具体指导，让学生明白写作对象及具体要求，同时，通过口述，锻炼学生的口语表达。 设计"动笔练习"这个环节，能让学生把理论运用到实践，提高学生的写作能力。	

"研思同行，共享提升"：单元作业设计初探

小说主题

基本信息			
学科	语文	教师姓名	崔爱东
年级	六年级	教科书版本	部编版
单元主题	六年级上册第四单元小说主题		
单元内容（从教材内容和学生情况两个方面进行分析）	一、教学内容 1.本单元主题： 本单元课文主要是围绕"小小说"这个专题进行编排的。主要由《桥》《穷人》《金色的鱼钩》三篇课文组成。编排意图是引导学生读小说，喜欢小说，关注情节、环境，感受人物形象；发挥想象，创编生活故事。 2.本单元重点： （1）有感情地朗读课文。本单元的三篇课文都是小说，都写出了令人感动的情节。如：《桥》一文中老支书在桥头指挥全村人过桥的情节，《穷人》一文中桑娜从邻居家抱来孩子后等丈夫归来的情节，《金色的鱼钩》一文中一位炊事班长牢记指导员的嘱托，尽心尽力照顾三个生病的小战士过草地，不惜牺牲自己生命的感人故事等。这些情节为塑造人物形象起到了很大的作用，所以，在读课文的时候要注意有感情地读出这些情节。 （2）体会作者丰富的想象，深刻感受小说中主要人物的内心情感。作者利用多种手法塑造了一个个性格鲜明、形象丰满的人物。在学习过程中，我们要深刻体会作者是怎样运用想象来虚构出动人故事的，并学习运用语言、动作描写和心理活动描写以及情节描写来刻画人物。另外，我们在读小说的时候，要逐步学会与文本对话，感受人物的内心情感。学习老支书舍己为人的高尚品质，感受桑娜乐于助人的美好心灵，体会老班长忠于革命、舍己为人的高尚品质。 二、学生情况 本单元编排了两个语文要素，一个是"读小说，关注情节、环境，感受人物形象"，一个是"发挥想象，创编生活故事"。学生已经初步打下通过语言、动作、心理来理解人物形象的基础，这次专门编排小说单元，旨在引导学生感受情节推进和环境描写对塑造人物形象的作用。从小说阅读到自己编排故事，在学习过程中，我们要深刻体会作者是怎样运用想象来虚构出动人故事的，并学习运用语言、动作描写和心理活动描写以及情节描写来刻画人物。		
关键能力或核心素养	1.读小说，喜欢小说，关注情节、环境，感受人物形象； 2.发挥想象，创编生活故事。		

续表

单元整体目标	一、阅读训练目标 1. 会写22个字，会写29个词语。 2. 有感情地朗读课文。整体把握小说的主要情节。 3. 紧扣文章中人物的语言、动作、心理描写，感受人物形象。 4. 留意环境描写，体会其对表现人物的作用。 二、表达训练目标 1. 展开想象，根据提供的环境和人物创编生活故事。 2. 把故事情节写完整，通过环境或心理描写体现人物形象。				
单元课时整体安排	分类		内容		课时
	课文		13《桥》		2
			14《穷人》		2
			15《金色的鱼钩》		2
	口语交际		请你支持我		1
	习作		笔尖流出的故事		2
	语文园地		交流平台　词句段运用　日积月累		
	合计				11

第一课时

课时内容	《桥》			
课时目标	1. 会写本课"咆、党"等8个生字，理解生字组成的词语。 2. 有感情地朗读课文，能边读边想象课文描写的画面。			
学业要求	了解	理解	掌握	运用
	课文内容：小小说的开端、发展、高潮、结局。抓住人物言行感受老汉伟岸的形象与不朽的精神。	生字组成的词语。	生字新词。 读好文中的短句。	边读边想象课文描写的画面。
作业设计	课内作业： 1. 会读8个生字，会写11个词语。 2. 正确流利地朗读课文，读好文中短句。			设计意图： 认识并会写本课"咆、哮"等8个生字，学会本课新字词，了解课文内容。

续表

	课后作业： 1.抄写生字词语。 2.读课文。	设计意图： 学会生字新词，有感情地朗读课文，初步体会村支书的人物形象。
第二课时		
课时内容	《桥》	
课时目标	1.学习作者通过人物外貌、语言、动作、神态等描写来表现人物的方法，领悟环境描写的衬托作用。 2.理解题目"桥"的含义和小说巧设悬念、前后照应的表达特点。	
学业要求	1.抓住文章中令人感动的句子，结合老支书的语言、动作等描写，体会村支书的性格特点和高贵品质。 2.学习作者通过人物外貌、语言、动作、神态等描写来表现人物的方法。 3.理解题目"桥"的深刻含义，了解小小说巧设悬念、前后照应的表达特点。	
作业设计	1.自由读课文，在课文中找出描写洪水凶猛的句子？ 2.交流描写洪水凶猛的内容。（每个学生都有自己不同的理解和感受，相互交流可丰富学生的感悟。） 3.讨论：如果大家就这样乱七八糟、毫无秩序地拥向窄窄的木桥，会是怎样的结果？ 4.危急关头，年迈的村支书没有因为惊慌而失去理智。他面对乱哄哄拥到木桥桥头的人们是怎么做、怎么说的呢？请再读课文，找出让你感动的地方，读一读，说一说。（在凸显人物精神的环节设计读一读、说一说的步骤，旨在使学生的感性认识上升到一个理性的层面，升华感情，加深对文本的理解。）	

一、精准定位，形成单元整组的系统作业

部编教科书每个单元的语文要素是一个单元的方向和标杆，使每篇课文的练习有机地融合起来。围绕语文要素，设计一个单元的作业体系，让作业成为一个整体，形散而神不散。

1.锁定要素，提炼项目任务。

本单元以"小小说"为主题，语文阅读训练要素引导学生读小说，喜欢小说，关注情节、环境，感受人物形象；发挥想象，创编生活故事。习作训练要素是"展开想象，根据提供的环境和人物创编生活故事"。细读整组教材发现，本单元课文都有鲜明的主题思想，体现了人物崇高的精神品质。

2.单元整组，集成系统作业体系。

基于语文要素和单元特色，我们在单元总目标下再制定单元课文的课堂练习核心目标，集成目标下的练习目标体系。

续表

单元评估作业	二、问题驱动，切准单篇作业核心目标 　　基于核心任务，依据学习目标，紧扣语文要素，切准单篇练习，创设合适的情境设计驱动性问题，让学生在作业的驱动下主动探究。在这里，作业不仅仅是"写"的作业，而是一种体验，一种探究，一种学习活动。 　　1.紧扣文本，设计驱动性问题。 　　2.教学一体，裹挟有效练习。 　　围绕单元主题进行整组的项目化作业设计，将零碎作业进行整体规划，作业不再是课外的"必修"，不再是"写"的作业，是教学内容的一个部分，是教学实施的一种形式，是教学有效巩固、高妙引领的强劲支持。这种作业方式撬动作业的本质，落实了单元要素，提升综合素养。

"研思同行，共享提升"：单元作业设计初探

重温革命岁月

基本信息			
学科	语文	教师姓名	黄淑芳
年级	六年级	教科书版本	部编版
单元主题	重温革命岁月		
单元内容（从教材内容和学生情况两个方面进行分析）	本单元课文主要是围绕"重温革命岁月"这个专题进行编排的。主要由《七律·长征》《狼牙山五壮士》《开国大典》《灯光》四篇课文组成。编排意图是引导学生把握课文的主要内容，感受革命先辈舍己为人的伟大胸怀；了解文章是怎样点面结合写场面的，尝试运用点面结合的写法写活动。 　　本单元内容离学生较远，需要学生查资料和在课中对当时的背景进行适当介绍。学生虽有一定的分析能力，但由于不熟悉当时的时代背景，对体会作者的感情还有一定的难度，需要提前查阅有关资料帮助学生理解，并指导学生理解人物的精神品质，对学生进行思想政治教育和道德品质的教育，这样既是对学生的爱党、爱祖国的教育，也培养了学生在为人处世时能爱憎分明的情感态度。 　　六年级学生已经具备了一定的自学能力，要尽可能地让学生独立阅读思考，并把自己的理解和感受与同学交流讨论。在学生掌握课文中心后，可以进一步引导学生顺着作者的思路阅读，以加深对课文内容及写作方法的理解。		
关键能力或核心素养	了解文章是怎样点面结合写场面的，尝试运用点面结合的写法写活动。		
单元整体目标	1.朗读理解课文内容，背诵《七律·长征》。本单元的四篇课文都是记叙革命历史的，是对学生进行革命传统教育的好教材。要通过朗读，理清课文脉络。对重点段落要细细品味，抓住重点词句深入理解课文内容。 　　2.分析作者是怎样运用点面结合的方法来描写场面的。每篇课文中作者在记叙故事时都写了具体的场面，点面结合，让人身临其境。教学中要抓住课文重点，引导学生在学习过程中获得真实的体验和感受，还要充分利用多媒体教育资源，用声音和光影把学生带入课文描述的情境中，让学生去感受和体会，并学会在今后的习作中尝试运用点面结合的写法来写场面。		
单元课时整体安排	**第二单元** 5.七律·长征（2课时）　　6.狼牙山五壮士（2课时） 7.开国大典（2课时）　　　8※.灯光（1课时） 口语交际：演讲（1课时）　习作：记一次游戏（1课时） 语文园地（1课时）		

续表

第一课时				
课时内容	《七律·长征》			
课时目标	1.掌握本课生字新词，理解"逶迤""磅礴"等词语的意思。 2.理解诗句内容，感受红军战士的伟大精神。 3.从字里行间体会红军在长征途中所表现出的大无畏的革命精神和英勇豪迈的气概。			
学业要求	了解 时代背景。	理解 理解诗句内容。	掌握 感受精神。	运用 理解诗意感受心情。
作业设计	课内作业： 我能选择下面词语中加点字的正确读音。（用"√"表示出来） 远征难（nán lán） 乌蒙（mén méng） 尽开颜（jìn jìng） 岷山（mián mín）		设计意图： 掌握易错字的读音。	
	课后作业： 根据上句填下句。 1.红军不怕远征难，_____。 2.更喜岷山千里雪，_____。		设计意图： 重点句子填空，为背诵理解课文做准备。	
第二课时				
	一、我能给下列加点的字选择正确的解释。 尽：①完毕 ②全部用出 ③都，全 1.尽开颜（ ） 2.用尽力气（ ） 3.尽力（ ） 二、我能体会诗句所表达的思想感情。 1.五岭逶迤腾细浪，乌蒙磅礴走泥丸。 "逶迤""磅礴"形容山的_____，这是实际的山；"细浪""泥丸"形容山的_____，这是红军眼里的山。诗句表现了红军_____。 2.金沙水拍云崖暖，大渡桥横铁索寒。 "暖"字表达了红军巧渡金沙江的_____心情；"寒"字表现了红军飞夺泸定桥的_____。诗句表现了红军_____。			

	课后作业： **基础积累大巩固** 给加点的字选择正确的解释，把序号填入括号内。 　颜：①颜面，脸面　②颜色，色彩 　1.三军过后尽开颜。（　　） 　2.会场上飘着五颜六色的旗子。（　　） **阅读能力大提升** 在诗句"金沙水拍云崖暖，大渡桥横铁索寒"中，概括了红军长征途中的两件大事（请用短语概括）：_____和_____ **思维创新大拓展** 虽然红军长征胜利已经将近90年了，但红军的精神却被一代代人继承和发扬起来，请你来谈一谈，我们小学生应该怎样发扬红军精神？

第一课时			
课时内容	《狼牙山五壮士》			
课时目标	1.学会本课16个生字，能正确读写下列词语：满腔怒火、搏斗、崎岖、横七竖八、斩钉截铁、坠落、雹子、仇恨、热血沸腾、昂首挺胸、坚强不屈、惊天动地、气壮山河等。 2.有感情地朗读课文，理解课文内容，了解狼牙山五壮士痛歼敌寇、壮烈牺牲的英雄事迹。学习点面结合的写作方法。 3.体会五壮士伟大的献身精神以及忠于党和人民的崇高品质，从中受到思想教育。			
学业要求	了解	理解	掌握	运用
	时代背景。	理解课文内容。	点面结合写法。	作文点面结合。
作业设计	课内作业： 辨字组词。 　寇（　　）　冀（　　） 　副（　　）　抢（　　） 　冠（　　）　翼（　　） 　幅（　　）　抡（　　）		设计意图： 对易错字词进行辨析。	

	课后作业： 改写句子。 1.狼牙山上响起了他们的壮烈豪迈的口号声。（缩写句子） _____ 2.五壮士的英勇壮举令我们激动。（反问句） _____ 3.班长马宝玉激动地说："同志们，我们的任务胜利完成了！"（改成转述句） _____ _____	设计意图： 句子练习，对缩句、反问句、转述句进行练习。
	第二课时	
	一、按意思写词语。 1.比喻处理事情或说话坚决果断，毫不犹豫。（　　　） 2.处在高处，俯视低处。形容所处的地势有利。（　　　） 二、判断下列句子是否是比喻句，在比喻句后面的括号里打上"√"。 1.班长马宝玉像每次发起冲锋一样，第一个纵身跳下深谷。（　　　） 2.石头像雹子一样，带着五壮士的决心，带着中国人民的仇恨，向敌人头上砸去。（　　　） 3.副班长葛振林打一枪就大吼一声，好像细小的枪口喷不完他的满腔怒火。（　　　）	
	课后作业： 一、给词语中加点的字选择正确解释，填序号。 居高临下（　　）①靠近　②对着　③来到　④将要 身负重伤（　　）①承担　②失败　③遭受　④享有 引上绝路（　　）①停止　②达到极点　③走不通的 大举进攻（　　）①提出　②推选　③动作　④抬起 二、课文整体梳理。 课文记叙的是发生在_____时期的故事，五壮士分别是_____、_____、_____、_____、_____。全文的记叙顺序可以概括为：_____、_____、_____、_____、_____五个部分，表现了五壮士_____、_____的革命精神和英雄气概。	

续表

第一课时				
课时内容	《开国大典》			
课时目标	1.正确读写"盏、栏"等13个生字。 2.正确理解并读写"爆发、旗帜、阅兵、制服、坦克、距离、汇集"等词语。 3.有感情地朗读课文,理清文章的脉络。 4.感受大典的盛大场面,学习课文的记叙方法。			
学业要求	了解	理解	掌握	运用
	盛大场面。	学习课文的记叙方法。	写法。	点面结合写法。
作业设计	课内作业: 一、读拼音写词语。 　qí zhì　　yuè bīng　　zhì fú　　jù lí 　_____　_____　_____　_____ 二、选词填空。 　渐渐　　慢慢　　徐徐 　1.太阳出来了,晨雾(　　)地散去。 　2.我扶着老奶奶,(　　)地走过人行横道线。 　3.清风(　　)吹来,我闻到了一股茉莉的清香。		设计意图: 　对本课易错词词语进行预习,对词语进行辨析。培养学生辨析能力。	
	课后作业: 写出下列句子所用的修辞手法。 　1.天安门广场已经成了人的海洋。 (　　) 　2.这雄伟的声音经过无线电的传播,传到了白山黑水,传到了长城内外,传到了大江南北,传到了每一个中国人的心里。(　　)		设计意图: 　对修辞手法进行复习,尤其是体会排比的修辞手法。	
第二课时				
	根据课文内容填空。 1.到了正午,天安门广场已经成了人的海洋,红旗翻动,像海上的波浪。这句话中的"海洋"指的是_____。"波浪"指的是_____。句中运用了_____的手法,突出表现了大典开始前_____的_____。			

续表

	2.晚上九点半,游行队伍才完全走出会场。两股"红流"分头向东城、西城的街道流去,光明充满了整个北京城。 这个句子运用了_____的手法,充分展现了_____和_____。			
|| 第一课时			
课时内容	《灯光》			
课时目标	1.正确、流利、有感情地朗读课文。理解"歼灭、憧憬、千钧一发"等重点词语的含义。 2.能概括课文主要内容,理清课文顺序。 3.通过理解重点词句,感悟革命先烈为理想而献身的无私和伟大,珍惜革命先烈用鲜血换来的幸福生活。 4.掌握学习课文的基本方法。			
学业要求	了解	理解	掌握	运用
	了解课文顺序。正确、流利、有感情地朗读课文。	理解重点词句,感悟革命先烈为理想而献身的无私和伟大。	掌握学习课文的基本方法。	理解灯光的含义。
作业设计	课内作业: 在括号里填上恰当的词。 一( )英雄 一( )电灯 一( )火柴 一( )孩子 一( )部队 一( )画	设计意图: 对量词进行理解,根据词义定字义。		
	课后作业: 一、在词语解释后的括号里写出词语。 1.自己对自己说话。( ) 2.一根头发上系着千钧的重量,比喻情况万分危急。( ) 3.本指集中众人的智慧,现专指一个人的精神高度集中。( ) 4.震动了天地,形容事物本身极为重要,也形容声势浩大,气势雄伟或声音响亮。( ) 二、联系课文内容填空。 1."多好啊!"这句话在文中出现了三次,第一次是( )在( )时	设计意图: 对本课重点词进行复习,对课文内容和文章的题目是灯光的含义,进行理解。		

续表

	发出的由衷的赞叹，第二次是（　　） 在（　　）时的自言自语，第三次是 （　　）跟（　　）谈话时说的。			
第一课时				
课时内容	《口语交际》			
课时目标	1.学习并初步掌握演讲的基本技巧。 2.学习写好演讲稿。			
学业要求	了解	理解	掌握	运用
	学习并初步掌握演讲的基本技巧。	学习并初步掌握演讲的基本技巧。	写好演讲稿。	写好演讲稿。
作业设计	课内作业： 演讲技巧注意什么。		设计意图： 培养学生自学能力。	
	课后作业： 编写演讲稿注意什么？		设计意图： 让学生掌握重点。	
单元评估作业	第二单元提升练习 一、基础知识。 （一）读拼音，写词语。rì kòu（　　）在侵华战争中 zhì zào（　　）了震惊中外的"南京大屠杀"惨案，强烈的民族 chóu hèn（　　）让中国人民反抗的心 fèi téng（　　）起来了。 （二）把下面的词语补充完整，解释所填的字的意思。 （　　）山倒海　　　居高（　　）下 全神（　　）注　　　千（　　）一发 （三）给下面句子中的加点词语找反义词，写在括号里。 1.考试时要沉着镇定，不要（　　）。 2.新中国成立的消息传来，平静的神州大地顿时（　　）了起来。 3.终于脱险了，我们虽感到喜悦，但也为失去了一个朝夕相处的同伴而感到（　　）。 4.分散在四面八方的群众，此时（　　）在天安门广场，焦急地等待开国大典的开始。 （四）根据要求，完成句子练习。 1.三十万人的目光一齐投向主席台。 （1）缩句： （2）"投向"能否改成"转向"？为什么？			

2. 读句子，注意加点词语，仿写句子。

广场上千万盏灯静静地照耀着天安门广场，使人心头感到光明，感到温暖。

3. 说说下面诗句的意思和表达的感情。

更喜岷山千里雪，三军过后尽开颜。

（五）判断正误。正确的打"√"，错误的打"×"。

1.《开国大典》的场面描写中运用了"点面结合"的写作方法。（　　）

2.《狼牙山五壮士》是按照"接受任务—痛歼敌人—诱敌上山—顶峰歼敌—跳下悬崖"的顺序来写的。（　　）

3. 课文《灯光》中的主人公是马宝玉。（　　）

二、积累运用。

1. 课文原文填空。

2. 爱国名言警句填空。

（1）_____，死而后已。

（2）位卑未敢_____。

（3）祖宗疆土，当以死守，_____。

（4）_____，视死忽如归。

三、阅读感悟。

（一）课内阅读。

丁字形的广场汇集了从四面八方来的群众队伍。早上六点钟起，就有群众的队伍入场了。人们有的（提　擎）着红旗，有的（提　擎）着红灯。进入会场后，按照预定的地点（排列　陈列）。工人队伍中，有从老远的长辛店、丰台、通县来的铁路工人，他们清早到了北京车站，一下火车就（走向　直奔）会场。郊区的农民是五更天摸着黑起床，步行四五十里路赶来的。到了正午，天安门广场已经成了人的海洋，红旗翻动，像海上的波浪。

1. 用"\"画去括号内不恰当的字词。

2. 画线的句子运用了什么修辞手法？这样写有什么好处？

3. 仿照画横线的句子写一句话。

4. 用"△"标出文中表示时间的词语，说说你从中体会到了什么。

（二）课外阅读。

群众也在淋雨

1965年夏季的一天，三千多名手持鲜花的群众聚集在上海机场，他们是来欢送一位外国元首的。这时，周总理陪同外宾健步走来，人群中立即响起了一片欢呼声。总理不时抬起那负过伤的右臂，向欢呼的人群招手致意。那慈祥的目光，那亲切的微笑，那文明的举止，使人难以忘怀。

突然，乌云蔽日，雷声隆隆，刚刚还是晴朗的天空霎时变了脸。客人刚刚登机，大雨就倾盆而下，人群出现了小小的骚动。"看，我们的总理！"突然，有人喊了起来。显然是由于激动，声音有些发颤（chàn zhàn）。人们不由得把目光投向周总理。只见他还是彬彬有礼地站在原地，向飞机上的外宾招手致意。群众看见了，也很有礼貌地站在原地。工作人员怕把总理淋病了，为总理撑起了雨伞。周总理轻轻地摆摆手，谢绝了。又一位工作人员再次上前为总理撑起了雨伞，并恳求道："总理，您就挡挡雨吧！"周总理转过头："你看，群众也在淋雨，我怎么不能呢？"

外宾的专机起飞后，周总理浑身都湿透了，雨水顺着脸颊不停地往下淌。工作人员又心疼，又着（zhuó zháo）急，忙递上一条毛巾："总理，您擦把脸吧！"周总理接过毛巾，却没有忙着擦脸上的雨水，而是对工作人员说："赶紧告诉有关同志，动员机场和附近单位的食堂烧些姜汤，给挨雨淋的群众驱驱寒，暖暖身子。"

1. 在括号里正确的读音上面打"√"。
2. 照样子，写词语。

雷声隆隆：

彬彬有礼：

3. 把句子改写成带有"说"的句式。

周总理转过头："你看，群众也在淋雨，我怎么不能呢？"

4. 第2自然段写雨中送行的场面，既关注了送行的群体，又关注了送行的个人，这样写有什么好处？

5. "群众也在淋雨"是谁说的话？用这句话作为文章题目，有什么作用？

四、习作平台。

学校的学习生活丰富多彩，开展的各种有意义的活动一定让你留下了极为深刻的印象。请以"一次＿＿＿＿＿＿的活动"为题，写一篇作文。先把题目补充完整，注意把活动的时间、地点、内容写清楚、写具体。

根据不同的阅读目的，选用恰当的阅读方法

基本信息			
学科	语文	教师姓名	刘小利
年级	六年级	教科书版本	部编版
单元主题	根据不同的阅读目的，选用恰当的阅读方法		
单元内容（从教材内容和学生情况两个方面进行分析）	主要由《竹节人》《宇宙生命之谜》《故宫博物院》三篇课文组成。编排意图是引导学生通读课文，了解课文内容，会根据不同的阅读目的，选用恰当的阅读方法；试着在写事物时，融入感情，表达看法。 　　本单元内容离学生较远，需要学生查资料和在课堂上进行适当介绍。学生虽有一定的分析能力，但由于内容有一定的专业性，需要提前查阅有关资料帮助学生理解。 　　六年级学生已经具备了一定的自学能力，要尽可能地让学生独立阅读思考，并把自己的理解与感受和同学交流讨论。在学生掌握课文内容后，进一步引导学生顺着作者的思路阅读，以加深对课文内容及写作方法的理解。		
关键能力或核心素养	根据阅读目的，采用恰当的阅读方法。 写生活体验，试着表达自己的看法。		
单元整体目标	根据阅读目的的不同，采用不同的阅读方法。本单元的三篇课文都有意安排了这一训练点。 　　《竹节人》阅读要求中安排了三个任务： 　　1.写玩具制作指南，教别人玩这种玩具。 　　2.体会传统玩具给人们带来的快乐。 　　3.讲一个有关老师的故事。课文要求按照三个任务关注不同的内容、采用不同的阅读方法。 　　《宇宙生命之谜》在课后提出了问题：如果你想探究下面这些问题，会怎样阅读这篇文章？ 　　1.科学家是怎么判断其他星球没有生命的？ 　　2.人类能否移居火星？这样设置的目的也是为了让学生根据读书目的采用合适的阅读方法。 　　《故宫博物院》一课的两个任务是： 　　1.为家人设计故宫参观路线。 　　2.为家人介绍景点。要求学生自己根据学到的方法来有侧重点地进行阅读。		

续表

单元课时整体安排	《竹节人》（2课时） 《宇宙生命之谜》（2课时） 《故宫博物院》（1课时） 习作：让生活更美好　　　　语文园地（1课时）				
第一课时					
课时内容	《竹节人》				
课时目标	1.正确认读书写"豁、凛"等15个生字，理解"威风凛凛、别出心裁"等词语。 2.有感情地朗读课文，了解竹节人的制作方法，带给人们的无限乐趣，读懂"我"因为玩竹节人与老师之间发生的故事。 3.学会根据不同的阅读目的，选择恰当的阅读方法并受到思想教育。				
学业要求	了解	理解	掌握	运用	
	了解竹节人的制作方法，带给人们的无限乐趣。	读懂"我"因为玩竹节人与老师之间发生的故事。	学会根据不同的阅读目的，选择恰当的阅读方法。	写生活体验，试着表达自己的看法。	
作业设计	课内作业： 一、根据拼音在句子中的括号里填上合适的汉字。 　　星期天，我们去艺术馆参观。里面的根diāo（　）造型各具特色，令人称奇。有的像威风lǐn lǐn（　）（　）的武士，有的像全身长满gē da（　）（　）的金刚，有的像蹲在地上的老虎，有的像手持gùn（　）棒的猴子。我们一直看了一个多小时，才恋恋不舍地往回走。 二、把下列词语补充完整并选择填空。 　　威风（　）（　）　别出心（　） 　（　）头（　）脑　咤风云 　技高一（　）　（　）巧成拙 　（　）（　）有味　全神（　）注 　忘（　）所以 　1.这位老人在战争年代曾经是一位（　　　）的人物。	设计意图： 对生字词进行辨析。			

194

续表

	2.这（　　　　）的设计让我们眼前一亮。	
	课后作业： 按要求改写句子。 1.破课桌俨然一个叱咤风云的古战场。（缩句） 2.老师也喜欢玩竹节人。（改为反问句） 3.我们在窗外没找到竹节人。我们一点儿都不沮丧。（用上合适的关联词语把两个句子合成一句话。）	设计意图： 　　句子练习，对缩句、反问句、关联词语连句练习。

第二课时

一、给字选择正确的读音。

风靡（méi mí）全球　　一道裂（liè yě）缝　　一模（mú mó）一样

系（xì jì）红领巾　　露出破绽（zhàn dìng）　　电视荧屏（píng bǐng）

二、选词填空。

　　　　　　　　怨恨　愤恨

1.我们（　　）老师把我刚做好的竹节人拿走了。

2.带着满腔的（　　），战士们把复仇的子弹射向敌人。

　　　　　　　　别出心裁　诡计多端

3.（　　）的敌人从山那边的小路上包抄上来。

4.张萌萌（　　），用橡皮泥给小木偶做了一顶小帽子。

三、阅读下面的话，回答问题。

　　上课了，意兴依然不减，手痒痒的，将课本竖在面前当屏风，跟同桌在课桌上又搏将起来，这会儿，嘴里不便咚锵。

　　偏偏后面的同学不知趣，看得入了迷，伸长脖子，恨不能从我们肩膀上探过来，被那虎视眈眈的老师看出了破绽。

1.我们"将课本竖在面前当屏风"是为了_____

2."破绽"在这段话中指的_____，老师看出来破绽是因为_____。

3.从这些文字中我们可以看出_____。

续表

基础积累大巩固

一、给下列句子中的加点字选择正确的解释。

1.在上面钻一对小眼，供装手臂用。（　　）
①准备着东西给需要的人应用　　②奉献，供养
③被审问时在法庭上述说事实　　④祭祀用的东西

2.奶奶在油灯下给前线的战士们纳鞋底。（　　）
①收入，放进　②接受　③补缀，缝补

二、缩句。

1.我和同学一起在办公室窗户下的冬青丛里转悠。

2.老师在办公桌上全神贯注地玩他从课堂上没收去的竹节人。

阅读能力大提升

阅读下面的文字，回答问题。

还有同学别出心（　），想技高一（　），给竹节人粘上一个橡皮擦雕成的脑袋，做一套纸盔甲。一有机会，便得意扬扬招呼大伙儿来观摩。谁知弄巧成（　），中看不中用，没打几个回合，那粘上的脑袋连盔甲被它自己手里的大刀磕飞了，于是对方大呼胜利。

其实，竹节人的动作压根儿不由扯线人做主，那不过是在竹节间的线一紧一松间的胡乱耸动而已，可看上去，却挺像是那么回事。

黑虎掏心！泰山压顶！双龙抢珠！
咚锵咚锵咚咚锵！咚咚锵！

1.在句子中的括号里填上合适的字。

2.这些别出心裁的同学想出了什么点子？

3."挺像是那么一回事"指的是什么？

4."咚锵咚锵咚咚锵！咚咚锵！"是哪里来的声音？

思维创新大拓展

你知道的传统玩具有哪些？把你最喜欢的一种介绍给大家好吗？

续表

	第一课时			
课时内容	《生命之谜》			
课时目标	1.认识"嫦、娥、尚、揭"等12个生字,理解新词语。 2.正确、流利、有感情地朗读课文,了解课文主要讲了什么,是按怎样的顺序讲的,以及最后得出的结论是什么。 3.通过阅读,感悟出阅读方法。 4.培养学生从小热爱地球、保护环境的意识。培养学生热爱科学、学科学的兴趣和探索未知的好奇心。			
学业要求	了解	理解	掌握	运用
	了解课文主要讲了什么,是按怎样的顺序讲的,以及最后得出的结论是什么。	通过阅读,感悟出阅读方法。	培养学生从小热爱地球、保护环境的意识。	培养学生热爱科学、学科学的兴趣和探索未知的好奇心。
作业设计	一、辨字组词。 　揭(　)顷(　)班(　) 　躁(　)卸(　)员(　) 　渴(　)倾(　)斑(　) 　燥(　)御(　)陨(　) 二、缩句。 　1.地球之外的太空中是否有生命存在,仍然是一个吸引人的问题。 　_____ 　_____ 　2.人类至今尚未找到另外一颗具有生命的星球。 　_____ 　_____		设计意图: 　对本课易错词语进行预习,对词语进行辨析。培养学生辨析能力。	
	在句子中的括号里填上合适的关联词语。 　1.现在,科学发达了,人们知道那都是古人编出来的神话。(　),地球之外的太空中是否有生命存在,仍然是一个吸引人的问题。		设计意图: 　对修辞手法进行复习,尤其是体会排比的修辞手法。	

197

2.以前观察到的火星表面上所谓颜色的四季变化,并（　　）由于植物的生长和枯萎造成的,（　　）由于风把火星表面上的尘土吹来吹去,（　　）造成了颜色明暗的变化。

第二课时

一、读句子,将带点字的正确意思写在括号里。

1.太阳系只是银河系中一个极小的部分。(　　)

系：①系统,有连属关系的　②联结；拴　③牵挂

2.人类至今尚未找到另外一颗具有生命的星球。(　　)

尚：①尊崇；注重　②风气习惯　③还

3.(1)人类至今尚未找到另外一颗具有生命的星球。(　　)

(2)生命的存在至少应有三个条件。(　　)

至：①到　②最好的　③极；最

二、将意思相反的词用线段连起来。

是　生　存　近　低　昼　纵　明　干　稀

死　高　横　夜　否　亡　稠　湿　远　暗

三、写出下列句子使用的说明方法。

木星、土星、天王星和海王星离太阳很远,它们的表面温度,一般都低于-140℃,因此,也不可能有生命存在。(　　　　)

为了揭开火星神秘的面纱,科学家们决定利用探测器对火星作近距离的观测。1971年,美国发射的"水手9号"探测器进入了环绕火星飞行的轨道,给火星拍摄了大量的照片。(　　　　)

按要求写句子。

火星上是不会有生命存在的。（改为反问句）

太阳系中唯一还可能存在生命的星球是火星。（缩句）

人们至今尚未在地球以外的太空中找到生命。人们仍然相信遥远的太空中存在着生命。（用上合适的关联词语把这两个句子连成一句话）

阅读能力大提升

阅读文段，回答问题。

根据这些条件，科学家首先对太阳系除地球以外的其他行星进行了分析。水星离太阳最近，朝向太阳时表面温度达到300~400℃，不可能存在生命。金星是一颗缺氧、缺水，有着浓厚云层的行星，太阳辐射和云层造成的"温室效应"使得金星表面温度极高，不可能有生命存在；木星、土星、天王星和海王星离太阳很远，它们的表面温度低，一般都低于-140℃，因此，也不可能有生命存在。

1.这段话主要讲了什么内容？

2.水星、金星和其他行星不可能存在生命的原因是什么？

思维创新大拓展

要在空中建立一个大型空间站，我们在地球被破坏之后，都到空间站去生活。这个想法有实际意义吗？

第一课时

课时内容	《故宫博物院》				
课时目标	1.了解故宫博物院建筑群规模宏大、建筑精美、布局统一的特点。 2.了解方位词在空间说明顺序中的重要作用。 3.学习根据不同的任务，选用不同的阅读方法。 4.增强学生的民族自豪感，进一步激发他们民族创造精神。				
学业要求	了解		理解	掌握	运用
	了解课文顺序。正确、流利、有感情地朗读课文。		理解重点词句。	掌握学习课文的基本方法。	理解方位词在空间说明顺序。
作业设计	一、把词语补充完整。 （　）珑奇巧　　横（　）东西 雄伟壮（　）　　烟雾（　）绕 亭台楼（　）　　井然有（　） 和（　）统一　　青松（　）柏 二、给下列句子选出合适的词语，用横线画出。 　　（1）这是明清两代的皇宫，是我国				设计意图： 　　对量词进行理解，根据词义定字义。	

199

续表

	现存的最大最（完整　工整　整齐）的古代宫殿建筑群，有近六百年历史了。 　　（2）走进午门，是一个宽广的庭院，弯弯的金水河像一条玉带横贯东西，河上是五座（精致　精美　精彩）的汉白玉石桥。 　　（3）三座大殿（耸立　矗立　挺立）在七米多高的白石台基上。 　　（4）这样宏伟的建筑群，这样和谐统一的布局，不能不令人（惊叹　惊喜　吃惊）。 　　三、按要求写句子。 　　1.规模宏大的故宫集中体现了我国古代建筑艺术的独特风格。（缩句） 　　2.这样宏伟的建筑群，这样和谐统一的布局，不能不令人惊叹。 　　（1）改为反问句： 　　（2）改为陈述句：	
	指出下列各句所用的说明方法。 　　1.紫禁城的城墙十多米高，有四座城门。（　　　） 　　2.走进午门，是一个宽广的庭院，弯弯的金水河像一条玉带横贯东西。 　　　　　　　　　　　（　　　） 　　3.乾清宫、交泰殿、坤宁宫称"后三宫"，布局和前三殿基本一样，但庄严肃穆的气氛减少了，彩画图案也有明显的变化。（　　　）	设计意图： 　　增强学生的民族自豪感，进一步激发他们民族创造精神。

说明白了

\multicolumn{2}{c}{基本信息}			
学科	语文	教师姓名	苏德娟
年级	五年级	教科书版本	部编版
单元主题	\multicolumn{3}{c}{说明白了}		
单元内容（从教材内容和学生情况两个方面进行分析）	本单元的语文要素是"了解基本的说明方法"，并提出了"用恰当的说明方法，把某一种事物介绍清楚"的习作要求。本单元安排了《太阳》《松鼠》两篇精读课文，《鲸》《风向袋的制作》两篇习作例文，以及单元习作"介绍一种事物"，其间穿插安排了"交流平台""初试身手"，整个单元读写结合，以读促写。本单元课文均是说明类文章，并在字里行间使用恰当的说明方法介绍事物：《太阳》采用了列数字、作比较等说明方法介绍了和太阳相关的一些知识，说明它与人类之间有着非常密切的关系；《松鼠》虽只用了打比方的说明方法，但同样将松鼠的外形特点、行为特征、生活习性等讲解得清楚明白；习作例文《鲸》使用作比较、列数字等方法来介绍这种深海动物；《风向袋的制作》则突出使用列数字的方法，"第一""第二"等次序词的使用明确了操作步骤，让制作过程更清晰明了。这些文章内容严谨，语言准确，叙述有条理，将事物介绍得清楚明白，这正印证了叶圣陶老先生的话"说明文以'说明白了'为成功"。精读课文和习作例文的编排为本单元的习作"介绍一种事物"从不同角度奠定了基础。 学生在中年级学习过说明性文章，能够对文本使用的说明方法做出正确的判断。但是，学生在独立阅读过程中，全面抓住说明要点进行概括、了解说明方法使用技巧以及表达效果等方面的能力还需要进一步培养。			
关键能力或核心素养	了解基本的说明方法。			
单元整体目标	1.通过浏览，练习抓住课文要点进行阅读的方法，增进学生对内容的了解，体会不同表达方法的好处，并在运用中进行巩固。 2.通过体会课文说明事物的具体的表达语言，通过合作交流研讨，初步了解基本的说明方法。 3.运用识字能力，自主掌握生字新词，正确流利朗读课文。 4.通过单元整体学习，进一步掌握运用单元整体学习搜集、整理和运用各种信息的方法。			
单元课时整体安排	课文：《太阳》（1课时）　　　　《松鼠》（1课时） 初试身手、习作例文（2课时）　习作（1课时）			

续表

	《口语交际：演讲》（1课时）　　《习作：记一次游戏》（1课时） 《语文园地》（1课时）	
	第一课时	
课时内容	本单元的所有教材内容	
课时目标	1.借助单元导语了解本单元内容主题，明确读写训练重点。 2.通览整组教材，整体规划单元学习活动，为单元学习做好准备。 3.整体预习和巩固本单元的生字新词。	
学业要求	了解	理解	掌握	运用
	本单元学习主要内容及单元主题。	语文要素设置及各节课的训练重点。	体会说明方法的作用。	运用说明方法完成习作。
作业设计	课内作业： 　　1.这篇课文主要运用了_____、_____、_____等的说明方法，向我们介绍了太阳_____、_____、_____的特点，告诉我们太阳和我们的关系非常密切。 　　2. 	特点	关键词句	说明方法	好处
---	---	---	---
					设计意图： 　　1.在学生自读单元导语，明确单元主题和单元训练重点的基础上完成"课堂学习单"，指导学生对整个单元教学内容进行初步预习。 　　2.在交流预习的基础上借助"课堂学习单"梳理单元学习内容。 　　3.通过自主学习、小组互学、交流展示、点拨指导、自学测评等正确认读和书写本单元前两课字词。 　　熟知课文内容，便于说明方法的分析。 　　4.掌握说明方法以及初步运用。 　　5.提高小组合作意识。 　　运用了列数字、作比较、打比方、举例子的说明方法把太阳这一抽象复杂的事物说明白了。
	课后作业： 　　1.自主绘制单元学习导图。 　　2.在不懂的地方做上记号，提出自己的疑问，写在左侧。 　　3.完成字词测评单。	设计意图： 　　1.根据提供的单元学习导图参考框架及模板，提示梳理单元学习内容的基本思路，绘制单元学习导图。 　　2.能够对即将学习的内容进行质疑，从而有目的地参与课堂学习活动。

续表

	第二至七课时	
	课内作业： 　　1．默读，找一找这段是围绕哪句话写的，用"＿＿＿＿"画出来。 　　2．从哪些地方可以看出松鼠是一种美丽的小动物呢？试着填一填：在写松鼠的外形时，抓住松鼠的＿＿＿＿＿，详细描写了松鼠＿＿＿＿＿、＿＿＿＿＿、＿＿＿＿＿和＿＿＿＿＿的特征，把小松鼠写得非常美丽可爱。 　　3．读第一自然段，完成下面练习。 　　（1）用"√"选出括号里正确的读音。 　　（2）用横线画出选文的中心句。 　　（3）选文从＿＿＿＿＿、＿＿＿＿＿等方面介绍了松鼠的特点，体现出它乖巧、驯良、漂亮。	设计意图： 　　采用填空的形式来理解课文内容，锻炼学生的阅读能力和概括能力。
习作1课时	课内作业： 　　1．结合习作例文，赏读具体的句子，指导从多方面、多角度进行观察。 　　2．结合指导习作《我眼中的的缤纷世界》。 课后作业： 　　根据作文评价单进行自评自改。	"搜集资料，用恰当的说明方法，把某一种事物介绍清楚"这一习作要素，在作文评改课中依照习作要求进行了自评、互评环节，在"我是科普小作家"活动中进行了二次评选。
单元评估作业	1．字词归类分享单：易读错、易写错、易混淆字（形近字、同音字）。 2．介绍一种事物：写清楚事物的主要特点。	

理想和信念

基本信息				
学科	语文	教师姓名	王凯丽	
年级	六年级	教科书版本	部编版	
单元主题	六年级下册第四单元"理想和信念"			
单元内容（从教材内容和学生情况两个方面进行分析）	一、教材内容 　　本单元以"理想和信念"为主题，编排了《古诗三首》《十六年前的回忆》《为人民服务》《董存瑞舍身炸暗堡》四篇课文。本单元课文体裁多样，内容丰富，有的抒发了作者高尚的情操和远大的志向，有的追忆了革命先辈感人事迹，有的阐述了革命志士共同的理想与信念，从不同侧面展现了"人生自古谁无死，留取丹心照汗青"的英雄气概和民族精神，有助于学生树立远大理想，培养高尚的道德情操。 　　本单元编排了两个语文要素，一个是"关注外貌、神态、言行的描写，体会人物品质"，一个是"查阅相关资料，加深对课文的理解"。本单元安排了"综合性学习"，围绕"奋斗的历程"这个主题展开。这个活动和单元主题密切关联，能加深学生对党的奋斗历程的情感体验。 　　二、学生情况 　　本单元编排的两个语文要素学生都已经学过，这次复现是为了强调对这两个要素的综合运用。本单元课文时代较为久远，学生理解起来有一定障碍，需要综合运用学过的一些方法，来促进学生对课文的深入理解。 　　学生虽有一定的分析能力，但由于不熟悉当时的时代背景，对体会作者的感情还有一定的难度，需要提前查阅有关资料帮助学生理解，并指导学生理解人物的精神品质，对学生进行思想政治教育和道德品质的教育。 　　六年级学生已经具备了一定的自学能力，要尽可能地让学生独立阅读思考，并把自己的理解与感受和同学交流讨论。在学生掌握课文中心后，可以进一步引导学生顺着作者的思路阅读，以加深对课文内容及写作方法的理解。 　　本单元的习作内容是写出自己的"心愿"。习作要求是"选择合适的方式进行表达"，这是对学生六年来学到的表达方式的一次综合检验，也是学生进行有目的表达的初步尝试。			
关键能力或核心素养	1.关注外貌、神态、言行的描写体会人物品质。 2.查阅相关资料，加深对课文的理解。 3.习作时选择合适的方式进行表达。			

续表

单元整体目标	一、阅读训练目标 1.学生能够查阅相关资料，了解英雄人物事迹，学习英雄人物品质，激发爱国情怀。 2.学会通过圈画、品读人物的神态、语言、行为等描写，较深入、全面、准确地把握人物品质。 3.能够根据所要理解的内容去查阅时代背景、人物生平、相关历史事件、他人评价等资料，从而加深对人物品质和主题思想的了解。 二、表达训练目标 1.能综合运用学过的方法阅读"阅读材料"，和同学分享自己的阅读收获。 2.能搜集、研读红色诗词，和同学合作制作一本诗集。 3.能选择适合的材料和方式表达自己的心愿，能用修改符号自主修改习作。

单元课时整体安排	分类	内容	课时
	课文	10《古诗三首》	2
		11《十六年前的回忆》	2
		12《为人民服务》	2
		13《董存瑞舍身炸暗堡》	1
	综合性学习	奋斗的历程	4
	语文园地	交流平台　词句段运用　日积月累	1
	合计		12

第一课时

课时内容	《古诗三首》
课时目标	1.会写"络、锤"等4个字。 2.能借助注释，理解诗句的意思。 3.有感情地朗读课文。背诵课文。默写《竹石》。 4.能联系诗人的生平资料，体会诗人的精神品质和远大志向。

学业要求	了解	理解	掌握	运用
	了解诗人生平。	借助注释，说出诗句的意思。	1.会写"络、锤"等4个字。 2.有感情地朗读课文。背诵课文。默写《竹石》。	领悟诗人通过具体事物表达志向的方法，可以运用诗词来表达自己的心声。

续表

作业设计	课前作业： 1.自读古诗，学习生字新词。 2.正确、流利地朗诵古诗。 3.查阅李贺、于谦、郑燮三位诗人的生平简介。 4.梳理课前发现。	设计意图： 古诗教学要充分发挥学生已有的学习能力。查阅诗人的相关资料、梳理课前发现，既发挥学生的主体作用，又能以学定教。
	课内作业： 1.借助注释，汇报诗句的意思。 2.说一说三首古诗分别表达了诗人怎样的志向？表达的方法有什么共同特点？	设计意图： 1.理解诗句的意思，把握古诗内容。 2.借助资料，展开想象，体会诗人的志向。
	课后作业： 1.找一找诗人郑燮写竹的诗句，读一读。 2.收集表达精神品质和远大志向的古诗词并进行分享交流。	设计意图： 体会诗人的精神品质和远大志向。

第一课时

课时内容	《十六年前的回忆》			
课时目标	1.会写"稚、避"等15个字，会写"幼稚"等20个词语。 2.有感情地朗读课文。能说出自己印象最深的事。 3.关注人物外貌、神态、言行的描写，感受李大钊同志大无畏的革命英雄气概。 4.了解课文首尾呼应的表达方法。 5.查找资料，了解先辈的革命事迹。			
学业要求	了解	理解	掌握	运用
	1.了解课文首尾呼应的表达方法。 2.查找资料，了解先辈的革命事迹。	有感情地朗读课文。能说出自己印象最深的事。	会写"稚、避"等15个字，会写"幼稚"等20个词语。	为课文《董存瑞舍身炸暗堡》补充开头和结尾，注意用上人物外貌、神态、言行的描写，表现董存瑞大无畏的革命英雄气概。
作业设计	课前作业： 1.读一读：有感情地朗读课文。提出不理解的词语或课文内容。		设计意图： 初步把握文章的叙事基调，能够借助课题捕捉文本信息，了解文章的写作	

续表

		2.找一找：查阅资料，初步了解李大钊及文章写作背景。 3.说一说：预习课文，说说对课题的理解。 4.理一理：默读课文，说说作者回忆了哪几件事？	背景，了解社会语境，为深入理解课文内容奠定基础。
		课内作业： 1.默读课文，说说这篇回忆录按照时间顺序写了哪些事情。 2.说说课文中给你印象最深的是哪件事，从中感受到李大钊先生是一个怎样的人。	设计意图： 　　按时间顺序梳理故事情节，整体把握课文内容。 　　作业方法指导：圈画时间、分层概括、画时间轴。
		课后作业： 　　欣赏李大钊写的诗《口占一绝》。	设计意图： 　　了解先烈的革命事迹，加深对课文内容的理解。
	第二课时		
作业设计	课前作业： 听写词语： 幼稚　含糊　避免　局势　严峻 魔鬼　苦刑　僻静　匪徒　执行	设计意图： 　　比较"避""僻"两个生字的形和义，解决本课难写字和易错字。	
	课内作业： 　　批画文中描写李大钊外貌、神态、言行的句子，体会人物的品格。	设计意图： 　　关注描写人物外貌、神态、言行的语句，体会人物的精神品质。	
	课后作业： 　　任务一：查阅与《董存瑞舍身炸暗堡》课文内容相关的资料，选择对理解人物形象有帮助的资料认真阅读。 　　任务二：默读课文，结合资料理解课文内容，了解董存瑞是一个怎样的战士；关注文中对人物神态、言行的描写，体会这些描写对刻画人物的作用，和同学交流阅读感受。	设计意图： 　　查阅相关资料，加深对课文内容的理解，了解先烈的革命事迹。 　　任务：提示学生可以从战役背景、人物故事、战友回忆等角度查阅资料；除了文字资料，也可以关注影像资料。	

续表

第一课时				
课时内容	《为人民服务》			
课时目标	1.会写"彻、迁"等9个字，会写"革命、解放"等17个词语。 2.有感情地朗读课文。背诵第2-3自然段。 3.理解课题对全文的统领作用，把握各自然段之间的内在联系。 4.结合"阅读链接"，理解含义深刻的语句，体会"为人民服务"的思想内涵，进行革命人生观的启蒙教育。			
学业要求	了解	理解	掌握	运用
	查找张思德同志的相关资料，了解人物的生平事迹。	1.理解课题对全文的统领作用，把握各自然段之间的内在联系。 2.结合"阅读链接"，理解含义深刻的语句。	1.会写"彻、迁"等9个字，会写"解放"等17个词语。 2.有感情地朗读课文。背诵第2—3自然段。	能根据场合、对象等，稍作准备，做即兴发言。
作业设计	课前作业： 　1.说一说：你在哪些场合看到过、听到过"为人民服务"。 　2.查一查：查阅张思德同志的相关资料，了解课文写作背景。 　3.读一读：有感情地朗读课文，扫清字词障碍。 　4.议一议："重于泰山""轻于鸿毛""死得其所"的含义。		设计意图： 　落实本单元的语文要素"查阅相关资料，加深对课文的理解"，引导学生查阅张思德的事迹材料，使学生初步感受革命人生观的启蒙教育。	
	课内作业： 　默读课文，边读边思考：课文围绕"为人民服务"讲了哪几方面的意思？ 　提示：议论文，通常在每个自然段都有一个关键语句突出要说的重点或要点。		设计意图： 　整体把握，了解课文围绕"为人民服务"讲了哪些内容。	
	课后作业： 　观看电影《张思德》片段，和同学交流你的感想。		设计意图： 　观看影片谈感想，使学生初步感受革命人生观的启蒙教育。	

续表

	第二课时	
作业设计	**课前作业：** 1.根据语境，看拼音写词语。 我们现阶段最主要的 mù biāo（　　）不是 pī píng（　　）谁，而是改善 bèi pò（　　）qiān yí（　　）的群众的生活，不然，我们对不起那些 xī shēng（　　）的战友。 2.课文回顾。 本篇课文主要写了四方面内容：_____。	**设计意图：** 培养学生良好的复习习惯和复习方法。
	课内作业： 1.探究围绕"为人民服务"毛主席是怎样讲清这几个方面的？ 为　　死的意义 人　　对待批评 民　　对待困难 服　　以追悼会的方式寄托 务　　哀思，团结人民 2.结合"阅读链接"说说对"人固有一死，或重于泰山，或轻于鸿毛"这句话的理解和体会。	**设计意图：** 整体把握，了解课文围绕"为人民服务"讲了哪些内容。
	课后作业： 在我们身边，每天都有这样的人，他们或是环卫工人在清扫街道，或是路人将垃圾捡起。无论如何，他们同样值得我们尊重。 1.通过自己的行动，为更多需要帮助的人提供服务。赠人玫瑰，手有余香。 2.背诵课文2—3自然段。	**设计意图：** 链接课外，助力课文理解，同时获得熏陶感染。

"研思同行，共享提升"：单元作业设计初探

续表

第一课时			
课时内容	综合性学习《奋斗的历程》		
课时目标	1.能综合运用学过的方法阅读"阅读材料"，和同学分享自己的阅读收获。 2.能搜集、研读红色诗词，和同学合作制作一本诗集。 3.能选择适合的材料和方式表达自己的心愿，能用修改符号自主修改习作。		
学业要求	掌握		运用
	能综合运用学过的方法阅读"阅读材料"，和同学分享自己的阅读收获。		能选择适合的材料和方式表达自己的心愿，能用修改符号自主修改习作。
作业设计	课前作业： 　　同学们，我们要拍摄"感动中国历史革命人物"，需要我们进行人物的征集与选择。书上的"阅读材料"为我们提供了不少素材，也可以通过课外阅读寻找优秀革命人物。请记录阅读分享单，两周后我们开展阅读分享会，全班交流，聊一聊自己的短片主角，聊一聊将要拍摄的感动事迹，也聊一聊自己的收获与启迪！		设计意图： 阅读分享单 | 阅读篇目 | 阅读方法 | 感动的人或事 | 收获与启迪 | 交流后补充收获 | |---|---|---|---|---| | | | | | | （交流后补充的内容可用不同颜色的笔记录） 　　扩充学生素材库，阅读分享单促进学生有目的的阅读。通过群文阅读，对革命先烈有更全面的认识，得到收获与启迪。
	课内作业： 　　一、开展阅读分享会 　　二、我是小小编剧家 　　1.设计氛围感十足的片头片尾。 　　走进"交流平台"，探索设计适合短片开头结尾的好方法。 　　2.撰写感染力十足的画外音。 　　3.匹配印象十足的金句。 　　为短片主角人物形象匹配传达品格志向的托物言志古诗。 　　4.选择振奋人心的红色诗词。 　　选择合适的红色诗词制作诗词卡作为短片封面。		设计意图： 　　1.好的短片需要有一个好的剧本，指导学生设计"感动中国历史革命人物"特辑剧本。 　　2.检验学生本单元所学，培养学生的审美鉴赏能力。

	课后作业：	设计意图：
	1.经过短片设计，革命先烈的形象已深入你心，那么在他身上你学到了什么？有什么收获和启迪呢？ 2.完成心愿卡，写一写你的心愿以及触发原因，为了自己的心愿你会付诸怎样的行动？	引导学生依据手中的心愿卡，选择合适的表达方式完成习作。 心愿卡 我的心愿： 触发原因： 为之心动： 签名：
单元评估作业	一、基础运用 1.补充词语。 千（　）万凿　　幼（　）可笑　　一（　）而入　　满脸（　）肉 精兵（　）政　　死得其（　）　　粉骨（　）身　　（　）气冲冲 2.句子练习。 父亲仍旧穿着他那件灰布旧棉袍，可是没戴眼镜。我看到了他那乱蓬蓬的长头发下面的平静而慈祥的脸。 我也能抓住人物的特点，写写老师的外貌。 _____ 3.下列诗句赞美的是什么事物？把事物的名称写出来，并给其选择恰当的象征意义。 A 孤高傲世　　B 无私奉献　　C 顽强坚韧，正直不屈 ①荷尽已无擎雨盖，菊残犹有傲霜枝。 事物：（　）　象征：（　） ②千磨万击还坚劲，任尔东西南北风。 事物：（　）　象征：（　） ③随风潜入夜，润物细无声。 事物：（　）　象征：（　） 二、能力提升 《十六年的回忆》最后两个自然段与开头是首尾呼应的关系，这样写诗文章更加紧凑，作者对父亲的怀念也更为深厚和浓重。请你用首尾呼应的写法完成练习。

续表

题目：风雨真情

开头：风雨中，那把倾斜的伞遮住在我的头顶。我们的深厚友谊在风雨中织就。

结尾：_____

_____。

三、综合实践

根据同学们的"感动中国历史革命人物"特辑剧本，你会选择谁的作品代表班级参加学校的"感动中国历史革命人物"特辑选拔呢？请在评价单中写下你的推荐理由。

感动中国历史革命人物特级选拔

推选人：	推选短片：《　　　　　　》
你推选的原因以下哪些？请在相应空格内进行简单评价。	
人物事迹	
拍摄画面	
画外音	
片头片尾	
搭配名句	
封面设计	

"旧书不厌百回读，熟读深思子自知"读书明智

基本信息				
学科	语文	教师姓名	时文侠	
年级	五年级	教科书版本	部编版	
单元主题	"旧书不厌百回读，熟读深思子自知。"读书明智			
单元内容（从教材内容和学生情况两个方面进行分析）	本单元教材围绕"读书明智"这个主题，编排了《古人谈读书》《忆读书》《我的"长生果"》三篇文章。体裁包括了文言文、记叙文和散文，涉及内容跨越古今。《古人谈读书》一文呈现了两则短小精悍的文言文，将孔子和朱熹的读书态度和方法化为精练的文字，使其蕴含深刻的哲理，旨在培养良好的阅读习惯。《忆读书》一文没有理论化的说教，而是另辟蹊径，如话家常。《我的"长生果"》这篇散文在内容上，恰当地运用了大量的成语，将其和饱含情感的叙述结合起来，增强了话语表达的动感和力度。 　　本单元涉及作家读书经历、读书感悟、阅读方法等内容，和学生的学习生活密切相关，学生根据要求梳理出来的信息，对他们的学习和读书实践活动有很强的指导意义。通过本单元学习，学生学到一些读书和写作的方法，并且明白阅读的重要意义，激发学生的阅读兴趣，提高阅读能力，养成良好的读书习惯，从而受益终身。			
关键能力或核心素养	1.根据要求梳理信息，把握内容要点。 2.根据表达的需要分段表述，突出重点。 　　在教学中要引导学生在阅读实践中借助圈化关键词，列提纲，画表格或结构图等形式，根据需要，对提取的信息进行归纳整理，把握主要内容。还要让学生根据习作要求，对材料有所选择并有条理的表述，把重要的内容写具体。			
单元课时整体安排	10课时			
第一课时				
课时内容	《古人谈读书》			
课时目标	1.会认"矣、耻"等3个生字，会写"耻、诲"等5个生字。 2.正确、流利地朗读课文，能借助注释理解课文大意，弄懂每篇文章所表达的重点。			

续表

学业要求	了解	理解	掌握	运用
	1.本单元主题和语文要素。 2.了解孔子和《论语》及朱熹。	孔子和朱熹的读书态度和方法。	生字词语,借助注释理解课文大意。	
作业设计	课内作业: 一、课文学习 1.本文共有( )句《论语》。默读课文,生字注音,画出新词。 2.默读两遍,读通顺课文,理解课文大意。《古人谈读书》中的古人指的是_____和_____。 二、学习字词 1.描一描,写一写新生字。 　耻　诲　谓　诵　岂 2.读读词语,抄词语一遍。 敏而好学　不耻下问 默而知之　学而不厌 诲人不倦　称谓　诵读　岂敢 三、根据课文内容填空 1."敏而好学,不耻下问"出自《　　　　》。 2."读书有三到,谓____、____、____。"此句为___代的朱熹所写。	设计意图: 扫清字词障碍,为学习课文做好准备。		
	课后作业: 一、读拼音,写词语 我们每个人都应当 bù chǐ xià wèn(　　　),每个教育者都要 huì rén bú juàn(　　　)。不用心 sòng dú(　　　)对我们来说 qǐ bú shì(　　　)浪费时间? 二、写出下列画线词语的意思 1.知之为知之,不知为不知,是知	设计意图: 巩固字词及古文重点字义。		

214

	也。（　　　） 2.余尝谓。（　　　） 3.心眼既不专一，却只漫浪诵读，决不能记。（　　　）	

第二课时

课时内容	《古人谈读书》			
课时目标	1.理解每句话的意思，弄懂每篇文章所表达的重点。背诵课文。 2.体会古人读书的方法和态度，对自己的学习方法和学习态度有所启发。			
学业要求	了解	理解	掌握	运用
	课文中古人的学习态度和读书方法。	懂得学习的态度。	古人的学习方法、态度。	能根据情境运用学到的语句。
作业设计	课内作业： 一、基础积累大巩固 解释文中加点字的意思，并解释整个句子。 1.敏而好学，不耻下问（　　　　）（　　　　） _____ 2.知之为之，不知为不知，是知也（　　　　） _____ 3.余尝谓：读书有三到，谓心到，眼到，口到。（　　　　） _____ 二、阅读能力提升　课文整体梳理 1.《论语》这三则，让我们明白了读书要_____、_____、_____三个方面；朱熹告诉我们，读书要有_____； 2.学了这篇课文，你有什么启发？ 课后作业： 1.背诵课文。 2.积累读书的名言和大家分享一下。_____			

续表

	第三课时			
课时内容	《忆读书》			
课时目标	1.会认"舅、斩"等15个生字,掌握2个多音字,会写"舅、津"等13个生字。掌握"津津有味、厌烦"等词语。 2.整体感知,理清记叙的顺序,把握课文记叙的主要内容。 3.了解作者及其代表作,把握文章要点,更好地理解"读书好,多读书,读好书"这一中心。			
学业要求	了解	理解	掌握	运用
	作者及其代表作及课文结构。	理解课文中的词语和"读书好,多读书,读好书"这一中心。	会认"舅、斩"等15个生字,掌握两个多音字,会写"舅、津"等13个生字。掌握"津津有味、厌烦"等词语。	品味富有感染力的语言,培养读书的兴趣。
作业设计	课内作业: 一、我会学课文 1.读课文给每个自然段标上序号,并"□"圈出认读字,用"△"标出词语。 2.默读两遍,读通顺课文,理解课文大意。 二、掌握字词我最棒(读一读,描一描) 舅 津 斩 限 凯 葛 述 贾 衰 刊 琐 朴 篇 某 1.多音字我会用,给多音字注音。 (1)中国古代有很多传(　　)说,我喜欢读人物传(　　)记类书籍。 (2)考完试,他把试卷(　　)轻轻地卷(　　)起来了。		设计意图: 从词语入手,扫清阅读障碍,还透过词语更好地理解课文内容。把握文章要点。	

续表

	2. 用"√"给生字选择正确的读音。 浒（xǔ hǔ）　　煞（shà shā） 寇（guàn kòu）　　栩（yú xǔ） 三、感知课文我能行。根据课文内容填空 　　本文主要讲的是作者对（　　）经历的回忆，最后告诉我们：读书（　　），（　　）读书，读书（　　）。	
	课后作业： 　　1. 我要有感情朗读课文。 　　2. 你在课文中有什么问题？在书中相关的字词句上面画"？"，准备和老师同学们一起探讨。	设计意图： 　　基础知识要巩固。
第四课时		
课时内容	《忆读书》（第二课时）品读课文，深入探究冰心奶奶对读书的体会。	
课时目标	1. 用较快的速度默读课文，能梳理出作者的读书方法和读书的好处。感受作者所表达的情感。 2. 能结合自己的读书经历交流"我永远感受到读书是我生命中最大的快乐"这句话的体会。 3. 能对作者的读书方法发表自己的看法。	
作业设计	课内作业： **基础知识我最棒** 1. 下列字形全对的一组是（　　）。 　A. 斩首　凯旋　水浒 　B. 传记　煞气　敌冦 　C. 派遣　报利　呻吟 2. 读拼音，写词语。 　（1）妈妈每天忙碌于这些 fán suǒ（　　）。 　（2）他们家非常 háo huá（　　），漂亮极了。 　（3）他的身体日渐 shuāi ruò（　　）。	设计意图： 　　有效地复习，夯实基础，同时为这节课的学习做准备。理清记叙的顺序，把握课文记叙的主要内容从而加深对课文的理解。落实"双减"，提高课堂实效。

续表

	课文整体梳理	
	1.用较快的速度默读课文,用自己喜欢的方式梳理作者的读书经历。(找出作者读书的各个年龄段的年龄,以及作者在每个阶段读了什么书?列时间轴法、归纳法、列表法) (1)列时间轴(七岁) (不到四岁) (2)列表法 | 阅读时间	阅读书目	读书感受或评价	好书的标准
---	---	---	---
			| 2.这篇文章按照_____顺序,介绍了自己读书的经历,告诉少年儿童要_____、_____、_____。 3.结合自己的读书经历,谈谈你对"我永远感到读书是我生命中最大的快乐"这句话的体会。	
	课后作业: 1.你经常读书吗?回忆思考你是怎样开始读书的? 2.你对哪本书最感兴趣呢,为什么?	设计意图: 感受读书乐趣。

第五课时

课时内容	《我的"长生果"》(第一课时)
课时目标	1.用较快的速度默读课文,说说作者读过哪些类型的书? 2.认识本课生字,掌握多音字。理解并积累四字词语。 3.有感情地朗读课文。

续表

| 作业设计 | 课内作业：
一、我会学课文。
　　1.读课文给每个自然段标上序号，并"□"圈出认读字，用"Δ"标出词语。
　　2.快速默读课文，标出作者读过哪些类型的书。
二、扎实字词学习。
　　1.给下列多音字选择正确的读音。
　　【léi lěi lèi】
　　伤痕累累（　　　）
　　日积月累（　　　）
　　十分劳累（　　　）
　　果实累累（　　　）
　　【chā chà chāi cī】
　　出差（　　） 没差（　　　）
　　参差（　　） 相差（　　　）
　　差别（　　） 差不多（　　　）
　　2.画掉括号内错误的词语。
　　过（隐　瘾）　书（籍　藉）
　　（馈　贵）赠　（滋　磁）石
　　借（鉴　签）　（阅　悦）读
三、按课文内容填空。
　　1.书，被人们称为人类文明的＿＿＿＿＿＿＿＿＿＿。
　　2.莎士比亚说："书籍是＿＿＿＿＿＿＿＿＿＿＿＿＿＿。"
　　3.我的"长生果"指的是＿＿＿＿＿＿＿＿＿＿＿＿。
　　你在课文中有什么问题？在书中相关的字词句上面画"？"，准备和老师同学们一起探讨。 | 设计意图：
　　培养学生学习课文的良好习惯，扫清阅读的障碍，更好地理解课文内容。增加学生的积累。 |
| | 课后作业：
　　1.积累词语，读读词语再抄词语一遍。
　　流光溢彩　津津有味　如醉如痴 | 设计意图：
　　增加学生的积累，培养阅读兴趣。 |

续表

	浮想联翩　泪落如珠　不求甚解 悲欢离合　牵肠挂肚　不言而喻 天高气爽　云淡日丽　香飘四野 真情实感　呕心沥血　大显身手 打动人心 2.积累喜欢的段落。	

第六课时

课时内容	《我的"长生果"》（第二课时）			
课时目标	把握主要内容，体会作者悟出的道理。学习一些读书和习作的方法。			
学业要求	了解	理解	掌握	运用
	课文是怎样表达阅读与写作的关系的。	通过课外阅读和习作实际体会"长生果"的寓意。	根据要求梳理信息的方法，结合自己的课外阅读和习作实际体会学习作者的读写方法。	学习作者的读写方法。
作业设计	课内作业： 一、选字组词。 　比（欲 喻）　　上（引 瘾） （卓 桌）越　　书（级 籍） 二、根据意思写成语。 1.形容神态失常，失去理智。 　　　　　　　　　（　　　） 2.指许许多多的想象不断涌现出来。 　　　　　　　　　（　　　） 3.比喻对事物不加分析思考。 　　　　　　　　　（　　　） 4.形容十分惦念，放心不下。 　　　　　　　　　（　　　） 三、这是一篇叙事性的课文，作者写了少年时代读书和写作的哪几件事？从中悟出了什么道理？借助表格、提纲或者结构图等形式梳理信息吧！		设计意图： 　　扎实基础，深化梳理信息，把握课文的主要内容的方法，激发学生的积极性，提高参与度。	

课题	我的"长生果"		
书的类型		文艺书籍	
悟出的道理	阅读		锻炼了记忆力,锻炼了理解力
	作文	构思别出心裁 落笔与众不同	

四、这篇文章用充满感情的语言介绍了自己读书的感受以及读书给写作带来的启发。作者对写作的感悟有两点,一点是_____,另一点是_____。

五、小练笔。

书籍是什么?请说一说。

书籍是人类文明的"长生果"_____。

书籍是人类进步的_____。

书籍是社会发展的_____。

课后作业:

一、按要求完成句子。

1.像蝴蝶飞过花丛,像泉水流经山谷。(用加点的词语仿写比喻句)
_____

2.书籍是全世界的营养品。(改为反问句)
_____
_____

二、抄写文中优美的词句,背诵自己喜欢的段落。

续表

	三、把自己在读书中的收获写成一个小片段。	
课时内容	第七课时：口语交际 第八至第九课时：习作 第十课时：语文园地	

保护环境

基本信息			
学科	语文	教师姓名	杨虹艳
年级	六年级	教科书版本	部编版
单元主题	六年级上册第六单元"保护环境"		
单元内容（从教材内容和学生情况两个方面进行分析）	1.教材内容 　　针对本单元的主题是"保护环境"，安排了"精读课文""口语交际""习作""语文园地"四个内容。而精读课文的四篇文章主题突出，内容丰富，体现了人与自然相互依存的关系，号召人们爱护环境、珍爱地球家园；"口语交际"的主题是意见不同怎么办，引导学生换位思考、共同商议，寻求合理的解决办法；"习作"是学写倡议书，围绕环境保护来写，使环保意识扎根心中，并转化为日常的行为；"语文园地"是结合自己的阅读体验，梳理归纳学习古诗词的方法，学会把握主要观点，学会制订乘车方案，学习传统文化常识。每一项内容的安排，目的都指向环境保护意识和写作能力的提升。 　　2.学生情况 　　本单元的语文要素是阅读时能从所读的内容想开去，学生虽有一定的分析能力，但由于不熟悉当时的时代背景，对体会作者的感情还有一定的难度，需要提前查阅有关资料帮助学生理解，并指导学生理解人物的精神品质，对学生进行思想政治教育和道德品质的教育，这样既是对学生的爱党、爱祖国的教育，也培养了学生在为人处世时能爱憎分明的情感态度。 　　六年级学生已经具备了一定的自学能力，要尽可能地让学生独立阅读思考，并把自己的理解与感受和同学交流讨论。在学生掌握课文中心后，可以进一步引导学生顺着作者的思路阅读，以加深对课文内容及写作方法的理解。 　　本单元的习作内容是写倡议书。习作要求习作是发挥想象，把重点部分写得详细一些，这是学生进行有目的表达的初步尝试。		
关键能力或核心素养	1.抓住关键语句，把握文章的主要观点。 2.学写倡议书。		
单元整体目标	1.本单元的课文内容与学生的生活有一定距离，可以针对学生学习中的难点、困惑点，适当补充相关资料，帮助学生更好地理解课文。 2.要将环保教育自然渗透在语文学习活动之中。引导学生在品读课文中透过具体的语言文字，体会地球、土地对人类的重要意义，激发对热爱土地、守护家园的情感。		

续表

单元课时整体安排	分类	内容	课时
	课文	《古诗三首》	2
		《只有一个地球》	2
		《青山不老》	1
		《三黑和土地》	1
	口语交际	意见不同怎么办	1
	习作	学写倡议书	1
	语文园地	交流平台　词句段运用　日积月累	1
	合计		9

第一课时

课时内容	《古诗三首》				
课时目标	有感情地朗读并背诵课文，借助具体诗句，通过想象画面理解诗歌大意，体会诗词之美。				
学业要求	了解	理解	掌握	运用	
	了解诗人生平。	借助注释，理解诗句的意思，体会诗词之美。	1.会写"莺、涯"2个字。 2.有感情地朗读课文。背诵课文。	能联系诗人的生平资料，体会诗人的精神品质和远大志向。	
作业设计	课前作业： 1.正确流利地朗读课文，读准字音，读通句子。 2.找出每首诗中描写景色的诗句，说说这些诗句的意思。				设计意图： 培养学生自主学习能力，初步了解诗句内容。
	课内作业： 1.抄写下列词语。 天涯　莺啼　颠簸　茅檐　菜畦　排闼 2.品读古诗，完成练习。 　　浪淘沙（其一） 　九曲黄河万里沙， 　浪淘风簸自天涯。 　如今直上银河去， 　同到牵牛织女家。 这首古诗中"＿＿＿＿＿＿＿"				设计意图： 1.巩固本课词语，为默写古诗做准备。 2.落实语文素养，积累诗句，并学以致用。

续表

	两句诗写出了黄河奔腾汹涌的气势，"＿＿＿＿＿＿＿＿＿＿＿＿"两句诗是作者的想象。 3.《江南春》抓住哪些景物写出了江南春天的特点？ 4.古诗拓展。 "一水护田将绿绕，两山排闼送青来。"由这句古诗，我想起了其他古诗里，这样的诗句：＿＿＿＿＿＿＿＿。	
	课后作业： 1.背诵古诗三首。 2.实践活动（二选一）。 （1）三首古诗描绘了北方、南方和庭院的景色。读完以后，一定勾起了你无尽的思考和想象。请你做一个善于观察的孩子，在生活中寻找、观察身边的美景，请你找出最美的一处拍下来，并给图片配上一段简单的话介绍一下当时的美景。 （2）收集描写自然风光的古诗，读一读、背一背、积累下来。	设计意图： 进一步落实语文要素，培养学生的审美情趣，积累诗句，并学会运用。

第一课时

课时内容	《只有一个地球》				
课时目标	结合关键语句，说出课文的主要内容，并说出课文表达了怎样的观点，是怎样一步步说明这个观点的。				
学业要求	了解	理解		掌握	运用
	了解课文内容。	1.借助关键语句，说出课文的主要内容。 2.说出课文表达了怎样的观点，是怎样一步步说明这个观点的。		会写"莹、裹"等12个字，会写"晶莹、摇篮"等20个词语。	结合实际，设计环保宣传语。
作业设计	课前作业： 1.正确流利地朗读课文，读准字音，读通句子。				设计意图： 1.初读课文，了解内容。 2.概括小标题，并根据小标题，归

续表

		2.这篇文章主要讲了哪几个方面的内容？用小标题的形式概括出来。	纳文章的主要内容。
		课后作业： "我们要保护地球，保护地球的生态环境"，这一结论是怎样一步步提出来的？	设计意图： 自主发现关联，理解说明文逻辑严密、思维缜密的特点。
	第二课时		
作业设计	课前作业： 1.查阅关于保护地球的资料。 2.朗读课文。		设计意图： 培养学生收集整理信息的能力。
	课内作业： 1.品读语段，完成填空。 　　但是，在群星璀璨的宇宙中，地球是一个半径约为6400千米的星球。同茫茫宇宙相比，地球是渺小的。它只有这么大，不会再长大。这段话采用了_____的说明方法，作用是_____。 2."我们要保护地球，保护地球的生态环境"，这一结论是怎样一步步提出来的？		设计意图： 落实语文素养，自主发现关联，理解说明文的逻辑严密，思维缜密的特点。
	课后作业： 实践活动（二选一） 1.在生活中，我们看到了很多破坏自然环境的现象，请你针对这些现象设计两条保护环境或节约资源的宣传标语吧。 2.画一幅环保宣传画或者写一篇读后感。		设计意图： 加深对课文内容的理解，激发学生爱护地球、保护环境的情感，进一步落实语文要素。
	第一课时		
课时内容	《青山不老》		
课时目标	结合关键语句和课文内容，说说老人在什么样的条件下创造了怎样的奇迹，并体会课文为什么以"青山不老"为题目。		
学业要求	理解		运用
	1.正确流利地朗读课文，了解课文大意。		体会课文为什么以"青山不老"为题目。

续表

	2.结合课文内容，说说老人在什么样的条件下创造了怎样的奇迹。	
作业设计	课前作业： 　　1.正确流利地朗读课文，了解课文大意。	设计意图： 　　培养学生朗读能力。
	课内作业： 　　1.结合课文内容，说说老人在什么样的条件下创造了怎样的奇迹。 　　2.体会课文为什么以"青山不老"为题目。	设计意图： 　　引导学生自主阅读，自主发现"奇迹"，不断丰富阅读感悟，真正理解老人与青山之间的内在联系，理解人与土地、人与自然的相互依存的关系。
	课后作业： 实践活动。 　　1.查阅资料，拓展阅读其他环境保护者的故事。 　　2.设计一至两条关于保护生态环境的宣传语。	设计意图： 　　拓展阅读，加深学生对环境保护的理解，进一步落实语文要素并拓展知识面。

第一课时

课时内容	《三黑和土地》	
课时目标	结合关键语句，说出三黑是怎样地看待土地的，并说出自己对土地的新感受。	
学业要求	理解	运用
	1.正确流利地朗读课文，了解课文大意。 2.结合课文内容，说说三黑是怎样看待土地的。	说出自己对土地的新感受。
作业设计	课前作业： 　　1.正确流利地朗读课文，了解课文大意。 　　2.有感情地朗读课文。	设计意图： 　　培养学生的朗读能力，激发学习兴趣。
	课内作业： 　　1.结合课文内容，说说三黑是怎样看待土地的。 　　2.读了这篇课文，你对脚下的土地有了什么新的感受？	设计意图： 　　整体把握诗歌大意，提取关键词句，引导学生进行有感情的朗读诗歌，以读促悟、以读悟情。

续表

	课后作业： 实践活动。 查阅资料，了解我国土地现状和相关政策。	设计意图： 进一步落实语文要素并拓展知识面。
	第一课时	
课时内容	《习作：学习倡议书》	
课时目标	能就自己关心的问题写一份倡议书，做到格式正确、内容清楚。	
学业要求	掌握	运用
	能选择自己关心的问题写一份倡议书，做到格式正确、内容清楚。	能用修改符号自主修改倡议书。
作业设计	课前作业： 搜集写作素材，选择自己关心的问题。	设计意图： 打消学生对习作的畏惧，激发写作兴趣。
	课内作业： 1.选择自己关心的问题。 2.写一份倡议书，做到格式正确、内容清楚。	设计意图： 引导学生选择自己关心的问题、发出自己的倡议。
	课后作业： 根据习作评价标准自主修改习作。	设计意图： 增强学生的自主修改习作的意识，培养学生自主修改习作的良好习惯。
单元评估作业	笔试部分： 【积累】 1.用钢笔抄写，做到行与行之间的字上下对齐，注意开头空两格。 　　只有一个地球，如果它被破坏了，我们别无去处，如果地球上的各种资源都枯竭了，我们很难从别的地方得到补充。我们要精心地保护地球，保护地球的生态环境，让地球更好地造福于我们的子孙后代吧！ _____ _____ _____ 2.用横线画出每组词语中的错别字，并在括号里改正。 　　（1）高粱　　颠跛　　收割（　　） 　　（2）天崖　　稻秧　　笑嘻嘻（　　） 　　（3）摇蓝　　腥味　　软绵绵（　　）	

（4）大蒜　嚎叫　康慨（　　）

3.课文欢乐谷。

（1）《江南春》一诗，通过描写_____等景物，让我们深深感受到了江南春天的_____。

（2）《只有一个地球》一课，围绕地球写了_____这三个方面，启发我们_____。

4.阅读。

告别南极，不带走滴水片石

近了，近了，已经可以看到南美洲的大陆了。我们十天的南极考察就要结束了。值得自豪的是，告别南极，我们没有带回一块石头或一滴海水。

"南极属于全人类，不准动南极的一石一水，一草一木！"这已成为所有到南极的人们的共识。在考察期间，船主在我们每次登陆前都反复讲："不要捡石头！不要挑逗企鹅！不要踩坏苔藓，（　　）是因为拍摄工作，（　　）不允许您再上船。"

企鹅、海豹、海狮都是南极的主人。前来考察的科学家或旅客在岛上走路都是悄悄的。记者无限感慨：（　　）在南极，动物（　　）有如此之高的地位。如果有人问我，南极怎么样？我的回答是：南极仍然是一个童话世界！

保护南极的生态环境已成为人们的自觉行动。一次，几个记者在冰海中穿梭寻找蓝鲸。（　　）下着小雨，（　　）都用塑料袋套住摄像机，有一位记者不小心把塑料袋掉进了海里。为他们驾驶小艇的卡地亚小姐不顾风浪，执意去追赶那个漂得很远的塑料袋，直到捞上来为止。

（1）在文中括号里填入恰当的关联词。

（2）考察南极的人都不愿带回滴水片石，是为了_____
_____

（3）用"____"画出能概括第4自然段段意的句子，再说说文中是用哪件事来具体说明这一点的。

（4）请你设计一句保护南极的广告语。
_____

（5）本文围绕保护南极写了_____这三个方面。

（6）读了这篇文章，你有什么启发？
_____

【习作】

题目：我学会了

又一个学期匆匆而过，你又长大了许多。回顾过去的生活，你经历了许多事，或高兴，或得意，或伤心，或遗憾；你也遇到了许多人，他们或亲切，或严厉，或熟悉，或陌生……正是这些事、这些人构成了你多彩的生活，让你渐渐长大。在成长的过程中，你学会了什么？请根据自己的亲身经历，以"我学会了_____"为题，写一篇文章。要求：

1. 把题目补充完整（如：我学会了勇敢、我学会了感恩、我学会了坚强、我不坚持等）。

2. 内容要具体，感情要真挚。

3. 不少于450字。

4. 书写要规范、整洁。

【口试部分】

我国是水资源紧缺的国家，爱护水资源是我们每个人的义务，节约用水不能仅仅是一句口号，我们还要时时刻刻注意，为此，请你提出两条切实可行的节约用水的倡议，号召大家节约用水、保护水资源。

1. _____

2. _____

民间故事

基本信息			
学科	语文	教师姓名	张奕
年级	五年级	教科书版本	部编版
单元主题	民间故事		
单元内容（从教材内容和学生情况两个方面进行分析）	教材内容： 1.了解故事的主要情节。本单元的三篇文章都是民间传说，都是通过具体的故事情节来体现人物特点的。如《猎人海力布》一文中，通过"救小白蛇""要宝石""听鸟语""劝乡亲""变石头"这几个故事体现出海力布善良、勇敢、热心助人、舍己为人的优秀品质。《牛郎织女（一）》则通过详细介绍牛郎认识织女的过程，表现出牛郎心地善良、吃苦耐劳的特点以及织女心灵手巧、渴望自由的美好愿望。《牛郎织女（二）》通过描述织女跟王母娘娘抗争最终取得胜利的故事，体现出王母冷酷自私、凶恶霸道的特点以及织女渴望自由的真情和勇敢。 2.了解课文内容，创造性地复述故事。我们在了解故事情节的基础上，可以进行创造性的复述。我们可以换一种人称，可以对故事情节进行"添油加醋"，为故事增加合理的情节，还可以大胆想象，续编故事。 学生情况分析： 本班有44人，大部分学生善于学习，乐于思考。有良好的学习习惯，学习积极性较高。但平时课堂上发言不够积极，个别学生比较浮躁，作业较敷衍。		
关键能力或核心素养	本单元的语文要素是"了解课文内容，创造性地复述故事"。主要围绕"民间故事，口耳相传的经典，老百姓智慧的结晶"这个主题编排。主要由《猎人海力布》《牛郎织女（一）》和《牛郎织女（二）》三篇文章组成。目的是让同学们感受民间故事的魅力，能够创造性地复述民间故事；提取主要信息，编写故事。本单元充分利用课后练习活动化设计，增强教学的趣味性。		
单元整体目标	1.在理解课文内容的基础上，分清事情的前因后果，能复述故事。 2.抓住人物言行，细心体会人物热心助人，舍己为人的高尚品质。 3.快速默读课文，掌握主要情节，把握人物形象。 4.了解神话传说、民间传说，感受它们的魅力。		

续表

单元课时整体安排	内容	教学要点	课时	教学建议
	猎人海力布	1.在理解课文内容的基础上，分清事情的前因后果，能复述故事。 2.抓住人物言行，细心体会人物热心助人，舍己为人的高尚品质。	2课时	在反复诵读的基础上理清事情的前因后果。通过理解重点词语把握人物的特点。
	牛郎织女（一）	1.能用自己的话讲述故事。 2.体会牛郎、织女敢于追求新生活的决心，懂得劳动才能创造幸福的道理。	2课时	在熟读的基础上把握课文内容，并通过分析具体事件来把握人物特点。
	牛郎织女（二）	1.快速默读课文，掌握主要情节，把握人物形象。 2.了解神话传说、民间传说，感受它们的魅力。	1课时	在快速阅读的基础上把握课文内容，了解文中人物的性格特点。
	口语交际	1.学习在讲民间故事时把故事讲得更加生动。 2.在角色体验中，真切感受民间故事的魅力与情趣，激发学习民间故事的兴趣。	1课时	学会通过想象和模仿等方式将故事讲得更加生动。
	习作	学习缩写的方法，通过缩写，进一步提高分析、综合、理解和概括的能力。	1课时	通过对原故事进行适当删减和概括的方法缩写故事。
	语文园地	1.学习创造性的复述故事。 2.体会相同意思的不同词语在表达效果上的不同。 3.学会扩写段落。 4.积累古诗词。	1课时	通过比较意思相同词语，体会不同表达效果。通过想象扩充情节，使情节更加生动。积累古诗词。

第一课时

课时内容	本单元的所有教材内容
课时目标	1.在理解课文内容的基础上，分清事情的前因后果，能复述故事。 2.抓住人物言行，细心体会人物热心助人，舍己为人的高尚品质。 3.快速默读课文，掌握主要情节，把握人物形象。

续表

学业要求	了解	理解	掌握	运用
	本单元学习主要内容及单元主题。	语文要素设置及各节课的训练重点。	初步体会缩写的方法。	学生掌握主要情节,把握主要形象。
作业设计	课内作业: 读拼音,写词语。 妈妈再三 dīng zhǔ（　　）我,出门在外一定要懂得感恩,zhēn xī（　　）别人对我们的真心。		设计意图: 　　在学生自读单元导语,明确单元主题和单元训练重点的基础上完成"课堂学习单",指导学生对整个单元教学内容进行初步预习。	
	课后作业: 一、选词填空。 　　　感激　　感动 　　1.我很（　　）这位叔叔对我的帮助。 　　2.这太令人（　　）了,我都不知道说什么好了。 　　二、根据课文内容填空。 　　海力布救了_____,得到了_____,所以他能听懂鸟兽的话。他知道了灾难的来临,最后牺牲自己,拯救了乡亲们。		设计意图: 　　能够对即将学习的内容进行质疑,从而有目的地参与课堂学习活动。	

第二课时	
课时内容	本单元的所有教材内容
课时目标	1.能复述故事。 2.抓住文中描写人物言行的词句,细心体会海力布热心助人、舍己救人的高贵品质。

学业要求	了解	理解	掌握	运用
	本单元学习主要内容及单元主题。	语文要素设置及各节课的训练重点。	初步体会缩写的方法。	学生掌握主要情节,把握主要形象。
作业设计	课内作业: 1.把这个故事说给别人听。 2.找一找其他的民间故事读一读。		设计意图: 　　能提升学生的分析、表达能力,并使学生得到情感的升华。	

续表

	课外作业： 根据课文内容，给那块叫"海力布"的石头写一段话，简要介绍它的来历。	设计意图： 让学生们把课堂所学的知识运用到实际中，以加深对所学知识的巩固，提高写作能力。
第一课时			
课时内容	本单元的所有教材内容		
课时目标	1. 能复述故事。 2. 抓住文中描写人物言行的词句，细心体会海力布热心助人、舍己救人的高贵品质。		
学业要求	了解	理解	掌握	运用
	本单元学习主要内容及单元主题。	语文要素设置及各节课的训练重点。	初步体会缩写的方法。	学生掌握主要情节，把握主要形象。
作业设计	课内作业： "牛郎织女"这个民间传说深深吸引了大家，你还知道哪些动人的民间传说呢？请把题目写下来。 || 设计意图： 通过对课文的预习让学生对"民间传说"有所了解，并通过自己的理解举出相应的例子。	
	课后作业： 用简短的文字梳理牛郎和织女相见相识的情节。如：老黄牛开口破天机 ↓ 牛郎拿走纱衣遇见织女 ↓ || 设计意图： 通过情节叙述，让学生回顾一节课内容的同时，更好地为下节课内容进行铺垫。	
第二课时			
课时内容	本单元的所有教材内容		
课时目标	理解课文内容，体会牛郎、织女敢于追求新生活的决心，懂得劳动才能创造新幸福的道理。		

续表

学业要求	了解	理解	掌握	运用
	本单元学习主要内容及单元主题。	语文要素设置及各节课的训练重点。	初步体会缩写的方法。	学生掌握主要情节，把握主要形象。
作业设计	课内作业： 模仿写词语。 勤勤恳恳（AABB式）； 一五一十（含数字的）； 眉开眼笑（表动态的）。		设计意图： 将文中词语进行积累，再按照例子写词语，达到举一反三的目的。	
	课后作业： 1.牛郎织女的故事历来为人们所传诵，请爱好古诗词的你背诵这首词。 2.和家长交流讲民间故事。		设计意图： 通过复述民间故事让学生对故事情节更加了解，掌握神话故事的特点。	
	拓展作业： 1.民间流传着不少优美的传说，善于讲故事的你可搜集《白蛇传》《梁山伯与祝英台》《孟姜女》《田螺姑娘》等，准备参加故事会。 2.爱好天文的你别忘了观察星空，查阅、搜集有关星空的图片、文字等资料，找一找天河、牵牛星、织女星。		设计意图： 多种形式的作业设计，让学生充分发挥自己的特长。教师布置所有层次的作业，学生可以自由在所有的层次中选做自己认为合适的作业，以便于学生各取所需，发挥潜能。	

第一课时

课时内容	本单元的所有教材内容			
课时目标	1.认识"偎、衰"等9个生字，理解"珊瑚礁""玉簪"等重点词语。 2.快速默读课文，掌握主要情节，把握人物形象。 3.了解神话故事、民间传说，感受它们的魅力。			
学业要求	了解	理解	掌握	运用
	本单元学习主要内容及单元主题。	语文要素设置及各节课的训练重点。	初步体会缩写的方法。	学生掌握主要情节，把握主要形象。

续表

作业设计	课内作业： 一、补充音节。 w_____ sh_____ t_____ sh_____ h_____ 偎　衰　泰　珊　瑚 二、写出下列加点词语的反义词。 1.两个人勤劳节俭,日子过得挺美满。(　　　) 2.牛郎去喂牛,那头衰老的牛又说话了。(　　　)	设计意图： 在学生自读单元导语,明确单元主题和单元训练重点的基础上完成"课堂学习单",指导学生对整个单元教学内容进行初步预习。
	课后作业： 这个故事在许多文艺作品里都有表达,但总在不断地变化。读一读《迢迢牵牛星》《天上的街市》,感受其变化。	设计意图： 多种形式的作业设计,让学生充分发挥自己的特长。教师布置所有层次的作业,学生可以自由在所有的层次中选做自己认为合适的作业,以便于学生各取所需,发挥潜能。

第一课时			
课时内容	本单元的所有教材内容			
课时目标	1.学习缩写方法,缩写一篇文章或一本书,能抓住文章的主要内容进行适当删减,做到保留主要内容,意思准确完整,语句连贯通顺。 2.通过缩写练习,进一步提高我们分析、综合、理解和概括的能力。			
学业要求	了解	理解	掌握	运用
	本单元学习主要内容及单元主题。	语文要素设置及各节课的训练重点。	初步体会缩写的方法。	学生掌握主要情节,把握主要形象。
作业设计	课内作业： 出示语文书第44页《猎人海力布》缩写范文。我们已经学过本文了,对课文的内容有了大致的了解,可以先快速地浏览课文内容,然后重点读范文。对比着读更能加深同学们的印象。		设计意图： 出示范文,给出样本,能帮助学生快速掌握写作要求,起到示范作用。	
	设计意图： 出示范文,给出样本,能帮助学生快速掌握写作要求,起到示范作用。		设计意图： 详细介绍了缩写的要求,让学生明白缩写的目的以及意义,提高他们对缩写的兴趣,起到了良好的效果。	

续表

	第一课时			
课时内容	本单元的所有教材内容			
课时目标	1. 了解中国耳熟能详的民间故事，并能讲述故事内容。 2. 理解民间故事中蕴含的美好情感。 3. 激发对中国传统文化的热爱之情。			
学业要求	了解	理解	掌握	运用
	本单元学习主要内容及单元主题。	语文要素设置及各节课的训练重点。	初步体会缩写的方法。	学生掌握主要情节，把握主要形象。
作业设计	课内作业： 了解《中国民间故事》这本书。		设计意图： 　　能让学生们对民间故事有一个清晰的认识，从而引起学生们对民间故事的兴趣。	
	课后作业： 　　1. 推荐阅读： 阿拉伯故事集《一千零一夜》 欧洲的《列那狐的故事》 非洲的《非洲民间故事》 　　2. 中外民间故事有很多，请同学们收集自己喜欢的民间故事，记下来，讲给同学们听。		设计意图： 　　可以通过在收集民间故事来开阔学生的视野，扩大学生的知识面。	
单元评估作业	1. 字词归类分享单：易读错、易写错、易混淆字（形近字、同音字），四字词语、近义词反义词。 2. 单元要素归纳表。 | 课文	单元要素梳理	典型例句	表达准确、生动 | |---|---|---|---|
猎人海力布	加上人物"心里想"的内容。		
牛郎织女（一）	以故事中的人物口吻讲故事。		
牛郎织女（二）	配上相应的动作和表情讲。						

舐犊情深

基本信息			
学科	语文	教师姓名	杜美杰
年级	五年级	教科书版本	部编版
单元主题	舐犊情深		
单元内容（从教材内容和学生情况两个方面进行分析）	教材内容： 本单元以"舐犊情深"为主题。编排了精读课文《慈母情深》《父爱之舟》和略读课文《"精彩极了"和"糟糕透了"》。这些课文有的写了无私的母爱，有的写了深沉的父爱，还有的写了父母对孩子不同的爱的方式。展现了父母与孩子之间的点点滴滴，字里行间饱含着真挚的情感，能引起读者的共鸣和思考。 学生情况： 语文课程标准强调本学段要引导学生联系上下文和生活积累推测课文中重点词语的意思，辨别感情色彩，体会其表达效果。因此，本解决方案注重从联系学生的自身生活经历与体验入手，引导学生正确认识生活，体味成长中的快乐与烦恼。教学中一方面紧扣教材，运用联系比较法，引导学生深入理解课文意，反思自身的生活世界，领悟学习和生活的真谛。另一方面，让学生自主探究与讨论交流相结合，听说读写与实践模仿相结合，以增强全员参与的兴趣，促进动脑、动口、动手的能力的全面发展。		
关键能力或核心素养	本单元的语文要素是"体会作者描写的场景、细节中蕴含的感情"。本单元的课文对故事中的场景、人物言行举止中的细节都有具体的描述，学生通过品读交流印象深刻的场景、细节，可以更深入地把握内容，更细致地体会蕴含在其中的人物情感。		
单元整体目标	字词句： 　　1.认识30个生字，读准1个多音字，会写28个字，会写39个词语。 　　2.背诵有关勤俭节约的名言。 阅读： 　　1.默读课文能通过文章描写的场景、细节，体会其中蕴含的情感，感受父母和子女之间的爱。 　　2.通过交流，总结"体会作者表达的感情"的方法。能联系课文，体会不同结尾的特点。想象画面，能体会场景描写在课文中的作用。 口语表达： 　　1.能选择恰当的材料支持自己的观点。		

续表

	2.能尊重别人的观点，对别人的发言给予积极回应。 书面表达： 　　能联系生活实际写一封信，能用恰当的语言表达自己的看法和感受。
单元课时整体安排	《慈母情深》（2课时）　　　　《父爱之舟》（2课时） 《"精彩极了"和"糟糕透了"》（1课时） 《口语交际：父母之爱》（1课时） 《习作：我想对您说》（1课时）　《语文园地》（1课时）
第一课时	

课时内容	《慈母情深》 1.学生掌握生字生词，并理解词语意思。 2.引导学生把握文章脉络，梳理故事情节。 3.体会故事的起因部分。			
课时目标	1.认识"魄、抑"等10个生字，读准多音字"龟"，会写"辞、抑"等15个字，会写"连续、广播"等20个词语。 2.默读课文，掌握文章的主要内容。 3.学习课文第一至第五自然段，了解时代背景。			
学业要求	了解	理解	掌握	运用
	梁晓声生平及写作背景。	课文的大致内容和场景。	课文中的场景描写。	朗读课文。
作业设计	课前作业： 　一、课前预习我最强。 　1.请将图片与相应的词语、画线字与相应的拼音连接起来。 　　乌龟　　　　　龟裂 　　jūn　　　　　guī			设计意图： 　　依据本课时的教学目标，学生要对本课的生字生词熟练掌握并能够理解和运用。所以课前作业中的必答题是面向全体学生设计的基础性作业，目的有二，一是帮助学生利用遗忘曲线延长记忆周期，二是让学生对疑难词有初步的认识和了解，为课堂上的课文分析环节助力。 　　必答题中的第一小题要求学生在文中找到相应的词语，在训练学生加强对疑难生字字形的掌握的同时，也让学生在查找生字的过程中，对课文内容产生初步的了解。

续表

	2. 朗读课文并完成评价表。 | 达成目标 ||| 评价人 | |---|---|---|---| | 正确 | 流利 | 有感情 | | | ☆ | ☆ | ☆ | | 二、我还可以做（任选一个作答）。 1. 写出下列词语的近义词。 失魂落魄—（　　　） 压抑—（　　　） 2. 请从课文中摘抄两句让你感受最深的句子。 _____ _____ 3. 查一查。 回家查查资料，"一元多钱"在20世纪60年代能买到什么？对此，你有什么想法？	必答题中的第二小题，通过图文结合，让学生对本课的多音字"龟"、疑难词语"龟裂"的意思进行初步的学习和掌握。 必答题的第三小题，熟读课文是学习理解课文内容的基础。 第二部分选答题为思考与提升题，学生可根据自身学习情况进行作答，既能激发学生的学习积极性，也能让学生更加清楚自己的不足之处，从而提高课堂听讲效率。
	课内作业： 一、用"√"选择加点字的正确读音。 在充满噪（zào zhào）音的厂房里，母亲用龟（guī jūn）裂的手指数完毛票之后把钱塞（sài sāi）给我，紧接着又陷入了工作中。 二、场景画面在心间。 默读课文，边读边想象课文中的场景，说说哪些地方让你感受到了"慈母情深"。 场景：_____ 感受：_____	设计意图： 一、题源为单元主题——舐犊之情，流淌在血液里的爱和温暖。通过音乐渲染气氛，明确主题，提高学生学习兴趣。 二、题源为课后第一题，初步感知课文，掌握课文大致内容和情感基调，为第二课时的学习做铺垫。
	课后作业： 合作朗读 小组合作，选出最打动你们的场景，分角色进行朗读，并配以合适的背景音乐。	设计意图： 充分朗读，在读中整体感知，用心体会，领悟文章的妙处，提高审美情趣。

续表

	第二课时			
课时内容	1.通过场景和细节感受人物情感。 2.模仿与真情流露，通过情景设置、视频采访等触发学生情感，并及时将这种情感记录下来，训练学生通过文字表达感情的能力。			
课时目标	1.默读课文，借"拍电影"活动体会场景、细节描写中的"慈母情深"。 2.体会文中反复出现的词语的表达效果。 3.能联系生活实际，写出自己"鼻子一酸"的经历。			
学业要求	了解	理解	掌握	运用
	场景的写作目的。	场景描写与细节描写的必要性。	场景的写作方法。	通过场景描写和细节描写表达情感。
作业设计	课中作业： 　小练笔：在生活中，你有没有过"鼻子一酸"的时候？当时是什么样的事情，你有怎样的心情？请用一段话写写自己"鼻子一酸"的生活经历吧。		设计意图： 　题源：课后小练笔 　体会情感变化，将描写场景和细节的方法学以致用。	
	课后作业： 　1.爱读书的你，不妨阅读《我那些成长的烦恼》，更多地了解梁晓声。 　2.爱习作的你，不妨写写你和妈妈的故事。 　3.爱文学的你，不妨摘录文中优美的语句或者搜集与母亲有关的诗句。 　请从以上内容中，选择一、两项作业自主完成。		设计意图： 　多种形式的作业设计，让学生充分发挥自己的特长。教师布置所有层次的作业，学生可以自由在所有的层次中选做自己认为合适的作业。以便于学生各取所需，发挥潜能。注重指导个别学习困难的学生选择难度较小的低层次作业。	
	第一课时			
课时内容	《父爱之舟》掌握生字生词、梳理文章脉络、理解题意。			
课时目标	1.认识"茧、栈"等14个生字，会写"蚕、考"等13个字，会写"渔船、报考"等19个词语。 2.默读课文，能说出"我"梦中出现的难忘的场景。 3.理解课文题目的含义。			
学业要求	了解	理解	掌握	运用
	吴冠中生平及写作背景。	题目含义。	基础字词和文章大意。	理清行文思路并辅以自己的理解。

续表

作业设计	课前作业： 一、我是课堂先行官。 1.把下列词语中加点字的音节补充完整并读一读。 j＿　　＿àn　y＿w＿　h＿ 兼顾　　客栈　冤枉　　恍惚 ＿ì　　x＿　　j＿　　b＿ 僻静　　纸屑　出嫁　　落榜 2.朗读课文并完成评价表。 | 达成目标			评价人
正确	流利	有感情	
☆	☆	☆	| 二、我还可以做到。（任选一个作答） 1.查词典，辨词义。 巢稻：＿＿＿＿＿＿＿＿＿ 茶房：＿＿＿＿＿＿＿＿＿ 汗巾：＿＿＿＿＿＿＿＿＿ 2.通过读课文你都知道了什么？ ＿＿＿＿＿＿＿＿＿＿＿＿ ＿＿＿＿＿＿＿＿＿＿＿＿	设计意图： 一、题源为课后识字表和写字表中的字词。掌握字词是分析课文的基础。 二、题源为课后题的初级版本，为了让学生对课文有一个相对深入的印象，也是在有意地引导学生的思维方向。
	课内作业： 一、比一比，赛一赛。 读拼音，写词语。 父亲送我去 bào kǎo（　　）学校，总是借用姑爹家的 yú chuán（　　）。 小船 jiān zuò（　　）饭店和 lǚ diàn（　　），节省了食宿费。 二、我与课文心连心。 默读第二至第九自然段，找出作者都回忆了那些场景，画出关键词，概括出小标题。第二段 例： 　　添桑叶、买琵琶	设计意图： 一、掌握字词是分析课文的基础。考查对基础知识的掌握情况。 二、初步感知课文场景描写，奠定感情基调。

	课后作业： 写出一个你与你父亲相处时的场景，感受无处不在的父爱。	设计意图： 感受父爱，加深对生活的感知，为习作做情感铺垫。		
第二课时				
课时内容	通过场景再现感受文章细节与情感。			
课时目标	1.借助"拍镜头"活动，品味印象深刻的场景，体会深切的父爱。 2.理解部分语句的含义。			
学业要求	了解	理解	掌握	运用
	场面描写和细节描写的好处。	场景描写和细节描写在文章中的必要性。	场景描写的写作方法。	能够运用场景描写和细节描写表达情感。
作业设计	课内作业： 一、找一找。 哪个场景给你留下的印象最深？将打动你的地方找出来，说一说。 二、配一配。 哪幅画面让你很有感触？如果你是其中一个人物，你会想些什么？	设计意图： 题源为课后第一题，深入分析理解课文内容，感悟场面描写。		
	课后作业： 二选一 1.吴冠中艰难的求学路上一直有一个用尽全力为他遮风挡雨的身影，那就是他的父亲。如果你是文中的"我"，你想在对哪个场景中的父亲说些什么呢？ _____ 2.请你任选一个场景，想象一下当时"我"或者父亲的内心独白，并写下来。 _____	设计意图： 不同层次的同学可以选择适合其自身情况的作业，以求得到适当的训练。		
第一课时				
课时内容	《"精彩极了"和"糟糕透了"》 听录音梳理分析文章内容，感受爱的不同表达方式。			
课时目标	1.了解父母对同一首诗做出不同评价的原因。 2.能联系生活实际，说出对巴德父母表达爱的方式的看法。			

续表

学业要求	了解	理解	掌握	运用
	文章具体内容。	题目的深层含义。	细节描写。	运用细节描写表达细微感情。
作业设计	课内作业： 一、倾听与思考。 听课文朗读，完成问题。 1.母亲评价"我"的诗（　）是为了_____ 父亲评价"我"的诗（　）是为了_____ 　A."糟糕透了"　B."精彩极了" 2.排序："我"的情感变化 　（　）焦急 　（　）难过 　（　）得意 3.判断 妈妈更爱"我"，爸爸根本不在乎我。（　） "我"能有今天的成就全靠妈妈的力量（　） 二、找一找，赛一赛。 默读课文，从课文中找出上面问题的答案的依据，并进行分析。小组合作，依据找得最全、分析得最到位的组获胜。	设计意图： 　本课由学生为主导进行的学习成果汇报课。 　听课文朗读完成问题的方式能够最大限度地调动学生的多个感官，让学生的注意力高度集中，加深对课文的印象和记忆。 　所有问题均根据课文重点内容和学生的易错点进行安排，第二项作业则是围绕"体会作者描写的细节中的情感"这一单元目标进行设计的，上一部分问题的答案大多隐藏在细节之中，以竞赛的形式找细节，能够提高学生的学习积极性，从而对细节抓得更全印象更深刻，而问题的本质是"作者如何把情感表达出来的"，在不断思考问题、寻找答案的过程中，"体会作者描写的细节中的情感"的单元目标也在不断进行深化。		
	课后作业： **三选一——细节的运用** 1.读读下面的句子，照样子写写。 我写了第一首诗。母亲一念完那首诗，眼睛亮亮的，兴奋地嚷着："巴迪，真是你写的吗？多美的诗啊！精彩极了！"她搂住了我，赞扬声雨点般落到我身上。 我打翻了垃圾桶，妈妈看见了，眼睛_____，_____地_____："_____（标点符号）_____（标	设计意图： 　根据学生的写作水平的差异我设计了从一到三难度逐渐递增的练笔内容，写作能力较为薄弱的学生，可以选择第一道题，为难度较低的，以模仿性、基础性为主的作业，确保学生掌握基础的知识，初步形成必要的能力。学习能力中等的学生，可以选择第二题，即进行基础知识和基本技能的训练作业，注重引领他们对知识进行深度理解和及时运用，在练习中及时解决遇到的问点符		

	号）"她_____，_____像_____一样落在我身上。 2.照样子写一写。 　　整个下午我都怀着一种自豪感等待父亲回来。我用最漂亮的花体字把诗认认真真地重新誊写了一遍，还用彩色笔在它的周围描上一圈花边。 　　整个下午我都怀着一种忐忑的心情等待父亲回来。我_____。 （至少写两种行为表达心情） 3.照样子写一段话。 　　"妈妈，爸爸下午什么时候回来？"我红着脸问。我有点儿迫不及待，想立刻让父亲看看我写的诗。"他晚上七点钟回来。"母亲摸着我的脑袋，笑着说。 _____ _____	题。学习能力较强的学生可以选择以综合性、拓展性为主的作业。即使是与其他组同样的作业，但提出了更高的要求，要关注学生在学习中创新，尊重学生的独特体验。拓宽学生的思路和知识面。 　　分层作业的设计让学生"吃不下""吃不饱"的情况大大减轻。

第一课时

课时内容	《口语交际：父母之爱》 通过表演与讨论感受父母之爱。			
课时目标	1.能选择恰当的材料支持自己的观点。 2.能尊重别人的观点，对别人的发言给予积极回应。			
学业要求	了解	理解	掌握	运用
	父母之爱有不同的表达方式。	父母之爱的应对方式。	如何与父母沟通。	与父母就某一件事进行沟通。
作业设计	课内作业： 一、演一演。 　　任选口语交际中的一个事例，将它排练成一个短的情景剧，要求情节流畅，适当增加语言、动作、神态等表演内容让故事更加完整。 二、聊一聊。 　　你怎么看待这三个故事中爸爸妈妈		设计意图： 　　将艺术表演与生活实际紧密联系，以便产生共鸣，增强学生课堂参与感和学习积极性。	

	的做法？你想对台上的几位"爸爸妈妈"说些什么呢？ 三、想一想。 生活中你是否也遇到过类似的情况？现在你的想法有变化了吗？大家一起来讨论一下吧。	
	课后作业： 请你在回家后与父母说说你想说的话，并将你的感受简单记录下来。	设计意图： 对学习成果的运用和展示。
第一课时		
课时内容	《习作：我想对您说》 引导学生关注事例，能够通过场景和细节的描写表达情感，能够运用恰当的语言，学会正确的书信格式。	
课时目标	1.根据习作要求合理选材。 2.能用恰当的语言表达自己的看法和感受。	
学业要求	了解	理解	掌握	运用
	习作的具体要求。	如何选择恰当的事例。	通过场景描写和细节描写表达情感。	写一封信给你想对话的人。
作业设计	课前作业： 仔细阅读写作要求，并观察你想通过书信对话的那个人，总结出他/她有怎样的特点。	设计意图： 观察是写作的第一步，搜集素材，为习作做准备。
	课内作业： 一、你想就哪件事与谁展开对话？同学们讨论一下，并想一想怎么和他/她说更容易让你的观点被接纳？ 二、列好写作大纲。	设计意图： 通过问题引导打开学生思路。
	课后作业： 一、完成习作。 二、请两位同学阅读你的作文并给出修改意见。	设计意图： 集思广益。

单元作业设计——语文（高年级）

续表

	第一课时		
课时内容	《语文园地》 学习语文园地前三个部分，系统集中地对场景描写、结尾的作用进行理解和分析。 运用多种形式掌握日积月累内容。		
课时目标	1. 通过交流，总结体会作者表达感情的方法。 2. 想象画面，能体会场景描写在课文中的作用。 3. 能联系课文，体会不同结尾的特点。 4. 掌握关于勤俭的名言并能够运用到生活中去。		
学业要求	了解	理解	掌握	运用
	本单元课文中的重点内容。	结尾的重要性和场景描写的作用。	日积月累地背诵和理解。	日积月累在现实情境中的运用。
作业设计	课内作业： 一、回顾课文内容，想一想哪些地方让你感受到了父母子女之间的深情。 二、朗读比赛。 看谁读的词句段中的场景最打动人。 三、讨论。 好的结尾有什么样的特点呢？ 四、思考并创造。 这些名言警句可以用于怎样的场景或者故事中？		设计意图： 通过朗读感受画面。
	课后作业： 描写一个场景，加入细节，让两个小伙伴为你的场景配上故事大纲。		设计意图： 学习、积累和运用。
单元评估作业	一、请从以下内容中，选择一、两项作业自主完成。 （1）爱读书的你，不妨阅读《爱的教育》，更多地了解父母之爱。 （2）爱习作的你，不妨写写你和父母的故事。 （3）爱朗读的你，不妨找找让你感动的文章，有感情地读一读。 （4）爱绘画的你，不妨画出最让你印象深刻的场景。 （5）爱音乐的你，不妨查找赞美父母的歌，唱给大家听。		

	（6）爱积累的你，请找出本单元中的好词和好句，设计成书签。 二、自主评估。 通过本单元的学习， 　我的积累有（生字、词、音、形、义）： 　我的心得有（阅读的理解、感悟、体会、收获）： 　我的发现有（总结语文知识，归纳学习方法）： 　我的研究有（场景描写/细节描写作用的系统研究）。

连续观察

基本信息			
学科	语文	教师姓名	李亚男
年级	四年级	教科书版本	部编版
单元主题	四年级上册第三单元"连续观察"		
单元内容（从教材内容和学生情况两个方面进行分析）	教材内容： 本单元课文主要是围绕"连续观察"这个主题进行编排的。主要由《古诗三首》《爬山虎的脚》《蟋蟀的住宅》三篇课文组成。目的是使学生学会观察的方法，进行连续观察，让学生进行细致、仔细的描写，体会文章准确生动地表达对事物的描写。 本单元的教学重点： （1）能引导学生根据细致观察，感受作者对大自然无限热爱的生活情趣。通过阅读，感受三首古诗的自然美和语言美。在理解课文内容的同时，感受植物的无穷魅力，增加热爱大自然的情趣。蟋蟀吃苦耐劳、不肯随遇而安的精神，表达了作者对蟋蟀的喜爱之情。教学时注意引导学生学习作者观察和表达的方法，养成留心观察周围事物的习惯和能力。 （2）教学时应通过反复有感情的朗读，使学生置身其中，感受大自然的美丽。学习并运用观察方法描写事物，表达自己的感受。 学生情况： 三年级：体会作者是怎样留心观察周围事物的。仔细观察，把观察所得写下来。 四年级：体会文章准确生动的表达，感受作者连续细致的观察。进行连续观察，学写观察日记。 本单元的主题为"连续观察"，顺承三年级"留心生活，细致观察事物"的主题，进一步引导学生学习连续观察。"连续观察"较"细致观察"，更加强调了观察时间的延长和观察事物的变化，难度有所提升。因而本单元重点训练让学		

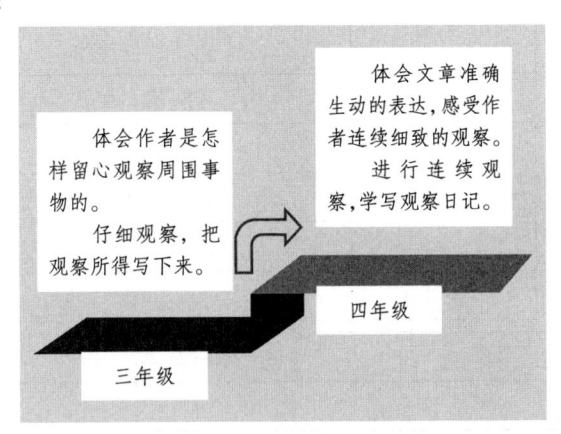

续表

	生感受到作者之所以能写得准确生动，是因为进行了长期细致的观察，知道作者是这样进行连续观察的。
关键能力或核心素养	本单元以"连续观察"为主题。语文要素是"体会文章准确生动的表达，感受作者连续细致的观察"。本单元的习作"进行连续观察，学写观察日记"更是对学生已经习得的观察表达方法的进一步迁移运用。
单元整体目标	单元内容目标： 一、识字与写字 认识22个生字，读准2个多音字，会写38个生字，写32个词语。 二、阅读 1.能通过文章准确生动地表达，感受作者连续细致的观察。 2.能留心周围事物，养成连续细致观察的习惯。学习做好观察记录。 三、习作 1.能进行连续观察，用观察日记记录观察对象的变化。 2.能结合阅读体验，交流连续细致观察的好处，逐步养成留心观察的习惯。 四、口语交际 1.能在小组讨论时注意音量适当；不重复别人说过的话。想法接近时，先认同再补充。
单元课时整体安排	（见下表）

分类	内容	课时
课文	《古诗三首》	第一课时
	《爬山虎的脚》	第二、三课时
	《蟋蟀的住宅》	第四、五课时
习作	写观察日记	第六课时
语文园地	交流平台	整合在第一至第六课时中
	词句段运用	
	日积月累	
合计		6

第一课时

课时内容	《古诗三首》
作业目标	1.熟读《暮江吟》《题西林壁》《雪梅》三首古诗并背诵，正确默写古诗。 2.结合注释，想象古诗中的画面，体会作者生动的描写。 3.结合学生自身生活实际，体会《题西林壁》《雪梅》上下两联诗句中包含的道理。

作业设计	课前作业（基础类；题源：原创；10分钟）： 1.读一读，画一画，给加点的字选择正确读音。 　　一道残阳铺水中， 　　半江瑟瑟（shè sè）半江红。 　　梅雪争春未肯降（jiàng xiáng）， 　　骚人搁（gē gé）笔费评章。 2.圈一圈，写一写。 　　我能从以下12个生字中圈出自己容易写错的字，并写一写。 | 暮	吟	题	侧	峰	庐
缘	降	费	须	逊	输 | 	设计意图： 1.通过借助拼音，让学生能正确地朗读课文。 2.充分发挥学生的主动性，锻炼学生的自学能力。
---	---	---
	课内作业（拓展延伸类；题源：原创及改编；40分钟）： 1.请大家学习第一首《暮江吟》，看看注释，你学懂什么？ 　（1）学生交流自学的成果。 　（2）结合语境学习生字。 2.《题西林壁》《雪梅》也有作者看到的景象。选择其中一首，结合注释说一说诗中的画面。 3.苏轼已经从各个角度看过庐山，为什么还说"不识庐山真面目"呢？ 4.总结学习古诗的方法，自主学习《雪梅》，并体会诗中道理。 　　我从这首诗中，看到了_____，闻到了_____。诗人其实是借雪梅的争春告诉我们_____。	设计意图： 1.根据注释，自主学习生字，理解古诗意思，提高学生的学习兴趣。 2.本道题是对学生想象能力的培养，学生对画面的想象离不开生活，要想看到古诗中奇丽的景象，需要引导学生结合插图、结合生活中观察到的画面加以想象。 3.探索《题西林壁》这首诗所蕴含的道理。 4.总结学习方法，利用学习单，自悟《雪梅》中包含的道理。

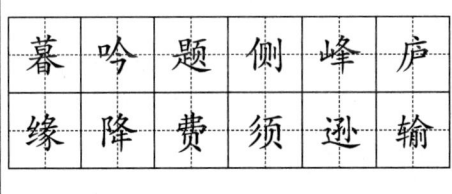

续表

		课后作业：（拓展延伸类；题源：改编；10分钟） 　　1.根据诗句内容填空。 《题西林壁》 _____，_____。 _____，_____。 　　2.诗人经常借助古诗抒发情感，表达观点，总结人生哲理，请你背一背这些名句，并将序号填在合适的位置。 　　A.欲穷千里目，更上一层楼。 　　B.山重水复疑无路，柳暗花明又一村。 　　C.少壮不努力，老大徒伤悲。 　　（1）如果身边有一位不爱学习的同学，平时总是完不成作业，我会劝他说："_____。" 　　（2）当我们登上泰山顶峰，眺望远方，我不禁赞叹"_____。" 　　（3）今天写作业时有一道难题，我用了很多方法都不行，爸爸过来点拨了几句，我豁然开朗，真是"_____。" 　　（4）你还能写出几句这样的诗吗？	设计意图： 　　1.默写《题西林壁》。 　　2.知识迁移与拓展，积累富有哲理的诗句，并结合具体的语境，学会运用。	

第二课时

课时内容	《爬山虎的脚》	
作业目标	1.认识"均、柄"等4个生字，读准多音字"曲"，会写"虎、操"等13个字。 2.能够流利地朗读课文，概括出各段的主要内容。 3.能找出课文中写得准确形象的句子，感受作者有顺序、有重点、连续的观察。	
作业设计	课前作业：（基础类；题源：原创；10分钟） 　　1.读一读，圈一圈。 　　我会借助拼音正确朗读课文至少三遍，并在原文中圈出带有生字的词语。	设计意图： 设计意图： 　　1.通过借助拼音，让学生能正确地朗读课文。

	2.写一写，查一查。 qiáo（　　）！爬山hǔ（　　）zhàn（　　）了一大片地方，jūn（　　）匀地铺在墙上，jīng（　　）上的叶子是nèn（　　）绿的，没有chóng dié（　　）起来的，看不到一点儿kòng xì（　　），也没有枯wěi（　　）的。	2.充分发挥学生的主动性，锻炼学生的自学能力。
	课内作业：（巩固拓展类；题源：原创；40分钟） 一、梳理脉络。 给每个自然段起个小标题： 1.爬山虎生长位置 2._____ 3._____ 4._____ 5.爬山虎的脚与墙的关系。 二、自主探究，品读文章。 我们一起来品读第一、第二自然段，思考你从哪些地方可以看出，作者观察得特别仔细？ 1.我从_____中感受到_____。 2.作者先观察（　　），它的特征是（　　），接着观察（　　），它的特征是（　　），最后观察长大了的叶子，它的特征是（　　）。这当中作者重点观察的是（　　）。 | 评价内容 | 评价结果 | |---|---| | 用准确的表达说出作者观察仔细 | ★★★ |	设计意图： 1.理清文章脉络，弄清晰课文内容。 2.朗读体会，留心思考，抓住重点字词，与作者共情，梳理总结观察方法，为后续学习做准备。
	课后作业：（综合实践类；题源：原创；15分钟） 金牌观察员：班级开展养殖活动，活动要求：	设计意图： 引导学生细心观察身边的事物，初步确定观察对象，为习作做准备。

续表

	小组名称 观察员 记录员 材料补给员 1. 自愿组成观察小组，确定观察对象，可以种豆芽，种蒜苗，养蚕，养小金鱼等。 2. 小组分工合作，根据课后资料袋，设立观察员、记录员、材料补给员。 3. 观察地点：班级或者家中。	

第三课时

课时内容	《爬山虎的脚》
作业目标	1. 通过文字了解爬山虎脚的样子，体会作者用词的准确生动。 2. 能说出爬山虎是怎样往上爬的，感受作者连续的观察。 3. 感受作者细心长期的观察方法，激发学生留心观察周围事物的兴趣，学写观察记录。
作业设计	课内作业：（拓展延伸类；题源：原创及引用；40分钟） 一、回顾"观察"，生动描写叶老先生观察爬山虎的时候，先观察_____，再观察_____。 二、品细致"观察"，学"生动描写"。 （一）自学提示： 从哪儿看出叶老先生观察爬山虎非常细致，用"____"画出来，简单批注自己感受。 （二）体会爬山虎之"爬"。 1. 爬山虎的脚（ ）着墙的时候，六七根细丝的头上就（ ）成小圆片，（ ）住墙。细丝原先是直的，现在弯曲了，把爬山虎的嫩茎（ ）一把，使它紧（ ）在墙上。爬山虎就是这样一脚一脚地往上（ ）。	设计意图： 1. 与上节课衔接，理清文章脉络，回顾所学方法，激发学习兴趣。 2. 小组合作学习，抓住重点词语阅读体会作者连续的细致观察和描写，积累语言，启发感悟。

续表

	2.小组合作，读一读，演一演。 三、学第五自然段，感受观察仔细和生动描写。 1.对比两个句子，加点字可以删去吗？请说一说理由。 ◆触着墙的，细丝和小圆片变成灰色。 ◆触着墙的，细丝和小圆片逐渐变成灰色。 2.小组合作。 请运用本节课所学，对自己观察的对象进行更为细致、连续的观察，参考书中资料包的两种记录形式，对小组观察记录进行修改。	3.理解文章，总结、体会观察方法，激发写作兴趣，向生活拓展，促进学生发展。
	课后作业：（综合实践类；题源：原创；15分钟） 1.金牌观察员：结合本节课所学，调整观察记录的方式及内容，并进行修改。 2.创做：为自己的观察对象拍照，录视频，记录成长瞬间。	设计意图： 规范观察记录的内容，体现动植物成长过程中的变化，记录自己的感受或心情。
第四课时		
课时内容	《蟋蟀的住宅》	
作业目标	1.认识"宅、隐、毫"等12个生字，会写"宅、临、选"等14个字，正确读写"住宅、临时"等16个词语。 2.初读课文，理清文章脉络。 3.品读描写蟋蟀住宅特点的词句，体会文章准确而生动的表达，体会作者细致的观察。	
作业设计	课前作业：（基础类；题源：原创及引用；10分钟） 1.读一读，圈一圈。 我会借助拼音正确朗读课文至少三遍，并在原文中圈出带有生字的词语。	设计意图： 通过借助拼音，让学生能正确地朗读课文。

续表

	2.连一连，为下面的动物找到家。 狗 鼠 鸟 猪 马 鱼 牛 虎 窝 洞 巢 圈 塘 厩 穴 棚	
	课内作业：（基础、拓展类；题源：原创及引用；40分钟） 一、自主识字，整体感知。 　　1.自读提示：自由大声朗读文章，读准字音，读通句子，用自己喜欢的方式识记生字。 　　2.学生小组朗读文章，合作学习。 　　3.出示生字，多种方式朗读。 二、理清脉络，了解特点。 　　思考文章围绕"蟋蟀的住宅"写了哪两方面的内容？ 三、品读特点，感受细致观察。 　　1.作者对蟋蟀住宅特点的描写十分准确。老师把下面的这句话改了改，请你读一读，品一品，看看发现了什么？ 　　隧道顺着地势弯弯曲曲，九寸深，一指宽，这便是蟋蟀的住宅。 　　隧道顺着地势弯弯曲曲，最多九寸深，一指宽，这便是蟋蟀的住宅。 　　2.这样准确清楚的表达和作者的观察有什么关系吗？	设计意图： 　　1.自主随文识字，在读准字音、理解词义的基础上，初步建立对蟋蟀的印象，培养自主识字的能力。 　　2.梳理文章脉络，对文章整体了解。 　　3.走进住宅，初识"伟大"，发现特点，想象住宅的内外结构，初步体会住宅被称作"伟大工程"的原因。

续表

	3. 画一画，品一品：文中像这样写得准确，又体现作者观察仔细的地方还有很多。 4. 请你找一找，谈一谈感受。	
	课后作业：（拓展延伸类、综合实践类；题源：原创及引用；10分钟） 　　金牌观察员：小组合作，继续记录观察对象的变化，尝试在记录中加入自己的感受或心情。	设计意图： 　　培养学生连续细致的观察习惯，学写观察记录。

第五课时

课时内容	《蟋蟀的住宅》
课时目标	1. 理解蟋蟀的住宅算是"伟大的工程"的原因。 2. 能从课文准确生动的表达中，感受作者连续细致的观察，体会观察的乐趣。 3. 能通过比较，体会采用拟人手法表达的好处。
作业设计	课内作业：（拓展延伸类；题源：原创及引用；40分钟） | 体裁 | 形式 | 内容 | |---|---|---| | 观察日记 | | | | 观察记录 | | | 一、阅读体悟，聚焦伟大。 　　为什么作者说蟋蟀的住宅是"伟大的工程"呢？在文中找到依据，说一说理由。 二、对比阅读，读写结合。 　　1. 小组讨论：阅读课后第三题，与《蟋蟀的住宅》对比阅读，说说你的发现。 　　2. 把"阅读链接"中的《燕子窝》与《爬山虎的脚》课后资料中的观察记录进行比较，区分观察记录和观察日记的联系与不同吧！	设计意图： 　　1. 抓住关键语句品读，深入理解蟋蟀的住宅被称为"伟大的工程"的原因，提高学生提炼信息，善于思考、表达的能力。 　　2. 对比阅读，自主发现作者的写作特点，激发观察写作的兴趣，了解观察日记，为后续学习准备。

续表

	课后作业：（拓展延伸类；题源：原创及引用；15分钟） 　　1.人们根据长年累月的留心观察，总结了很多关于天气、季节变化的小秘密，编成了朗朗上口的谚语。请大家读一读，背一背吧。 ◎ 立了秋，把扇丢。 ◎ 二八月，乱穿衣。 ◎ 夏雨少，秋霜早。 ◎ 八月里来雁门开，雁儿脚上带霜来。 ◎ 一场秋雨一场寒，十场秋雨要穿棉。 ◎ 八月暖，九月温，十月还有小阳春。 　　金秋时节，大雁南飞，正如谚语所说："（　　　　　）" 　　几场秋雨过后，奶奶提醒妈妈："'（　　　　　）'天气一天天变冷，赶快把厚衣服收拾出来吧！" 　　2.金牌观察员：小组合作，继续记录观察对象的变化，尝试在记录中加入自己的感受或心情。	设计意图： 　　1.总结所学，加深理解，拓展延伸，丰富积累。 　　2.培养学生连续细致的观察习惯，学写观察记录。
第六课时		
课时内容	《习作：写观察日记》	
课时目标	1.了解什么是观察日记，以及观察日记的写作要求。 　　2.认真观察一种植物的生长情况，用日记的形式把植物不同时间段生长的变化写清楚，写明白，并且表达自己观察时的心情。 　　3.培养学生观察的兴趣，使他们养成留心观察周围事物的好习惯。	
作业设计	课内作业：（拓展延伸类；题源：原创；40分钟） 　　一、交流观察和记录，回顾观察过程。 　　（1）结合语文园地交流平台，总结连续细致观察的方法及途径，积累丰富的素材。 　　（2）结合金牌观察员的观察记录，以及习作要求，说一说你想写什么？	设计意图： 　　1.回顾所学文章，体会作者的细致连续观察，激发写作兴趣。审题指导这个环节能让学生很快了解题目，把握写作重点。

续表

	二、整理观察内容,形成观察日记。 (一)对比记录与日记,发现写作秘诀。 绿豆发芽的观察记录 | 观察对象	时间	状态	颜色
绿豆发芽	3.27	将绿豆泡在杯子里,用潮湿的纱布盖住。	绿豆的外壳是绿色的。
	3.28	绿豆没有动静。	
	3.29	绿豆没有动静。	
	3.30	绿豆开始膨胀。	
	4.1	绿豆破皮,露出小芽。	
	4.3	小芽长到了一厘米左右。	
	4.5	小芽又长长了约三厘米。	| 自学提示:请大家读读这位同学的观察记录和日记,说一说你的发现。 习作例文(略) (二)突破难点,聚焦写法。 1.根据习作要求,画出自己小组观察记录中变化大或感兴趣的地方,并在小组内交流自己的感受。 2.请大家选择其中一个变化,写一写。 三、多种形式评改,分享习作收获。 1.根据评价标准进行自评,画出自己认为"观察细致、内容准确"的句子,圈出有问题的地方,有能力的同学可以进行修改。	2.通过对例文的学习,学生自主探索,发现从观察记录转换到观察日记的方法。不仅要整合重复的内容,还要写出观察对象的变化,突出重点,从多个方面有顺序地描写,并加入自己心情。

	评价内容 | 评价结果 内容清晰，不重复。 | ★★★ 体现出植物或动物生长的变化。 | ★★★ 能够加入自己的观察感受或心情。 | ★★★ 2.根据评价标准，以及教师引入的例文，读一读同桌的习作，夸一夸优点，提一提建议。	3.在多种形式评改中，借鉴学习，提高自己的习作水平。
	课后作业：（综合实践类；题源：原创；20分钟） 1.按照习作要求继续完成习作。 2.分享会： 将自己的观察对象和日记摆放在课桌上，班内自由参观，选择自己喜欢的作品，为其粘贴小红花。会后评选出优秀习作。	设计意图： 开展有意思的活动，能够激发学生继续完成及修改习作的动力，从而优化自己的习作，提高写作水平。

四时景物皆成趣

基本信息			
学科	语文	教师姓名	金忠臣
年级	五年级	教科书版本	部编版
单元主题	四时景物皆成趣		
单元内容（从教材内容和学生情况两个方面进行分析）	教材内容： 本单元主要围绕"四时景物皆成趣"这一主题编排了《古诗三首》《四季之美》《鸟的天堂》和《月迹》四篇课文，从不同的角度描写了不同时间、不同地点的景物。 1.通过描写不同的景物，体现景物的美，表达作者的感受。本单元的四篇文章都通过描写景物的变化，来体现景物的美。如《古诗词三首》中，对景物描写有动态，有静态，动静结合，给人以独特的感受；《四季之美》中，通过描写四个季节的不同景物，来体现景物的美，表达对景物的喜爱之情；《鸟的天堂》中，通过详细描写不同时间看到的不同景物，表达作者对鸟的天堂的喜爱之情；《月迹》通过描写不同地点的月亮，来体现作者对月亮的喜爱之情。 2.体会景物的静态美和动态美，学习描写景物的变化。 学生情况： 1.学生有一定的阅读理解能力，但经典古诗词语言高度凝练，意境深远，学生理解有一定难度。写景文章，学生能理清文章结构，但根据重点语句想象画面有一定难度。学习课文动静结合的写作方法，运用在自己的习作中，既是教学的重点也是难点。 2.作业的设计应有助于学生自主学习古诗美文，积累语言，感受作者思想感情，学习写作方法，把知识转化成能力，从而掌握写景文章的阅读和写作方法，提高语文核心素养。		
关键能力或核心素养	1.体会景物的静态美和动态美。 2.学习描写景物的变化。		
单元整体目标	课文： 1.认识17个生字，读准3个多音字，会写26个写23个词语。 2.有感情地朗读课文。背诵《古诗三首》《四季之美》。默写《枫桥夜泊》。 3.借助注释，联系上下文，想象课文中描写的现象，初步体会课文中的静态描写和动态描写。 4.品味、积累课文中的静态描写和动态语句。		

续表

	习作： 1.观察某种自然现象或某处自然景观，重点观变化，写下观察所得，并把题目补充完整。 2.能按照一定的顺序描写景物，写出景物的动态变化。
单元课时整体安排	《古诗三首》（2课时）　　《四季之美》（2课时） 《鸟的天堂》（2课时）　　《月迹》（1课时） 习作（1课时）

第一课时			
课时内容	《古诗三首》		
课时目标	1.认识"榆、畔"等3个生字，读准多音字"更"，会写"孙、泊"等6个字。 2.有感情地朗读课文。背诵课文。默写《枫桥夜泊》。 3.借助注释，体会诗句中的静态描写和动态描写，想象诗词描绘的景象。 4.能说出《长相思》的意思，试着体会作者的思想感情。		
学业要求	了解	理解	掌握	运用
	了解诗人基本情况。	借助注释，理解诗句的意思，体会诗词之美。	体会作者描绘的景物的静态美和动态美。学习描写景物的变化。	学习课文描写景物的方法，写出景物的动态变化。
作业设计	课内作业： 1.读一读：读准字音，读出节奏。 2.说一说：根据注释，说说诗意。 3.画一画：画出诗中的景物名称。 4.想一想：诗句让你想象到了什么样的画面。	设计意图： 给学生充分的时间，调动学生学习古诗的积极性，借助字典、书下注释，自学古诗。		
	课后作业： 网上搜集王维的其他诗，选择自己喜欢的诗，背诵下来。	设计意图： 设置拓展延伸这个环节，有利于扩宽学生的视野，增加学生的积累。		

第一课时	
课时内容	《四季之美》
课时目标	1.认识"旷、怡"等5个生字，会写"黎、晕"等9个字，会写"黎明、红晕"等13个词语。 2.有感情地朗读课文。背诵课文。 3.借助关键语句，联系上下文，初步体会景物的动态描写。

续表

学业要求	了解	理解	掌握	运用
	了解课文内容。	借助关键语句，联系上下文，初步体会景物的动态描写。	认识"旷、怡"等5个生字，会写"黎、晕"等9个字，会写"黎明、红晕"等13个词语。	学习按照时间顺序描写的写作方法。
作业设计	课内作业： 1.自学本课生字新词。 2.边读边思考： 　课文主要写了什么内容？是按什么顺序来写的？作者认为四季最美的是什么？		设计意图： 　理清文章脉络，研读品悟，尊重每个学生的阅读体验，参与课堂学习活动。	
	课后作业： 1.有感情地朗读课文。 2.背诵课文。		设计意图： 　增加学生的积累，培养语文素养。	

第二课时

作业设计	课内作业： 　1.默读课文，用"＿＿"画出文中描写动态之美的语句，并想象画面。 　2.从中选择自己喜欢的句子，在旁边简单批注理由。	设计意图： 　培养学生边读边思考的阅读习惯。
	课后作业： 　课文所写景致不多，却营造出美的氛围。仿照课文，用几句话写一写自己印象最深的某个景致。	设计意图： 　掌握课文动静结合的写作方法。

第一课时

课时内容	《鸟的天堂》
课时目标	1.认识"桨、桩"等3个生字，会写"桨、榕"等11个字，会写"陆续"等10个词语。 2.朗读课文，懂得作者为什么说"鸟的天堂"的确是鸟的天堂。 3.能说出"鸟的天堂"在傍晚和早晨不同的景色特点，初步感受静态描写和动态描写，能用不同的语气和节奏朗读相关段落。

续表

学业要求	了解	理解	掌握	运用
	课文主要内容。	作者为什么说"鸟的天堂"的确是鸟的天堂。	感受静态描写和动态描写，能用不同的语气和节奏朗读相关段落。	体会静态描写和动态描写的作用，把景物写具体。
作业设计	课内作业： 1.自学本课生字新词。 2.默读课文，边听边思考：作者到"鸟的天堂"去过几次？分别在什么时候？看到了什么？		设计意图： 　　让学生通过自己喜欢的方式解决生字新词，在提高了学生的自学能力的同时，也提高了学生的参与度，让学生成为了学习的主人。 　　引导学生自主阅读，理清课文结构。	
	课后作业： 实践活动。 　　请你为"鸟的天堂"宣传片写一段宣传词。		设计意图： 　　拓展阅读，加深学生对环境保护的理解，进一步落实语文要素并拓展知识面。	
第二课时			
作业设计	课内作业： 1.课文分别描写了傍晚和早晨两次看到"鸟的天堂"的情景，说说它们有哪些不同的特点。用不同的语气和节奏读一读相关段落。 2.说说作者为什么感叹"那'鸟的天堂'的确是鸟的天堂"。		设计意图： 　　引领孩子自主参与，合作探究，给学生充足的时间读书、思考、感悟，把课堂真正还给学生。	
	课后作业： 1.抄写并积累课文第八自然段。 2.说说你对保护自然环境的意见或建议。		设计意图： 　　对学生发出号召，提高学生的环境保护意识。	
第一课时			
课时内容	《月迹》			
课时目标	1.认识"袅、嫦"等6个生字，读准多音字"悄、累"。 2.默读课文，能说出月亮的足迹出现在哪里。 3.有感情地朗读课文，能体会作者细腻的感受和动人的描写。			

续表

学业要求	了解	理解	掌握	运用
	课文主要内容。	能体会作者细腻的感受和动人的描写。	认识"袅、嫦"等6个生字,读准多音字"悄、累"。	品读文章优美且富有童趣的语言,欣赏月之美。
作业设计	课内作业: 1.默读课文,说说月亮的足迹都出现在哪里。 2.作者是怎么写月亮升起来了的?你有什么感受? 3.摘抄文中描写月亮的优美的句子进行积累。		设计意图: 通过学生自读自悟,探究交流感受文字蕴含的意思,读出作者的心境!	
	课后作业: 实践活动:积累和月亮有关的古诗词。		设计意图: 进一步落实语文要素并拓展知识面。	

第一课时

课时内容	《_____即景》
课时目标	1.引导学生根据本单元课文的写法,观察一种自然现象或者一处自然景观进行写作。 2.学习按照一定的顺序描写景物的方法。 3.通过习作,进一步提高我们的观察能力和写作能力。

学业要求	了解	理解	掌握	运用
	要求写一篇写景作文。	写一种自然现象或一处自然景观,要写出景物的变化。	静态描写和动态描写相结合。	按照一定的顺序描写景物。
作业设计	课内作业: 1.下面补充完整你的《观察记录单》 	观察时间	观察地点	景观或现象
---	---	---
观察顺序	景物变化				设计意图: 能让学生明确写作的方法和方向,让学生写起来更轻松。

续表

	2. 列习作提纲。 3. 写作文。	
	课后作业： 　　根据习作评价标准自主修改习作。	设计意图： 　　增强学生的自主修改习作的意识，培养学生自主修改习作的良好习惯。
单元评估作业	第七单元提升练习 　一、积累运用。 　1. 下列"累"字读音为"léi"的一项是（　　）。 　A. 日积月累　　B. 硕果累累　　C. 过度劳累　　D. 长年累月 　2. 下列加点字的注音完全正确的一项是（　　）。 　A. 凛冽（liě）　　瓷（cí）器　　B. 嫉（jì）妒　　嫦娥（é） 　C. 袅袅（niǎo）　　更（gēng）新　　D. 悄（qiāo）然　　聒（guō）噪 　3. 圈出每组中书写有误的汉字，并更正在括号里。 　A. 榆树　划浆　树桩　画眉（　　）B. 滕黑　抛开　黎明　大榕树（　　） 　4. 补全下列词语，并给所填字选择正确的解释。 　（1）心（　　）神怡　①空阔。②心境阔大。③荒废，耽搁。 　（2）应接不（　　）　①空闲，没有事的时候。②虚伪的，不真实的。 　（3）不可计（　　）　①责备，列举过错。②一个一个地计算。 　5. 对下列加点词理解不正确的一项是（　　）。 　A. 竹喧归浣女（温暖）　　　　B. 月落乌啼霜满天（叫） 　C. 身向榆关那畔行（那边，指关外）D. 聒碎乡心梦不成（声音嘈杂） 　6. "月落乌啼霜满天，江枫渔火对愁眠"这两句诗中描写作者看到景物的是_____，听到的是_____。"____"字体现了作者当时的心境。 　7. "那翠绿的颜色，明亮地照耀着我们的眼睛，似乎每一片绿叶上都有一个新的生命在颤动。"对这句话理解有误的一项是（　　）。 　A. 这句话运用了比喻的修辞手法，使我们感受到大榕树枝叶的茂盛 　B. 这句话写出了叶子富有光泽、翠绿欲滴的特点 　C. 作者感受到有一种生命力在涌动，赞美了榕树充满活力的蓬勃生机 　8. "原来月亮是长了腿的，爬着那竹帘格儿，先是一个白道儿，再是半圆，渐渐地爬得高了，穿衣镜上的圆便满盈了。"这句话运用了_____的修辞手法，写出了月亮的_____（静态　动态）变化，体现这一变化的词语是：_____、_____、_____。仿照这一写法，写一写日出或日落的过程：_____。

续表

二、课本回顾。

1.《山居秋暝》一诗的作者是_____。诗中静态描写和动态描写相结合的诗句是"_____，_____"。

2."风一更，_____，聒碎乡心_____，_____。"这句词出自_____代_____的《_____》。从词句中可以体会到作者_____的情感。

3.《四季之美》按_____的顺序描绘了四季之美景，文中流露出作者_____。

4.巴金爷爷笔下的"鸟的天堂"实际上是指_____。把它称作"鸟的天堂"的原因是_____。

5.《月迹》一文中"我们"在哪些地方寻找到了月亮的足迹？（　　）（多选）

A.中堂里　　B.院子里　　C.小河边　　D.卧室里

单元作业设计

数学

认识10以内的数

基本信息			
学科	数学	教师姓名	吴静
年级	一年级	教科书版本	北京版
单元主题	认识10以内的数		
单元内容（从教材内容和学生情况两个方面进行分析）	教材内容：本单元教学10以内数的认识，主要包括数数、认数、读数、写数和数的大小比较，数的分与合。学生学习这部分内容，一方面理解10以内各数的意义，初步建立数的概念，体会数学来源于生活并在生活中有着广泛的应用；另一方面也是为进一步学习数与计算打下基础。 学生情况：一部分学生在上学前已经认识了10以内的数，但他们对10以内数的意义的认识还比较片面、零散。所以帮助学生建立相对完整的认知结构十分必要。有些学生没有受过规范的写数训练，所以正确、规范、工整地写数也是在教学中需要重视的内容。		
关键能力或核心素养	10以内数的认识，是数概念中最基本的知识之一，是建立数感的开始，所以要在数学活动中发展学生的数感。		
单元整体目标	1.结合具体情境，理解10以内各数的含义，会读、写0—10各数；能用0—10各数表示相应物体的个数或物体的顺序；掌握2—10各数的分与合。 2.掌握10以内数的顺序，会比较它们的大小，能够区分几个和第几个。 3.理解"同样多"和"多""少"的实际意义，认识">""<""="，会用这些符号表示数的大小。 4.培养学生初步的观察、比较、抽象等思维能力，形成初步的数感，具有初步用数进行交流的意识和能力，培养良好的学习习惯。		
单元课时整体安排	1.认识1-5（3课时）　　　　2.几和第几（1课时） 3.大于、小于和等于（1课时）　4.认识0（1课时） 5.认识6、7、8（1课时）　　　6.认识9和10（1课时） 7.数的分与合（3课时）		
第一课时			
课时内容	《认识1~5》		
课时目标	1.学生会用1—5各数表示物体的个数，知道1—5的数序。 2.学生通过数、读、写等数学活动经历从日常生活中抽象出数的过程，认识1—5各数，建立初步的数感。		

续表

学业要求	了解	理解	掌握	运用
	1—5各数能表示物体的个数。	经历从日常生活中抽象出1—5各数的过程。	1—5各数的读法，会写1、2。	会表示物体的个数。
作业设计	课内作业： 1.写一写：把1、2在田字格中各写一行。 2.连一连。 ✸✸　　　　3 ♥♥♥　　　　2 ☺☺☺　　　　4 ☺		设计意图： 　　进行练习，使数字书写更规范、美观。 　　让学生把实物个数与数学符号对应起来，巩固对1—5各数的认识。	
	课后作业： 画一画：1、2都可以表示什么呢？		设计意图： 　　激发兴趣，加深对数的意义的理解。	

第二课时

课时内容	《认识1~5》
课时目标	1.继续学习用1—5各数表示物体的个数，学会3、4、5的写法。 2.在具体情境中感受到体会到数学与现实的联系。

学业要求	了解	理解	掌握	运用
	1—5各数能表示物体的个数。	数的意义。	3、4、5的写法。	表示物体的个数。
作业设计	课内作业： 数学书第18页第2题。		设计意图： 　　培养审题能力，数字书写规范，工整。	
	课后作业： 找一找：寻找家中的1、2、3、4、5，用你喜欢的方式记录下来。		设计意图： 　　培养学生的观察意识，体会数学来源于生活。	

第三课时

课时内容	《认识1~5练习》
课时目标	1.学生会用1—5各数表示物体的个数，知道1—5的数序，能认、读、写1—5各数。 2.写数字时，养成认真书写的好习惯。

续表

学业要求	了解	理解	掌握	运用
	知道1—5各数表示物体的个数。	1—5各数的意义。	1—5各数的读法、写法。	与物体数量一一对应。
作业设计	课内作业： 1.把1—5各数书写一行。 2.数一数，填一填。 　　□△△□□ ①有（　）个□，有（　）个△。 ②△再添上（　）个就和□同样多。		设计意图： 正确规范地书写。 巩固1—5各数的认识，依次数出图形个数，做到手口一致，物数对应。	
	课后作业： 用自己喜欢的图形表示下面各数。 | 图形个数 | 1 | 2 | 3 | 4 | 5 | |---|---|---|---|---|---| | 图形 | | | | | |		设计意图： 巩固1—5各数，培养学生的创新精神。	

第四课时

课时内容	《几和第几》			
课时目标	1.在具体的情境中，让学生学会区分基数和序数，理解几和第几的不同。 2.初步培养学生的观察、比较、推理、判断能力，以及提出问题、解决问题的能力，发散学生的思维，培养创新意识。 3.使学生感知合作学习的乐趣，在活动中培养学生的数学意识。			
学业要求	了解	理解	掌握	运用
	几和第几的不同含义。	理解基数和序数含义，体会几和第几的不同。	几和第几的不同含义。	正确使用第几和几。
作业设计	课内作业： 数学书第19页第2题。		设计意图： 进一步理解基数和序数的含义。	
	课后作业： 实践作业：自由结合小组做排队游戏，用"几"和"第几"设计游戏内容。		设计意图： 培养学生合作精神，理解"几"和"第几"的不同含义。	

第五课时

课时内容	《大于、小于和等于》
课时目标	1.能用">""<""="表示比较的结果，建立符号感。 2.通过看一看、数一数、比一比、摆一摆等，培养学生的观察能力、判断能力、操作能力，以及表达能力。

续表

学业要求	了解	理解	掌握	运用
	认识数学关系符号">""<""="。	建立"多""少"的概念,理解">""<""="的含义。	">""<""="表示两个数的大小关系。	能用">""<""="表示两个数的大小关系。
作业设计	课内作业: 1.书写">""<""="。 2.基础题:按要求画一画。 ①画○,和△同样多。 ②画☆,比□少3个。 —————— —————— —————— —————— 3.拓展:数学书第22页思考题。		设计意图: 正确书写。 巩固两个数量之间的关系。 加深对基数、序数含义的认识,渗透思想品德教育。	
	课后作业: 把在课堂上学会的大于号和小于号儿歌唱给家长听。		设计意图: 正确区分大于号和小于号,沟通孩子家长之间的联系。	

第六课时

课时内容	《认识0》			
课时目标	1.知道在生活中"0"所表示的几种常见的含义,知道"0"和1、2、3……一样也是数,"0"比1、2、3……都小,能正确书写"0"。 2.在观察和实践活动中,体会从有到无的变化过程,发展数感。			
学业要求	了解	理解	掌握	运用
	了解在生活中"0"所表示的几种常见的含义。	"0"和1、2、3……一样也是数,"0"比1、2、3……都小。	"0"所表示的几种常见含义。	在情境中了解0的含义。
作业设计	课内作业: 1.把"0"在田字格本上书写一行。		设计意图: 熟练正确书写0。	
	2.在○里填上">""<"或者"="。 3○5 4○4 1○0 4○2 0○3 3○2 2○2 0○4 3.想一想、填一填。 □ 1厘米 □ 3 4 □		正确比较大小。 利用直观模型,进一步明确0—5各数的排列顺序。	

续表

	课后作业： 在生活中你还见过0吗？用你喜欢的方式记录下来。	设计意图： 丰富对于0的认识，培养学生善于观察生活的意识。
第七课时		
课时内容	《认识6、7、8》	
课时目标	1.体验从生活中抽象出6、7、8的过程，认识并会写6、7、8，掌握6、7、8的顺序。初步学会用具体的数描述生活，感受生活处处有数学。 2.发展初步的数感，能够运用数解决生活中的简单问题。	
学业要求	了解 / 认识6、7、8。	理解 / 从生活中抽象出6、7、8的过程。	掌握 / 6、7、8的顺序。	运用 / 解决简单问题。
作业设计	课内作业： 1.看数接着画。 | 8 | 6 | 7 | | ○○○○ | ○○ | ○○○ | 2.□里可以填几。 7>□　5=□　□<8　3<□ □<□　□=□　□>□>□	设计意图： 进一步丰富对6、7、8的认识。 从不同角度解释两个数或者多个数的大小关系。	
	课后作业： 想一想：小轿车可以载3个小朋友，儿童三轮车可以载1个小朋友。这时来了7个小朋友，两辆车都坐满后，还剩下几个小朋友呢？	设计意图： 培养学生运用所学知识解决生活问题的意识。	
第八课时		
课时内容	《认识9、10》	
课时目标	1.经历认识9和10的过程，感受数9和10与生活实际的密切联系，发展学生的数感。学会9和10的数数、认数、写数、大小比较。 2.培养学生实践能力、观察能力及初步的数学交流意识。	
学业要求	了解 / 9和10的顺序。	理解 / 从生活中抽象出9、10的过程，理解和认识这两个数。	掌握 / 掌握9、10的顺序及读写方法。	运用 / 解决生活中的简单问题。

续表

作业设计	课内作业： 1. 按顺序填数。 | 9		7		6			| |			3	4			| | 10			7				| 2. 小游戏。 　　两人一组，每人抽一张数字卡片，比较大小。	设计意图： 　　巩固数的顺序。 　　在游戏中比较数字大小，同时体会随机性原则。
	课后作业： 　　想一想：生活中哪些地方需要倒着数数？	设计意图： 　　培养学生观察生活的意识。

第九课时

课时内容	《5、6、7的分与合》		
课时目标	1. 结合情境掌握5、6、7的分与合，初步体会分与合的数学思想，感受分与合的基本过程。 2. 借助操作体验有序的思考方式，用语言和书写描述体会分与合。			

学业要求	了解	理解	掌握	运用
	分与合的思想。	"有序"的思考方式。	5、6、7的分与合。	掌握5、6、7的分与合。

作业设计	课内作业： 　　在（　　）里填上合适的数。 　　　4　　　5　　　3□　　□5 　　　∧　　　∧　　　∨　　　∨ 　　3□　　□2　　　6　　　7	设计意图： 　　灵活运用所学知识解决问题，培养学生表达能力。
	课后作业： 　　用小棒等学具边分边熟记5、6、7的分法。	设计意图： 　　在动手操作中巩固5、6、7的分与合。

第十课时

课时内容	《8、9的分与合》
课时目标	1. 学会8、9的分解与组成，领会规律，加深对10以内数的认识。 2. 经历动手实践、自主探索、合作交流的学习过程，发展初步的动手实践能力、语言表达能力、合作交流的意识和问题意识。

续表

学业要求	了解	理解	掌握	运用
	分与合的思想。	8、9的分解与组成。	8、9的分解与组成。	解决实际问题。
作业设计	课内作业： 按要求凑数。 凑8 ♥② ④♥ ♥⑤ 凑9 ⑤♥ ③♥ ♥①	设计意图： 在练习中巩固8和9的分与合。		
	课后作业： 用数字卡片复习8和9的分法。	设计意图： 在操作中复习8和9的分与合，并熟记。		

第十一课时

课时内容	《10的分与合》
课时目标	1.通过动手操作和合作交流，自主发现并掌握10的分与合。 2.经历探索10的分与合的过程，体会分与合的思想，发展初步的动手操作能力、数学思考能力和语言表达能力。

学业要求	了解	理解	掌握	运用
	分与合的思想。	经历探索10的分与合的过程，体会分与合的思想。	掌握10的分与合。	解决实际问题。
作业设计	课内作业： 凑10游戏：数学书第34页第1题。	设计意图： 巩固10的分与合。		
	课后作业： 找朋友：用手中的1—9的数字卡片，任意抽一张，再找出和它能凑成10的数字卡片。	设计意图： 继续巩固10的分与合。		

单元评估作业	一、在田字格中书写0—10各数。 二、想一想，填一填。 1. 9、3、7、2、6、1、0 （1）一共有（　　）个数，最大的是（　　），最小的是（　　）。 （2）将上面的数按照从大到小的顺序排列。 （　）>（　）>（　）>（　）>（　）>（　）>（　）

2.在7和10之间的是（　　）和（　　）。

3.比5大2的数是（　　）。

4.排在6后面的第3个数是（　　）。

5.比2大，比9小的数共有（　　）个。

三、在□里填上合适的数。

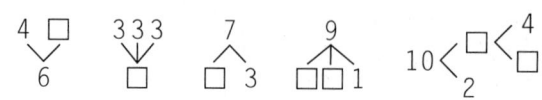

4△□ 　 3 3 3 　 7 　 9 　 10 < □ < 4
6　　　□ □ 　 □ 3　 □ □ 1　　　2

四、比较大小。

8○2　5○4　9○0　7○6　0○3　6○1　5○5

五、按要求画一画。

1．画△，比○多3个　　　　　2.画同样多的○和△
○○○○

六、看图填空。

1.一共有（　　）人在等车。

2.小女孩排在第（　　）个，她前面有（　　）个人，她后面有（　　）个人。

3.在排在第5的人脚下画"√"

4.圈出3个人，你能有几种圈法。

分类　比较

基本信息				
学科	数学		教师姓名	杨春青
年级	一年级		教科书版本	北京版
单元主题	分类　比较			
单元内容（从教材内容和学生情况两个方面进行分析）	教材内容： 1.根据给定的标准或者自己选定标准对物体进行分类。2.比较两个物体的多少、大小、长短、高矮、轻重。 学生情况： 　　心理学和教育学研究成果表明，儿童对物体"数和量"的概念形成就是在对物体的分类、排序和比较大小、多少的过程中的。基于一年级刚入学学生的认知水平，引导学生学会用数学的眼光观察身边的事物，用数学的方法解决实际问题，向学生渗透分类思想和方法。			
关键能力或核心素养	核心素养：分类和比较是"统计与概率"的重要内容之一。分类和比较是数学知识学习中应用非常广泛的数学思想和方法，让学生在动手操作的活动中领悟"分类""比较"的方法，培养学生在现实生活中发现问题和解决问题的能力，渗透对应的思想。			
单元整体目标	1.让学生在分类的过程中，学会按一定标准或自定标准进行分类，体验分类结果在单一标准下的一致性、不同标准下的多样性，感受分类在生活中的作用。 2.在具体情境中比较事物的多少、大小、长短、高矮、轻重的过程，体验并积累一些简单的比较的方法。 3.在观察、操作、比较等活动中，初步培养学生交流和推理等能力，尝试表达自己的想法，并体验与他人合作交流解决问题的过程。 4.通过分类、比较等活动，让学生感受数学与生活的联系，培养学生仔细观察、动脑思考的好习惯。			
单元课时整体安排	《分类》（1课时）　　《比较》（1课时）			
第一课时				
课时内容	《分类》			
课时目标	1.引导学生观察超市里物品的摆放情况，感知分类的意义，学会分类的方法。 2.通过分一分、看一看，培养学生的操作、观察、判断、语言表达能力。			

续表

学业要求	了解	理解	掌握	运用
	生活中处处有分类。	理解分类整理必要性。	按一定标准或自定标准进行分类。	初步养成有条理整理身边事物的习惯。
作业设计	课内作业： 把咱们教室里的人分一分，说说你的打算。		设计意图： 让学生发现数学就在身边，生活中处处有数学。	
	课后作业： 回家整理自己的房间。		设计意图： 体验分类的好处，养成有条理整理身边事物的好习惯。	

第二课时

课时内容	《比较》
课时目标	1.通过比较轻重、多少等活动，让学生感受数学与生活的联系，培养学生仔细观察、认真思考的良好习惯。 2.通过学生动手操作来比较事物的轻重的过程，体验一些具体的比较轻重的方法。 3.通过中介物质的等量代换，培养学生初步的逻辑推理能力。 4.培养学生与他人的合作交流的精神。

学业要求	了解	理解	掌握	运用
	比较是生活中广泛应用的活动。	比较是需要标准量的。	比较两个物体轻重、大小、高矮。	能够运用比较的方法解决生活中常见的数学问题。
作业设计	课内作业： 哪个最轻？哪个最重？你是怎样知道的？		设计意图： 能够正确运用比较的方法解决实际问题，培养学生初步的逻辑推理能力。	
	课后作业： 实践性作业：与家人比一比谁最高？谁最矮？说说想法。		设计意图： 感受数学与生活的量，培养学生用数学的眼光观察，用数学的语言表达生活的好习惯。	

续表

单元评估作业	一年级上册第二单元《分类 比较》
	一、比一比，填一填。 △△△△　　　□□□□□　　　○○○○○○ （　）最多，（　）最少。（　）比（　）多，又比（　）少。 二、画一画。 1.画○，使○和□同样多。 □□□□□ 2.画○，使○和□多2个。 □□□□□

学看钟表

基本信息				
学科	数学	教师姓名	张艳	
年级	一年级	教科书版本	北京版	
单元主题	学看钟表			
单元内容（从教材内容和学生情况两个方面进行分析）	教材内容： 《学看钟表》是一年级上册第八单元的内容，属于数与代数领域常见的量。本单元是有关"钟表"的第一次学习，是结合学生的生活实际初步认识钟面上的时针和分针，学会看钟表，能认读整时和半时。教材注重从学生的生活经验出发，充分考虑学生年龄特点、认知特点，将钟表内容按照"整时"与"半时"层次出现。 学生情况： 学生在实际生活中已经积累一定的认识钟表的经验，他们会结合自己经常做的一些事，对时间有一定的了解或者认识。由于时间和时刻都是比较抽象的概念，学生学起来有一定的难度，因此需要结合大量的操作活动来学习。			
关键能力或核心素养	通过观察、讨论、比较等活动，培养学生观察能力和探究合作意识。感受数学与生活的密切联系，体会数学的应用价值。结合日常生活作息时间，培养珍惜时间的合理安排时间的良好习惯。			
单元整体目标	1.结合生活经验，学会认识钟表，能正确认读"整时""半时"。 2.经历简单而熟悉的操作活动，体验时间的长短。 3.在认识钟表的过程中，培养学生的观察能力。 4.结合日常作息时间，初步建立时间观念，培养守时和珍惜时间的好习惯。			
单元课时整体安排	认识钟表和整时（1课时）　　认识半时（1课时） 整时、半时的整理（1课时）			
第一课时				
课时内容	《认识钟表和整时》			
课时目标	1.初步认识钟表，能正确认读"整时"，知道时间的两种表示形式。 2.亲身经历观察、比较、动手操作的过程，通过独立思考、相互交流总结出认识整时的方法。 3.初步建立时间观念，培养守时和珍惜时间的好习惯。			

续表

学业要求	了解	理解	掌握	运用
	钟面上有什么，感受到人们的日常生活离不开时间。	整时的指针所在位置的特点。	整时的辨认及两种表示方法。	能辨认生活中的整时。
作业设计	前置作业： 请你观察钟面上有什么？可以画一画。		设计意图： 激发学生兴趣，培养学生观察能力。	
	课内作业： 1.小游戏：我说你拨。 同桌一人说整时，一人来拨（轮换进行）。 2.认一认：生活中的整时。		设计意图： 通过大量的操作活动帮助学生认识整时。	
	课后作业： 实践作业： 1.生活中除了整时，你还有什么发现？ 2.你还知道哪些计时工具？		设计意图： 培养学生观察能力和探究欲望。	

第二课时

课时内容	《认识半时》
课时目标	1.使学生学会看钟表上的半时，掌握几时半的钟面特点。 2.通过拨钟表观察等实践活动，让学生体验数学与日常生活的密切联系，体会到学习数学的乐趣，建立学好数学的信念；通过操作、观察、分析、推理等活动，培养学生主动参与探究的精神。 3.培养学生遵守时间、珍惜时间的良好生活习惯。

学业要求	了解	理解	掌握	运用
	感受半时与日常生活的联系。	几时半的钟面特点。	整时的辨认及两种表示方法。	能正确辨认生活中的半时。
作业设计	课内作业： 1.拨一拨：拨出指定的半时 2.写一写：用两种方法写出时间快乐的一天（数学书第80页第1题）		设计意图： 通过学生动手操作活动，帮助学生进一步巩固认识半时的方法。 巩固学生认时刻，还能用两种方式表示整时、半时。	

续表

	课后作业： 　　小小设计师：请你当一次小小设计师，为自己的周末生活设计一份时间表。		设计意图： 　　将课堂知识延伸，进一步培养学生有序生活、遵守时间的良好品质。
第三课时			
课时内容	《整时、半时的整理》		
课时目标	1.通过整理分类，能正确认识整时和半时。 2.在交流中辨认整时和半时的不同特点，体会到学习数学的乐趣。		
学业要求	了解	理解	掌握	运用
	整时和半时的区别。	能说出两种时间的特点。	整时和半时的两种表示方法。	会辨认并运用。
作业设计	课内作业： 　　1.写一写：写出钟面上的时间，能把整时和半时归类。 　　2.填写缺少的指针。 　　5时　　9时 　　2时半　　6时半			设计意图： 　　能找出整时和半时，并分清楚，读出来。 培养学生的观察能力。

284

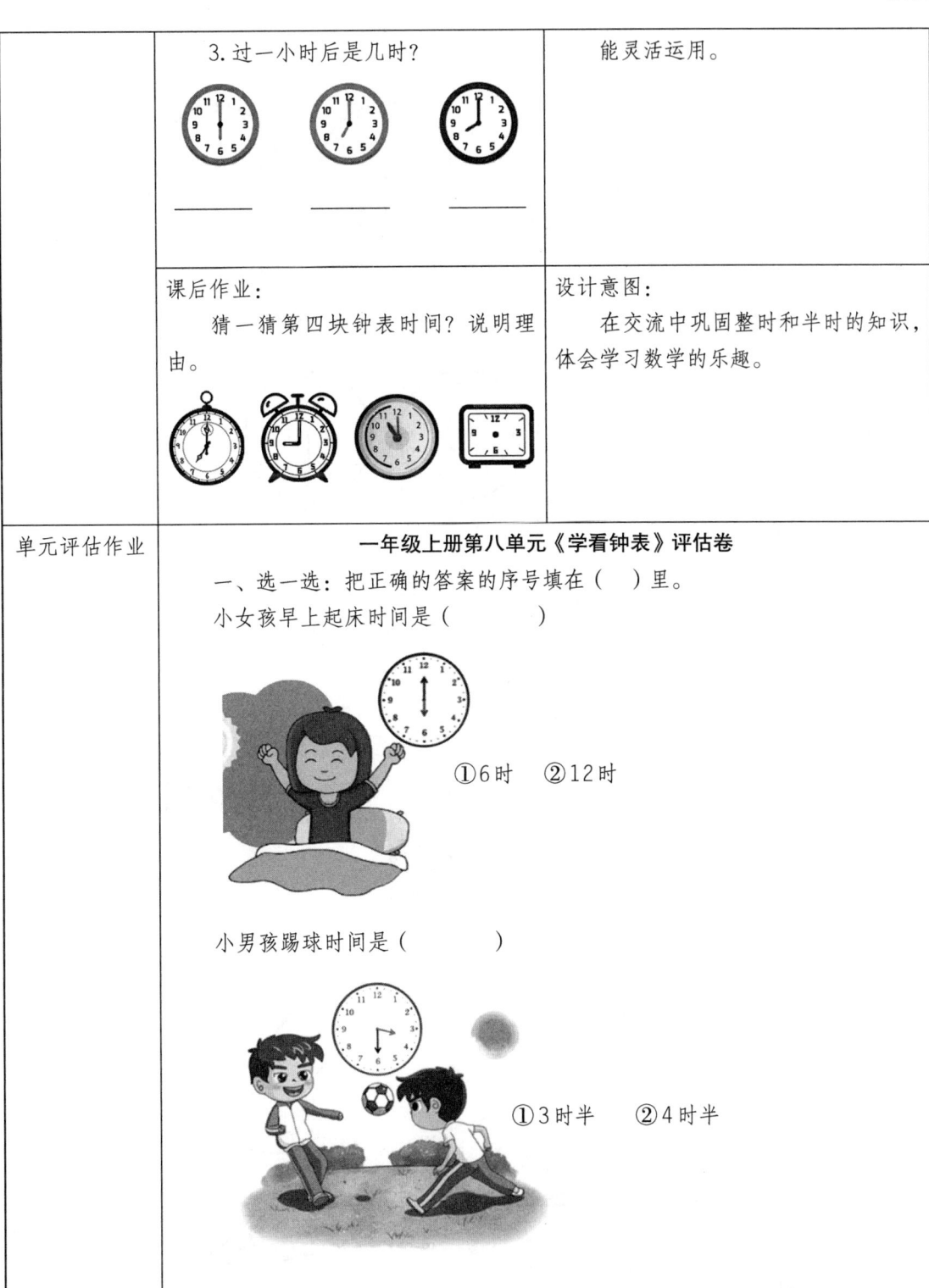

续表

	3. 过一小时后是几时？	能灵活运用。
	课后作业： 猜一猜第四块钟表时间？说明理由。	设计意图： 在交流中巩固整时和半时的知识，体会学习数学的乐趣。
单元评估作业	一年级上册第八单元《学看钟表》评估卷 一、选一选：把正确的答案的序号填在（　）里。 小女孩早上起床时间是（　　） 　　①6时　　②12时 小男孩踢球时间是（　　） 　　①3时半　　②4时半	

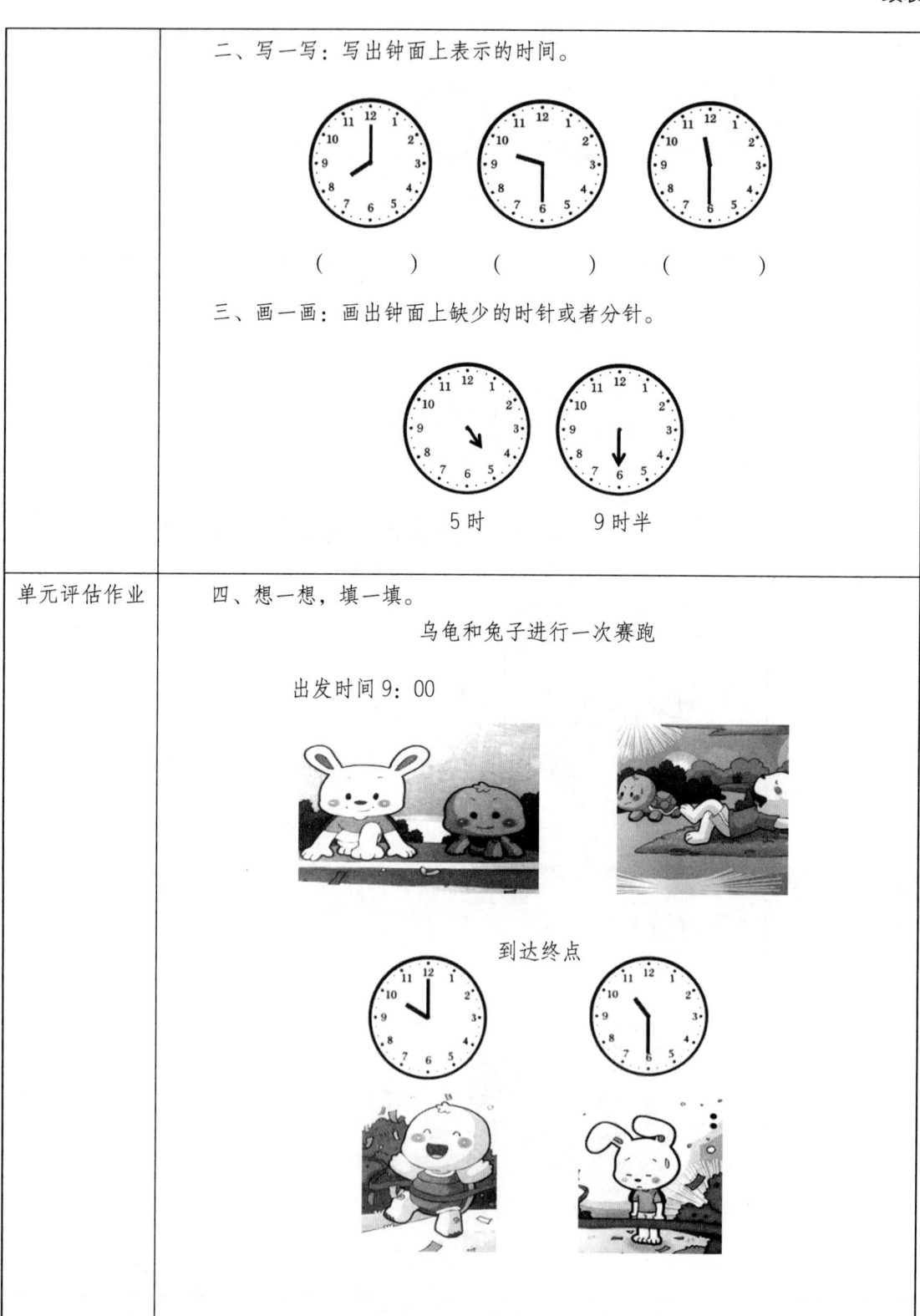

续表

	二、写一写：写出钟面上表示的时间。 （　　）　　（　　）　　（　　） 三、画一画：画出钟面上缺少的时针或者分针。 5时　　　　9时半
单元评估作业	四、想一想，填一填。 乌龟和兔子进行一次赛跑 出发时间 9：00 到达终点

续表

	1.乌龟和兔子出发时间是（　　），乌龟到达终点的时间（　　），兔子到达终点的时间（　　）。 2.（　　）先到达终点。 3.你想对小兔子说些什么？ _____

认识厘米和米

基本信息			
学科	数学	教师姓名	韩立云
年级	二年级	教科书版本	北京版
单元主题	认识厘米和米		
单元内容（从教材内容和学生情况两个方面进行分析）	教材内容： 统一长度单位，认识厘米、用厘米测量，认识米、用米测量，理解1米等于100厘米，认识线段、测量线段。 学生情况： 在学生已经对长、短的概念有了初步认识的基础上帮助学生进一步认识长度单位，初步建立1厘米和1米的长度观念，这一部分也是学生进一步学习长度单位和初步认识几何的基础。		
关键能力或核心素养	核心素养：测量是"空间与图形"的重要内容之一。"认识厘米和米"是学生认识长度单位的开始，是今后学习其他长度单位和有关测量问题的基础。学生在课堂中主动参与，并通过动手实践体会测量的方法，经历测量的过程，让学生在体验中感悟知识，增强了学生的空间概念和学习数学的兴趣。		
单元整体目标	1.使学生体会用不同工具测量同一物体长度的过程，体会统一长度单位的必要性。 2.联系生活实际，在活动中体会厘米和米的实际意义，初步建立1厘米、1米的长度观念，知道1米等于100厘米，并会简单地计算。 3.初步学会用刻度尺测量物体的长度，并会估测物体的长度。 4.初步认识线段，学习用刻度尺测量和画一定长度的线段。 5.引导学生进行实践活动，使学生了解在实际生活中应用长度单位的地方，进一步巩固、加深对米和厘米的认识。 6.在活动中锻炼和增强学生的合作与交流的意识，引导学生自觉地把所学的数学知识与生活实际相结合，培养学生应用数学知识去解决具体问题的能力。		
单元课时整体安排	认识厘米（1课时） 测量物体（1课时） 认识米（1课时） 认识线段（1课时）		

第一课时

| 课时内容 | 《认识厘米》 |

续表

课时目标	1.使学生体会用不同工具测量同一物体长度的过程,体会统一长度单位的必要性。 2.联系生活实际,在活动中体会厘米的实际意义,初步建立1厘米的长度观念。 3.引导学生进行实践活动,使学生了解在实际生活中应用长度单位的地方,进一步巩固、加深对厘米的认识。			
学业要求	了解	理解	掌握	运用
	生活中的长度单位的应用。	理解1厘米的长度及作用。	知道1厘米的实际长度。	能找到生活中1厘米长的物体。
作业设计	课内作业: 说一说你知道的生活中的长度单位。		设计意图: 让学生发现数学源于生活。	
	课后作业: 找一找生活中1厘米长的物品。		设计意图: 使学生能够深刻地感知1厘米,体会生活中的数学。	

第二课时

课时内容	《测量物体》			
课时目标	1.初步学会用刻度尺测量物体的长度,并会估测物体的长度。 2.引导学生进行实践活动,使学生了解物体的长度。			
学业要求	了解	理解	掌握	运用
	测量物体需要统一测量工具,认识直尺。	理解直尺的作用。	用直尺测量物体的方法。	能正确使用直尺测量任意物体。
作业设计	课内作业: 1.用直尺测量数学书的宽。 2.说一说测量的方法。		设计意图: 能够正确运用测量方法测量物体。清楚测量方法的步骤。	
	课后作业: 实践性作业:测量家中香皂盒、牙膏盒及手机的长和宽,并记录结果。		设计意图: 使学生熟练运用直尺测量物体,培养学生的实践操作能力及记录统计能力。	

第三课时

课时内容	《认识米》
课时目标	1.联系生活实际,在活动中体会长度米的实际意义,初步建立1米的长度观念,知道1米等于100厘米,并会简单地计算。

续表

		2.引导学生进行实践活动，使学生了解在实际生活中应用长度单位的地方，进一步巩固、加深对米的认识。		
学业要求	了解	理解	掌握	运用
	生活中的长度单位米和厘米的应用。	理解1米的长度及作用。理解1米=100厘米。	知道1米的实际长度。	能找到生活中1米长的物体，会根据不同物体填出长度单位。
作业设计	课内作业： 1.说一说自己对1米和1厘米的不同感知。 2.1米=（　　）厘米 　7m+4m=（　　）m 　1m-80cm=（　　）cm 　25cm+75cm=（　　）cm 　　　　　　=（　　）m	设计意图： 　使学生能够体会不同物体所用长度单位的区别。 　能够正确进行长度单位间的换算及简单计算。		
	课后作业： 　实践性作业：测量并记录家中冰箱的高度。	设计意图： 　使学生能够深刻地感知米与厘米两个长度单位在生活中的不同应用，体会生活中的数学。		

第四课时

课时内容	《认识线段》			
课时目标	1.初步认识线段，学习用刻度尺测量和画一定长度的线段。 2.在活动中锻炼和增强学生的合作与交流的意识，引导学生自觉把所学的数学知识与生活实际相结合，培养学生应用数学知识解决具体问题的能力。			
学业要求	了解	理解	掌握	运用
	什么是线段。	理解线段作用。	绘制线段的方法。	能正确使用直尺测量或绘制不同长度的线段。
作业设计	课内作业： 　1.绘制： 　（1）用直尺画出一条3厘米长的线段。 　（2）用直尺画出一条比三厘米长1厘米的线段。 　2.完成数学书第6页练一练、量一量。	设计意图： 　巩固绘制方法，能正确绘制线段。 　培养学生应用数学知识解决具体问题后再进行线段绘制。 　巩固用直尺测量线段的方法。		

	课后作业： 实践性作业：请学生测量出数学练习本的长和宽并记录，同时根据记录结果绘制线段。	**设计意图：** 培养学生的动手操作能力及对知识的熟练应用能力。
单元评估作业	\multicolumn{2}{l	}{**二年级上册第一单元《认识厘米和米》** 一、计算。 1m−30cm=(　　)cm　　72cm−23cm=(　　)cm 35cm+46cm=(　　)cm　　75cm+25cm=(　　)cm=(　　)m (　　)cm−18cm=32cm　　1m−(　　)cm=58cm 34cm+(　　)cm=1m　　(　　)cm+26cm=53cm 二、根据要求填空。 1.在○里填上">""<"或"="。 　　1米○100厘米　　45厘米○45米　　5米○5厘米 　　2m○200cm　　62cm○26m　　100cm○10m 2.填上合适的长度单位。 桌子高80(　　)；毛巾长60(　　)；杨树高7(　　)； 一条路长100(　　)；婴儿出生时的身长约51(　　)； 一张儿童床长2(　　)；楼房高30(　　)； 花瓶高30(　　)；妈妈的身高是160(　　)； 在直尺上从刻度"0"到刻度"5"是(　　)厘米，从刻度"3"到刻度"7"是(　　)厘米。 3.比一比，填一填。 　　1米　　　　10厘米　　　　32米　　　　23厘米 　　(　　)>(　　)>(　　)>(　　) 4.画一画。 （1）画出一条比5厘米短2厘米的线段。 （2）画出一条比3厘米长2厘米的线段。}

万以内数的认识

基本信息			
学科	数学	教师姓名	刘戈
年级	二年级	教科书版本	北京版
单元主题	万以内数的认识		
单元内容（从教材内容和学生情况两个方面进行分析）	本单元是在学生学习了百以内数的认识的基础上教学的，整数认识分为以下几个阶段： 第一阶段：一年级上学期，学习20以内各数的认识； 第二阶段：一年级下学期，学习100以内各数的认识； 第三阶段：二年级下学期，认识万以内的数； 第四阶段：四年级上学期，亿以上大数的认识。 这四个阶段中，万以内数的认识是整数认识的主要内容。这一阶段的认数，包含了整数认识的所有要素，如：数的表示、满十进一的进位制、数位、各个数位上数字所表示的意义等，学生也将认识从"一"到"万"的计数单位，包含了一个完整的数级。它不仅是认识更大的自然数和大数计算的基础，而且在日常生活中有着广泛的应用，也能很好培养学生数感。		
关键能力或核心素养	数感的培养　　综合运用能力　　动手操作能力		
单元整体目标	1.学生经历数数的过程，体验数的产生和作用，能在现实情境中感受大数的意义。 2.学生能够正确地认、读、写万以内的数，理解各数位上的数字表示的意义，并知道这些数是由几个千、几个百、几个十和几个一组成的。掌握万以内数的顺序，会比较万以内数的大小，能用符号和词语描述万以内数的大小。 3.学生会用万以内的数表示日常生活中的事物，能进行简单的估计和交流。同时，会在算盘上表示出万以内的数。 4.学生结合现实素材认识近似数，能结合具体情境体会使用近似数的意义，进一步形成数感。 5.学生能进行整百、整千数加、减法的口算，会在实际情境中选择恰当的方法进行简单的估算，体会估算在生活中的作用，积累解决问题的基本经验。 6.学生在认数的过程中，建立新旧知识之间的联系，进一步感受十进位值制思想，感受数学的简捷。同时，使学生体验自主探究获得成功的喜悦，进一步激发学生学习数学的兴趣。		

单元课时整体安排	9课时
\multicolumn{2}{c}{第一课时}
课时内容	《数数》，认识计数单位"千"
课时目标	1.通过直观的数数使学生认识计数单位百、千，并掌握数数方法，掌握10个一百是一千。建立数的概念，培养数感。 2.初步理解相邻计数单位间的十进制。

学业要求	了解	理解	掌握	运用
	计数单位。	十进关系。	数位顺序。	会正确地数数，拐弯数。

作业设计	课内作业： 1.找规律，填一填。 一万，（　　），（　　），七千，六千，（　　），（　　）。 2.想一想，填一填。 （　　）10个一千是（　　）。 （　　）"万"和"千"之间的进率是（　　）。	设计意图： 让学生练习数数，能够一个一个、一十一十、一百一百、一千一千的数万以内的数。
	课后作业： 按规律写数。 （1）802、（　　）、798、（　　）、794、（　　）、790。 （2）（　　）、990、980、（　　）、（　　）、950。	设计意图： 变式的数数也能灵活掌握，不单是连续数数。

\multicolumn{2}{c}{第二课时}
课时内容	《数数》，认识计数单位"万"
课时目标	1.使学生感知生活中有许多比一百大的数，引导学生认识计数单位，能够一个一个，一十一十，一百一百，一千一千的数万以内的数。 2.掌握数位顺序。 3.在动手操作的过程中，使学生主动认识计数单位与数位。

学业要求	了解	理解	掌握	运用
	生活中有许多比一百大的数。	十个一千是一万。	数位顺序。	正确熟练地读万以内的数。

续表

作业设计	课内作业： 1.填空。 （1）"万"和"百"中间的计数单位是（　　）。 （2）比9999多1的数是（　　）。 2.下面各数中的"2"分别在哪位上？分别表示多少？ （1）7234：2在（　　）位上，表示（　　）。 （2）2891：2在（　　）位上，表示（　　）。 （3）6025：2在（　　）位上，表示（　　）。 （4）4002：2在（　　）位上，表示（　　）。	设计意图： 加强对数位顺序的理解以及应用，知道9999+1是10000，巩固万千间的进率。
	课后作业： 回家利用学具、计数器，边拨边数，从9990数到10000；同学之间相互提问数数。	设计意图： 感受数数的过程，尤其是拐弯时的数，要加强练习。

第三课时

课时内容	数的组成		
课时目标	1.使学生了解数的组成，加深对数的概念的理解。 2.学生在具体的情境中感受大数的意义，培养学生的数感。 3.使学生在经历操作、观察、比较等数学活动中，学会与他人合作解决问题，培养学生合作的意识。			

学业要求	了解	理解	掌握	运用
	数的组成。	数的概念。	各个计数单位。	数的组成解决问题。

作业设计	课内作业： 1.看一看，填一填。

294

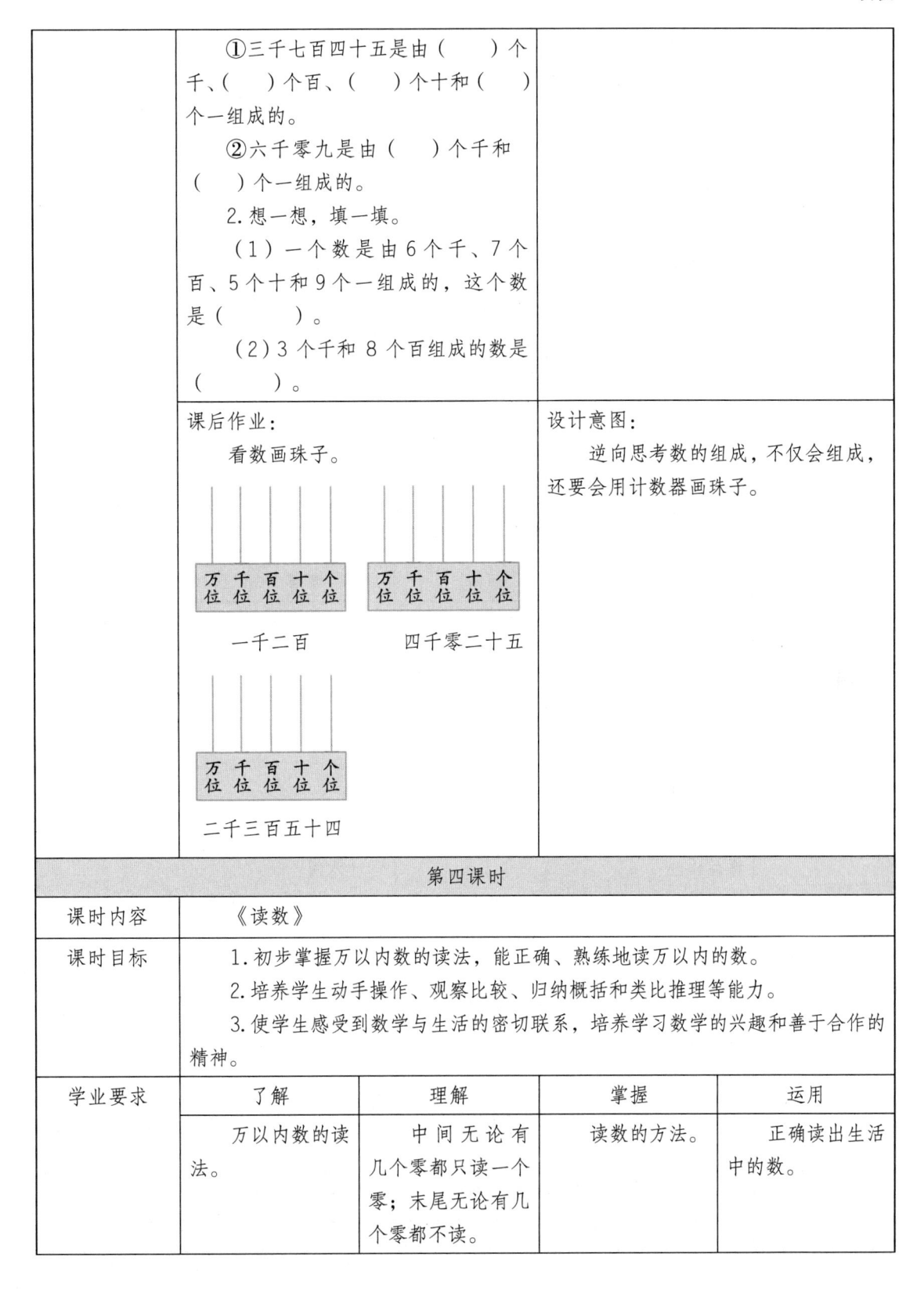

续表

	①三千七百四十五是由（　）个千、（　）个百、（　）个十和（　）个一组成的。 ②六千零九是由（　）个千和（　）个一组成的。 2.想一想，填一填。 （1）一个数是由6个千、7个百、5个十和9个一组成的，这个数是（　）。 （2）3个千和8个百组成的数是（　）。	
	课后作业： 看数画珠子。 万千百十个位位位位位 一千二百　　四千零二十五 万千百十个位位位位位 二千三百五十四	设计意图： 逆向思考数的组成，不仅会组成，还要会用计数器画珠子。

第四课时

课时内容	《读数》			
课时目标	1.初步掌握万以内数的读法，能正确、熟练地读万以内的数。 2.培养学生动手操作、观察比较、归纳概括和类比推理等能力。 3.使学生感受到数学与生活的密切联系，培养学习数学的兴趣和善于合作的精神。			
学业要求	了解	理解	掌握	运用
	万以内数的读法。	中间无论有几个零都只读一个零；末尾无论有几个零都不读。	读数的方法。	正确读出生活中的数。

续表

作业设计	课内作业： 万以内数的读法是从（　　）位起，按照数位顺序读，（　　）位上是几读（　　）；百位上是几就读（　　）……中间有一个或两个0，都（　　），末尾不管有几个零都（　　）。	设计意图： 巩固读数方法，从高位读起。
	课后作业： 用4、0、0、9组成不同的四位数中。 （1）只读一个零的数。（　　） （2）一个零也不读的数。（　　）	设计意图： 中间无论有几个零都只读一个零；末尾无论有几个零都不读。

第五课时

课时内容	《写数》		
课时目标	1.掌握四位数中间和末尾同时有0、中间有两个0的数的写法。 2.培养学生遇到困难时敢于探索，在小组活动时能主动合作、积极思考的数学素养。		

学业要求	了解	理解	掌握	运用
		写数的原理。	正确书写万以内的数。	写数解决问题。

作业设计	课内作业： 写出下面各数。 　八百二十　　写作：（　　） 　五千零九　　写作：（　　） 　一千二百　　写作：（　　）	设计意图： 练习正确书写。
	课后作业： （1）五个一和八个千组成的数是（　　）。 （2）一个数千位和十位上都是8，个位上是5个一，其他数位上一个也没有，这个数是（　　）。 （3）9087=（　　）+（　　）+（　　）	设计意图： 根据描述会正确写数。

第六课时

课时内容	《认识算盘》
课时目标	1.学生能知道算盘各部分的名称，学会用算盘记数和数数。 2.学生通过用算盘表示数、数数的操作过程，掌握用算盘记数的方法，初步

续表

学业要求	了解	理解	掌握	运用
	渗透位值思想、对应思想、数形结合等数学思想。 3.学生了解算盘的历史,知道算盘是我国古代的伟大发明之一,增强学生的民族自豪感。			
学业要求	了解	理解	掌握	运用
	算盘各部分名称。	上下珠分别代表几。	拨算盘的方法。	会使用算盘拨万以内的数。
作业设计	课内作业: 写出下面算盘上表示的数。 (　　)　　(　　) (　　)		设计意图: 让学生知道一个上珠代表5,一个下珠代表1。	
	课后作业: 在算盘上表示出下面各数。 345　706　184　845		设计意图: 让学生练习动手拨算盘。	

第七课时

课时内容	《数的大小比较》			
课时目标	1.通过比一比活动,掌握万以内数的大小比较的方法,能够用正确的符号表示万以内数的大小。 2.通过现实的素材,感受大数的意义,加深学生对万以内数的认识。 3.培养学生的逻辑思维的能力。			
学业要求	了解	理解	掌握	运用
	比较大小在生活中的需要。	先比位数,位数相同,从高位比起。	万以内数比较大小的方法。	在生活中,会实际应用。
作业设计	课内作业: 1.按价钱的高低排列。 3528元　980元　3974元　2450元 　　元<　　元<　　元<　　元		设计意图: 通过比一比活动,掌握万以内数的大小比较的方法,能够用正确的符号表示万以内数的大小。	

续表

	2.按要求回答问题。 999　852　640　847　1003 哪些数在600和900之间？ 最接近1000的数是哪一个？ 把这些数按从小到大的顺序排列起来。	
	课后作业： 　　同学之间进行游戏，游戏规则： 　　1.每一次抽到的数字由抽签者自己决定放在哪一位上； 　　2.哪一队抽到的数字组成的四位数大，哪一队就赢； 　　3.能确定胜负时，本轮比赛结束。	设计意图： 　　考验学生策略，以及是否真的理解了万以内数大小的比较方法。

第八课时

课时内容	《数的估计》第一课时
课时目标	1.结合现实素材让学生认识近似数，并能结合实际进行估计。 2.通过教学活动培养学生的数感。 3.知识与生活实际结合，让学生体会到近似数在生活中的作用和意义。
学业要求	了解	理解	掌握	运用
	什么是近似数。	理解多得多、少得多、多一些、少一些的意思。	分析两个数是否相近，会比较推理。	正确运用多得多、少得多、多一些、少一些。
作业设计	课内作业： 　　1.想一想，选一选。 明明：我的书比文文的页数少得多。 我这本书有582页。	设计意图： 　　体会多得多、少得多、多一些、少一些。

续表

	文文 我的书比文文的页数多一些。 朵朵 明明的书可能有多少页？（画"☆"） 朵朵的书可能有多少页？（画"○"） | 216页	598页	575页 | |---|---|---| | | | |	
	课后作业： 用多得多、少得多、多一些、少一些形容妈妈、姥姥、和你的年龄。	设计意图： 正确运用多得多、少得多、多一些、少一些。
第九课时		
课时内容	《数的估计》第二课时	
课时目标	1.通过用万以内数的估计事物数量的过程，进一步发展估计意识。 2.在活动中体会估计策略的多样化，掌握正确的估计方法，培养估计能力。 3.在具体情境中，让学生感受到估计的意义和价值，体会估计在生活中的作用，进而培养学生灵活的估计策略。 4.调动学生的学习主动性，产生对数学的积极情感，初步养成独立思考的习惯。	

学业要求	了解	理解	掌握	运用
	估数在生活实际中的需要。	近似数在生活中的作用和意义。	估数的方法。	结合实际进行估计。

作业设计	课内作业： 1.估一估，大约有多少本书？	设计意图： 让学生知道估数在数学中的重要性，以及在生活中是非常常见的。

续表

	2. 比一比，估一估。 高 200 厘米　　高约（　）厘米	
	课后作业： 　　课下和同学们一起估一估，一篇课文大约有多少字。（给定一行的字数）	设计意图： 　　体会数学就在我身边，简单的一篇课文，也能用到估数。
单元评估作业	一、看图写数、读数。 1.　　　　　　　　　　2. 写作：_____　　写作：_____ 读作：_____　　读作：_____ 二、选择题。（把正确答案的序号填在括号里） 1.下面各数中，比 4020 大的数是（　）。 A.4200　　　　　B.4002　　　　　C.4019 2.读 8005 这个数时，要读出（　）个零。 A.零　　　　　　B.一　　　　　　C.二 3.从 3900 起，一百一百地数，下一个数是（　）。 A.4900　　　　　B.4000　　　　　C.3910 三、比较大小。 1.在〇里填上">"或"<"。 7603 〇 7599　　4000 〇 3999　　691 〇 609　　2345 〇 2354 2.用卡片上的 4 个数字组成 4 个四位数，再按从小到大的顺序排一排。 ⑦　⓪　⑧　⑥ 3.在□里填上合适的数字。 4.□86>4671　　3955<39□5　　□506>5600 5.填一填，比一比。 300　400　500　600　□　□　900　□　□　1200　1300 　　　300 〇 900　　　　1200 〇 600　　　　□ 〇 □	

300

四、找规律。

1.9095，9096，9097，（　　　），（　　　），（　　　）。

2.10000，（　　　），8000，（　　　），（　　　）。

五、解决问题。

1.用0，0，7，5这4个数字组成一个四位数，当0都不读出来时，这个四位数可能是几？当只读一个"零"时，这个四位数可能是几？

观察物体

基本信息				
学科	数学	教师姓名	刘雅清	
年级	二年级	教科书版本	北京版	
单元主题	观察物体			
单元内容（从教材内容和学生情况两个方面进行分析）	本单元是在学生已经掌握了上下、前后、左右等位置关系的相关知识后进行学习的。教材通过引导学生从不同角度观察简单的物体，让学生体会在不同的观察位置对同一物体进行观察会得到不同的结果；让他们感知不同的结果与不同的观察位置之间的对应关系。本单元的学习，是学生第一次对物体进行多角度观察的开始，也是今后学习"三视图"等空间与图形知识的必要基础，对于帮助学生建立空间观念、培养学生的分析综合能力以及空间想象能力都有着不可忽视的作用。			
关键能力或核心素养	学生在课堂中主动参与，明确从正面、后面、左面、右面对物体进行观察时正确的观察位置在哪里。从不同角度对物体进行观察，观察结果不同。 让学生在活动中感悟知识，建立空间概念，激发学习数学的兴趣。			
单元整体目标	1.引导学生从不同角度观察物体，使他们能辨认从不同位置观察到的简单物体的形状。 2.培养学生的观察能力、分析综合能力以及初步的空间观念。 3.引导学生运用初步的空间观念说明生活中的实际问题，培养学生全面看问题的意识。			
单元课时整体安排	1课时			
第一课时				
课时内容	引导学生分别从一个物体的正面、后面、左面、右面对这个物体进行观察。			
课时目标	1.引导学生从不同角度观察物体，使他们能辨认从不同位置观察到的简单物体的形状。 2.培养学生的观察能力、分析综合能力以及初步的空间观念。 3.引导学生运用初步的空间观念说明生活中的实际问题，培养学生全面看问题的意识。			

续表

学业要求	了解	理解	掌握	运用
	了解观察物体一般要从正面、后面、左面、右面四个方位去观察。	理解在不同的观察位置对同一物体进行观察会得到不同的结果。	不同的观察位置与所观察到的结果的一一对应关系。	多角度观察生活中物体，并用自己的语言分别描述出从正面、后面、左面、右面所看到的物体的情况。
作业设计	课内作业： 1.找四个同学分别站在不同方位观察，然后用自己语言描述出从正面所看到的被观察物体的情况。 2.一位同学用自己语言描述出从正面、后面、左面、右面所看到的被观察物体的情况。 3.将前两项作业对比建立联系。		设计意图： 让学生理解不同的观察位置对同一物体进行观察会得到不同的结果。掌握不同的观察位置与所观察到的结果的一一对应关系。	
	课后作业： 给生活中物体或人从正面、后面、左面、右面照相，并标出照相的位置。		设计意图： 通过实际活动，使学生在头脑中形成了从不同位置观察物体的形状表象，从而进一步体会到在不同的位置对同一物体进行观察会得到不同的结果。明确观察方位是相对于观察者而言的。	
单元评估作业	一、看一看，填一填。 如图：　　正方体从正面、反面、左面、右面、上面和下面看都是（　　）。 如图：　　圆柱从（　　）和（　　）面看都是圆形。 二、看一看，选一选。 小明观察一个立体图形，从正面看是长方形，从侧面看是正方形，这个立体图形是（　　）。 ①　　　　　　　②　　　　　　　③			

长方形和正方形的周长

基本信息			
学科	数学	教师姓名	张俊兰
年级	三年级	教科书版本	北京版
单元主题	第六单元《长方形和正方形的周长》		
单元内容（从教材内容和学生情况两个方面进行分析）	教学内容： 《长方形和正方形的周长》是《义务教育课程标准实验教科书数学》（北京版）第五册的内容，本单元的内容是在低年级学习了长正方体、平面图形的基础上安排设计的，本单元的学习起了承上启下的作用，为后续学习长方形和正方形的面积，奠定了基础。本单元共安排了四个例题，其主要内容是：（1）认识长正方形和正方形，（2）认识周长，（3）计算长方形的周长，（4）计算正方形的周长。教学时间为4课时。本单元的知识目标是理解周长的含义，形成周长的表象，会测量物体表面的周长，初步培养学生的空间观念。理解长方形和正方形周长的计算方法，能正确计算长方形和正方形的周长。教学重点难点是理解周长的含义，使学生经历由具体操作到建立周长概念的过程。理解长方形和正方形周长计算的算理，培养学生灵活应用知识灵活解决实际问题的能力。 学生情况： 本节课的教学对象是三年级第一学期的学生，他们对平面图形已经有了一定的理解，已经掌握了长方形和正方形的特点，例如学生已经知道了长方形有4条边，而且对边相等，有4个角，而且都是直角。正方形四条边相等，且都是直角。但通过前测调查发现，学生们对周长的概念还很模糊，对周长和面积的概念出现了混淆，如何引领学生感受周长概念从模糊到清晰、从浅显到深刻的认识，如何引领学生结合长方形、正方形的特征，理解长方形和正方形周长计算的算理，是本节课追求的目标。 教学方式： 在教师精心创设的问题情境中，充分调动学生已有的知识经验，通过观察、操作、演示、分析、交流等活动，使学生主动学习，主体建构数学知识。 教学手段： 1.提供活动素材——10根小棒、直尺、长方形纸片、正方形纸片。 2.多媒体课件的使用，展示了鲜活的问题场景，引发学生参与学习的动机，激发学生主动探究的欲望。 技术准备：教学课件。		

续表

关键能力或核心素养	空间观念、几何直观、推理能力。
单元整体目标	1.通过数一数、比一比、围一围等观察、操作活动，初步认识长方形和正方形的特征、理解周长的含义。 2.理解长方形和正方形周长的含义，并能正确计算长方形和正方形的周长。 3.通过观察、测量、计算、思考和交流等活动，渗透数学思想，积累数学活动经验，发展学生的空间观念。在解决一些数学问题的过程中，培养高阶思维，提高问题解决的能力。 4.感受数学知识以及数学与实际生活的联系，并渗透"相互联系、相互转化"的辩证唯物主义观点、培养学生数学学习的兴趣。
单元课时整体安排	长方形和正方形的周长（4课时）　　1.认识长方形和正方形（1课时） 2.长方形和正方形的周长（2课时）　　3.整理与复习（1课时）

第一课时

课时内容	《认识长方形和正方形》
课时目标	1.通过数一数、折一折、量一量，认识并初步掌握长方形、正方形的特征。 2.通过观察、测量、对折等活动，自主探索长方形、正方形的特征，发展动手操作能力，发展空间观念。 3.积累数学活动经验，激发主动探索的兴趣。

学业要求	了解	理解	掌握	运用
	长方形、正方形各部分的名称。	长方形、正方形的特征。	通过对折等验证长正方形的特征。	

作业设计	课内作业： 基础练习： 1.把图中的长方形和正方形涂上颜色。	设计意图： 　　进一步巩固长方形和正方形的特征。辨认一个图形是否为长方形和正方形，只需考虑它的四条边和四个角是否符合长方形和正方形的特征，一些非本质的特征可以忽略。

续表

| | 2.在点子图上画出一个长方形和一个正方形，说一说你是怎样画的。

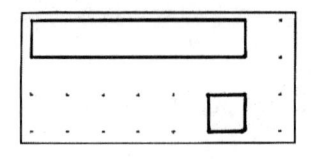

学生作品1

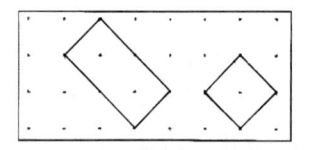

学生作品2

质疑：这个同学画的是长方形和正方形吗？

动手操作：

3.在一张长方形纸上，你能找到一个最大的正方形吗？这个正方形和原来的长方形之间有什么关系？ | 根据长正方形的特征，在钉子板上围出正确的图形，发展学生动手操作的能力及空间观念。

通过练习，进一步巩固长方形和正方形的特征，同时又沟通了长方形和正方形之间的联系。教师可以引导学生动手折一折、剪一剪，直观地感受最大的正方形的边长等于长方形的宽；也可以引导学生观察、思考、通过推理得出结论。 |
|---|---|---|
| | 课后作业：

基础作业：

1.下面图形中，是长方形的在括号里画"√"，是正方形的在括号里画"○"

（ ）（ ）（ ）（ ）（ ）

2.在方格纸上按下面的要求画长方形和正方形。

（1）画一个长方形和一个正方形。

（2）画一个恰好含16个方格的正方形。

（3）画一个恰好含12个方格的长方形。 | 设计意图：

沟通数学与生活的联系，感悟长方形、正方形的特征。

这是一道画图题，需要把长方形、正方形的特征用图形的方式画出来，难度比较大。其中（2）、（3）题还要考虑小方格的个数问题。教师可引导学生思考、交流，然后再画。 |

续表

			学习用数学的眼光观察生活，使学生体会现实生活里的数学，产生对数学的亲近感和兴趣。
	实践性作业： 找一找生活中哪些物体的面是长方形或是正方形的，以数学日记的形式记录下来。		

第二课时

课时内容	《认识周长》			
课时目标	1.使学生通过观察、操作、测量、计算等活动理解周长的含义，能指出并测量简单平面图形的周长，初步学会通过测量简单平面图形的边长计算周长。 2.使学生感受由具体操作到建立周长概念的过程，体会从具体事物中抽象、概括数学知识的过程，积累数学活动的初步经验。 3.使学生体会现实生活里的数学，产生对数学的亲近感和兴趣，培养学生思考、合作探究的意识与能力。			
学业要求	了解	理解	掌握	运用
	了解化曲为直的数学思想。	理解周长的含义，形成周长的概念。	能指出并测量简单平面图形的周长。	
作业设计	课内作业： 基础练习： 1.请你描出这些图形的一周。 2.计算下面图形的周长。（单位：厘米） （三角形：3，5，4；六边形：18，8，8，18，10）		设计意图： 通过描一描平面图形的一周边线，使学生感受周长，感知周长的含义。 把周长的认识从感性上升到理性，巩固周长概念。	

续表

	拓展练习：	引导学生观察、比较、思考三个图形周长的大小，培养学生的推理能力。
	1.下面各图中，（　　）的周长最大？ 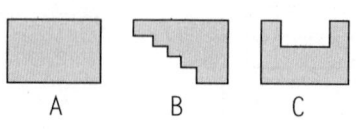 A　　B　　C	
	2.熊大和熊二在公园进行跑步比赛，熊大沿1号草坪周围跑一周，熊二沿2号草坪周围跑一周。他们跑的路程一样吗？为什么？ 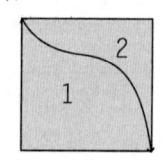	通过创设问题情境，引发学生的认知冲突，感受图形的周长与面积的区别。
	课后作业： 基础作业： 1.下面所有的小正方形边长都相等，那么图形1的周长（　　）图形2的周长。 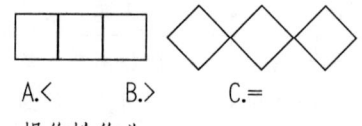 A.＜　　B.＞　　C.＝	设计意图： 通过练习，使学生感知周长的含义。
	操作性作业： 画一条线，你能把长方形分成周长相等的两部分吗？	通过分一分内化周长的含义。

第三课时

课时内容	《计算长方形、正方形的周长》			
课时目标	1.理解长方形、正方形周长的计算方法，能正确计算长方形、正方形的周长。 2.在观察、测量、计算、思考、交流等活动过程中，逐步建立空间观念，渗透推理和建模的数学思想方法，积累图形周长计算的教学活动经验。 3.感受数学知识以及数学与实际生活的联系，体验数学学习的乐趣。			
学业要求	了解	理解	掌握	运用
	了解可运用多种方法计算长方形、正方形的周长，并可以进行算法的优化。	理解长方形、正方形的计算方法，并渗透推理的数学思想方法。	能正确计算长方形、正方形的周长。	

| 作业设计 | 课内作业：
基础性作业：
1. 数学书72页第1题。
计算下面图形的周长。（图中单位：厘米）

（长方形 20×7，正方形 8，长方形 60×40）

操作性作业：
摆一摆：
选择下面的小棒，摆出不同的长方形和正方形。它们的周长各是多少？（图中单位：厘米）

（4、3、7 的小棒）

实践性作业：
改编数学书第72页第4题。用铁丝折成这样的形状，并解答。

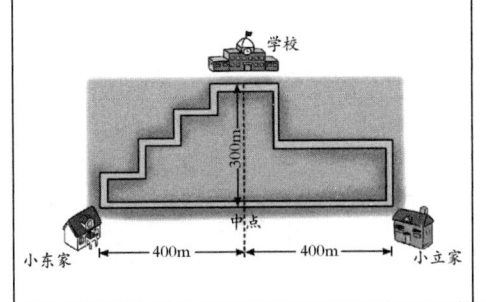

（图示：学校 — 小东家 400m — 中点 — 400m — 小立家，300m） | 设计意图：
　　这是一道书中出现的长方形、正方形的计算题。需要关注的是第三个图形，寻找有用的条件解决问题。

　　要求学生亲自动手摆一摆，在摆的过程中进一步体会长方形、正方形的特征和周长的含义。

　　引导学生利用平移的方法，说明小东和小丽走的路程都是700米。 |
|---|---|---|
| | 课后作业：
基础性作业：
下面哪个图形的周长最长？先估一估，再量一量、算一算。

（三角形、长方形、菱形） | 设计意图：
　　让学生首先估一估，再计算。 |

续表

| | | | 拓展性作业：
两块一面靠墙的长方形菜地，长都是13米，宽都是8米。围成这样两块菜地各需要篱笆多少米？ | 两块长方形菜地都只需要围三条边，培养学生用多种方法灵活解决问题。 |

第四课时

课时内容	《整理与复习》
课时目标	1.通过回顾整理进一步理解所学知识和方法；结合实际情境运用周长知识，灵活解决问题。 2.通过观察、对比、思考和交流等活动，积累数学活动经验，在尝试推理的过程中，发展空间观念。 3.在解决问题的过程中，感受数学与实际生活的联系，发展应用意识。
学业要求	了解	理解	掌握	运用
	在解决问题的过程中，感受数学与实际生活的联系，发展应用意识。	回顾整理进一步理解所学知识和方法；结合实际情境运用周长知识，灵活解决问题。	积累数学活动经验，发展空间观念。	
作业设计	课内作业： 拓展性练习： 问题一：李伯伯的菜地 为了方便打理菜地，李伯伯在菜地里修了一条小路，把菜地分成了两个部分。同学们，请你们观察一下，这两个部分的周长相等吗？	设计意图： 结合实际情境，让学生通过观察、对比和交流等活动，巩固对周长的认识，发展学生的空间观念和解决问题的能力。

	问题二：李伯伯邀请朋友到家做客。 　　李伯伯打算把两张桌子拼成一个大桌，已经知道每张桌子的桌面长200厘米、宽100厘米。请同学们想一想，这两张桌子可以怎么拼？拼完之后大桌桌面的周长是多少？如果沿着桌边每100厘米可以放2把椅子，按你的拼法大桌可以围坐多少人？	
	课后作业： 　　基础性作业： 1、数学书第75页第4题 　　拓展性作业： 　　下图中大正方形的周长是24厘米，小正方形的周长是12厘米。这两个正方形拼成的图形的周长是多少？	设计意图： 　　结合实际情境运用周长知识，灵活解决问题。 　　运用所学知识，灵活解决问题，培养学生的高阶思维。

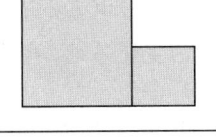

千米分米和毫米的认识

基本信息			
学科	数学	教师姓名	王雅岐
年级	三年级	教科书版本	北京版
单元主题	千米、分米和毫米的认识		
单元内容（从教材内容和学生情况两个方面进行分析）	本单元教学是在学生已经认识了长度单位"厘米""米"，初步学会用米尺量物体长度的方法，了解米和厘米在日常生活中的应用的基础上学习的。在这一单元中要学习长度单位"千米""分米""毫米"。通过学习，学生对常用的长度单位会有个比较完整的认识。关于长度单位这部分知识主要有以下几个特点：一、直观性，它不像有的数学概念那样抽象，学生能清楚地看到具体的长度；二、实践操作性，学生可以在生活中随处找到1毫米、1分米的实物，可以用尺画出1毫米、1分米，通过走路或实际测量感受1千米；三、实用性，生活中经常需要运用这些长度单位测量物体的长度。我们要关注学生的几何直觉、几何想象、几何测量能力的培养。这部分知识在生活中无处不在，是学生身边的数学。因此这单元的教学不仅是学生今后学习的重要基础，也为提高学生的解决问题能力和实践能力创造了条件。		
关键能力或核心素养	几何直觉、几何想象、几何测量		
单元整体目标	1.通过实际测量，认识长度单位"千米""分米""毫米"，建立1千米、1分米和1毫米的长度观念。 2.知道常用单位之间的关系，进行简单的单位换算，会恰当地选择长度单位。 3.能估计一些物体的长度，会选择不同的方式进行测量。 4.增强学生合作交流的意识，提高操作技能，发展实践能力。		
单元课时整体安排	《千米的认识》（1课时） 　《分米和毫米的认识》（1课时） 《整理和复习》（1课时）		
第一课时			
课时内容	《千米的认识》，建立1千米的观念。进行简单的千米和米之间单位换算。		
课时目标	1.清楚地认识长度单位"千米"，建立1千米的长度表象，明确1千米=1000米，会正确地使用千米和米做单位。 2.通过动手操作和主动实践，在头脑中建立起1千米的表象。		

续表

	3.通过贴近学生生活的数学活动，使学生感受到数学与生活的密切联系，激发求知欲，养成认真观察、认真测量的好习惯，培养学生的应用意识。			
学业要求	了解	理解	掌握	运用
	长度单位千米。	1千米的实际长度。	正确地使用千米和米做单位，运用千米、米之间的进率进行单位换算，解决问题。	
作业设计	课内作业： 一、借助身边的事物，说一说"1千米"。 1.小红陪妈妈散步，已经走了600米，再走多少米就是1千米。 2.操场跑道一圈是200米，走（　　）圈是1千米。 3.请你借助身边的事物，描述什么是"1千米"。 二、填空： 在一场足球比赛中，一名运动员大约要奔跑9000米，是（　　）千米。 月亮围绕地球运行，每秒大约运行8千米，是（　　　）米。 我是这样想的：9000米是（　　）个1000米，因为1000米＝1千米，所以9000米是（　　）米。 我是这样想的：8千米（　　　　　）。		设计意图： 　　建立"1千米"的概念，形成"1千米"的表象。 　　巩固千米和米之间的换算方法，解决问题。	
	课后作业： 　　6千米＝（　　　）米 　　10000米＝（　　　）米 　　3761米＝（　　）千米（　　　）米 　　8千米89米＝（　　　）米		设计意图： 　　运用千米和米之间的关系进行单位换算，巩固千米和米之间换算方法。	

续表

	740米+800米=（　）千米（　）米 　　二、拓展练习。 　　（一）查资料，填一填。 　　1、汽车在高速公路上行驶每小时不能超过（　）千米。 　　2.动车每小时大约行驶（　）千米。 　　3、飞机每小时大约飞行（　）千米。 　　4、自行车每小时大约行（　）千米。 　　（二）估一估，算一算。（分层作业） 　　步行1千米大约用（　）分。 　　骑自行车1千米大约用（　）分。 　　汽车行驶1千米 大约用（　）分。 　　三、实践性作业（一周内完成）。 　　估计从学校出发到什么地方的路程大约是1千米，用自己的方法，如：尺子测量、步测、借助交通工具等，进行验证。	让学生在这个过程牢固建立1千米的概念，同时，培养他们灵活运用知识、善于收集资料、思考问题的能力以及语言表达能力。 让学生利用下课时间去走一走，进一步体会1千米有多远，更好地建立起1千米的长度观念。
第二课时		
课时内容	《米和毫米的认识》，建立1分米、1毫米的观念。在理解长度单位之间的进率后，进行简单的千米和米之间单位换算。	
课时目标	1.通过测量、观察、估计、交流等活动，认识长度单位"分米"和"毫米"，知道分米、毫米与米、厘米每相邻两个单位之间的关系；初步学会用分米、毫米做单位测量或描述物体的长度。 　　2.联系对长度单位的已有认识和自身的生活经验，初步建立1毫米、1分米的实际表象，能利用有关长度单位的表象进行一些直观的判断和思考，培养学生的估测意识。 　　3.使学生学习感受数学与生活密切联系，感受与同学合作交流的意义和价值，增强学数学、用数学的兴趣和信心。	

续表

学业要求	了解	理解	掌握	运用
	长度单位分米、毫米。	1分米、1毫米的实际长度。	正确地使用分米和毫米做单位，运用长度单位之间的关系解决问题。	估计并测量生活中物体的长度。
作业设计	课内作业： 一、基础练习 1.填上合适的单位。 小明身高148（　）。 一张书桌长9（　），宽5（　）。 爸爸骑自行车每小时可以行驶18（　）。 一把尺子长2（　），厚2（　）。 你手掌的长度大约为1（　）。 2.先估计，再测量。 数学书各边的长，用合适的长度单位记录下来。 3.单位互化。 4dm=（　）cm　　30cm=（　）dm 90mm=（　）cm　（　）dm=5m 200m+800m=（　）m=（　）km 二、拓展练习。 如果将下面铁丝拉直，它的长度大约是（　）。	设计意图： 在建立各个长度单位表象的基础上，结合生活实际和所给的数据，会选用合适的长度单位。 利用有关长度单位的表象对一些事物进行估测，培养学生的估测意识和动手精准测量的能力。 知道长度单位之间的关系，以及单位换算和巩固单位换算方法。 在学生意识中，测量物体一般是直的，学会对变形曲折的物体估测方法。		
	课后作业： 一、基础练习。 		估计值	测量值
---	---	---
橡皮的长	（　）厘米	（　）厘米（　）毫米
铅笔盒的宽	（　）厘米	（　）厘米（　）毫米
课桌的高	（　）厘米	（　）分米（　）厘米		设计意图： 利用有关长度单位的表象对一些事物进行估测，培养学生的估测意识和动手精准测量的能力。		

	二、拓展提高（分层）	利用长度单位的知识解决实际问题。
	1.把5根7分米的彩带黏合在一起（两根黏接处示意图如下），重合的部分是1分米。黏合后的彩带的长度是多少分米？ 　　　1分米 2.你发现了什么规律？	
	三、实践作业： 　　写一篇数学作文（完成时间：一周） 　　用所学的长度单位来描述生活，写一篇作文，如假期旅游路上见到的有关长度单位的事物等。也可以写一篇数学日记，也可以发挥想象，写一个用长度单位描述事物的童话故事。	学生在头脑中已经建立了长度单位的表象，联系自身的生活，完成作文。通过贴近学生生活的数学活动，使学生感受到数学与生活的密切联系，激发求知欲，养成认真观察的好习惯。

第三课时			
课时内容	《整理与复习》，梳理本单元知识，解决实际问题。			
课时目标	1.进一步认识长度单位"毫米""厘米""分米""米""千米"，梳理常用的长度单位间的关系。 2.估计并测量生活中物体的长度，掌握估测和测量的方法，发展量感。 3.综合运用长度单位的知识解决生活中的实际问题，感受数学与生活的密切联系。			
学业要求	了解	理解	掌握	运用
	长度单位千米、分米、毫米。	1千米、1分米、1毫米的实际长度。	估计并测量生活中物体的长度；综合运用长度单位的知识解决生活中的实际问题。	估计并测量生活中物体的长度。

作业设计	课内作业：	设计意图：
	一、基础练习。	进一步认识长度单位"毫米""厘米""分米""米""千米"，梳理常用的长度单位间的关系。
	我们已经学习了哪些长度单位？这些长度单位之间是什么关系？用你喜欢的方式表示出来。	
	二、实践操作。	估计并测量生活中物体的长度，掌握估测和测量的方法，发展量感。
	先估计，再测量，选择合适的单位记录数据。	
	<table><tr><td></td><td>估计值</td><td>测量值</td></tr><tr><td>数学书厚度</td><td></td><td></td></tr><tr><td>铅笔的长</td><td></td><td></td></tr></table>	
	三、拓展提高。	运用长度单位的知识解决实际问题，会选择合适的单位表达。
	一根绳子长2米，对折两次后是多长？	
	课后作业：	设计意图：
	一、基础练习。	利用有关长度单位的表象对一些事物进行估测，培养学生的估测意识和动手精准测量的能力。
	1. 5枚1元硬币摞在一起，厚度大约是1（　　）	
	2. 5厘米＝（　　）毫米	知道长度单位之间的关系，以及单位换算和巩固单位换算方法。
	30分米＝（　　）米	
	400厘米＝（　　）米	
	6千米40米＝（　　）米	
	58厘米－18厘米＝（　　）分米	
	二、拓展与实践。	综合运用长度单位的知识解决生活中的实际问题，感受数学与生活的密切联系。
	骑自行车1千米大约用5分钟，步行1千米大约用9分钟，汽车行驶1千米大约用3分钟，飞机飞行1千米大约用3秒。	
	方方要去游泳馆游泳，他家到游泳馆6千米，他可以选择哪种出行方式？大约用多长时间？	
	方方一家假期要去云南昆明旅游，你建议他们采用哪种出行方式？为什么？	

单元评估作业	一、量一量。
	 长（　）毫米　　　　　　长（　）毫米 二、填空题。 1.我们学过的长度单位有（　）、（　）、（　）、（　）、（　）。 2.计量比较长的路程通常用（　）做单位。 3.计量比较短的物体长度或要求量得比较精确时，可以用（　）做单位。 4.在括号里填上适当的长度单位。 数学书厚约10（　）。 骑自行车每小时行驶20（　）。 小丽身高约1（　）。 三、在○里填上"＞""＜"或"＝"。 8千米○7900米　　7000米○7千米　　5千米○5400米 5米○49分米　　　1米○8分米　　　　200毫米○3分米 四、算一算。 2千米=（　）米　　8000米=（　）千米　　5厘米=（　）毫米 800厘米=（　）分米　　80分米=（　）米　　20分米=（　）厘米 6米5厘米=（　）厘米　　45分米=（　）米（　）分米 2千米-1200米=（　）米　　24毫米+46毫米=（　）毫米=（　）厘米 五、选择题。（将正确答案的序号填在括号里） A.千米　B.米　C.分米　D.厘米　E.毫米 1.纸杯厚约1（　）。 2.妈妈买的DVD影碟机厚约5（　）。 3.笑笑的手掌长约1（　）。 4.刘彤爸爸的身高大约是2（　）。 5.小明家所在的城市距北京约670（　）。 六、排一排。 1.按从大到小的顺序排列。 400厘米　　30米　　20分米　　1千米 2.按从小到大的顺序排列。 5000毫米　　200厘米　　1米　　5000米

续表

七、解决问题。

1. 爸爸每天沿操场跑 5 圈，操场每圈长 400 米。爸爸每天跑多少米？是多少千米？

2. 9 枚 1 元硬币叠起来高 1 厘米 8 毫米，每枚 1 元硬币厚多少毫米？

3.

| 明明家 | 商场 | 学校 | 邮局 |

明明家距邮局 6000 米，距学校 5000 米。邮局和商场之间相距 3000 米，学校和商场之间相距多少千米？

4. 一根绳长 40 米，先剪下 12 米做一根长绳，剩下的每 4 米做一根短绳，可以做多少根短绳？

"研思同行，共享提升"：单元作业设计初探

种选

数学百花园——搭配、等量代换

基本信息				
学科	数学		教师姓名	曹正英
年级	三年级		教科书版本	北京版
单元主题	数学百花园——搭配、等量代换			
单元内容（从教材内容和学生情况两个方面进行分析）	1.通过观察、猜测、操作等活动，掌握排列不重复、不漏掉的方法。 2.经过排列活动，培养学生有序、全面思考问题的意识，感受数学与生活的紧密联系。 3.让学生感受数学与生活的紧密联系，培养学生学习数学的兴趣和用数学解决问题的意识。			
关键能力或核心素养	探索简单情景下的变化规律。培养学生数学建模思想，从现实生活或具体情境中抽象出数学问题，用数学符号建立方程、不等式、函数等表示数学问题中的数量关系和变化规律，求出结果并讨论结果的意义。这些内容的学习有助于学生初步形成模型思想，提高学习数学的兴趣和应用意识。			
单元整体目标	1.通过观察情境中的相等关系及解决问题，体会等量代换的方法。了解生活中一些简单的搭配现象，通过活动掌握简单搭配的方法，培养有序思考的能力。 2.能运用等量代换解决简单问题，发展观察能力及推理能力。经历探索简单搭配的过程，能够清楚地表达自己的思考过程，发展推理和有条理表达的能力。 3.获得解决问题的成功经验，感受等量代换在特定问题中的价值，激发学习兴趣和信心。探索解决问题的有效策略，感受数学在生活中的广泛应用，增强学习数学的兴趣。			
单元课时整体安排	《等量代换》（2课时）　　《合理搭配》（1课时）			
第一课时				
课时内容	等量代换是指一个量用和它相等的量去代替，隶属于"数与代数"的范畴，是一种基本的数学思想和方法。本课主要是向学生渗透一些初步的现代数学思想方法，并能解决一些简单的实际生活问题和数学问题。			
课时目标	1.使学生能初步学会等量代换的方法，接受等量代换的思想。 2.培养学生的观察力及初步的逻辑推理能力。 3.在小组活动中，主动参与，增强合作意识。			

续表

学业要求	了解	理解	掌握	运用
	解决一些简单的实际生活问题和数学问题。			
作业设计	课内作业： 1.看下图，跷跷板右边要站几只才能平衡？  2.3只猫的重量等于1只狗的重量，1只狗等于3只鸭的重量，1只狗重9千克，1只猫与1只鸭各重多少千克？ 3.水果兄弟们组成了各种不同的图文算式，它们各代表一个数，你能猜出它们各代表几吗？    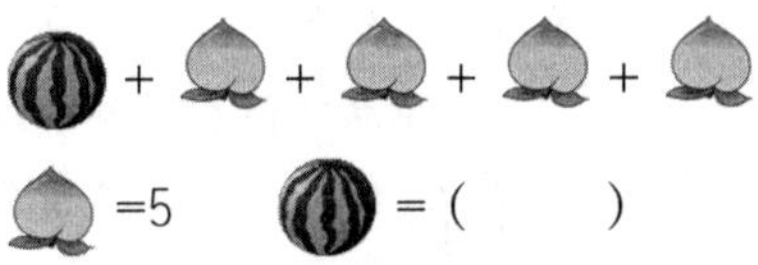 12+🍎+🍎=20 🍎=（　　） 🍐+🍐+🍐=10-1 🍐=（　　） 🍅+🍅-🍅=15+10 🍅=（　　） 🍉+🍑+🍑+🍑+🍑 🍑=5　🍉=（　　）	设计意图： 　　教师可以有效地利用电子白板的功能，记录下学生的思路，化静态的知识为动态的知识，有效地突破了知识难点。最后利用电子白板的回放功能，可以使学生对知识的发生、发展过程重新梳理，形成正确的、清晰的表象，有助于引领学生的思考过程和启发学生的思维灵感。

续表

	课后作业： 1.1个🍉和6个🍎一样重，1个🍎和2个🍑一样重，则1个🍉和（　　）个🍑一样重。 2.如果○+△=20，○=△+△+△，那么○=（　　），△=（　　）。 3.如果△+□=70，□+○=74，○+△=72，那么△=（　　），□=（　　），○=（　　）。 4.1瓶饮料的价钱=4个橘子的价钱 　5瓶饮料的价钱=1个蛋糕的价钱 　3个蛋糕的价钱=（　　）个橘子的价钱	设计意图： 　　充分利用学生的生活经验，准确把握学生的知识起点。对本节课的教学内容"等量代换"，学生或多或少有一些认识，但不具体、不规范。为此，我利用学生所熟悉的生活经验，合理处理教材，准确定位。由互换中的重量代换，到学生自身认知需要激发出的价值代换，寻求解决等量代换问题的基本规律。

第二课时

课时内容	让学生通过观察、猜测、操作、验证等活动，初步体会等量代换的数学思想。培养学生有序地、全面地思考问题的意识和合作学习的习惯。培养学生的推理能力和语言表达能力，发展学生的思维。			
课时目标	1.通过观察情境中的相等关系及解决问题，体会等量代换的方法。 2.能运用等量代换解决简单问题，发展观察能力及推理能力。 3.获得解决问题的成功经验，感受等量代换在特定问题中的价值，激发学习兴趣和信心。			
学业要求	了解	理解	掌握	运用
	感受等量代换在特定问题中的价值。	通过观察情境中的相等关系及解决问题。		
作业设计	课内作业： 1.1个菠萝的重量等于8个柠檬的重量，一个柠檬的重量又等于2个草莓的重量，1个菠萝的重量是几个草莓的重量？ 2.下图中第三个盘子应放几个▢才能保持平衡？		设计意图： 　　有效地发挥白板的优势，改善教与学的效果，从而提高教学效率，真正达到师生互动。利用白板的隐藏功能、拖动功能、可移动性等功能，把学生的思维状态（即等量代换的表象）清晰地展现出来。	

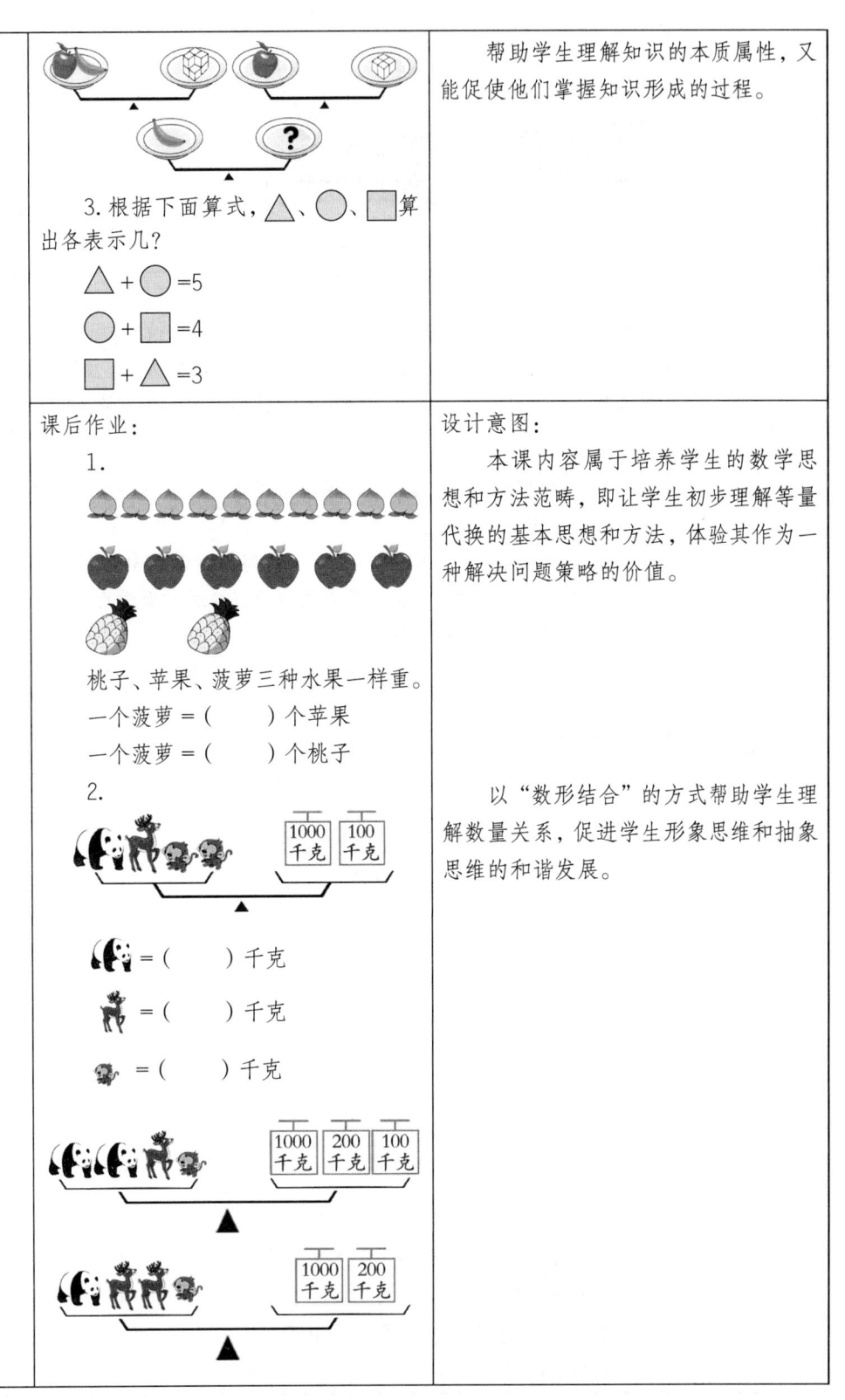

	[图：天平图示]	帮助学生理解知识的本质属性，又能促使他们掌握知识形成的过程。
	3.根据下面算式，△、○、□算出各表示几？ △ + ○ =5 ○ + □ =4 □ + △ =3	
	课后作业： 1. [图：桃子、苹果、菠萝] 桃子、苹果、菠萝三种水果一样重。 一个菠萝 =（　　）个苹果 一个菠萝 =（　　）个桃子 2. [图：熊猫、鹿、猴子与1000千克、100千克] [图]= （　　）千克 [图]= （　　）千克 [图]= （　　）千克 [图：熊猫、鹿、猴子与1000千克、200千克、100千克] [图：熊猫、鹿、猴子与1000千克、200千克]	设计意图： 　　本课内容属于培养学生的数学思想和方法范畴，即让学生初步理解等量代换的基本思想和方法，体验其作为一种解决问题策略的价值。 　　以"数形结合"的方式帮助学生理解数量关系，促进学生形象思维和抽象思维的和谐发展。

续表

	3.已知 ⬤ =15克，求 ▭ =？克	
	第三课时	
课时内容	学生已经接触了简单的排列和组合的基础上学习的过程，内容上难度稍有提升，问题情况也更复杂，同时给出了更简捷、更抽象的表达方式。本节课是通过多种数学活动，使学生学会按一定的顺序搭配的方法，从而激发学生学习数学的兴趣，培养学生有序思考的能力和用数学方法解决实际问题的能力。	
课时目标	1.知识与技能目标： 学生在解决问题的过程中，掌握搭配的方法，体会有序思考的价值。 2.过程与方法目标： 通过摆一摆、画一画、连一连、写一写等活动探索搭配的方法与结果，体验数学方法的多样化和最优化，具有初步的符号感和数学思考。 3.情感态度与价值观目标： 在解决问题的过程中，主动与他人合作交流，感受数学与生活的密切联系，体验成功的乐趣，激发学生学习数学的兴趣。	

学业要求	了解	理解	掌握	运用
		体验数学方法的多样化和最优化，具有初步的符号感和数学思考。		通过摆一摆、画一画、连一连、写一写等活动探索搭配的方法与结果。

| 作业设计 | 课内作业：
一、
    齐王 田忌
第一场 上————上（输）
第二场 中————中（输）
第三场 下————下（输）

师：同学们想听故事吗？我们一起来听"田忌赛马"的故事……齐威王安排上等马的时候，田忌也可以有上、中、下马三种选择；齐威王安排中等马的时候，田忌可以有上、中、下马三 | 设计意图：
  只要我们学好搭配中的学问，想好策略，巧妙搭配，即使是微小的希望，我们也有获胜的机会。 |

	择；齐威王安排下等马的时候，田忌同样有上、中、下马三种选择。 　　师：齐威王与田忌的赛马比赛规则：每队每种马必须赛一次，而且只能一次，三局两胜。我们看齐威王与田忌的第一次比赛情况。（看动画） 　　（结果齐王以3比0取胜。） 　　（2）探索：赛马搭配 　　师：齐威王与田忌比赛的马有几种不同的搭配方式。 　　　　　　齐王　　　田忌 　　第一场　　上————上（输） 　　第二场　　中————中（赢） 　　第三场　　下————下（赢） 　　师：继续听故事，你们知道孙膑是如何帮助田忌反败为胜的吗？"田忌赛马"是用到了数学中的什么学问？请同学们在电脑中试一试，你就能揭开其中的奥秘，也能成为聪明的军事家孙膑。 　　二、如下图，小明从家走到学校一共有多少种不同的路线？ 　　　　小明家──→图书馆──→学校	合理搭配，通过改变搭配的方式反败为胜。 有3个地点，每两个地点之间有2条路，也是搭配的思想，培养学生有序思考问题。
课后作业： 　　1.用2、6、8这三张数字卡片，可以摆出多少个不同的两位数？ 　　2.买一个面包和一瓶饮料，可以有多少种不同的买法？ 　　维生素面包　牛奶面包　牛角面包 　　红茶　　绿茶　　矿泉水　　橙汁	设计意图： 　　学生在掌握了有序思考的方法和更简捷的表达方式后，加深学生对有序思考和表达方式的理解，帮助学生重新建构自己的数学知识体系。	

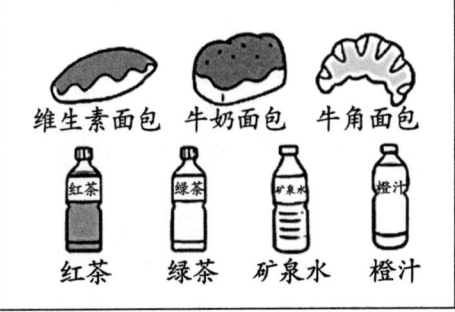

续表

	3.把这三个字按不同的顺序摆放，可以表示不同的意思，请你试试看并把它们写下来。 写　好　字 4.有4个人，每两人要握手一次，共要握手几次？ 	形象地画图，连线的方式，有序思考问题。
单元评估作业	三年级上册第八单元——《数学百花园》评估卷 1.如图所示，小华从学校经过街心花园到少年宫，一共有（　　）条路线可以走。  2.四个队踢足球，每两个队都要比赛一场，一共要比赛多少场？ 先在下面用线连一连，再回答。 红队 黄队　　绿队 蓝队 3.春节期间，小军、小刚与小红要互相拜年。 （1）他们3人每2人通一次电话，一共通了多少次？ （2）如果他们互相寄一张节日贺卡，一共寄了多少张？	

4.某校要从3名男同学和2名女同学中各选1人代表学校参加"少儿戏曲大赛",有多少种不同的组队方案?

小丽　小美　小阳　小军　小杰

有多少种不同的搭配方法?

6.下图是学校星期五的菜谱,如果按一荤一素的要求进行搭配,星期五有几种不同的配菜方法?

星期五菜谱

荤菜　　肉
　　　　虾　丸子
素菜　　白菜
　　　　豆腐
　　　　冬瓜

7.成成的爸爸是一位工厂老板,他刚买了一个保险柜,密码是由2、4、8三个数字组成的一个三位数。这个保险柜的密码有多少种可能?

8.从鸟岛到狮虎山,共有多少条不同的路线?

可能性

基本信息				
学科	数学		教师姓名	冯莹
年级	四年级		教科书版本	北京版
单元主题		可能性		
单元内容（从教材内容和学生情况两个方面进行分析）		教学内容分析 　　在现实生活中，确定性的现象十分有限，不确定的现象却是大量存在的，而概率论证是研究不确定现象规律性的数学分支。 　　本单元主要是学习事件发生的不确定性和可能性，引导学生初步体验现实生活中存在的不确定现象，并知道事件发生的可能性是有大小的。 学生情况分析 　　四年级学生已经有了一定的生活经验，教材选取了学生熟悉的"从每一组扑克牌中任意抽取一张，会是什么花色"这一实例引入本单元的学习内容，还通过不同的生活实例丰富学生对不确定现象的体验，目的是使学生积极地参与学习活动中去，并感受数学就在自己身边，体会数学与生活的联系。 　　从不确定现象中去寻找规律，对学生来说是一种全新的观念，也是教学中的难点。如果缺乏对随机现象的丰富体验，学生很难建立这一观念。因此教材中安排设计了许多有趣的活动，如涂色活动、抽图片活动、掷小正方体的活动等。通过这些活动使学生在观察、猜测、试验与交流的过程中，逐步丰富对不确定性进行和可能性大小的体验。		
关键能力或核心素养		逻辑推理、分析能力		
单元整体目标		1.初步体验有些事件的发生是确定的，有些则是不确定的。 2.知道事件发生的可能性的大小，能对一些简单事情发生的可能性做出描述，并和同伴交流。 3.感受随机现象结果发生可能性的大小，能对简单随机现象发生的可能性大小做出分析和预测。		
单元课时整体安排		确定与不确定事件（1课时）　　可能性大小（1课时）		
第一课时				
课时内容		《可能性》第一课时		

续表

课时目标	1.初步体验有些事件的发生是确定的,有些则是不确定的。 2.课堂中为学生提供猜测、试验、交流的机会,丰富学生对确定现象和不确定现象的体验。			
学业要求	了解	理解	掌握	运用
	有些事件的发生是确定的,有些则是不确定的。	正确判断生活中的事件哪些是确定的,哪些是不确定的。	用"一定""不可能"描述确定事件,用"可能"描述不确定事件。	
作业设计	课内作业: 1.从每组中任意抽出一张,会是什么花色? 第一组　第二组　第三组 		1	2	3	4	5	6	7	8	合计
---	---	---	---	---	---	---	---	---	---
黑棋									
红棋									| 2.说一说:生活中哪些事件一定会发生?哪些事件不可能发生?哪些事件的发生是不确定的?	设计意图: 通过抽牌游戏,让学生感受到事件发生确定性和不确定性,同时感受到数学就在我们身边,热爱数学。 理解事件发生的确定性和不确定性后,举出生活中的例子说一说,再次加强理解,感受生活中处处有数学。		
	课后作业: 基础作业: 在下面的括号里填"一定""可能"或"不可能"。 　　明天(　　)会下雨。 　　太阳(　　)从东边落下。 　　哈尔滨的冬天(　　)会下雪。 　　这次测验我(　　)会得100分。	设计意图: 能用"一定""可能""不可能"等词语描述生活中一些事情发生的可能性,培养学生初步的判断和推理能力。		

续表

	提高作业（分层）： 按要求涂色。 从每组中任意摸出一个球，会是什么颜色？ 一定是红色　不可能是蓝色　可能是黄色	加深对"一定""可能""不可能"三个词语的理解，运用所学知识提高解决简单生活问题的能力。
	第二课时	
课时内容	《可能性》第二课时	
课时目标	1.经历猜测、实验、数据整理和描述的过程，体验事件发生的可能性是有大小的，能对一些简单事件发生的可能性做出预测，并阐述自己的理由。 2.培养学生通过实验获取数据、利用数据进行猜测与推理的能力，并能列出简单实验所有可能发生的结果。让学生经历"猜想—验证—分析结果—得出结论"的过程，注重数学思想方法的渗透。 3.积极参加抽卡片活动，在用可能性描述事件的过程中，发展合情推理能力，在活动交流中，培养合作学习的意识和能力。	

学业要求	了解	理解	掌握	运用
	了解事件发生的可能性是有大小的。	理解可能性的大小与什么有关。	掌握事件可能性的大小与数量的多少有关。	能够熟练运用，判断可能性的大小。

作业设计	课内作业： 1.将上面的卡片混在一起，从中任意选取一张，这张卡片可能是什么？说说你是怎么想的？ 2.将下面的卡片混在一起，从中任意选取一张，这张卡片可能是什么？三种水果卡片被选取的可能性一样大吗？为什么？ 	设计意图： 抽卡片活动 从本题中感受抽到每张卡片的可能性相同，并能让学生说一说自己的想法，分析说明其中的道理。 学生动手操作，抽取卡片，从学生们的大量试验数据中分析说明这些卡片抽取到的可能性不同，能够用自己的语言表达，并且能够分析出可能性的大小与数量的多少有关。

	课后作业：	设计意图：
	基础作业：	
	1. 摸奖啦！	
	第一个袋子：红球3个，黄色8个。	能对一些简单事件发生的可能性做出预测，提高解决问题的能力，并感受生活离不开数学。
	第二个袋子：红球8个，黄球3个。	
	第三个袋子：红球3个，黄球3个。	
	摸出红球：奖品为铅笔一支。	
	摸出黄球：奖品为橡皮一块。	
	你想从哪个袋子里摸，为什么？	
		运用可能性的知识解决问题，感受可能性是有大小的，并能让学生分析出为什么，感受数学在生活中的应用。
	2. 右图是一个小正方体木块，在它的六个面上分别标有数字1、2、2、3、3、3，任意掷出后，朝上的数字可能是几？	
		灵活熟练应用知识解决问题。
	提高作业：	
	量一量，画一画，请你用红黄蓝三种颜色，设计一个可以转动的转盘，当转盘停止后，指针对准红色的可能性最小。	
	拓展性作业（分层）：	能对一些简单事件发生的可能性做出预测，提高解决问题的能力。
	装球比赛，一共装6个球。怎样装才能满足下列条件？	
	（1）一定是红球；	
	（2）可能是红球，也可能是白球；	
	（3）红球的可能性大，白球的可能性小；	
	（4）红球和白球的可能性相等；	
	（5）红球的可能性小，白球的可能性大。	

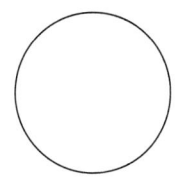

单元评估作业	可能性评估作业
	一、填空。 1. 拿彩球　　1 白色　　2 黄色　　3 白色和蓝色 （1）从第1盒里拿，拿出的一定是（　　）色。 （2）从第2盒里拿，拿出的（　　）是蓝色。 （3）从第3盒里拿，拿出的可能是（　　）色，也可能是（　　）色。 2. 5个红球 3个白球 任意摸一个球，摸出（　　）球的可能性大，摸到（　　）球的可能性小。 二、选择题。 1. 盒子里10个黑色棋子，任意摸出1个，（　　）是黑色的。 　　A、可能　　B、一定　　C、不可能 2. 盒子里有20个围棋子，其中白棋子有15个，黑棋子有5个，摸到（　　）棋子可能性较大。 　　A、白色　　B、黑色 3. 袋子里有3个红球，4个绿球，任意摸一个（　　）是黄球。 　　A、一定　　B、不可能　　C、可能 4. 12名同学分三队做游戏。每个人从口袋里抽一张卡片，以确定自己属于1、2、3中的哪一队。请你在横线上填： （1）每个队有7名同学。（　　） （2）每个队的人数相同。（　　） （3）没有人抽到卡片2。（　　） （4）每个人都会抽中卡片1 2 3中的其中1张。（　　） 　　A、一定　　B、不可能　　C、可能性较大　　D、可能性较小 三、连线题。 1. 可能性大　　可能性小 我摸到的是红球。 我摸到的是绿球。 20个红球 5个绿球

2.

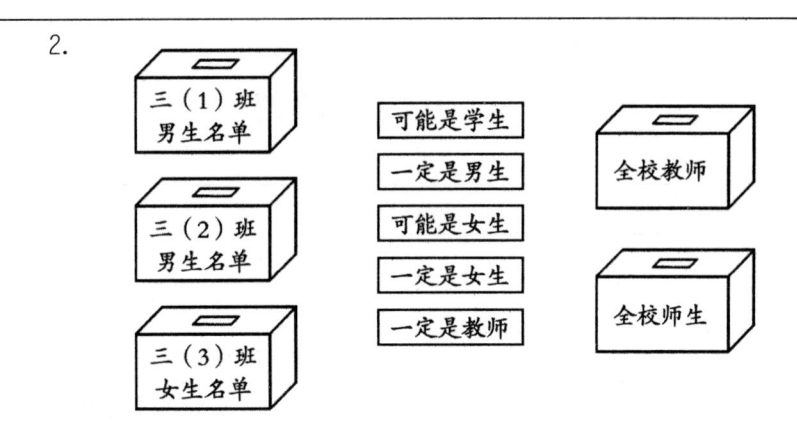

盒子标签：三（1）班男生名单、三（2）班男生名单、三（3）班女生名单

标签：可能是学生、一定是男生、可能是女生、一定是女生、一定是教师

盒子标签：全校教师、全校师生

四、解决实际问题。

1."这个袋子里放了20个球，19个红球，1个绿球，红球那么多，绿球就1个，所以我任意摸一个都是红色。"小伟说的话对吗？为什么？

2.小红和小芳两个人玩摸球游戏，在盒子里放红色球和黄色球共6个（只有颜色不同，外形完全一样），每人各摸10次，每次摸1个球，摸出后记下颜色再放回去，摸到红色球次数多为小红胜，摸到黄色球次数多为小方胜，请按下面要求设计如何在盒子中放球。

①放进的球要使小红胜的可能性比小芳大。

②放进的球要是小芳胜的可能性比小红大。

③放进的球要是小红小芳胜的可能性一样大。

3.海边游乐场有这样一个摸球游戏摊位，一个布袋里有红、绿两种颜色的玻璃球各5个，一元钱可以摸10次，每次摸完把球放回去，摸10个红球或10个绿球就奖励10元钱。如果你在场，你会不会去玩？为什么？

"研思同行，共享提升"：单元作业设计初探

方向与位置

基本信息				
学科	数学	教师姓名	王艳茹	
年级	四年级	教科书版本	北京版	
单元主题	方向与位置			
单元内容（从教材内容和学生情况两个方面进行分析）	1.教材选取与生活相关的学习素材，创设学生喜闻乐见的活动情境，使学生认识到学习这块知识是有趣并富有挑战性的。注意创设活动情境，让学生体验用方向和距离确定物体位置。用方向和距离确定物体位置其实就是极坐标的思想，学生开始不习惯，所以要设计一些活动让学生体会教材，分析会用这种方法判断物体位置的优越性并掌握其方法。注意说明单位长度的含义。本单元在确定物体的距离时，经常用单位长度的线段表示实际距离，如一段表示50米等，两地之间的距离用几个单位长度来表示。因此教学时要注意说明单位长度的含义。 2.学生已经具备了从方位角度认识事物的基础，随着年龄的增长，他们的语言表达能力、动手操作能力有所提高。因此在教学时创设大量的活动情景，为学生提供探究的空间。			
关键能力或核心素养	空间观念　生存能力			
单元整体目标	1.通过解决实际问题，使学生体会确定位置在生活中的应用，了解确定位置的方法。感受数学知识与日常生活的密切联系，激发学生学习的兴趣，体会事物间的相对关系。 2.使学生能根据方向和距离确定物体的位置，并能描述简单的路线图。体会生活中处处有数学，加强"数学为生活服务"的意识。 3.通过多种活动，提高学生的空间能力、生活技能。			
单元课时整体安排	3课时			
第一课时				
课时内容	《方向与位置》第一课时：用方向和距离描述物体所在位置			
课时目标	能够根据物体相对于参照点的方向和距离确定物体的位置。			

续表

学业要求	了解	理解	掌握	运用
	物体的方向和距离。	看图确定方位。	按照给定的比例计算出实际距离的方法。	能够根据物体相对于参照点的方向和距离确定物体的位置。
作业设计	课内作业: 1.看图填空: （1）小林家在超市的（　　）方向上。 （2）电视台在超市的（　　）方向上。 （3）小川家在超市的（　　）方向上。 （4）电影院在超市的（　　）方向上。 （5）图书馆在超市的（　　）方向上。 （6）音像店在超市的（　　）方向上。 （7）小吃店在超市的（　　）方向上。 （8）邮局在超市的（　　）方向上。 2.认真思考，填一填。 （1）早晨面向太阳升起的方向，伸出双手，左手的方向是（　　），右手的方向是（　　），背对的方向是（　　）。	设计意图: 　　加深认识东、南、西、北、东北、东南、西北、西南方向。 通过实践加深方向的认识和运用。

(2) 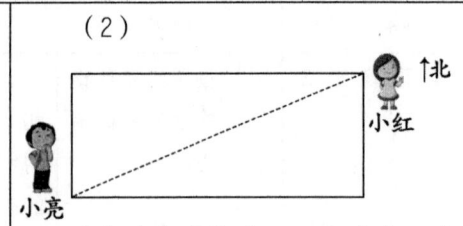 小红在小亮的（　　）方向。小亮在小红的（　　）方向。 （3）将正确的字母填在□中。 A.奶奶家（在小丽家东南方向500米处）。 B.姥姥家（在小丽家东北方向300米处）。 C.姑姑家（在小丽家西北方向200米处）。 D.大伯家（在小丽家西南方向600米处）。 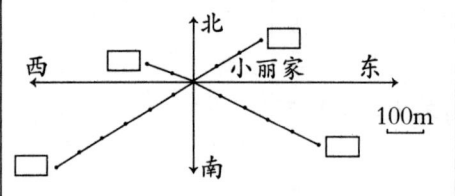	
课后作业： 1.看图找方向。 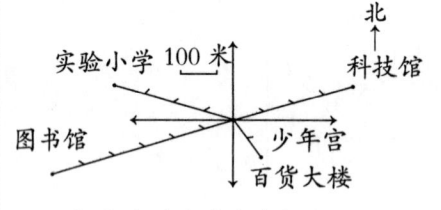 （1）实验小学在少年宫的（　　）方向上，距离是（　　）米。 （2）图书馆在少年宫的（　　）方向上，距离是（　　）米。 （3）科技馆在少年宫的（　　）方向上，距离是（　　）米。 （4）百货大楼在少年宫的（　　）方向上，距离是（　　）米。	设计意图： 　　通过练习，使学生能正确描述方向和距离，鼓励学生积极思考。加深对方向的认识，丰富学生的理解能力。

2. 画一画。

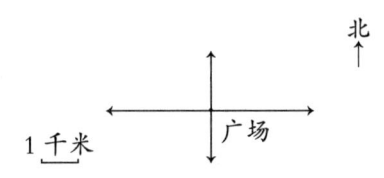

```
        北
        ↑
1千米 ←——+—— 广场
        |
```

（1）博物馆在广场的正北方向3千米处。

（2）图书馆在广场的东偏北2千米处。

（3）电影院在广场西偏南2千米处。

第二课时

课时内容	《方向与位置》第二课时：根据路线描述行走路线
课时目标	能够根据方向和距离确定物体的位置，并能描述简单的路线图。

学业要求	了解	理解	掌握	运用
	学会看平面图。	体会标志物的作用。	用语言描述路线图。	利用知识解决生活中的实际问题。

作业设计	课内作业：	设计意图：
	1. 看图填空。

```
                 学校      北
                 50米      ↑
           100米 ——+—— 70米
       60米 |          | 40米   小明家
       小红家        小刚家
```

（1）小红从家出发，向北走（　　）米，然后向东走（　　）米到小明家。

（2）小刚从家出发，向北走（　　）米，然后向西走（　　）米，最后向（　　）走（　　）米到小红家。

（3）小明从家出发，向（　　）走（　　）米，然后向（　　）走（　　）米到学校。 | 通过练习，进一步培养学生辨认方向的意识，发展空间观念。 |

2. 看图描述行走路线。

（1）

```
              公园              ↑北
                  医院
          学校   体育馆        火车站
     新华路      书店    凯旋路
```

我从新华路乘公交车向（　　）方向坐（　　）站地到公园，再向（　　）方向坐（　　）站地到书店，最后向（　　）方向新华路坐（　　）站地就到火车站了。

（2）

```
           艺术宫           ↑北
           700米
                  学校
      500米    350米      500米
     医院             450米
     小丽家                  小军家
          300米
```

A 小军从家出发，向（　　）走 500 米，再向（　　）走（　　）到学校。小军从学校回家，向（　　）走 350 米，再向（　　）走（　　）米到家。

B 小丽从家向（　　）走 300 米，再向（　　）走（　　）米到学校，再向（　　）方向走（　　）米到医院。

	通过实景图引导学生充分观察，感受数学与生活的联系，激发学生学习数学的兴趣。	

课后作业：

1. 根据下图回答问题。

```
                                          ↑北
   巴沟  知春路  北土城   芍药居 太阳宫
长       苏州街 牡丹园  安贞门
春         火器营              三元桥
桥                                亮马桥
慈        车道沟            农业展览馆
寿
寺        西钓鱼台 西单 东单 呼家楼  团结湖  四惠
         公主坟 复兴门 王府井 建国门 国贸 大望路
```

（1）从四惠到北土城站的路线是什么？

（2）从公主坟站到三元桥站有几种行车路线？分别是什么？

设计意图：

结合生活情境，通过小组交流引导学生参与、动手、动眼、动口（观察、比较、探究、评价）的活动，激发学生能运用所学知识解决生活的实际问题，获得学习成功的体验，进一步发展学生的空间观念。

续表

	（3）说一说你还想从哪站到哪站？说一说行车路线。 2. 小伟从家出发，向北走150米到少年宫，再向东走200米到医院，再向北走100米到学校。请根据前面的描述画出小伟家到学校的简单路线图。	

第三课时

课时内容	《方向与位置》第三课时：用数对确定位置			
课时目标	1. 在解决问题的过程中，渗透"数形结合""一一对应""函数"等数学思想。 2. 积累数学活动经验，发展空间观念，培养观察、推理与表达的能力。			
学业要求	了解	理解	掌握	运用
	数对与方格图上点的对应。	感受数对与点的一一对应。	确定方格中对应点的位置。	巩固数对确定物体位置的方法。
作业设计	课内作业： 1. 下列是李强班上的座位图。 第6行 第5行 第4行 第3行 第2行 第1行 　　第1列 第2列 第3列 第4列 第5列 第6列 （1）李强的位置是（　，　）王亮的位置是（　，　）。 （2）(2,5)表示的位置是第＿＿组第＿＿个。 　　(5,3)表示的位置是第＿＿组第＿＿个。 （3）任意找出三个小朋友，先看看他们坐在第几组第几个，然后用数对表示出他们的位置。 ①＿＿在第＿＿组第＿＿个，用数对表示是（　，　）。 ②＿＿在第＿＿组第＿＿个，用数对表示是（　，　）。				设计意图： 理解数对的意义，能够在具体情境中用数对表示物体和点的位置，并且能根据给定的数对找到正确的位置。

③___在第___组第___个，用数对表示是（　，　）。

2.下面是海洋世界的平面图，在图中用相对应的字母标出位置。

A.公园大门（0，0）。
B.公园大门（6，3）。
C.公园大门（7，2）。
D.公园大门（2，1）。
E.公园大门（4，2）。

北 ↑

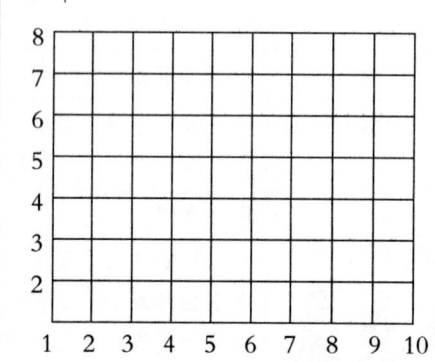

3.看图填空。

把下面各组中的点按顺序用直线连起来，并首尾相连，看看分别是什么图形。

(1)（5，6）（2，3）（7，3）

(2)（9，5）（13，5）（13，7）（9，7）

(3)（10，4）（14，4）（9，2）（13，2）

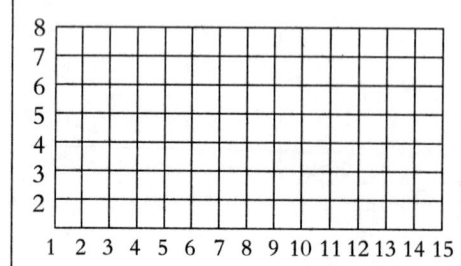

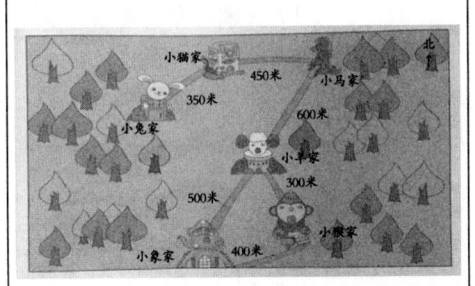

	课后作业：	设计意图：
	下面是森林之家中小动物的住所平面图。 1. 小象家在小猴家的什么方向？距离小猴家多少米？ 2. 说一说小猴去小兔家行走的方向和路程。 3. 你还能提出什么问题？	通过大森林中小动物住所的平面图巩固根据方向和距离确定物体位置的方法。
单元评估作业	四年级上册第五单元——《方向与位置》评估卷 一、填一填。 1. 早晨起来，面向太阳，前面是_____，后面是_____，左面是_____，右面是_____。 2. 我们所熟知的八大方向分别是____，____，____，____，____，____，____，____。 3. 南风是从_____吹向_____的风。 二、想一想，画一画。 1. 在花园小区的东面70米的地方有一所中学，西边30米的地方有一家超市，请你用☆标出中学的位置，用"○"标出超市的位置。 10米　　　花园小区 2. 按要求涂色。	

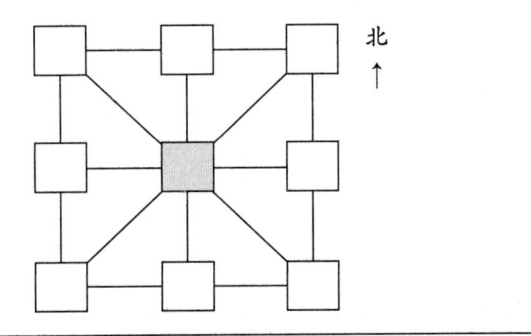

(1) 在■的东南面画"○"。　(2) 在■的东北面画"△"。

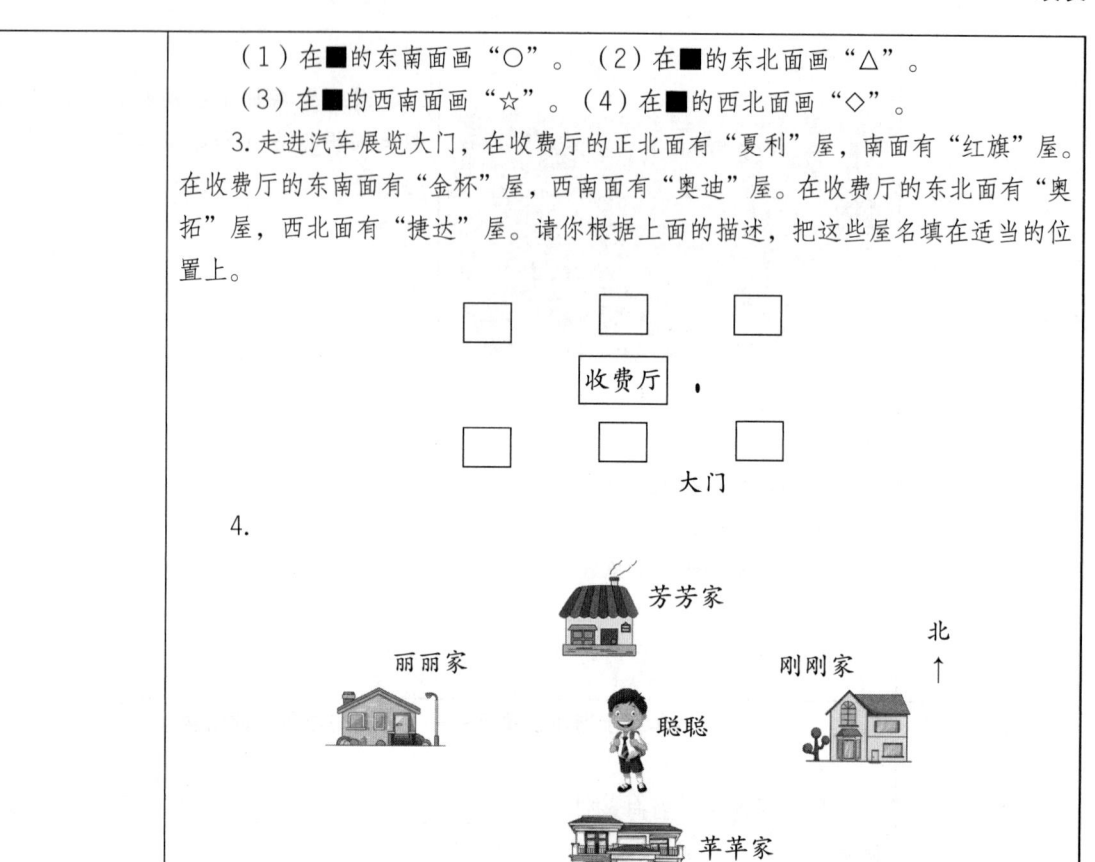

(3) 在■的西南面画"☆"。　(4) 在■的西北面画"◇"。

3. 走进汽车展览大门，在收费厅的正北面有"夏利"屋，南面有"红旗"屋。在收费厅的东南面有"金杯"屋，西南面有"奥迪"屋。在收费厅的东北面有"奥拓"屋，西北面有"捷达"屋。请你根据上面的描述，把这些屋名填在适当的位置上。

收费厅

大门

4.

芳芳家

丽丽家　　刚刚家　北↑

聪聪

苹苹家

从公园回家，明明先向南走，再向东走到家；丽丽先向北走，再向西走到家；芳芳先向北走，再向东走到家；东东先向西走，再向南走到家。请你标出他们各自的家。

5. 在佳和园小区的东边40米的地方有一所幼儿园，西边60米的地方有一个银行，东边50米的地方有一超市，南边40米的地方有一家饭店。请你分别标出幼儿园、银行、超市和饭店的位置。

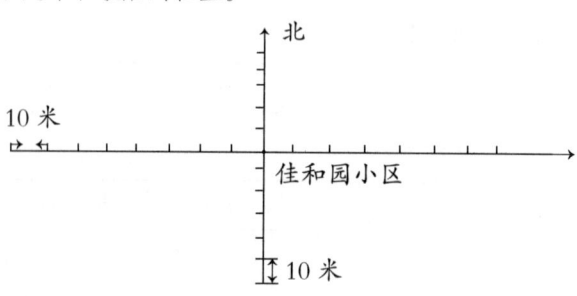

北

10米

佳和园小区

10米

6. 请你帮助小动物找到自己的家。

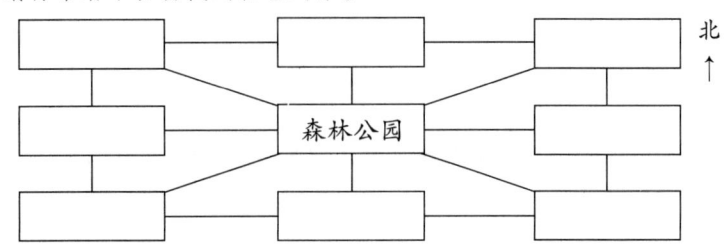

（1）熊猫住在森林公园的北面，小鹿住在森林公园的南面。
（2）羊住在森林公园的东面，小牛住在森林公园的西面。
（3）森林公园的东北角住着小花猫，东南角住着小兔，西北角住着小猪，南角住着小狗。

7.

（1）北京城区的西南地区下雨，用"☆"在图上表示出下雨的位置。
（2）北京城区东北方向受到冷空气袭击，用"○"在图上表示出受冷空气袭击的位置。
（3）北京城区西面气温最高，用□在图中标出气温最高的位置。

8. 去动物园看看。 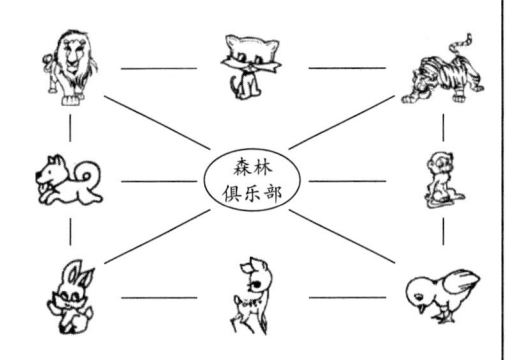
（1）小猴住在森林俱乐部的（　）面。
（2）狮子住在森林俱乐部的（　）面。
（3）小兔住在森林俱乐部的（　）面。
（4）老虎住在森林俱乐部的（　）面。
（5）猫东面住着（　），西面住着（　）。
（6）小狗住在狮子的（　）面，住在小兔的（　）面。

9. 看图判断，对的打"√"，错的打"×"。

(1) 笑笑家住在红红家的北面。（　）

(2) 东东家在笑笑家的西边。（　）

(3) 红红家离超市最近。（　）

(4) 邮局在笑笑家的东北方向。（　）

(5) 红红家距医院最远。（　）

(6) 笑笑家在医院的东南方向。（　）

10.

(1) 淘气从家向（　）走（　）米，再向（　）走（　）米到学校。

(2) 从体育馆向（　）走（　）米，再向（　）走（　）米，再向（　）走（　）米，再向（　）走（　）米到商店。

(3) 亮亮从学校向北走200米，再向西走100米到家，用"○"标出亮亮家的位置。

(4) 军军从淘气家向南走100米，再向西走300米才到家，用"☆"标出军军家的位置。

(5) 军军从家向（　）米，再向（　）走（　）米到商店。

(6) 学校离（　）家最近，是（　）米。（淘气、军军、亮亮）

11. 以灯塔为观察点：

A. 岛在灯塔偏____的方向上，距离是____千米。

B. 岛在灯塔偏____的方向上，距离是____千米。

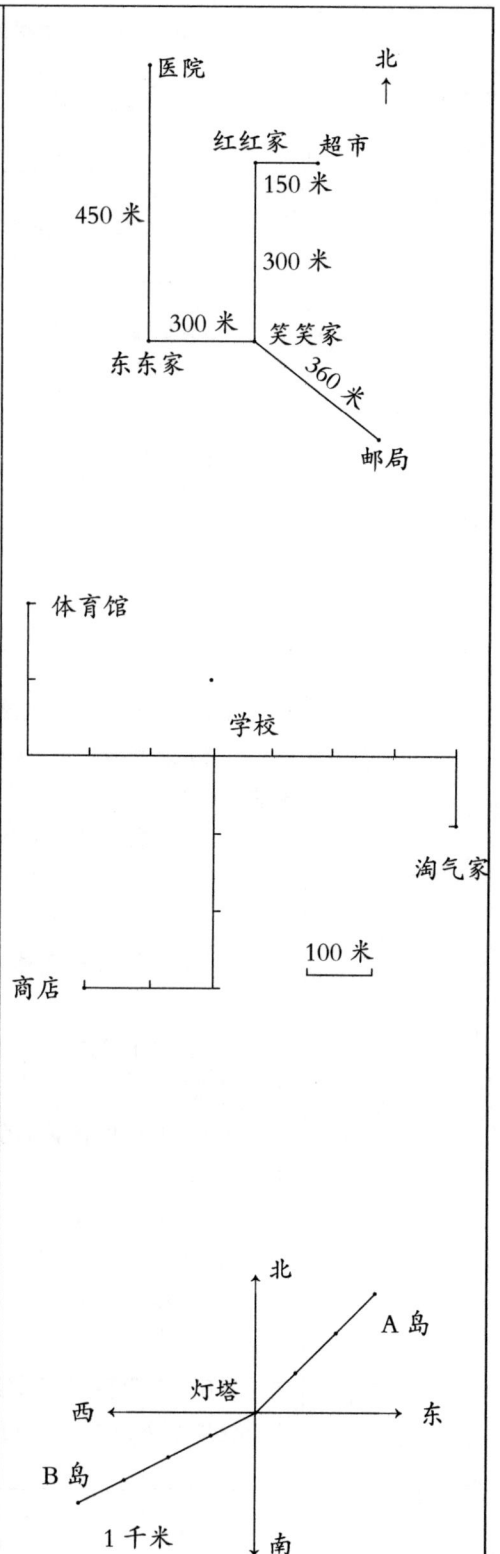

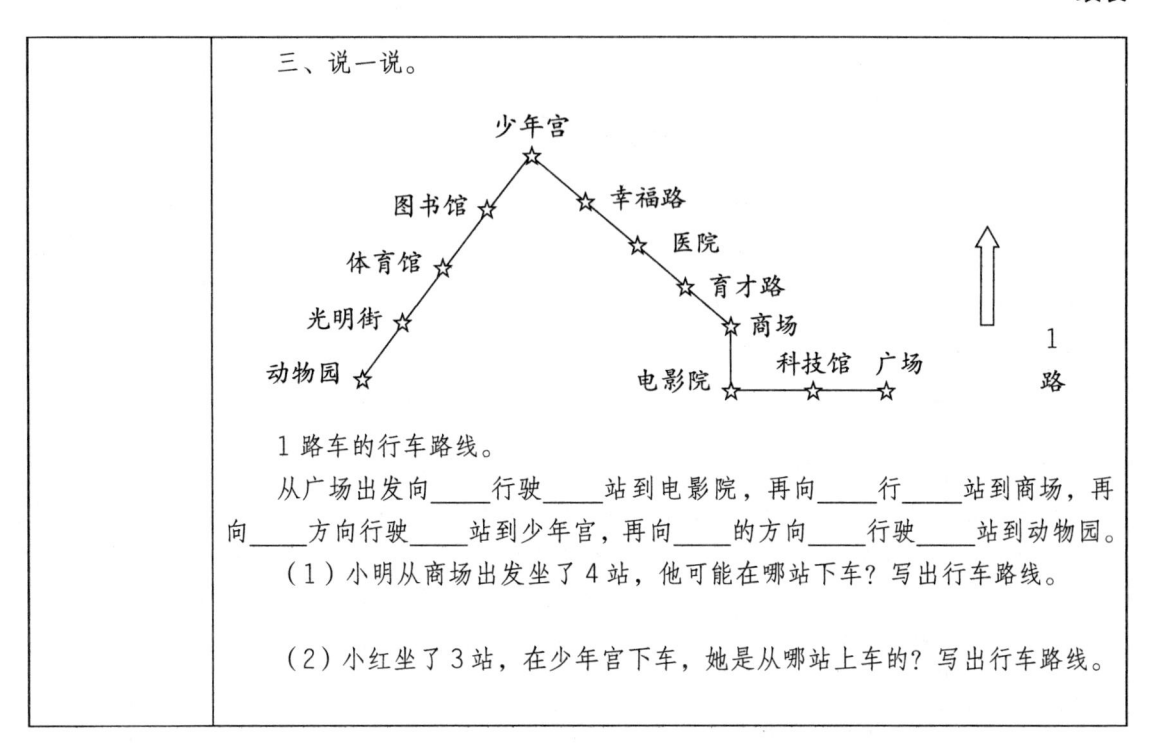

三、说一说。

少年宫
图书馆　　幸福路
体育馆　　　医院
光明街　　　　育才路
　　　　　　　商场
动物园　电影院　科技馆　广场

↑
1路

1路车的行车路线。

从广场出发向____行驶____站到电影院，再向____行____站到商场，再向____方向行驶____站到少年宫，再向____的方向____行驶____站到动物园。

（1）小明从商场出发坐了4站，他可能在哪站下车？写出行车路线。

（2）小红坐了3站，在少年宫下车，她是从哪站上车的？写出行车路线。

"研思同行，共享提升"：单元作业设计初探

运算定律

基本信息				
学科	数学		教师姓名	周洪萍
年级	四年级		教科书版本	北京版
单元主题	运算定律			
单元内容（从教材内容和学生情况两个方面进行分析）	教学内容分析及学生情况分析 　　本单元把加法的运算定律和乘法的运算定律放在一起，加以系统编排，有利于学生通过系统学习，理解和掌握知识之间的内在联系与区别，构建比较完整的知识结构。本单元教材的一个鲜明特点是，揭示运算定律的例题都是以实际问题来呈现的，结合学生日常生活的问题情境，帮助学生体会运算定律的现实背景，教材中不仅列举一些数值计算的实例，还让学生举出实际的例子，从矛盾的特殊性到矛盾的普遍性，运用不完全归纳法，发现规律，得出结论。			
关键能力或核心素养	本单元重视简便计算在现实生活中的灵活应用，改变以往简便计算以介绍算法技巧为主的倾向，因此在练习中安排了较多的实际问题，引导学生将简便计算应用于解决现实生活中的实际问题，同时注意解决问题策略的多样化。这样编排对发展学生思维的灵活性，提高学生分析问题、解决问题的能力，都有一定的促进作用。			
单元整体目标	1.探索、理解并掌握加法交换律、加法结合律，乘法交换律、乘法结合律和乘法分配律。 　　2.能运用运算定律进行一些简便运算，能根据具体情况选择算法，发展思维的灵活性。 　　3.能用所学知识解决简单的实际问题。			
单元课时整体安排	《加法交换律、结合律》（1课时）　《乘法交换律、结合律》（1课时） 《乘法分配律》（2课时）			
第一课时				
课时内容	《加法交换律、结合律》			
课时目标	1.感受整数除法与小数除法的关系，进一步理解除法的意义及小数的意义。 　　2.在具体的情境中，利用已有知识经验探索整数除以整数、小数除以整数的计算方法，理解算理，发展运算能力和问题解决能力。 　　3.在解决问题的过程中感受小数除法在生活中的应用价值，发展学习数学的兴趣。			

续表

学业要求	了解	理解	掌握	运用
	了解加法交换律和结合律的内容。	理解加法交换律、结合律的含义。	掌握加法交换律、结合律。	运用定律能解决问题。
作业设计	课内作业： 1.填上合适的数。 32+100=（　）+（　） 270+30=30+（　） （　）+105=（　）+333 （　）+100=（　）+54 （1）278+129+118=287+（□+118） （2）(32+47)+65=32+（□+□） （3）183+(46+a)=(183+□)+□ 2.说一说，下面算式分别运用了什么运算定律。 72+48=48+72　　　（　） 42+32+56=42+56+32　（　） 32+45+55=32+(45+55)（　） 25+(75+28)=(25+72)+28　（　） 45+60=60+45　　　（　） 甲数＋乙数＝乙数＋甲数　（　） a+800=800+a　　　（　） ■＋☆＝☆＋■　　　（　） △＋○＝○＋△　　　（　） 3.计算下面各题。 36+116+264 83+69+117+31	设计意图： 　　了解加法交换律和结合律的内容。理解加法交换律、结合律的含义。掌握加法交换律、结合律。运用定律能解决问题。		
	课外作业： 基础作业： 1.用简便方法计算。 365+64+36 361+72+439+128	设计意图： 　　巩固运算定律，发展学生运算能力。		

347

续表

	43+169+57 435+814+206+56 74+58+226+42 2.刘老师为学校采购了下面的体育用品，一共花了多少钱？ 足球 66元　篮球 113元　排球 87元　乒乓球拍 34元 拓展作业： 789+199 199999+19998+1997+196+10	培养学生数感及简算意识。

第二课时

课时内容	《乘法交换律、结合律》
课时目标	1.通过探索乘法交换律和结合律的过程，理解并掌握规律，能初步运用运算定律解决问题。 2.利用已掌握的加法运算定律进行迁移，在猜想、验证、归纳等数学活动中，发展推理能力。 3.在数学活动中体验运算定律的应用价值，获得成功体验。

学业要求	了解	理解	掌握	运用
	了解乘法交换律和结合律的内容。	理解乘法交换律、结合律的含义。	掌握乘法交换律、结合律。	运用定律解决实际问题。

| 作业设计 | 课内作业：
1.先计算，再运用乘法交换律进行验算。
　48×16=　　　178×32=
2.填空。
（1）（　）×45= 55 ×（　），这里运用了乘法（　　），用字母表示是（　　）。
（2）交换两个（　　）的位置，（　　）不变，这叫作乘法交换律。
（3）25×7×4=（　）×（　）×7 | 设计意图：
应用乘法运算定律简算的形成性练习。
结合生活实际，在解决问题的过程中感受到加法运算定律在生活中的应用价值。|

续表

	(4)（60×25）×（　　）=60×（□×8） (5) 125×7×8=（　　）×（　　）×7 3.把得数相同的连一连。 　25×13×4　　　125×9×8 　125×8×9　　　37×4×5 4.计算下面各题： 　7×25×4　　　35×72×2 　125×3×8　　　125×5×8×2	
	课后作业： 基础作业： 1.计算下面各题： 　36×25×4 　50×（23×20） 　125×13×8×3 2.新建小区有4幢相同的居民楼，每幢楼有6个单元，每个单元每层有8户，每幢居民楼都是25层，新建小区一共入住多少户居民？ 提高作业： 　125×48 　25×44	设计意图： 　巩固运算定律，发展学生运算能力。 　培养学生数感、简算意识及简算的灵活性。
第三课时		
课时内容	《乘法分配律》	
课时目标	1.结合具体情境，初步理解和掌握乘法分配律，学会用字母表示规律，并运用乘法分配律解决问题。 2.通过发现现象—提出猜想—举例验证—总结规律的学习过程，体验探索规律的一般方法。 3.在探索乘法分配律的过程中，培养主动探索与思考的习惯。	
学业要求	了解	理解	掌握	运用
	了解乘法分配律的内容。	理解乘法分配律的含义。	掌握乘法分配律。	运用定律解决实际问题。

续表

作业设计	课内作业： 1.填一填。 （12+40）×3=（　）×3+（　）×3 15×（40+8）=15×（　）+15×（　） 78×20+22×20=（　+　）×20 63×58+63×42=（　+　）×（　） 2.用简便方法计算。 9×37+9×63　25×（4+40）	设计意图： 进一步理解乘法分配律的含义，掌握乘法分配律的特征；运算定律简算的形成性练习。
	课后作业： 基础作业： 1.数学书第32页练一练第1题。 下面哪些等式应用了乘法分配律？ （1）23×8+23×4=23×（8+4） （2）35×5+35×2=35×（5+2） （3）（25×4）×8=25×4×8 （4）7×m+m×3=（7+3）×m 2.数学书第32页练一练第4题。 购买40套课桌椅需要多少元？ 每把椅子35元　每张桌子75元 知识拓展： 66×28+66×32+66×40=（□+□+□）×66 65×28+65×32-65×40=（□+□-□）×□ 102×43	设计意图： 巩固算法，发展学生运算能力。 结合生活实际，在解决问题的过程中感受乘法分配定律在生活中的应用价值。 发散思维，培养灵活运用知识解题的能力。

第四课时

课时内容	《乘法分配律》
课时目标	1.结合具体情境，进一步理解乘法分配律，并能运用乘法分配律进行简便计算和解决问题。 2.在探索、交流活动中，发展自主探索和运用知识的能力，感受解决问题方法的多样化，增强简便计算的意识。 3.通过分析、比较、反思，发展数学思考能力，感受学习的乐趣。

续表

学业要求	了解	理解	掌握	运用
		进一步理解乘法分配律。	掌握乘法分配律进行简便计算的方法和灵活解决问题能力。	运用乘法分配律进行简便计算和解决问题。
作业设计	课内作业： 1.试一试，下面哪个算式是正确的？正确的画"√"，错误的画"×"。 45×(25+12)=45×25+12（ ） 35×24+65×24=(35+65)×24（ ） 28×(8×6)=28×8+28×6（ ） 4×a+8×a=(4+8)×a（ ） 2.怎样简便怎样算。 97×29+97×71 25×(40+4) 74×99+74 92+92×99 56×85-46×85 2.从一块长方形木板上锯下一个最大的正方形，剩下部分的面积是多少平方厘米？ （长方形：45cm × 30cm）		设计意图： 巩固用乘法分配律进行简便运算，培养学生运算能力。 感受算法多样化，增强简算意识。	
	课后作业： 基础作业： 1.数学第33页第3小题。 把得数相同的算式用线连一连。 102×101　　　(100+1)×99 102×99+2　　 102+98+89 102×(100-1)　102×(100+1) 100×99+99　　102×100+2 89+(89+102)　102×99		设计意图： 巩固乘法分配律的特征，培养学生灵活运用定律的能力。	

	2.数学第34页第6、7、8、9小题。 （1）学校买8套办公桌椅需要多少元？   办公桌每张668元　办公椅每把232元 （2）把长方形和正方形拼成一个大长方形，它的面积是多少平方厘米？ 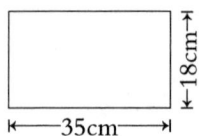 （3）学校大会议室的面积是165米^2，小会议室的面积是102米^2。现在要给两个会议室铺设复合木地板，每平方米的工料费是86元。两个会议室一共需要多少元？ （4）景丰宾馆订购了40床棉被和40个被罩，已交预付款1000元。取货时还应再付多少元？   87元/床　　33元/个 拓展作业： 　用简便方法计算： 　149×69-149+149×32 　150×52+15×480 　25×44 　125×88	在解决实际问题中，体会用乘法分配律满足生活需要。 在解决实际问题中，进一步体会用乘法分配律的含义，培养学生应用数学知识进行简算的意识及解决实际问题的能力。

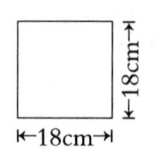

单元评估作业	运算定律单元练习

一、直接写出得数。

125×8　　　100÷25　　　24×3　　　25×8

36÷18　　　42÷3　　　13×4　　　65÷13

120×7　　　189÷9　　　210×4　　　102÷34

26×20　　　540÷27　　　50×80　　　220+190

二、填空。

1.（　）+45=55+（　），这里运用了加法（　　），用字母表示（　　）。

2.交换两个（　　）的位置，（　　）不变，这叫作乘法交换律。

3.乘法结合律用字母表示是（　　　）。

4.a×6+6×15=□×(□+□)

5.计算23×125×8时，为了计算简便，可以先算（　　），这样计算是根据（　　）。

6.一套校服，上衣59元，裤子41元，购买2套，一共需要（　　）元。

三、选择题。

1.56+72+28=56+（72+28）运用了（　）。

　A.加法交换律　　B.加法结合律

　C.乘法结合律　　D.加法交换律和结合律

2.25×（8+4）=（　）

　A.25×8×25×4　　B.25×8+25×4

　C.25×4×8

3.3×8×4×5=（3×4）×（8×5）运用了（　）。

　A.乘法交换律　　B.乘法结合律

　C.乘法分配律　　D.乘法交换律和结合律

4.101×125=（　）

　A.100×125+1　　B.125×100+125

　C.125×100×1　　D.100×125×1×125

四、计算下面各题。

355+260+140+245　　　　　98×101

48×125　　　　　　　　　645－180－245

38×99+38　　　　　　　　3500÷14÷5

175×56+25×56　　　　　　50×25×20×40

五、解决实际问题。

1.某小学四年级学生组织参观科技馆,男生有204人,女生有196人,如果每40人坐一辆汽车,共需要多少辆汽车?

要求出一共需要多少辆汽车,关键要先求出(　　　　　)

列式计算:

2.李叔叔和王叔叔一起加工一批零件,李叔叔每小时加工49个,王叔叔每小时加工51个,两人一起工作了6小时才完成任务。这批零件一共有多少个?

3.学校食堂运来大米和面粉各80袋,大米每袋75千克,面粉每袋25千克,大米和面粉共多少千克?(请用两种方法解答)

4.李伯伯家养了142只鸡,养的鸭的只数是鸡的一半,李伯伯家养鸡、鸭共多少只?

5.爸爸带明明去滑雪,乘缆车上山用了10分钟,缆车每分钟行200米。滑雪下山用了30分钟,滑雪每分钟行70米。滑雪比乘缆车多行多少米?

6.动物园里的一头大象每天吃180千克食物,一只熊猫15天吃540千克食物。大象每天吃的食物是熊猫吃的多少倍?

长方体和正方体

基本信息			
学科	数学	教师姓名	常卫东
年级	五年级	教科书版本	北京版
单元主题	长方体和正方体		
单元内容（从教材内容和学生情况两个方面进行分析）	本单元的知识内容包括长方体和正方体的认识、长方体和正方体的表面积、长方体和正方体的体积，以及容积的概念、容积单位、规则形体的容积和不规则形体的体积的计算方法。 学生在第一学段已经初步认识了一些立体图形，能够识别长方体、正方体、圆柱体和球体。长方体和正方体单元知识的学习，是小学阶段学生系统地认识立体图形特征的开始。从认识平面图形扩展到认识立体图形，是学生空间观念发展的一次飞跃。长方体和正方体是最基本的立体图形，通过教学不仅可以使学生掌握有关立体图形最基础的知识，而且可以使学生对自己周围的空间和空间中的物体形成初步的空间观念，为进一步学习与发展打下基础。"长方体和正方体的认识"教材直接从实物中抽象出相应的图形，直观地给出长方体的面、棱、顶点的概念。这样安排突出了学生自主探索的学习方式，让学生通过动手操作、自主探索来学习新知识。在"长方体和正方体的表面积"内容，教材加强了独立探索、动手操作的力度，使学生能更好地建立表面积的概念。让学生在反复的折叠、展开的过程中，把展开后的每个面与其展开前的位置联系起来，更清楚地看出长方体相对的面的面积相等，以及展开后每个面的长和宽与长方体的长、宽、高之间的关系。另外，长方体和正方体的体积的计算，是学生形成体积概念、掌握体积单位并计算各种几何形体体积的基础；容积相关知识的学习也有利于学生形成空间观念。		
关键能力或核心素养	空间观念、几何直观、推理能力		
单元整体目标	1.通过观察实物、模型或操作学具，认识长方体和正方体的特征，认识长方体和正方体的展开图。 2.通过实例，了解体积、容积的意义及度量单位（米、分米、厘米、升、毫升），能进行单位之间的换算，感受1米、1分米、1厘米以及1升、1毫升的实际意义。 3.结合具体情境，探索并掌握长方体和正方体的表面积、体积和容积的计算方法，并能运用所学知识解决一些简单的实际问题。 4.通过体积的计算公式推导过程，体会和掌握转化、极限等数学思想。 5.通过生活实例、数学史料，感受数学之美，了解数学文化，提高学习兴趣。		

"研思同行，共享提升"：单元作业设计初探

续表

单元课时整体安排	17课时			
第一课时				
课时内容	《长方体和正方体的认识》			
课时目标	1.通过观察、操作、想象，认识长方体和正方体的各部分名称。 2.通过用多种方式探究，积累认识图形的学习经验，渗透极限思想，培养空间观念和推理能力。 3.感悟数学文化的魅力，激发对数学知识的好奇心与求知欲。			
学业要求	了解	理解	掌握	运用
	长方体和正方体的各部分名称。	长方体和正方体各部分的意义。	长方体和正方体各部分的关系。	
作业设计	课内作业： 基础练习： 用小棒制作一个长5cm宽4cm高5cm的长方体。	设计意图： 在解决实际问题的过程中进一步理解长方体和正方体的特征。		
	基础作业： 1.找一找生活中的长方体物体，给物体做一个包装。 2.数学书4页试一试。 用下面的哪几张硬纸板可以围成一个正方体？ ① ③ ④ ⑦ ② ⑤ ⑥ ⑧	设计意图： 学习用数学的眼光观察生活，进一步理解长方体和正方体的本质特征，为以后解决表面积体积问题积累经验。		
	实践作业： 找一个纸盒拆开，量一量画一画展开图。	设计意图： 与美术、语文学科融合，培养学生的创新精神。		
第二课时				
课时内容	《长方体和正方体的认识》			
课时目标	1.巩固长方体和正方体的特征。 2.积累认识图形的学习经验，渗透极限思想，培养空间观念，培养学生观察能力和解决实际问题的能力。 3.培养学生良好学习习惯，激发对数学知识的好奇心与求知欲。			

续表

学业要求	了解	理解	掌握	运用
	长方体和正方体的各部分名称。	长方体和正方体各部分的意义。	长方体和正方体各部分的关系。	
作业设计	课内作业： 1.下图中的长方体和正方体都是由棱长1厘米的小正方体摆成的，它们的长、宽、高各是多少？ 2.用布做一个正方体的沙包（如右图），已知沙包的棱长是8厘米。如果在接缝处都缝上花边，那么花边的总长是（　　）厘米。		设计意图： 在解决实际问题的过程中进一步理解长方体和正方体的特征。	
	课后作业： 基础作业： 一个礼盒（如下图）像这样用红色丝带捆扎起，至少需要多长的丝带？（打结处需30厘米）（图中单位：厘米）		设计意图： 进一步理解长方体和正方体的本质特征，在实际操作过程中体会棱长计算方法。	
	实践作业： 找一个纸盒把它用丝带捆扎起来，至少需要多长的丝带？		设计意图： 在实际操作过程中体会感悟，培养学生的创新精神。	
第三课时				
课时内容	《长方体和正方体的表面积》			
课时目标	1.通过观察、操作、想象，使学生理解长方体和正方体表面积的意义。 2.经历用多种方式探究，会计算长方体和正方体的表面积，培养空间观念，推理能力。 3.提高学生推理能力，激发对数学知识的好奇心与求知欲。			
学业要求	了解	理解	掌握	运用
	长方体和正方体的表面积意义。	长方体和正方体的表面积求法。	长方体和正方体的表面积算法。	长方体和正方体的表面积算法解决问题。

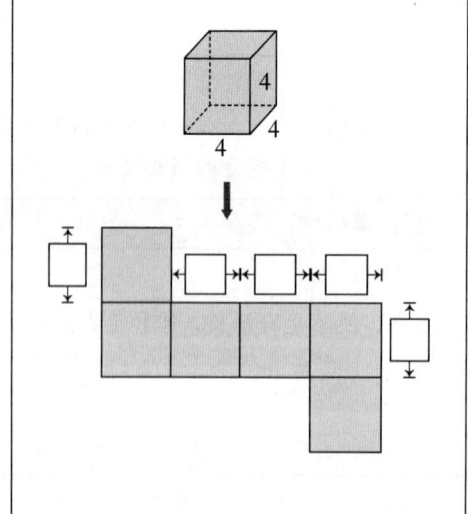

续表

作业设计	课内作业：	设计意图：
	基础练习：填一填。把一块长6厘米、宽5厘米、高4厘米的长方体木料的各个面涂上一层油漆。涂油漆的面积有（　　）平方厘米？ 要求的是长方体的表面积，上、下每个面，长（　　），宽（　　）。左、右每个面，长（　　），宽（　　）。前、后每个面，长（　　），宽（　　）。 上、下两个面的面积和列式为（　　　）；左、右两个面的面积和列式为（　　　）；前、后两个面的面积和列式为（　　　　）。这个长方体木料的表面积列算式为（　　　　　）。 涂油漆的面积有（　　　）平方厘米。	在解决实际问题的过程中进一步理解长方体和正方体表面积的意义。
	课后作业： 基础作业：填空。 有1个正方体，其展开图分别如下所示。	设计意图： 学习用数学的眼光观察生活，进一步理解长方体和正方体的本质特征，为以后解决表面积体积问题积累经验。

| | 有 1 个长方体，其展开图分别如下所示。

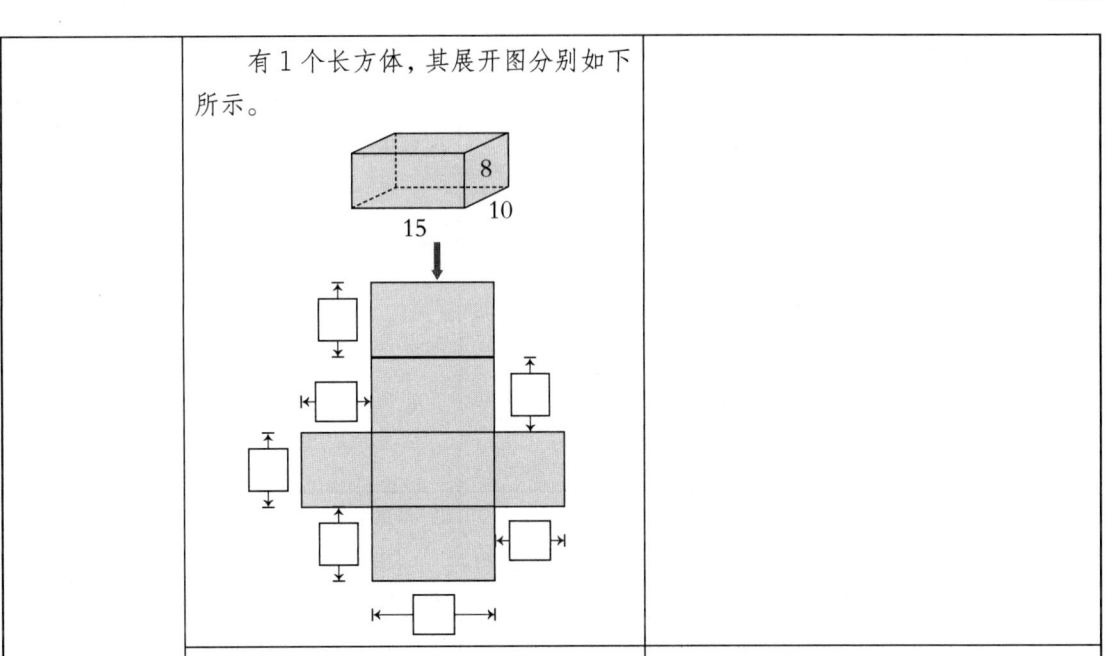

（图：长方体，尺寸 15、10、8，及其展开图）

实践作业：

下面的折纸材料中，哪些能沿着虚线折成长方体或正方体？哪些不能？剪下课本后面附页上的材料。动手折一折，想一想为什么。

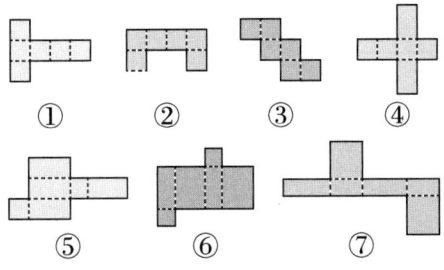

① ② ③ ④

⑤ ⑥ ⑦ | 设计意图：

在实际操作过程中体会感悟，培养学生的创新精神与综合实践能力，培养学生的创新精神。 |
|---|---|---|

第四课时

课时内容	《长方体和正方体的表面积》			
课时目标	1.通过观察、操作、想象，使学生理解长方体和正方体表面积的意义。 2.通过用多种方式探究，计算长方体和正方体的表面积，培养空间观念，推理能力。 3.提高学生的具体应用能力，激发对数学知识的好奇心与求知欲。			
学业要求	了解	理解	掌握	运用
	长方体和正方体的表面积意义。	长方体和正方体的表面积求法。	长方体和正方体的表面积算法。	长方体和正方体的表面积算法解决问题。

续表

作业设计	课内作业： 基础练习： 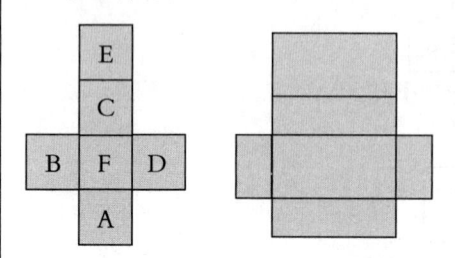 你能找出相对的面吗？长方体和正方体展开后有什么不同？	设计意图： 　　在解决实际问题的过程中进一步理解长方体和正方体表面积的意义。
	课后作业： 　　基础作业：第（　）图是正方体的展开图。 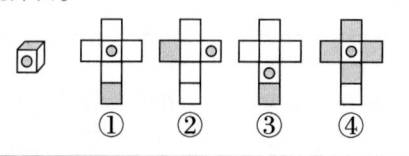 　①　②　③　④	设计意图： 　　在操作过程中体会感悟长方体和正方体的表面积意义，培养学生的创新实践能力，促进学科融合，培养学生的创新精神。
	实践作业： 　　1.做一个如右图正方体展开图的实体，观察并想象：与"数"字相对的面上的是（　　），与"戏"字相对的面上的字是（　　），（　　）与快相对。  　　2.画出可以折成正方体的展开图，例如： 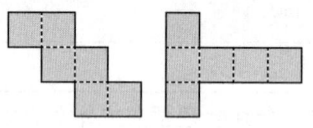	

第五课时

课时内容	《长方体和正方体的表面积》
课时目标	1.通过练习，使学生进一步理解长方体、正方体表面积的含义。 2.结合练习，能够灵活计算具体的长方体、正方体的表面积。 3.提高学生的具体问题具体分析的能力。

续表

学业要求	了解	理解	掌握	运用
	了解长方体和正方体的表面积的计算意义。	长方体和正方体的表面积不同的算法。	长方体和正方体的表面积实际算法。	运用长方体和正方体表面积算法具体解决问题。
作业设计	课内作业： 基础练习： 1.要在茶叶盒的侧面贴上一圈商标，这圈商标纸的面积是_____cm²。 2.有一块长方体的木料，长是1.2米，宽是0.5米，厚是0.2米。把它截成两块长是0.6米的木料（如下图），表面积增加了多少平方米？		设计意图： 　　在解决实际问题的过程中进一步理解长方体和正方体的特征。	
	课后作业： 基础作业： 1.一间教室的长是8米，宽是6米，高是4米（其中门窗所占面积是22.8米）。现在要粉刷教室的天花板和墙壁，每平方米用涂料300克。粉刷这间教室共要用涂料多少千克？ 2.用两个棱长是8厘米的正方体木块，拼摆成一个长方体。这个长方体的表面积是多少平方厘米？		设计意图： 　　学习用数学的眼光观察生活，进一步理解长方体和正方体的本质特征，为以后解决表面积体积问题积累经验。	
	实践作业： 1.一块长方体的木料，长是3分米，宽是2分米，厚是1分米。现在从这块木料上截去一块尽量大的正方体木块，求剩下木料的表面积可能是多少平方分米。有几种不同的方法吗？ 2.		设计意图： 　　在操作过程中体会感悟长方体和正方体具体问题具体分析，培养实践能力和创新精神。	

续表

	把18个小正方体拼摆在一起（如图）。画出从不同角度观察得到的图形。 ①从左面看到的 ②从右面看到的 ③从上面看到的 ④从前面看到的 ⑤从后面看到的	

第六课时			
课时内容	《长方体和正方体的体积》			
课时目标	1.通过探究，学生理解体积的意义，掌握常用的体积单位及体积单位的大小。 2.在认识过程中，能够结合具体实物辨别不同体积单位的大小。 3.提高学生的具体应用能力，进一步培养学生的空间观念。			
学业要求	了解	理解	掌握	运用
	长方体和正方体体积。	理解体积的意义。	掌握常用的体积单位及体积单位的大小。	
作业设计	课内作业： 基础练习： 1.下面哪个文具的体积大？哪个文具的体积小？ 2.在括号里填上合适的体积单位。 一块橡皮的体积约是8（　）。 一台录音机的体积约是20（　）。 运货集装箱的体积约是40（　）。			设计意图： 　　在解决问题的过程中进一步理解体积的意义。

续表

	课后作业: 基础作业: 　　用棱长1厘米的正方体木块,摆成图中不同形状的模型。你知道它们的体积是多少立方厘米吗?哪个模型的体积最大,哪个模型的体积最小?	设计意图: 　　学习用数学的眼光观察生活,进一步理解长方体和正方体的本质特征,为以后解决体积问题积累经验。
	实践作业: 　　找一个小药盒,用棱长一厘米的小正方体测测它的体积是多少?	设计意图: 　　前置作业,为学习长方体和正方体体积,为新授课交流体积的求法,理解体积本质做铺垫。

第七课时

课时内容	《长方体和正方体的体积》			
课时目标	1.通过探究,学生理解体积的意义,掌握长方体和正方体体积计算方法。 2.在认识过程中,结合具体实物计算不同体积大小。 3.提高学生的具体应用能力,进一步培养空间观念。			
学业要求	了解	理解	掌握	运用
	长方体和正方体体积计算意义。	理解体积计算方法的意义。	掌握长方体和正方体体积计算。	
作业设计	课内作业: 基础练习: 　　1.一个长方体的底面边长是2分米,高是10分米,它的体积是多少立方分米? 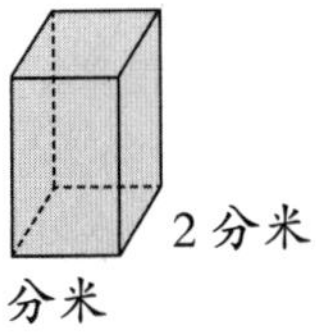 　　2.一根长方体木料,长3m,横截面的面积是$0.09m^2$。这根木料的体积是多少? 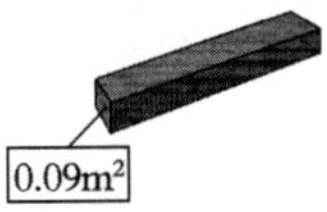		设计意图: 　　在解决问题的过程中进一步理解长方体和正方体的体积计算方法。	

续表

	课后作业： 基础作业： 1.有一个长60厘米、宽40厘米的水箱。小明把给敬老院买的西瓜完全浸放在里面，水面上升了4厘米。这个西瓜的体积是多少立方分米？ 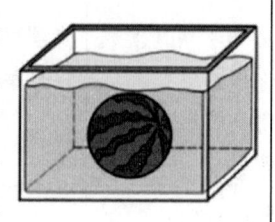 2.有一个长方体纸盒的平面展开图（如下图）。这个纸盒的体积（　　　）厘米^3。 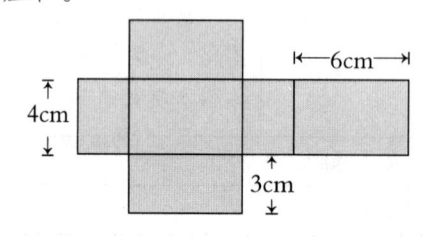 （图：长方体展开图，标注4cm、6cm、3cm）	设计意图： 　　学习用数学的眼光观察生活，进一步理解长方体和正方体的本质特征，为以后解决表面积、体积问题积累经验。
	实践作业： 　　1.测量一个土豆的体积是多少立方厘米。 　　2.测量一堆小米的体积是多少？	设计意图： 　　与美术、语文学科融合，培养学生的创新精神。 　　为学习长方体和正方体体积，为新授课交流体积的求法，理解体积本质。

第八课时

课时内容	《长方体和正方体的体积》			
课时目标	1.通过观察、操作、想象，合理计算长正方体的体积。 2.通过用多种方式探究，积累认知图形的学习经验，渗透极限思想，培养空间观念，推理能力。 3.感悟数学文化的魅力，激发对数学知识的好奇心与求知欲。			
学业要求	了解	理解	掌握	运用
	长方体和正方体体积计算意义。	理解体积计算方法的意义。	掌握长方体和正方体体积计算。	长方体和正方体体积计算。

作业设计	课内作业：	设计意图：
	基础练习： 1. 图中小球和大球的体积分别是多少？ 2. 一个长方体容器，底面长2分米，宽1.5分米，里面装有水，水深1分米。放入一个土豆后，水面升高到1.3分米，这个土豆的体积是多少？	在解决实际问题的过程中进一步理解长方体和正方体的特征。
	课后作业： 基础作业： 1. 实验小学的操场上挖一个底面积14米²深0.5米的沙坑，一共要挖出多少方土？（在建筑工程上，人们把1米³的土、石、沙等简称为1方土、石、沙等） 2. 在天安门广场上的人民英雄纪念碑的碑心是块高14.7米、长29米、宽1米的长方体大理石，它的体积是多少立方米？ 3. 尽管一张纸很薄，但它也是一个长方体。已知一包A4复印纸高5厘米，你能根据下图中提供的信息，计算出一张纸的体积吗？	设计意图： 学习用数学的眼光观察生活，进一步理解长方体和正方体的本质特征，为以后解决表面积体积问题积累经验。
	实践作业： 1. 测量一张B5纸的体积。 2. 请你想办法测量出文具袋可以收纳多少立方厘米的物体？	设计意图： 与美术、语文学科融合，培养学生的创新精神。 为学习长方体和正方体体积，为新授课交流容体积的求法，理解容积本质做铺垫。

续表

第九课时				
课时内容	《长方体和正方体的认识》			
课时目标	1.通过观察、操作、想象，合理计算长方体和正方体的体积。 2.通过用多种方式探究，积累认知图形的学习经验，渗透极限思想，培养空间观念，推理能力。 3.感悟数学文化的魅力，激发对数学知识的好奇心与求知欲。			
学业要求	了解	理解	掌握	运用
	长方体和正方体体积计算意义。	理解体积计算方法的意义。	掌握长方体和正方体体积计算。	长方体和正方体体积计算。
作业设计	课内作业： 基础练习： 1.2008年北京奥运会国家游泳中心是一个半透明的"方盒子"，被称为"水立方"。原设计是一个底面边长为199米的正方形、高为31米的长方体，后改为底面边长为177米的正方形.高仍为31米的长方体。现在的游泳中心的体积比原设计减少了多少立方米？ 2.右图的图形是棱长4厘米的正方体堆成的，它的体积是多少立方厘米？表面积是多少平方厘米？		设计意图： 在解决实际问题的过程中进一步理解长方体和正方体的特征。 在解决实际问题的过程中进一步理解长方体和正方体的体积表面积。	
	课后作业： 基础作业： 把一块长12米的长方体木材锯成完全相同的两块小长方体（如下图），表面积增加了0.8平方分米，这根木材原来的体积是多少立方米？ 实践作业： 测量数学书的体积。		设计意图： 学习用数学的眼光观察生活，进一步理解长方体和正方体的本质特征，为以后解决表面积体积问题积累经验。	

续表

第十课时

课时内容	《容积》第1课时			
课时目标	1.通过观察、操作、想象，使学生掌握容积的概念和容积的单位。 2.通过多种方式探究，积累认识图形的学习经验，渗透极限思想，能够抓住容积与体积概念的联系与区别，提高学习推理能力。 3.感悟数学文化的魅力，提高学生的应用能力，激发对数学知识的好奇心与求知欲。			
学业要求	了解	理解	掌握	运用
	容积概念和容积单位。	容积与体积概念的联系与区别。	容积的计算方法。	对容积概念和容积单位进行实际操作。
作业设计	课内作业： 基础练习： 1.连线下列物体对应的容积单位 升　立方米　立方分米　毫升 2.将正确答案前的字母填在括号里。 适合用毫升来度量（　） A.墨水瓶的容积　B.纸盒的容积 C.汽车油箱的容积 要装400升的水，用250毫升的瓶装，需用（　）瓶。 A.16　B.160　C.1600　D.16000		设计意图： 进一步理解容积的概念。 设计意图： 在解决实际问题的过程中进一步理解容积的概念。	
	课后作业： 基础作业： 1.有一个正方体的水槽，从里面量长是16厘米，宽是5厘米，高是8厘米。槽中已有一些水，水深6厘米，这个水箱最多还可以装多少升水？ 2.一个长方体的水箱，最多可以注入120升水。水箱的底面是个边长40厘米的正方形，水箱的高是多少厘米？		设计意图： 学习用数学的眼光观察生活，在解决实际问题的过程中进一步理解容积的概念，为解决体积问题积累经验。	

续表

	实践作业： 改编数学书第20页第6题 　　用边长16厘米的正方形纸板剪折成无盖的长方体纸盒。先剪掉边长是整厘米的四个完全一样的小正方形（如右图），折出的长方体纸盒容积最大，应该怎样剪？这时这个纸盒的容积是多少立方厘米？	设计意图： 　　与美术、语文学科融合，培养学生的动手能力和创新精神。

第十一课时

课时内容	《容积》第2课时			
课时目标	1.通过观察、操作、想象，使学生掌握容积的概念和容积的单位。 2.通过用多种方式探究，积累认识图形的学习经验，渗透极限思想，能够抓住容积与体积概念的联系与区别，提高学习推理能力。 3.感悟数学文化的魅力，提高学生的应用能力，激发对数学知识的好奇心与求知欲。			
学业要求	了解	理解	掌握	运用
	容积概念和容积单位。	容积与体积概念的联系与区别。	容积的计算方法。	对容积概念和容积单位进行实际操作。
作业设计	课内作业： 微波炉使用手册 外形尺寸： 300mm×500mm×420mm 内腔尺寸： 210mm×350mm×330mm （1）这种微波炉所占的空间是多少立方分米？ （2）这种微波炉的容积是多少升？		设计意图： 　　在解决实际问题的过程中进一步理解容积。	
	课后作业： 基础作业： 判断题。（对的画"√"，错的画"×"） （1）长方体的体积就是长方体的容积。　　　　　　　　（　　）		设计意图： 　　学习用数学的眼光观察生活，在解决实际问题的过程中进一步理解容积的概念，体积问题积累经验。	

	（2）容器所能容纳物体的体积，叫作它的容积。（　） （3）计量物体的容积，应该从容器的里面量长、宽、高。（　）	
	实践作业： 　　自己测量一毫升水大约是几滴？如果每分钟输液20滴，估算输出500毫升药液需要多长时间？	设计意图： 　　与美术、语文学科融合，培养学生的探索精神。

第十二课时

课时内容	《探索规律》第1课时			
课时目标	1. 通过观察操作正方体涂色分块活动，经历从特殊到一般的认识过程，体会数学与生活的联系； 2. 通过用多种方式探究，获得研究问题的方法和经验，加深对相关知识的理解；培养空间观念、推理能力。 3. 感悟数学文化的魅力，激发对数学知识的好奇心与求知欲，感受归纳的数学思维方法，培养学生的团结合作精神。			
学业要求	了解	理解	掌握	运用
	正方体涂色分块规律。	正方体涂色分块规律的应用。	熟练掌握正方体涂色分块规律。	运用正方体涂色分块规律解决问题。
作业设计	课内作业： 基础练习： 　　棱长是10厘米的小正方体，涂上红漆，分成棱长是1厘米的小正方体，三面涂漆的有多少块？两面涂漆的呢？一面涂漆的呢？不涂漆的呢？		设计意图： 　　在解决实际问题的过程中进一步理解长方体和正方体的特征。	
	课后作业： 基础作业： 　　棱长是20厘米的小正方体，涂上红漆，分成棱长是2厘米的小正方体，三面涂漆的有多少块？两面涂漆的呢？一面涂漆的呢？不涂漆的呢？		设计意图： 　　学习用数学的眼光观察生活，进一步理解长方体和正方体的本质特征。	

"研思同行，共享提升"：单元作业设计初探

续表

	实践作业： 有一个长是5分米，宽是4分米，高是3分米的长方体，它的6个面都涂有黄色，把它切成棱长1分米的小正方体。	设计意图： 与美术、语文学科融合，培养学生的创新精神。
\multicolumn{3}{c}{第十三课时}
课时内容	\multicolumn{2}{l}{《整理与复习》第1课时}
课时目标	\multicolumn{2}{l}{1.通过复习，使学生比较系统地掌握本单元所学概念。 2.能够通过比一比、说一说的方法，加深对概念的理解。 3.培养学生应用所学知识解决实际问题的能力。}

学业要求	了解	理解	掌握	运用
	长方体和正方体概念整理体系。	长方体和正方体概念整理体系。	长方体和正方体表面积体积知识。	运用长方体和正方体表面积体积知识解决问题。

作业设计	课内作业： 基础练习： 1.长方体和正方体特征知识梳理。 长方体、正方体的特征 		长方体	正方体
面	有6个面，相对的面完全相同，特殊情况两个相对面为正方形。	有6个面，都是正方形。
棱	12条棱，相对的棱长度相等。	12条棱，每条棱长度相等。
顶点	8个顶点	8个顶点
展开图				设计意图： 在解决实际问题的过程中进一步理解长方体和正方体的特征。

370

续表

	2.长方体和正方体表面积体积知识梳理。 长方体、正方体的表面积和体积。 | 立体图形	表面积	体积
(长方体图)	$S_长 = (ab+ah+bh) \times 2$	$V_长 = abh$
(正方体图)	$S_正 = 6a^2$	$V_正 = a^3$ | $V = Sh$	
	课后作业： 基础作业： 思考体积和容积有什么联系和区别？ | 从测量的方法来说	体积是从物体外部测量的，容积是从物体内部测量的。
---	---
从它们的大小来说	同一物体，它的体积大于容积，当容器壁很薄时，容积近似等于体积。
从计算方法来说	都是长乘宽乘高或底面积乘高。
从计量单位来说	固体的单位一般都用立方米、立方分米、立方厘米；液体的单位要用升、毫升。		设计意图： 学习用数学的眼光观察生活，进一步理解方体和正方体的本质特征，为以后解决表面积体积问题积累经验。
	实践作业： 为12盒牛奶设计一个包装箱，怎样包装才能使做这个包装箱最省材料？	
第十四课时		
课时内容	《整理与复习》第2课时	
课时目标	1.通过复习，使学生比较系统地掌握本单元所学概念。 2.能够通过比一比、说一说的方法，加深对概念的理解。 3.培养学生应用所学知识解决实际问题的能力。	

续表

学业要求	了解	理解	掌握	运用
	长方体和正方体概念整理体系。	长方体和正方体概念整理体系。	长方体和正方体表面积体积知识。	长方体和正方体表面积体积知识解决问题。
作业设计	课内作业： 基础练习： 1.有一个长方体，长6厘米，宽4厘米，高3厘米。它的最大的一个面的面积是（　　）厘米²，最小的一个面的面积是（　　）厘米²，它的体积是（　　）厘米³。 2.如右图所示，将木块平均分成两块后，木块的表面积增加了（　　）厘米²。（图示：5cm、10cm、6cm）		设计意图： 在解决实际问题的过程中进一步理解长方体和正方体的特征。	
	课后作业： 基础作业： 有一个长方体，长为12厘米，宽和高都是4厘米。这个长方体的外形近似于（　　） A.　　B.　　C. 2.如下图，用硬纸板做正方体盒子，正方体展开图的6个面上分别画着1、2、3、4、5、6个点。下面（　　）图可以围成有一组相对面的点数和是10的正方体。 A.　　B.　　C.		设计意图： 学习用数学的眼光观察生活，进一步理解长方体和正方体的本质特征，为以后解决表面积体积问题积累经验。	
	实践作业： 量一量自己的电脑主机长（　　）厘米，宽（　　）厘米，高（　　）厘米。它的占地面积是多少？它的体积是多少？		设计意图： 与美术、语文学科融合，培养学生的创新精神。	

续表

第十五课时			
课时内容	《整理与复习》第3课时		
课时目标	1.通过复习，使学生比较系统地掌握本单元所学概念。 2.能够通过比一比、说一说的方法，加深对概念的理解。 3.培养学生应用所学知识解决实际问题的能力。		
学业要求	了解	理解	掌握	运用
	长方体和正方体概念整理体系。	长方体和正方体概念整理体系。	长方体和正方体表面积体积知识。	长方体和正方体表面积体积知识解决问题。
作业设计	课内作业： 基础练习： 在括号里填上适当的计量单位。 一块砖的体积是1728（　　），一个茶杯的容积是50（　　），一间卧室的面积是25（　　），一大桶矿泉水的容积是18.9（　　）。 2.一个长方体的棱长总和是108厘米。它的长是12厘米，宽是9厘米，高是（　　）厘米，体积是（　　）厘米^3。		设计意图： 在解决实际问题的过程中进一步理解长方体和正方体的特征。	
	课后作业： 基础作业： 1.有甲、乙两个长方体的水箱（如下图，图中单位：厘米）。把甲装满水，再把水全部倒入乙箱。乙箱中水深多少厘米？ 甲 30 18 5　　乙 15 45 5 2.有一种长方体包装箱，从里面量长40厘米，宽12厘米，高7厘米。用这种包装箱装长5厘米、宽4厘米、高3厘米的首饰盒，要想装得最多，可以装多少盒？		设计意图： 学习用数学的眼光观察生活，进一步理解长方体和正方体的本质特征，为以后解决表面积体积问题积累经验。	

续表

	实践作业： 测一测你的书包容积是多少？	设计意图： 与美术、语文学科融合，培养学生的创新精神。

第十六课时

课时内容	《包装中的数学问题》第1课时		
课时目标	1.用表面积等知识，探索多个相同长方体叠放后使其表面积最小的最优策略。 2.体验解决问题的基本过程和方法，提高解决问题的能力。 3.通过解决包装的问题，体验策略的多样化，发展优化思想，增强空间观念和节约意识。		
学业要求	了解	理解	掌握	运用
	解决包装的问题。	体验策略的多样化。	解决问题的基本过程和方法。	
作业设计	课内作业： 基础练习： "六一"儿童节快到了，小红在外打工的妈妈给小红买了一盒巧克力糖，盒长是20cm、宽是15cm、高是5cm，准备把它包装好了寄给小红，需要多少平方厘米的包装纸？		
	课后作业： 基础作业： 把4个棱长2分米的正方体包装成一个长方体，有几种不同包装方案？需要多少平方分米的包装纸？	设计意图： 学习用数学的眼光观察生活，进一步理解长方体和正方体的本质特征。
	实践作业： 测量一盒特仑苏牛奶的长宽高，想一想12盒牛奶怎样包装最省材料？	设计意图： 体验解决问题的基本过程和方法，提高解决问题的能力。

第十七课时

课时内容	《包装中的数学问题》第2课时
课时目标	1.用表面积等知识，探索多个相同长方体叠放后使其表面积最小的最优策略。 2.体验解决问题的基本过程和方法，提高解决问题的能力。 3.通过解决包装的问题，体验策略的多样化，发展优化思想，增强空间观念和节约意识。

学业要求	了解	理解	掌握	运用
	解决包装的问题。	体验策略的多样化。	解决问题的基本过程和方法。	
作业设计	课内作业： 基础练习： 要把3个长20厘米、宽12厘米、高6厘米的大小相同的盒子包装起来，至少要准备多少平方厘米的包装纸？		设计意图： 在解决实际问题的过程中进一步理解长方体和正方体的特征。	
	课后作业： 基础作业： 超市售米用的木箱（上面没有盖），长1.2米，宽0.6米，高0.8米。 （1）制作这样一个木箱至少要用木板多少平方米？ （2）把木箱四周都刷上油漆，刷油漆的面积一共有多少平方米？		设计意图： 学习用数学的眼光观察生活，进一步理解长方体和正方体的本质特征，为以后解决表面积体积问题积累经验。	
	实践作业： 要把64个棱长6厘米的魔方放进一个包装箱里，应怎样装？这个包装箱的长宽高分别是多少厘米最省材料？		设计意图： 与美术学科融合，培养学生的探索创新精神。	
单元评估作业	第一单元测试卷 （时间：60分钟　　分数：　　　） 一、填空题。（21分） 1.长方体与正方体都有（　　）个面，（　　）个顶点和（　　）条棱。正方体是（　　）的长方体。 2.把60升水倒入一个长5分米、宽4分米的长方体容器里，水的高度是（　　）分米。 3.填写合适的单位名称。 （1）电视机的体积约50（　　）。 （2）一颗糖的体积约2（　　）。			

（3）一块橡皮的体积是8（　　）。
（4）一个苹果重50（　　）。
（5）指甲盖的面积约1（　　）。
（6）一瓶色拉油约4.2（　　）。
（7）一个橱柜的容积约2（　　）。

4.把8个棱长为2cm的正方体摆成长方体，长方体的体积是（　　）立方厘米。

5.底面周长为4dm的正方体容器，能装水（　　）L，合（　　）mL。

6.2个表面积为6dm²的正方体拼成一个长方体，它的体积是（　　）立方厘米。

7.相邻两个体积单位之间的进率是（　　）。

8.把一个长12厘米、宽6厘米、高8厘米的大长方体切成两个小长方体，这两个小长方体的表面积的和最大是（　　）平方厘米。

9.一个长方体，它的长是2米，宽和高都是0.6米。它的表面积是（　　）平方米，体积是（　　）立方米。

10.把一个长16厘米、宽6厘米、高8厘米的大长方体切成两个小长方体，这两个小长方体的表面积的和最小是（　　）平方厘米。

二、判断题。（对的画"×"，错的画"√"）（12分）

1.棱长为6cm的正方体的表面积和体积相等。（　　）

2.一个物体的容积一定比它的体积小。（　　）

3.把一个长方体切成两个长方体，两个长方体的表面积之和与体积之和都不变。（　　）

4.表面积相等的两个正方体，体积一定相等。（　　）

5.把表面积是6平方分米的正方体木块放在地面上，它的占地面积是1平方分米。（　　）

6.一个长方体（不含正方体）最多有8条棱长度相等。（　　）

三、选择题。（把正确答案的序号填在括号里）（12分）

1.正方体的棱长扩大到原来的2倍，表面积扩大到原来的（　　）倍，体积扩大到原来的（　　）倍。
A.2　　B.4　　C.6　　D.8

2.体积为8.1dm³的石块放进棱长为3dm的正方体水槽里，水面会上升（　　）。
A.2.7dm　　B.0.9dm　　C.3dm　　D.9dm

3.一个正方体的棱长从4.5cm增加到7cm，表面积增加了（　　）cm²。
A.27　　B.172.5　　C.216　　D.124.875

4.计算鱼缸能装多少升水，是求鱼缸的（　　），求制作鱼缸框架所需要的材料的长度，是求鱼缸的（　　），求给鱼缸框架上安装玻璃的面积，是求鱼缸的（　　）。
A.表面积　　B.棱长总和　　C.体积　　D.容积

5.一个正方体的棱长是6厘米,它的表面积和体积相比,( )。
A.一样大　B.表面积大　C.体积大　D.无法比较

6.将一个正方体钢坯熔铸成长方体钢材,熔铸前后的( )。
A.体积和表面积都相等
B.体积和表面积都不相等
C.体积相等,表面积不相等
D.表面积相等,体积不相等

四、求下面立体图形的表面积和体积。(单位:m)(12分)

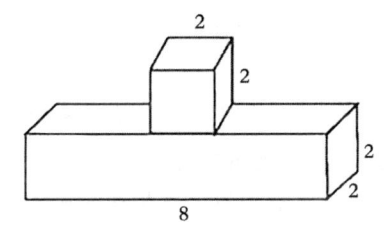

五、解决问题。(43分)

1.把2米长的长方体木料(如图),平均锯成3段,表面积比原来增加了2.4平方分米,原来这根木料的体积是多少立方分米?(7分)

2.要制作12节长方体的铁皮烟囱,每节长2米,宽4分米,高3分米,至少要用多少平方米的铁皮?(7分)

3.在一个练功房里铺设了1600块长50cm、宽10cm、厚3cm的木质地板。这个练功房的面积有多大?铺设地板至少要用木材多少立方分米?(7分)

4.学校开运动会前要给长8米、宽2.5米的沙坑垫上15厘米厚的沙子,找了一辆车厢长2.2米、宽1.2米、深50厘米的三轮车来拉沙子,拉几车比较合适?(7分)

5.一个正方体玻璃容器底面棱长2dm,向容器中倒入5L水,再把一块石头浸没在水中。这时量得容器内水深15cm。石头的体积是多少立方厘米?(7分)

6.有30个棱长为1分米的正方体,在地面上摆成下图的形状,然后把露出的表面涂成蓝色,涂蓝色部分的面积是多少平方分米?(8分)

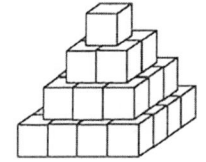

方程

基本信息			
学科	数学	教师姓名	王海燕
年级	五年级	教科书版本	北京版
单元主题	方程		
单元内容（从教材内容和学生情况两个方面进行分析）	本单元包括"用字母表示数"和"方程"两个新授小节以及一个"整理复习"。 从学生学习过程来看，在小学阶段整数、小数、分数的认识和四则运算（分数乘除法除外），已经全部学完，学生的数与代数的知识和经验已经积累到相当的程度，需要对更高一级的数学知识和数学思想进行学习。 作为数学上具有重要意义的方程，对小学生来讲是相对陌生的。因为方程的数学思想和解决问题的思维方式与算术解法是不同的,它把学生习惯的由条件到问题建立数量关系解决问题的思路淡化，取而代之的是按事物发生发展的自然顺序构建数量关系，其核心思想是等量关系的建构。		
关键能力或核心素养	代数思想与代数思维，有序思维。		
单元整体目标	1.借助生活中的实例，体会用字母表示数的必要性和重要性。能在具体情境中用字母表示数。 2.结合简单的实际情境，了解等量关系，并能用字母表示。 3.能用方程表示简单情境中的等量关系，了解方程的作用。 4.了解等式的性质，能利用用等式的性质解简单的方程。 5.初步学会列方程解比较简单的实际问题的方法。		
单元课时整体安排	1.《用字母表示数》（2课时）　　2.《方程》（5课时） 3.《整理与复习》（1课时）		
第一课时			
课时内容	《用字母表示数》第一课时： 用字母表示数，含有字母的乘法式子的简写。		
课时目标	1.理解用字母表示数的意义和作用。 2.能正确掌握含有字母的乘法式子的简写。 3.在探索现实生活数量关系的过程中，体验用字母表示数的简明性。		

续表

学业要求	了解	理解	掌握	运用
	字母表示数。	用字母表示数的意义和作用。	含有字母的乘法式子的简写。	
作业设计	课内作业： 基础作业： 　　小明和小丽在玩报数游戏，我们一起来看看。（观察并记录他们两人所报的数） 　　小明报 2，小丽报 10；3，15；7，? 　　你知道这时小丽应该报什么吗? 你能在小丽报数之前表示出他们所报的数吗? 你是怎么想的? 　　2.小明和小亮玩报数游戏，小明说 2，小亮说 10。能用字母表示他们报的数吗? 　　再出示一组，小明说 3，小亮说 11，能表示了吗? 能力提升： 　　再续游戏：你能用一句话结束这首儿歌吗? 　　1 只青蛙 1 张嘴，2 只眼睛 4 条腿； 　　2 只青蛙 2 张嘴，4 只眼睛 8 条腿； 　　3 只青蛙 3 张嘴，6 只眼睛 12 条腿； 　　__只青蛙__张嘴，__只眼睛__条腿。 这里的字母 n 是什么意思呢? 它表示青蛙只数。	设计意图： 　　希望学生能在具体情境中探索、抽象出数量关系和变化规律，并能够利用数据变化中得到的关系去解决问题。另外，第二次报数游戏也帮助学生将上一个环节中不能只看一组数就确定数量关系的感悟应用到这里，帮助学生体会数量间的内在联系。		
	课后作业： 　　基础作业： 　　数学书第 91 页练习十八第 1 题 　　能力提升： 　　数学书第 91 页第 3 题 $b \times 7.5$　　$b \times c$　　$a \times 2 \times b$　　$b \times 1$　　$2.8 \times x \times x$ b　　$2ab$　　$7.5b$　　$2.8x^2$　　bc	设计意图： 　　能正确掌握含有字母的乘法式子的简写，在探索现实生活数量关系的过程中，体验用字母表示数的简明性。		

续表

	第二课时			
课时内容	《用字母表示数》第二课时： 用含有字母的式子表示数量关系或常见图形的面积、周长计算公式，用数代替字母求出含有字母的式子的值。			
课时目标	1.让学生理解并学会用字母表示数，能用含有字母的式子表示数量关系或计算公式。 2.让学生通过把实际问题用含有字母的式子进行表达的过程，体会用字母表示数的简捷和便利，培养符号感。 3.培养学生严谨的学习态度。			
学业要求	了解	理解	掌握	运用
	用字母表示数的意义和作用。	用含有字母式子表示数量关系或计算公式。	常见图形面积、周长计算公式。	求出含有字母的式子的值。
作业设计	课内作业： 书上第91页 基础作业：第4题、第5题 能力提升 比较练习： 1.一个等腰三角形的一个底角是 a 度，那么顶角是多少度？ 2.一个等腰三角形的一个顶角是 a 度，那么一个底角是多少度？ 提示：画个图，标出有关数据，再列式子。		设计意图： 让学生用含有字母的式子表达结果，体会字母表示数的便利，培养符号感。 让学生用含有字母的式子表达结果，体会字母表示数的便利，培养符号感。	
	课后作业： 基础作业： 数学书第91页第6题、第7题 能力提升（分层）： 体育老师带来500元钱去买体育用品，已知一个足球 a 元，一个篮球 b 元，一个排球 c 元。 请说出下列每个式子的意思： （1）$a+b$；（2）$500-3b$； （3）$2(a+b+c)$		设计意图： 会用数代替字母求出含有字母的式子的值。 会用字母表示数的简捷和便利，培养学生逻辑思维严密性。	

续表

	第三课时			
课时内容	《方程》第一课时：认识等式，等式基本性质			
课时目标	1. 借助天平平衡理解等式表达的含义，初步认识等式基本性质。 2. 在观察、分析、概括和交流的过程中，能够根据一个等式写出新的等式，探索等式基本性质的形成过程，发展推理能力。 3. 发展乐于探索的学习品质，感受学习数学乐趣。			
学业要求	了解	理解	掌握	运用
	等式、方程。	等式表达的含义。	等式基本性质。	
作业设计	课内作业： 基础作业： 1. 根据等式的性质在○里填运算符号，□填数。 ① $x \div 6 = 18$　　$x \div 6 \times 6 = 18 ○ □$ ② $0.7x = 3.5$　　$0.7x \div 0.7 = 3.5 ○ □$ 拓展作业： 根据等式的性质，把下面的等式再改写成几个等式。 $3.6 + 5.4 = 9$ $3k - 4$　$(40+20) \div 5 = 60 \div 5$		设计意图： 在初步认识等式基本性质基础上进一步巩固理解等式性质形成过程。	
	课后作业： 基础作业： 在○里填">""<"或"="。 1. 当 $x=12$ 时： 　　$5x ○ 70$，$x \div 2 ○ 5$； 2. 当 $x=4$ 时： 　　$17x ○ 68$，$12 \div x ○ 7$； 3. 当 $x=0.2$ 时： 　　$0.5x ○ 1$，$x \div 0.2 ○ 0.2$； 能力提升： 根据下图表示等量关系式进行填空。 （1）△△　　○○○○ （2）▲　　○○ （3）▲▲　　（?）个△ 括号里填（　　），如果△=3.8，则○=（　　），▲=（　　）		设计意图： 在代入求值的基础上让学生进一步理解等式与不等式的意义。 借助天平平衡理解等式表达的含义，发展推理能力。	

续表

	第四课时			
课时内容	《方程》第二课时： 认识方程，根据问题情境找到等量关系，列出方程。			
课时目标	1.理解方程的意义，并能根据问题情境找到等量关系，列出方程。 2.经历观察、语言描述、符号表达、分类概括的过程，理解方程的意义，发展推理能力。 3.在具体情境中认识方程，感受数学与生活的密切联系。			
学业要求	了解	理解	掌握	运用
	什么是方程。	方程的意义。	能根据问题情境找到等量关系，列出方程。	
作业设计	课内作业： 基础作业： 判断题 1.方程是等式。（　　） 2.等式是方程。（　　） 3.$x+7>15$是方程。（　　） 4.$25-10=15$不是方程。（　　） 能力提升： 数学书第95页第2题		设计意图： 　　理解什么是等式和方程，能根据图意找到等量关系，正确地列出方程。	
	课后作业： 基础作业： 直接写出结果（为下节课做准备）。 $20y-8y=$（　　） $17.5x-7.5x=$（　　） $b-0.35b=$（　　） $6a+15a-3a=$（　　） 拓展延伸（分层）： 写方程，讲故事。 请你写出一个方程，再根据方程讲一个数学故事。可以画图也可以语言描述。		设计意图： 　　在理解等式基本性质基础上进一步巩固等式性质，为下节课解方程做铺垫。 　　体会方程是刻画现实世界的有效数学模型，其核心思想是用数学符号来表达两件事情的等价。	
	第五课时			
课时内容	《方程》第三课时 借助等式性质解方程例1、例2。			

续表

课时目标	1.在具体情境中，进一步理解方程的意义和等式的性质，并能借助等式性质解方程。 2.在观察、分析、思考的过程中，探索解方程的过程，发展推理能力。 3.在解方程并验算的过程中，养成自觉检验的良好学习习惯。			
学业要求	了解	理解	掌握	运用
	方程。	方程的意义和等式的性质。	借助等式性质解方程。	
作业设计	课内作业： 基础作业： 1.口算下面各题。 $3.4a-a=$　　　$a-0.3a=$ $3.1x-1.7x=$　　$0.3x+3.5x+x=$ 2.解方程。（要求检验的要检验） $3x+3=48$（检验）　$4x-8=12$ $6×5+2x=44$　$8x-x=14.7$ $13x=9.6$（检验）			设计意图： 巩固理解方程的意义和等式的性质，并借助等式性质解方程。	
	课后作业： 基础作业： 数学书95页第1题 能力提升： 看图列方程并求解： 39　　　　X ———————— 98 X元　X元　X元 5元　　　　182元			设计意图： 巩固理解方程的意义和等式的性质，并借助等式性质解方程。	

第六课时

课时内容	《方程》第六课时 列方程解决和倍、差倍问题。

续表

课时目标	1.通过分析数量关系，初步掌握列方程解决问题的一般步骤；通过对算术法和方程法的比较，体会用方程法解决问题的优越性。 2.进一步感受数学与现实生活的联系，激发学生学习数学的兴趣，体验学习的快乐。			
学业要求	了解	理解	掌握	运用
	数量关系。	根据等量关系式正确列出方程。	列方程解和倍、差倍问题。	根据等量关系式正确列出方程。
作业设计	课内作业： 基础作业： 只列方程不解答。 1.白兔和黑兔共有30只，白兔的只数是黑兔的4倍。白兔和黑兔各有多少只？ 2.白兔比黑兔多18只，白兔的只数是黑兔的4倍。白兔和黑兔各有多少只？		设计意图：		
	课后作业： 基础作业：列方程解决问题。 1.东方小学共有112人参加围棋兴趣小组，其中男同学人数是女同学的3倍。参加围棋兴趣小组的男同学有多少人？ 2.父亲的年龄是儿子年龄的8倍，儿子比父亲小28岁。父亲、儿子的年龄各是多少岁？ 拓展作业（部分学生参与）： 有两桶油，第二桶重量是第一的1.5倍，如果从第二桶中取出2千克放入第一桶中，这时两桶油的重量相等，第一桶有多少千克？		设计意图： 掌握列方程解决问题的一般步骤和方法。 理解列方程解决问题的优越性。先画线段图，再用方程和算术法解答。 归纳方程和算术解决问题思路的不同。		
第七课时				
课时内容	《整理与复习》 复习母表示数、方程、列方程解决实际问题等内容。			

续表

课时目标	1.通过回顾用字母表示数、方程、列方程解决实际问题等内容，理解用字母表示数、方程的含义，感悟知识方法之间的联系。 2.体会用字母表示数的意义，感悟方程思想，发展代数思维。 3.通过自主梳理建构"方程"知识方法的过程，养成自觉梳理、回顾反思的习惯。			
学业要求	了解	理解	掌握	运用
	字母表示数、方程、列方程解决实际问题。	用字母表示数、方程的含义，感悟知识方法之间的联系。	用方程解决实际问题。	
作业设计	课内作业： 基础作业： 1.填空。 （1）人体每蒸发1克汗水，就可以带走2.39千焦的热量。如果每天蒸发k克汗水，可以带走（　　）千焦的热量。 （2）动物园中老虎的只数比狮子的3倍少7只。如果狮子有9只，老虎有（　　）只。 2.文文对7月份的天气情况做了统计，晴天有27天，晴天的天数比阴天的6倍还多3天？			设计意图： 　　分别安排了填空题、看图题和实际问题，层层递进的练习，帮助学生温习学过的知识。
	课后作业： 基础作业： 1.数学书第103页第11题。 2.列方程解决问题。 ①一个长方形菜地的周长是96米。长是宽的4倍，长和宽各是几米？ ②一辆货车和一辆轿车同时从相距345千米的两地开出，几小时相遇？ 　　50千米/时　　　　65千米/时			设计意图： 　　遵循先易后难的原则，提高学生解方程的能力，让练习更具层次性。这两大题已包括了解方程的每个类型和用方程解决问题，使练习更具针对性和有效性。 　　体会字母表示数的简捷和优越性，培养学生符号感。 　　通过自主梳理建构"方程"知识方法的过程，养成自觉梳理、回顾反思的习惯。

续表

	拓展作业（部分学生参与） 如下图所示，摆1个正六边形需要6根小棒，摆2个正六边形需要多少根小棒？请你把下表补充完整。 	正六边形	第1个	第2个	第3个	第n个
小棒的根数						
---	---	---
单元评估作业	一、填空题。 1. 王阿姨买了3桶方便面，每桶a元，共付20元，应该找回（　　）元。 2. 小明比爸爸小28岁，今年小明x岁，爸爸今年（　　）岁。 3. 学校有x个足球，排球的数量比足球的3倍多5个，学校有（　　）个排球。 4. 食堂买来200千克煤，已烧了a天，还剩b千克，平均每天烧（　　）千克。 5. 三个连续自然数，已知中间一个数是m，那么前一个数是（　　），后一个数是（　　），三数之和是（　　）。 6. 当x=5时，x×2=（　　），2x+8=（　　）。 7. 如果2x+4=32，那么3x+4=（　　）。 8. x的3倍比它的5倍少2.4，可以列出方程（　　）。 9. 水果店有香蕉x千克，苹果的质量是香蕉的5倍，5x+x表示（　　）。 10. 一个正方形的周长是a厘米，用字母表示它的面积的式子是（　　），当a=24时，正方形的面积应是（　　）厘米²。 二、判断题。（对的画"√"，错的画"×"） 1. 方程2x+3=15和x+6=12的解是相同的。（　　） 2. a×2大于2a。（　　） 3. 等式两边同时乘或除以同一个数（0除外），等式仍然成立（　　） 4. 火车每小时行驶a千米，是汽车速度的1.2倍，汽车每小时行驶1.2a千米。（　　） 5. 甲数是a，比乙数的4倍少b，乙数是a÷4-b。（　　） 三、选择题。（把正确答案的序号填在括号里） 1. 下列式子中，（　　）是方程。 　　A. 8-x>6　　B. a<2+20　　C. 17-8=9　　D. 5x+y=a	

续表

2. 一个数除以 a，商 6 余 5，这个数是（　　）。

A.$(a-5)\div 6$　　B.$6a+5$　　C.$6a-5$　　D.$(a+5)\div 6$

3. 一个正方形的周长是 30 厘米，它的边长是多少？设它的边长是 x 厘米。列方程是（　　）。

A.$x\times 2=30$　　B.$4x=30$　　C.$2x=30$　　D.$30\div x=2$

4. 在下面的方程中，与方程 $2x=6$ 的解相同的是（　　）。

A.$x\div 3=1$　　B.$4.2-x=1.5$　　C.$0.5x+0.3=4.5$　　D.$4x=16$

5. 甲数是 a，是乙数的 3 倍，乙数是（　　）。

A.$3a$　　B.$a\div 3$　　C.$2a$　　D.$a+3$

6. 一个正方形的边长是 8 米，若边长增加 2 米，面积增加（　　）米²。

A.1.4　　B.16　　C.36　　D.100

7. n 是三个连续自然数中间的一个数，三个数之和是（　　）。

A.$3n+6$　　B.$3n$　　C.$3n+2$　　D.$3n-2$

四、解方程。

$x+1.5=6$　　　　$5.5x+6.7=7.8$　　　　$3.5x-0.8x=11.34$

$x\div 1.5=6$　　　　$6.2x-x=41.6$　　　　$9x-14\times 5.5=58$

五、列方程解决问题。

1. 2012 年 12 月 1 日，世界上第一条地处高寒地区的高铁线路——哈大高铁正式通车运营，从哈尔滨西站到大连北站，一等座的票价是 645.5 元，比二等软座票价的 2 倍还少 161.5 元。二等软座的票价是多少元？

2. 妈妈让小远到楼下的水果店买橘子，如果每千克橘子 4 元，他所带的钱刚好能买到 2 千克，可是水果店的橘子卖完了，他就用这些钱正好买了 2.5 千克苹果。苹果每千克多少元？

3. 学校举行演讲比赛，已知一等奖有 2 名，奖金是 100 元，二等奖有 4 名，奖金是 50 元，三等奖有 10 名，学校共发了 500 元的奖金，三等奖的奖金是多少元？

4. 一套衣服 104 元，上衣的价钱是裤子的 1.6 倍。上衣和裤子各多少元？

5. 机械厂加工一批零件，原计划每天加工 60 个，30 天完成。现在要提前 5 天完成，现在每天要加工多少个？

"研思同行,共享提升":单元作业设计初探

小数除法

基本信息				
学科	数学	教师姓名		姜怀民
年级	五年级	教科书版本		北京版
单元主题	小数除法			
单元内容(从教材内容和学生情况两个方面进行分析)	教学内容分析及学生情况分析: 本单元主要包括"小数除法"和"解决问题"两个新授内容小节和一个"整理与复习",此外还包括探索规律内容。 小数除法是在学生学习了整数除法的意义、计算方法、商不变的规律、小数的意义和性质以及小数点位置移动引起小数大小的变化等相关知识的基础上进行教学的。小数除法与小数乘法一样,是小学生应该掌握和形成的基础知识和基本技能,是后续学习的重要基础,同样承载着培养学生运算能力,发展学生数学素养的任务。			
关键能力或核心素养	数感、运算能力、推理能力			
单元整体目标	1.理解小数除法的算理,掌握计算方法,能正确进行笔算。 2.学会用"四舍五入"取商的近似值,初步认识循环小数,会用"四舍五入法"对循环小数取循环小数近似数。 3.结合生活情境,经历小数除法计算方法的自主探究过程,体验转化的数学思想,发展数感,培养运算能力。 4.通过小数除法及其实际问题的学习,养成回顾、检查的学习习惯及认真负责的学习态度,体会小数除法的实际应用价值。			
单元课时整体安排	小数除法(5课时)　　解决问题(2课时) 探索规律(1课时)　　小数除法整理与复习(1课时)			
第一课时				
课时内容	《小数除法》第一课时			
课时目标	1.感受整数除法与小数除法的关系,进一步理解除法的意义。 2.在具体的情境中,利用已有知识经验探索整数除以整数、小数除以整数计算方法,理解算理,发展运算能力和问题解决能力。 3.在解决问题中感受小数除法在生活中的应用,发展学习兴趣。			

续表

学业要求	了解	理解	掌握	运用
	整数除法与小数除法的关系。	小数除以整数的算理。	小数除以整数计算方法。	运用小数除法解决实际问题。
作业设计	课内作业：		设计意图：	
	商品名称 | 毛巾 | 橡皮 | 纯牛奶 购买数量 | 3条 | 4块 | 12袋 总价 | 9.6元 | 11.2元 | 20.4元 每种商品的单价是多少？		结合生活实际，在解决问题中感受小数除法在生活中的应用，同时巩固计算方法。	
	课后作业： 一、基础作业：计算下面各题。 9.5÷5　　8.32÷4　　36.8÷16 二、拓展作业（分层）。 我国著名的数学家刘徽在《九章算术注》里曾说过："剟之愈小，割之弥细。" 请你结合本节课学习内容，试着举例说明这句话的意思。		设计意图： 巩固小数除以整数算法，发展学生运算能力。 渗透数学文化，通过分析让学生进一步理解小数除以整数的过程就是细化计数单位的过程。	

第二课时

课时内容	《小数除法》第二课时
课时目标	1.理解除数是小数的除法的算理，掌握除数是小数的除法的计算方法，并能正确计算。 2.在具体情境中，经历从不同角度探索除数是小数的除法计算方法的过程，体会转化的数学思想，发展运算能力。 3.结合具体情境，进一步体会数学与生活的密切联系。

学业要求	了解	理解	掌握	运用
		理解除数是小数的除法的算理。	计算方法。	解决简单问题。
作业设计	课内作业： 1.在括号里填上适当的数。 0.24÷0.6=（　　）÷6 0.24÷0.06=（　　）÷6 2.4÷0.06=（　　）÷6			设计意图： 进一步理解除数是小数的除法的算法就是把小数转化成整数除法。

389

续表

	课后作业： 一、基础作业：计算下面各题。 30.3÷3　　9÷0.18　　7÷0.56 二、拓展作业（分层）： 你能根据小数除法的算式讲一个数学故事吗？	设计意图： 巩固计算方法，发展学生运算能力。 在讲故事的过程中体会小数除法的应用价值。

第三课时

课时内容	《小数除法》第三课时			
课时目标	1.深化理解小数除法的算理，掌握算法，能正确进行笔算。 2.经历探究小数除法计算方法之间联系的过程，体会转化的数学思想，发展数感和运算能力。 3.通过运用小数除法解决实际问题，体会小数除法的应用价值。			
学业要求	了解	理解	掌握	运用
	小数除法和整数除法的联系。	理解小数除法的算理。	掌握小数除法算法。	运用小数除法解决实际问题。
作业设计	课内作业： 芳芳攒了14.8元，妈妈又给了她3.2元，芳芳用这些钱买了2.5千克糕点，每千克糕点多少钱？		设计意图： 通过运用小数除法解决实际问题，体会小数除法的应用价值。	
	课后作业： 一、基础作业： 下面的除法算式中，商最大的算式是（　　） A.1.512÷0.36　　B.15.12÷36 C.15.12÷0.036　　D.151.2÷3.6 二、拓展作业（分层）： 3.6÷0.4=0.9，对吗，为什么？怎样发现它是错的？你近期出现过哪些计算错误？请摘录分析，并写一写现在有什么方法可以减少这类错误？		设计意图： 巩固小数除法的计算方法，发展学生运算能力。 突破转化成除数是整数的除法后再口算的关键点。	

第四课时

课时内容	《小数除法》第四课时
课时目标	1.掌握用"四舍五入"法求商的近似值的方法。 2.在解决问题中体会用"四舍五入"法取商的近似值来源于生活需要。

学业要求	了解	理解	掌握	运用
	取商的近似值来源于生活。	"四舍五入"法求商的近似值。	求商的近似值的方法。	解决简单问题。
作业设计	课内作业： 1.改编数学第24页试一试。 |	保留整数	保留一位小数	保留两位小数 | |---|---|---|---| | 2.3÷2.1 | | | | 课后作业： 1.计算下面各题，并取商的近似值。 11÷3.8（得数保留整数） 2.04÷2.9（得数保留两位小数） 2.小亮用15元钱买了8支同样的自动铅笔。1支自动铅笔多少钱？		设计意图： 　　巩固用"四舍五入"法求商的近似值，培养学生运算能力。 设计意图： 　　巩固求商的近似值，培养学生运算能力。 　　体会商的近似值来源于生活需要。	

第五课时

课时内容	《小数除法》第五课时
课时目标	1.在具体的问题情境中，初步认识循环小数，能用简便记法表示循环小数和取循环小数的近似值。 2.经历观察、对比的过程，发展推理能力。 3.感受数学知识间的内在联系，体会循环小数的意义。

学业要求	了解	理解	掌握	运用
	循环小数。	循环小数意义。	简便记法表示循环小数。	会用简便记法改写。
作业设计	课内作业： 1.把下面循环小数写成简写形式。 1.39090…=（　　　） 0.375375…=（　　　） 2.我国每年生产近70亿支木杆铅笔。每生产700万支木杆铅笔就需要3万株天然椴木。生产多少支木杆铅笔就要用去一株天然椴木？（得数保留整数）			设计意图： 　　巩固简便记法表示循环小数。 　　用小数除法计算的简单实际问题，商是循环小数，要根据要求取商的近似值。	

续表

	课后作业： 一、基础作业： 从大到小的顺序排列正确的是（　　） A. 3.15，3.5̇0̇5，3.5̇，3.1̇5̇ B. 3.5̇0̇5，3.1̇5̇，3.5̇，3.15 C. 3.5̇，3.5̇0̇5，3.15，3.1̇5̇ 二、拓展作业： 循环小数7.23063063…的小数部分第10位上的数字是几？小数部分第2022位上的数字呢？写出你的思考过程。	设计意图： 运用比较大小复习循环小数。 运用循环小数循环节的特点解决问题。

第六课时

课时内容	小数除法解决问题（第一课时）			
课时目标	1. 在具体问题情境中，能根据实际情况取结果的近似值，体会用"去尾法""进一法"取近似值的必要性。 2. 经历解决实际问题时根据实际需要用"去尾法""进一法"取结果近似值的过程，发展问题解决能力。 3. 在解决问题的过程中，感受数学与生活的密切联系。			
学业要求	了解	理解	掌握	运用
	"去尾法"和"进一法"。	根据实际情况取结果的近似值。	"去尾法""进一法"解决问题。	解决实际问题。
作业设计	课内作业： 　　一堆水泥重18.5吨，货车的载重量是2吨，至少要运（　　）次才能全部运完。 　　A. 10　　B. 9　　C. 11	设计意图： 用"进一法"解决实际问题。		
	课后作业： 一、基础作业： 　　学生校服每套平均用布2.4米，71米布可以做多少套？ 二、拓展作业： 　　1. 在生活中你遇到过"去尾法"或"进一法"解决实际问题吗？请你试着举出一个例子。	设计意图： 用"去尾法"解决实际问题。 联系生活实际 提升学生解决问题的能力。		

续表

	第七课时			
课时内容	小数除法解决问题（第二课时）			
课时目标	1.在解决实际问题的过程中，用多种方法理解问题情境中的数量关系，体会解决问题策略的多样化。 2.经历发现问题、提出问题、分析问题、解决问题的过程，发展问题解决能力。			
学业要求	了解	理解	掌握	运用
	解决问题方法多样。	用多种方法理解问题情境中的数量关系。	不同策略解决问题。	解决实际问题。
作业设计	课内作业： 　　基础练习： 　　五年级同学乘车去秋游，去时每小时行72km，用1.5小时。回来时所用时间是去时的1.2倍，回来时平均每小时行多少千米？		设计意图： 　　解决实际问题，发展学生解决问题的能力。	
	课后作业： 　　基础作业： 　　火车2.5小时行400千米，汽车2.5小时行200千米。你能提出哪些数学问题？请列式解答。 　　拓展作业： 　　一个水瓶装了一些水，倒满3个纸杯后，水瓶中还剩1.35升水，再倒满2个纸杯后，水瓶中还剩0.85升。水瓶中原有水多少升？		设计意图： 　　让学生自主提问，发展学生的问题意识，提高解决问题的能力。 　　用多种方法理解问题情境中的数量关系，体会解决问题策略的多样化。	
	第八课时			
课时内容	探索规律			
课时目标	1.探索除法中的秘密，发展提出、分析问题和解决问题的能力。 2.经历观察—猜想—验证—表达的过程，积累探索规律的活动经验。 3.在探索过程中获得乐趣，体验成功，增强对数学学习的兴趣和信心。			
学业要求	了解	理解	掌握	运用
	除法中的算式有规律。	理解除法中的秘密。	探索规律的方法。	根据已知发现并找到规律。

续表

作业设计	课内作业： 6×9=54 6.6×6.9=45.54 6.66×66.9=445.554 6.666×666.9=_____ 6.6666×6666.9=_____	设计意图： 根据已知条件发现规律并找到规律。
	课后作业： 一、基础作业： 1.已知：3×4=12； 　　　　3.3×3.4=11.22； 　　　　3.33×3.34=11.1222； 那么：3.3333×3.3334=_____。 二、拓展作业： 　　数字黑洞是指自然数经过某种数学运算之后陷入了一种循环的境况。例如：任意选四个不同的数字，按从大到小的顺序排成一个数，再按从小到大的顺序排成一个数。用大数减去小数（如1、2、3、0，就用3210-123）。用所得结果的四位数重复上述过程，最多七步必得6174。即7641-1467=6174，仿佛掉进了黑洞，永远出不来。 　　请你举个例子尝试一下这神奇的数字黑洞吧！	设计意图： 根据已知条件找到规律。 探索神奇的数字黑洞，发展学生分析问题和解决问题的能力。

第九课时

课时内容	小数除法整理与复习			
课时目标	1.在回顾整理、交流分享中，复习小数除法的相关内容，体会知识之间的联系，提高主动建构知识网络的能力。 2.经历运用所学知识、方法解决实际问题的过程，感受数学的广泛应用，进一步理解运算意义，提高解决实际问题的能力。			
学业要求	了解	理解	掌握	运用
	知识之间的联系。	小数除法算理。	小数除法计算方法。	解决实际问题。

续表

作业设计	课内作业： 1.计算。 10.9-0.9÷1.8　　82.6÷4÷0.25 2.五年级一班发现一个小区一个人4周可产生约30.8千克生活垃圾，一个人平均每天产生多少千克生活垃圾？	设计意图： 复习小数除法，培养学生运算能力。根据实际问题，理解小数除法的意义，提高解决实际问题的能力。
	课后作业： 基础作业： 阅览室装订了一批杂志。原计划每天装订36本，6天完成，实际每天装订的本数是原计划的1.5倍。请你提出一些数学问题，并列式解答。 实践作业： 用自己喜欢的方式对小数除法单元进行回顾与梳理，可以画成思维导图或数学手抄报。	设计意图： 结合具体情境，让学生自己提出问题，发展学生的问题意识，提高解决实际问题的能力。 自主梳理知识，找到知识间的结构，培养学生逻辑思维。
单元评估作业	一、填空。 1.0.12÷0.3=（　　）÷3；0672÷0.28=（　　）÷28。 2.3.7÷3的商，用循环小数的简便记法表示是（　　），保留两位小数约是（　　）。 3.3.47÷0.62，商保留两位小数约是（　　）。 4.李师傅0.15小时做12个零件，平均每小时做（　　）个零件。 5.不用计算写出：1.8×2.67的积有（　　）位小数，0.68÷1.6的商的最高位是（　　）位。 二、将正确答案的字母填在括号里。 1.如果一个数除以0.25.所得的商是原数的（　　）倍。 A.4　　　　B.100　　　　C.25 2.下面各题中，商最大的是（　　）商最小的是（　　）。 A.6.25÷3.2　　B.6.25÷32　　C.6.25÷320 3.6.123123…的小数部分第24位上的数字是（　　）。 A.1　　　　B.2　　　　C.3 4.下面除法算式中，A表示大于0的数，商最大的算式是（　　）。 A.A÷0.5　　B.A÷1　　C.A÷1.5 5.$m÷n=a.m<a$（$m>0$，$n>0$），则n（　　）。 A.大于1　　B.小于1　　C.等于1　　D.无法判断	

6.甲数除以乙数的商是8.5,如果甲数乘10,乙数除以10,这时甲、乙两数的商是（　　）。

A.8.5　　　　　　B.850　　　　　　C.0.085

三、竖式计算。

10.2÷12=　　　　　18÷24=　　　　　25.3÷0.88=

四、计算下面各题。

（24+9.6÷2.4）×0.5　　　　　9.24÷[（2.8+3.2）×0.5]

五、解决问题。

1.张阿姨去超市买带鱼,原来买25千克的钱,按优惠价可以多买5千克。打折后的带鱼是19.5元/千克,优惠前每千克带鱼多少元?

2.下面是某建筑工地上几位工人的对话。

张师傅:现在工地需要47吨沙子。

李师傅:我先用一辆载重4.5吨的汽车运6次。

刘师傅:余下的改用一辆载重25吨的汽车运,还要运多少次才能运完?

3.用一个杯子向一个空瓶中倒水。如果空瓶中倒入了3杯水后,连瓶共重0.74千克;如果空瓶中倒入了5杯水后,连瓶共重1.1千克。用这个杯子量取的一杯水和这个瓶子各重多少千克?

扇形统计图

基本信息				
学科	数学	教师姓名	曹彦东	
年级	六年级	教科书版本	北京版	
单元主题	扇形统计图			
单元内容（从教材内容和学生情况两个方面进行分析）	一、教材分析： 　　有关统计图的认识，小学阶段主要认识条形统计图、折线统计图和扇形统计图。考虑到扇形统计图在日常生活中的广泛应用，新课程标准把它作为必学内容安排在本单元。这节课是在前面学习了条形统计图和折线统计图的特点和作用的基础上进行教学的，主要通过熟悉的事例使学生体会到扇形统计图的实用价值。学好本节课内容，既提供学生解决一些日常生活问题的思路，也培养了学生数据整理和分析的能力。 　　二、说学情分析 　　就学生的知识水平而言，本节课的教学是在学生已有统计经验的基础上学习新知识的。六年级学生已经学习了条形统计图和折线统计图，知道了它们的特点，并具有一定的概括和分析能力。在此基础上，通过新旧知识的对比，自然生成新的知识点。就学生的认知特点而言，小学六年级学生的数据分析观念较为薄弱，只有让学生多思考、多动手，才能真正成为课堂的主人，使他们感受到数学就在自己身边，而且数学是有用的、必要的。 　　三、说教法与学法 　　通过创设问题情境，让学生在解决问题的过程中认识扇形统计图，体会这种图形是社会生活的需要。在计算各部分地形面积时，鼓励学生用计算器完成较复杂的计算。因此，本节课教师指导学生通过自主探究、观察比较、合作交流的方式完成全部教学，多媒体演示法贯穿全课，让学生在活动中体验学习，在学习中体会数学的魅力。			
关键能力或核心素养	收集整理数据的能力。 能够进行简单的数据分析，做出合理的推测判断。			
单元整体目标	1.结合具体情境，认识扇形统计图，在与条形统计图的对比中了解扇形统计图的特点。 　　2.通过提出问题、收集数据、整理数据、分析数据、解决问题的统计过程。能读懂扇形统计图，从中获取必要信息，进一步发展数据分析观念。 　　3.进一步体会统计在生活中的作用。			

续表

	学习重点：认识扇形统计图，体会扇形统计图的特点和作用。 学习难点：通过统计过程，发展数据分析观念。			
单元课时整体安排	2课时			
	第一课时			
课时内容	《扇形统计图》			
课时目标	1.结合具体情境，认识扇形统计图，对比中体会扇形统计图的特点和作用。 2.通过统计过程，读懂扇形统计图，从中获取必要信息，进一步发展数据分析观念。 3.进一步体会统计在生活中的作用。			
学业要求	了解	理解	掌握	运用
	扇形统计图的组成和特点。	体会扇形统计图表示的特点和作用，在现实生活中的体现。	体会扇形统计图的特点和作用。	利用统计图进行分析，做出合理的决策。
作业设计	课内作业： （一）成长问题之家人的陪伴 观察这两幅有关联的扇形统计图。你读懂了什么？ 预设：学生对两幅扇形统计图对比分析。 小军妈妈一天时间安排　小军妈妈自主时间安排 做饭 交通5% 5% 睡眠 30% 看书 20% 工作 35% 陪伴孩子 80% 自主时间 25% （二）成长问题之营养的助力 牛奶里含有丰富的营养成分，各种营养成分所占百分比如下：		设计意图： 通过数据分析，掌握统计图的特点，提高学生的数据分析能力。 培养学生的提取信息、分析数据、合理调整的决策能力。	

	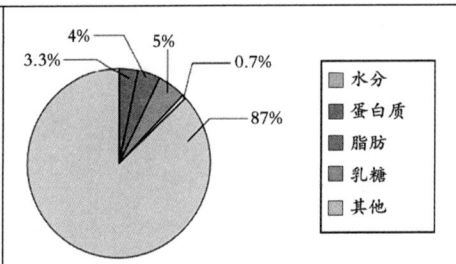 解读扇形统计图并明确问题：如果每天喝一袋牛奶，蛋白质的含量是8.25g，那么这袋牛奶中乳糖的含量是多少克？	体会统计的价值。 运用百分数解决问题的经验解决问题，想办法验证。
	课后作业： 1.空气的主要成分体积含量占总体积百分比情况统计如下图。 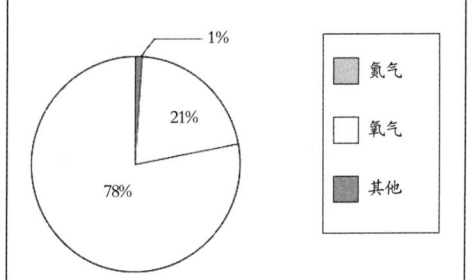 （1）在100L空气中含有多少升氧气？ （2）估计一下，教室内大约有多少升氧气？ 2.我国国土面积约960万平方千米，各种地形所占百分比如下图。 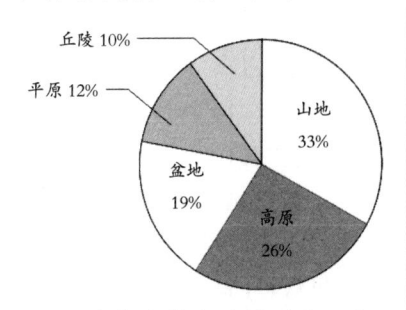 （1）请你计算各种地形的面积，填入下表。	设计意图： 　　巩固扇形统计图的特征，能够从统计中提取信息，并能正确分析，体会统计的价值。 增强统计意识，提高学生解决实际问题的能力。

地形	山地	高原	盆地	平原	丘陵
面积/万平方千米					

（2）根据这些信息，你能提出什么数学问题？

试着解答一下。

第二课时

课时内容	《扇形统计图》
课时目标	1.进一步体会条形统计图、折线统计图和扇形统计图各自的特点，能结合不同统计图，从不同角度分析数据，能根据需要选择合适的统计图。 2.在利用统计图解决问题的过程中，进一步培养数据分析能力及统计意识。 3.感受统计图与生活的密切联系，体会统计图的应用价值。 学习重、难点：进一步体会不同统计图各自的特点，根据实际问题选择合适的统计图。
学业要求	了解：从不同角度分析数据，能根据需要选择合适的统计图。 理解：条形统计图、折线统计图和扇形统计图各自的特点。 掌握：能结合不同统计图，从不同角度分析数据，进一步培养数据分析能力及统计意识。 运用：感受统计图与生活的密切联系，体会统计图的应用价值。
作业设计	课内作业： （一）学习任务一 | 年份 | 2015 | 2016 | 2017 | 2018 | 2019 | |---|---|---|---|---|---| | 总量/棵 | 100 | 120 | 150 | 220 | 300 | 1.阅读理解。 仔细观察，从统计表中，你能获取哪些数学信息？ 2.提出问题。 如果要用统计图表示这一组数据，你觉得用哪一种统计图更合适呢？	设计意图： 培养学生提取信息、根据实际情况灵活选择统计图的能力。

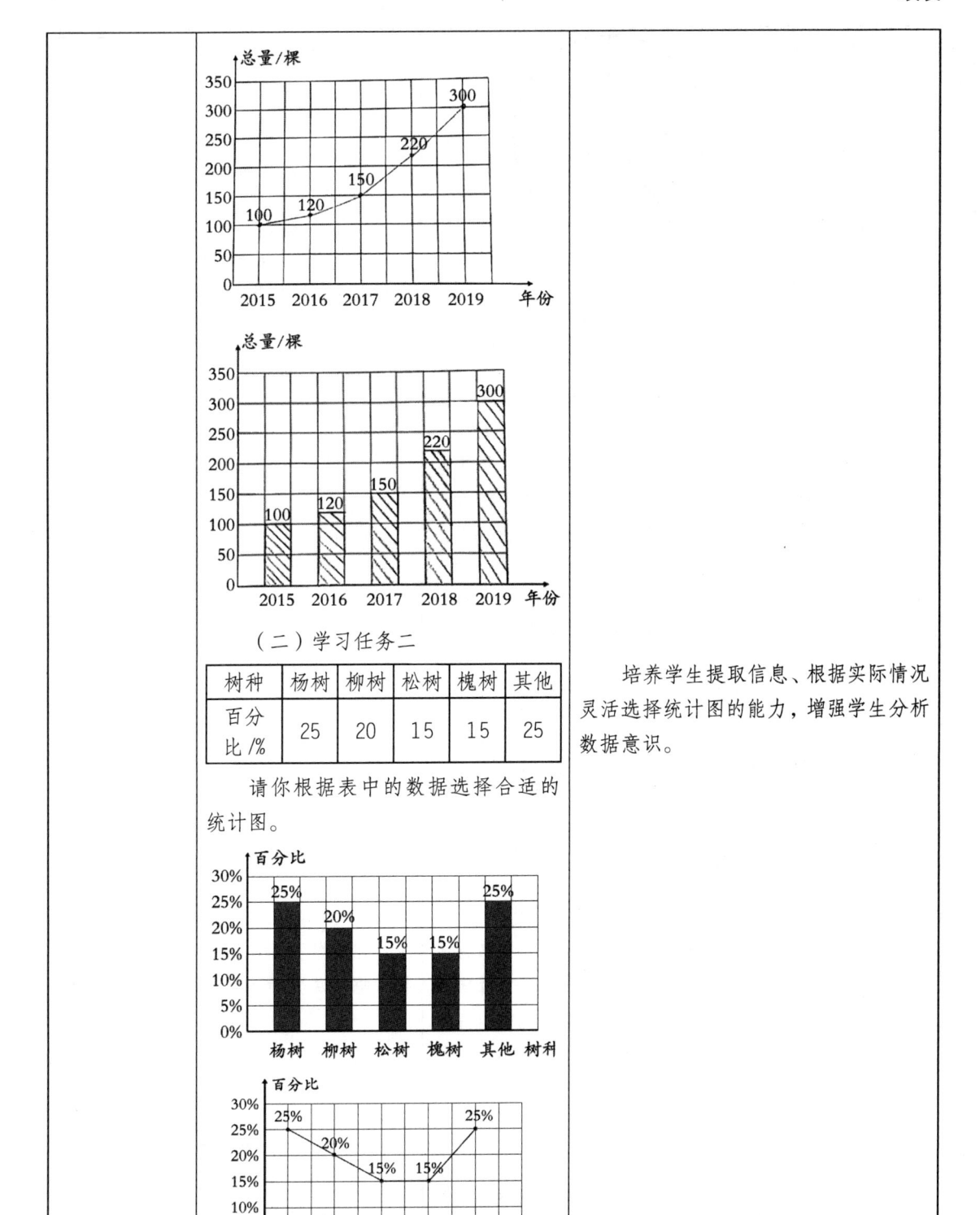

[折线统计图：2015年100, 2016年120, 2017年150, 2018年220, 2019年300，单位：总量/棵]

[条形统计图：2015年100, 2016年120, 2017年150, 2018年220, 2019年300，单位：总量/棵]

（二）学习任务二

树种	杨树	柳树	松树	槐树	其他
百分比/%	25	20	15	15	25

请你根据表中的数据选择合适的统计图。

[条形统计图：杨树25%、柳树20%、松树15%、槐树15%、其他25%]

[折线统计图：杨树25%、柳树20%、松树15%、槐树15%、其他25%]

培养学生提取信息、根据实际情况灵活选择统计图的能力，增强学生分析数据意识。

	（饼图：其他25%，杨树25%，柳树20%，松树15%，槐树15%）	
	（二）作图理解 1.如果改成折线统计图来描述，在描述数据方面有什么不同？ 生1：通过折线统计图，可以看出总常住人口和城镇常住人口都在不断地增长，但是增长的幅度是不同的。 生2：但是在这个折线统计图中没有体现出城镇常住人口占总常住人口的百分比，它又会是什么变化情况呢？ 2.完成折线统计图。 广东省城镇常住人口占总常住人口百分比折线统计图 （折线图：1990年36.8%，2000年55%，2010年66.2%） 生：我发现，从广东省城镇常住人口占总常住人口的百分比这个折线统计图中，城镇常住人口所占比例也在不断增长。而且，我发现要想展示几组百分比的变化情况，也可以用折线统计图表示。	不同的统计图，有不同的特点，反映了通过对比，理解不同统计图的特点，帮助学生提高运用数据解决实际问题的能力。 培养学生的作图能力，提高学生分析数据解决实际问题的能力。
课后作业： 在林业科学里，通常根据乔木生长期的长短将乔木分成不同的类型。下面是我国乔木林各龄组的面积构成情况。		

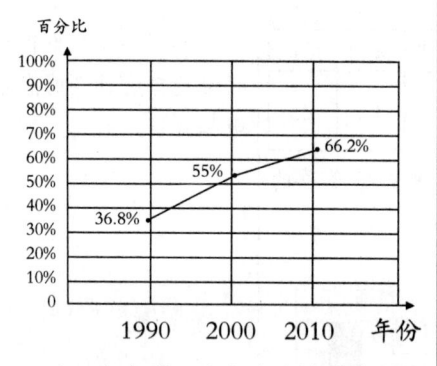

		所占百分比
	幼龄林	33.82%
	中龄林	33.43%
	近熟林	14.82%
	成熟林	12.03%
	过熟林	5.9%

以上信息可以用什么统计图描述？哪种更直观些？

2.数学书第103页第7题。

截至2012年6月末，全国农村网民规模为1.46亿人，比2011年12月末增加1464万人。

2011年12月末和2012年6月末网民城乡结构统计图

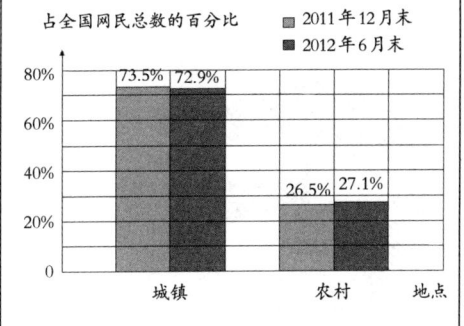

（1）截至2012年6月末，我国共有网民多少人？

（2）2011年12月末，我国共有农村网民多少人？ | |
| 单元评估作业 | 一、填空。
1.要表示数量增减变化情况，应选择（ ）。
2.要表示部分与整体之间的关系，选择（ ）。 |

二、解决问题

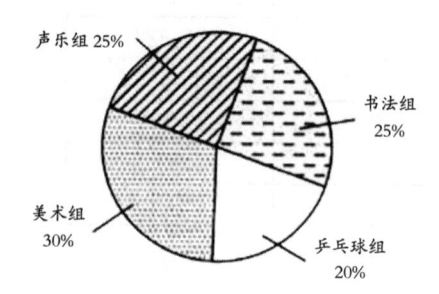

声乐组 25%
书法组 25%
美术组 30%
乒乓球组 20%

（1）上面是六（1）班同学参加兴趣小组的人数统计图。结合统计图可知，参加（　）组的人数最多，占全班总人数的（　）%；参加（　）组和（　）组的人数同样多，各占全班总人数的（　）%；参加（　）组和（　）组的人数之和超过全班总人数的一半。

（2）（　）统计图可以清楚地表示出部分和整体之间的关系。

（3）扇形统计图是用整个圆表示（　），用圆内各个（　）的大小表示（　）占（　）的百分比。

2.下面是向阳小学六（1）班同学期末考试成绩统计图。结合统计图回答下列问题。

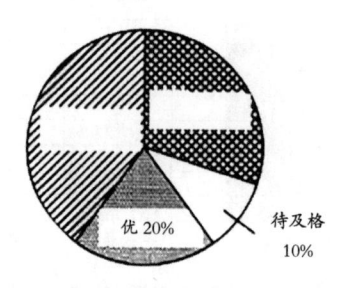

优 20%
待及格 10%

（1）得优的同学和待及格的同学各占全班总人数的百分之几？
（2）如果六（1）班有50名同学，得优、良、中、待及格的分别有多少名同学？
（3）得中的同学比得良的同学多占全班总人数的百分之几？

试题详情

3.下面是爱华村去年蔬菜种植面积统计图。看图回答问题。

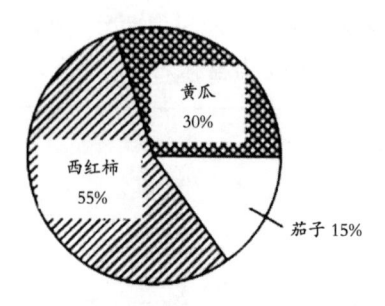

黄瓜 30%
西红柿 55%
茄子 15%

（1）西红柿的种植面积是4.4公顷，三种蔬菜的总种植面积是多少公顷？

（2）茄子的种植面积是黄瓜的百分之几？

3.下图是光明小学图书馆的故事书、科技书和连环画三类图书统计图，已知这三类图书共有18000本。看图回答下面问题：

（1）这是（　　）统计图，从统计图中可以看出（　　）书最多。

（2）故事书有（　　）本，科技书有（　　）本，连环画有（　　）本。

（3）故事书比科技书少（　　）本，连环画比故事书少（　　）本。

（4）故事书比连环画多（　　）%。

（5）科技书和连环画的本数之比是（　　）。

数学百花园

基本信息			
学科	数学	教师姓名	沈艳秀
年级	六年级	教科书版本	北京版
单元主题	数学百花园		
单元内容（从教材内容和学生情况两个方面进行分析）	本单元包括"黄金螺旋线""铁链的长度"这两个内容，都是以直观的方式呈现探索规律的内容，学生对圆和扇形的认识是学习本单元数学百花园的知识基础。以前的数学学习中，学生所获得的探索规律的方法、能力以及借助几何直观探索解决问题的经验，是学习本单元的能力基础。通过本单元的学习，将进一步发展学生探索规律的能力，帮助学生积累数学活动的经验、数学思想方法，为学生今后的学习奠定基础。		
关键能力或核心素养	在让学生探索规律的过程中，发展学生观察、分析、推理、归纳的能力以及借助直观解决问题的能力，同时让学生感受数学与自然界的联系，欣赏数学之美，激发学习数学的兴趣。		
单元整体目标	通过"黄金螺旋线""铁链的长度"等数学百花园内容的学习，发展学生学习数学的兴趣和借助几何直观探索规律的能力，帮助学生积累数学活动经验和数学思想方法。		
单元课时整体安排	2课时		
第一课时			
课时内容	《黄金螺旋线》		
课时目标	1.通过借助直观思考、探索发现规律的过程，认识黄金螺旋线。 2.在探索发现规律的过程中，积累数学活动经验和数学思想方法，发展空间观念和推理能力。 3.感受数学与生活的联系，欣赏数学美，发展数学学习兴趣。		
学业要求	了解	理解	掌握	运用
	黄金螺旋线的特征。	探索过程中所运用的分析、推理、归纳的方法。	黄金螺旋线的规律。	运用规律解决问题。

续表

作业设计	课内作业： 1.观察曲线，并尝试对图形进行分割。 2.思考曲线在形成上有什么规律。	设计意图： 通过动手操作经历直观思考、探索发现规律的过程，认识黄金螺旋线。 在探索发现规律的过程中，积累数学活动经验和数学思想方法，发展空间观念和推理能力。
	课后作业： 查阅"斐波那契数列"的相关资料，制作一期数学小报和同学们一起分享。	设计意图： 深入了解黄金螺旋线中的"黄金"从何而来。

第二课时

课时内容	《铁链的长度》		
课时目标	1.在具体情境中，通过发现问题、提出问题、分析问题、解决问题的过程，探索发现计算铁链长度中存在的规律。 2.在探索发现计算铁链长度的规律的过程中，积累数学活动经验，感悟数学思想方法，发展推理能力。 3.在探索规律的过程中，发展学习数学的兴趣。			
学业要求	了解	理解	掌握	运用
	了解铁链的特征。	铁链长度中的规律。	铁链长度的计算方法。	灵活解决实际问题。
作业设计	课内作业： 1.如图，两个同样的铁环连在一起长28厘米，每个铁环长16厘米，8个这样的铁环依次连在一起长多少厘米？ 2.一个铁环的内直径是6厘米，外直径是8厘米。把10个这样的铁环连成一条铁链，拉直后有多长？如果一条铁链有n个这样的铁环，拉直后有多长？	设计意图： 1.应用规律解决简单的铁链问题。 2.通过解决简单的铁链问题，探索铁链普遍规律。		

	3.综合实践 用小棒按如下图的方式搭正方形。 搭一个正方形要4根，搭2个正方形要7根。 （1）搭3个正方形要____根 （2）搭8个正方形要____根。 （3）搭n个正方形要____根。 （4）现在有2022根小棒，可以搭____个正方形。 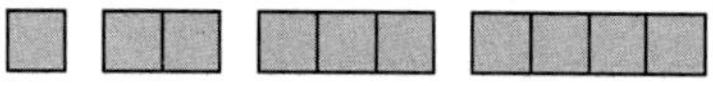	3.通过独立探索规律，解决问题的过程，发展学生观察、分析、推理、归纳、解决实际问题的能力。
单元评估作业	数学百花园评估 选择题 1.如图排列，则第2014个图是（ 　　） ☺☉☺☉☺☉☺☉☺☉☺☉…… A.☺　　　B.☉　　　C.☺　　　D.☉ 2.（3，-1）、（-5，$\frac{1}{2}$）、（7，-$\frac{1}{3}$）、（-9，$\frac{1}{4}$）……根据这组有序数对的排列规律，可确定第10个数对是（　　） A.（-21，$\frac{1}{10}$）　B.（21，-$\frac{1}{10}$）　C.（15，$\frac{1}{10}$）　D.（15，-$\frac{1}{10}$） 3.一组有规律的数：1.1，1.2，1.3，1.4，1.5，□，1.7……框里的数是（　　） A.0.5　　B.1.5　　C.0.6　　D.1.6 4.寒假的时候，同学们去莲花山滑雪场滑雪，有些同学用雪杖摆成了如图：  像上面那样摆10个三角形，至少需要（　　）根滑雪杖。 5.△○□☆△○□☆……像这样画下去，第34个图形是（　　） A.△　　　B.○　　　C.□　　　D.☆ 6.如图所示，在图（1）中互不重叠的三角形共有4个，在图（2）中互不重叠的三角形共有7个，在图（3）中互不重叠的三角形共有10个……那么在图（6）中，互不重叠的三角形共有（　　） （1）　　（2）　　（3） A.10个　　B.15个　　C.19个　　D.22个	

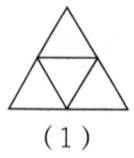

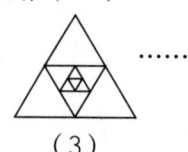

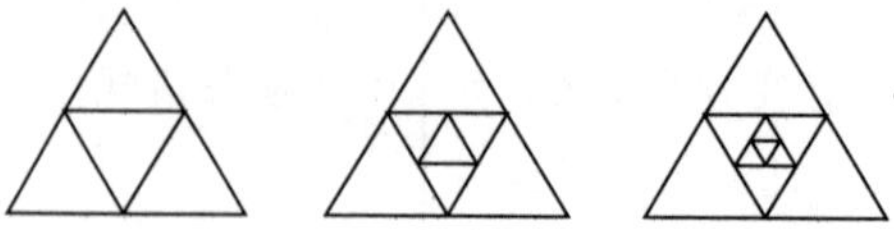

续表

	评估标准： 本评估以选择题为主： A——6题 B——4题 C——2题 D——0题

分数乘法

基本信息			
学科	数学	教师姓名	王新
年级	六年级	教科书版本	北京版
单元主题	分数乘法		
单元内容（从教材内容和学生情况两个方面进行分析）	教材内容：本单元内容由"分数乘法（一）（二）"（分数乘整数）、"分数乘法（三）"和"倒数"各部分知识组成。组织本单元学习内容的思路如下。 　　学生已具备丰富的整数乘法和同分母分数加法经验，有能力通过自主探索获得分数乘法的计算方法。同时，又考虑到分数乘法的抽象性和学生偏重形象思维这一特点，在引导学生探索分数乘法计算方法时，练习中注重实践操作和直观模型的运用，并与分数乘法算式相互对应，以帮助学生理解分数乘法（分数乘整数、分数乘分数）的计算方法。		
关键能力或核心素养	核心素养：学生运算能力的培养、数学建模的形成。用几何直观表示分数乘法的过程，需要运用分数的意义、乘法的意义、乘法运算、用图表示分数等基础知识和基本技能，培养学生的数学思考能力与学习数学的积极态度。		
单元整体目标	（一）知识目标： 　　1.理解分数乘以整数的意义，掌握计算法则，正确计算分数乘以整数的算式题。 　　2.理解一个数乘以分数的意义，掌握计算法则，明白分数乘以分数的算理，正确计算分数乘以分数的算式题。 　　3.使学生理解分数乘加、乘减混合运算的运算顺序。 　　4.理解整数的运算定律对于分数乘法同样适应。掌握分数简便计算的方法。 　　（二）能力目标： 　　1.掌握分数乘以整数计算法则，根据法则正确计算。 　　2.掌握一个数乘以分数计算法则。能根据法则做一个数乘以分数的算式题。能根据一个数乘以分数的意义做一些简单的文字题。 　　3.能正确做分数乘加、乘减混合运算。 　　4.掌握分数简便计算的方法。 　　（三）情感目标： 　　1.渗透事物是相互联系、相互转化的辩证唯物主义观点。 　　2.通过知识联系，培养学生迁移、观察、分析、概括的能力。通过解决生活中的数学问题，激发学生热爱数学、学好数学的信心。		

续表

单元课时整体安排	分数乘整数（1课时） 分数乘分数（1课时） 倒数的认识（1课时）	一个数乘分数（1课时） 分数连乘（1课时） 单元综合复习（1课时）		
第一课时				
课时内容	分数乘整数			
课时目标	1.理解分数乘整数的意义和算理，掌握分数乘整数的计算方法，能正确进行分数乘整数的计算。 2.通过探索分数乘整数计算方法的过程，运用数形结合、归纳推理等思想方法总结计算法则。 3.通过学习体会数学知识间的内在联系，提高自主探索与合作交流的意识和能力。			
学业要求	了解	理解	掌握	运用
	了解分数乘整数的意义。	理解算理。	掌握计算方法。	运用知识解决生活问题。
作业设计	课内作业： 1.小新、爸爸、妈妈一起吃一个蛋糕，小新说"每人吃2/9个"，你能提出一个数学问题吗？ 解决：3人一共吃多少个？ 先画一画，再算一算。 2.巩固运用，解决问题： （1）一袋面包重 $\frac{3}{10}$ kg。 3袋重？kg 独立列式计算 比较两种方法有什么相同，又有什么不同？			设计意图： 结合生活实例引入，学生发现数学源于生活，培养学生用多种方法解决问题的能力。 培养学生用不同方法解决问题的能力，在解决中辨析。

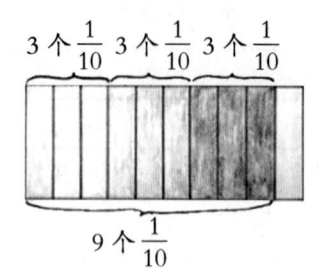

续表

	(2) 结合图和分数加法算式理解算理。 $3个\frac{1}{10}$ $3个\frac{1}{10}$ $3个\frac{1}{10}$ $9个\frac{1}{10}$ 3. 算一算。 1. $\frac{2}{15}×4$ 2. $\frac{5}{12}×8$ 3. $2×\frac{3}{4}$		运用方法熟练解题。
	课后作业： 1. 基础练习： 数学书上第3页第1、3题。 2. 拓展： 生活中哪些地方用到了分数乘整数解决的问题，请你编一个数学故事。		设计意图： 解决生活数学。 培养学生用数学的眼光观察生活激发兴趣。
		第二课时	
课时内容	整数乘分数		
课时目标	1. 在具体情境中，理解一个数乘分数的意义，探索并掌握整数乘分数的算理与计算方法，会解决简单的实际问题。 2. 借助直观与操作，通过一个数乘分数的意义及算理、算法的探索过程，积累数学活动经验，培养运算能力。 3. 体会数学与生活的密切联系，培养认真、仔细计算的良好习惯。		
学业要求	了解	理解	掌握	运用
	了解意义。	理解一个数乘分数的算理。	掌握计算方法。	运用知识解决问题。
作业设计	课内作业： 1. 学校发给每位同学一瓶350毫升的矿泉水，为了保证大家科学补水，卫生老师想要了解每位同学训练后的补水量。 小芳喝了$\frac{1}{5}$。小亮喝了$\frac{4}{5}$。		设计意图： 引入生活经验，培养学生的应用意识，体验数学知识与生活的联系。 画图方式解决。

	（1）小芳喝了多少毫升矿泉水？ （2）小亮喝了多少毫升矿泉水？ 2.空中编队共有飞机约160架，其中空中护旗队的直-10武装直升机约占总数的 $\frac{13}{80}$ ，空中护旗队的直-10武装直升机约有多少架？ 3.妈妈要烘焙蛋糕，和面时需要倒入水。杯子中原来盛有800毫升水，倒完水后情况如下图。从杯子中倒出了多少毫升水？	数形结合理解算理。
	课后作业： 1.基础练习： （1）数学书第3页练习一第2题先涂色，再列式计算。 ①6的 $\frac{1}{2}$ 是多少？ ② $\frac{4}{9}$ 的2倍是多少？ ③12的 $\frac{3}{4}$ 是多少？ （2）数学书第3页练习一第4题 2.拓展作业： 画图说明200× $\frac{4}{5}$ 的含义及得数，编一个数学故事。	设计意图： 基础练习检验学习效果。 培养学生生活数学的意识。

续表

	第三课时			
课时内容	分数乘分数			
课时目标	1.结合具体情境,进一步理解分数乘法的意义及算理,掌握计算方法,并能解决简单的实际问题。 2.通过探索分数乘分数算理和算法的过程,积累数学活动经验,感受数形结合,发展运算能力。 3.感受探究的乐趣,获得成功的体验,体会数学知识之间的内在联系,感受数学在生活中的应用价值。			
学业要求	了解	理解	掌握	运用
	了解意义。	理解计算算理。	掌握计算方法。	灵活运用解决问题。
作业设计	课内作业: 1.同学们平均每小时清理这块草坪 $\frac{1}{5}$,$\frac{1}{2}$小时清理这块草坪的几分之几? $\frac{2}{3}$小时清理这块草坪的几分之几? 列出算式: 2.$\frac{1}{2}$小时能清理草坪的几分之几呢?请用你喜欢的方式探究$\frac{1}{5}\times\frac{1}{2}=$? 3.$\frac{2}{3}$小时能清理草坪的几分之几呢?		设计意图: 引入生活化的情景,培养学生的解题能力及数形结合理解算理的意识。	
	课后作业: 1.基础练习: (1)数学书第6页练习二第2题。 (2)数学书第6页练习二第3题。 2.拓展: 数学书第7页练习二第6题。 画图表示并理解。		设计意图: 数形结合思想的渗透进一步理解算理,熟练计算。 巩固基本计算能力。 培养学生生活问题意识。	
	第四课时			
课时内容	分数连乘			
课时目标	1.结合具体情境,进一步理解分数乘法的意义,掌握分数连乘的计算方法,会解决分数连乘的简单实际问题。			

续表

学业要求		了解	理解	掌握	运用
		了解计算方法。	理解的意义。	掌握方法。	解决问题。

2.通过分析数量关系、解决实际问题的过程，培养运算能力。
3.感悟知识之间的联系，体会数学在生活中的广泛应用。
学习重点：理解分数连乘实际问题中的数量关系。
学习难点：正确理解分数连乘实际问题中的数量关系。

作业设计	课内作业： 1、鹅的孵化期是30天，鸡的孵化期相当于鹅的 $\frac{7}{10}$，鸽子的孵化期是鸡的 $\frac{6}{7}$ 。 孵化期 鹅　　　鸡　　　鸽子 30天　相当于鹅的 $\frac{7}{10}$　相当于鸡的 $\frac{6}{7}$ （1）鸡的孵化期是多少天？ （2）鸽子的孵化期是多少天？ 2. $\frac{2}{3} \times \frac{5}{7} \times \frac{3}{5}$ 3.一间长方体仓库从里面量长9米，宽6米，高 $\frac{7}{2}$ 米。这间仓库的容积是多少立方米？ 4、小芳读一本240页的故事书，第一天读了全书的 $\frac{3}{8}$，第二天读第一天的 $\frac{2}{3}$，第二天读多少页？	设计意图： 辨析数量关系，正确画图分析，并体会条件之间的联系，为正确理解分数连乘问题做铺垫。 运用方法巩固练习。 培养学生灵活分析解题的能力。
	课后作业： 1.基础练习：数学书第10页练习三第2题 2.拓展：数学书第10页练习三第3题	设计意图： 巩固基础知识及应用意识。

续表

	第五课时			
课时内容	倒数的认识			
课时目标	1.理解倒数的意义，能正确求一个数的倒数。 2.通过探索"倒数意义"和"求倒数的方法"的过程，发展观察、比较、抽象与概括的能力。借助几何丰富对倒数的认识，感悟"1"的重要作用。 3.发展学生乐学善学、勇于探究、勤于反思的学习品质。			
学业要求	了解	理解	掌握	运用
	了解倒数意义。	理解倒数意义。	求倒数。	感悟作用。
作业设计	课内作业： 1.计算观察算式有什么特点。 $\frac{3}{5} \times \frac{5}{3} =$　　$\frac{3}{7} \times \frac{7}{3} =$ $\frac{8}{9} \times \frac{9}{8} =$　　$4 \times \frac{1}{4} =$ $\frac{1}{6} \times 6 =$　　$\frac{1}{10} \times 10 =$ 2.请再写几个（　）×（　）=1的算式，并结合任务一的算式观察相同点。 3.数学书第12页练习四第3题 4.自己写一个数，尝试求它的倒数。 5.数学游戏：找倒数。		设计意图： 根据算式观察特点，找出规律，培养学生建模意识。 多种形式练习巩固倒数知识。	
	课后作业： 1.基础练习： （1）数学书第12页第4题 （2）数学书第12页第5题 2.拓展： 举例倒数，上网查找倒数的相关知识。		设计意图： 培养学生灵活运用知识的能力及分析概括能力。 培养学生收集整理信息的能力。	
	第六课时			
课时内容	整理与复习			
课时目标	1.通过整理与复习，沟通整数、小数、分数乘法的内在联系；进一步理解分数乘法的意义，掌握分数乘法的算理与算法，会解决简单的实际问题。 2.感悟数形结合能帮助理解和解决问题，发展运算能力与解决问题能力。			

续表

学业要求	了解	理解	掌握	运用
	沟通练习。	理解算理。	熟练掌握算法。	简单运用。

3.在回顾与整理中体会知识之间的联系，在解决问题中感受数学在生活的广泛应用。

作业设计	课内作业： 1.用 $60 \times \frac{2}{3}$ 讲故事。 2.计算方法之间有什么联系？ 活动建议：1.计算：写过程。 　　　　　2.圈联：找联系。 0.3×0.7　　$\frac{3}{10} \times \frac{7}{10}$ 3.画一画、想一想，3×7算的是什么？除以100又算的是什么？ 4.解决问题。 一般来说，腰围的 $\frac{1}{2}$ 等于颈部的周长，颈部周长的 $\frac{1}{2}$ 等于手腕周长。	设计意图： 讲故事，使学生把数学与生活紧密联系，培养应用意识。 抽象算式观察特点找到联系。 数形结合理解意义。 培养学生数学与生活的联系及意识。
	课后作业： 1.基础练习： （1）数学书第14页第5题 （2）数学书第15页第9题 （3）数学书第15页第10题 2.拓展： 整理本单元内容并以思维导图的形式呈现，准备展示。	设计意图： 基础练习巩固知识，渗透数学文化。 培养学生的概括整理能力。

单元评估作业	分数乘法综合评估
	一、填一填。 1. 把 $\frac{3}{10}+\frac{3}{10}+\frac{3}{10}$ 改写成乘法算式是（　　），得数是（　　）。 2. 24 的 $\frac{3}{4}$ 是（　　），5 个 $\frac{3}{10}$ 相加的和是（　　），$\frac{3}{4}$ 的 $\frac{5}{6}$ 是（　　）。 3. 在○里填上">""<"或"="。 $\frac{3}{4} \times \frac{3}{4}$ ○ $\frac{3}{4}$　　　　$\frac{2}{7} \times \frac{9}{7}$ ○ $\frac{2}{7}$　　　　$\frac{1}{2}+\frac{1}{2}$ ○ $\frac{1}{2} \times \frac{1}{2}$ 4. $\frac{9}{10}$ 和（　　）互为倒数，34 的倒数是（　　），0.5 的倒数是（　　），2.4 的倒数是（　　）。 5. 一块正方形手帕的一条花边长 $\frac{1}{5}$ 米，这块手帕四周的花边长（　　）米，面积是（　　）平方米。 6. 小亮将 10 克糖放入 90 克水中，溶解后，小亮喝了这杯糖水的 $\frac{4}{5}$。他喝掉了（　　）克糖水。 二、选择。 1. 下面（　　）的积在 $\frac{1}{4}$ 和 $\frac{7}{8}$ 之间。 ① $\frac{1}{4} \times \frac{3}{5}$　　　　② $\frac{3}{8} \times 4$　　　　③ $\frac{7}{8} \times \frac{3}{4}$ 2. 白兔只数的 $\frac{1}{2}$ 等于黑兔只数的 $\frac{1}{3}$，则（　　）。 ①白兔多　　　　②黑兔多　　　　③无法比较 3. 一批花布，第一次卖出总数的 $\frac{1}{3}$，第二次卖出余下的 $\frac{1}{2}$，两次卖出的数量相比，（　　）。 ①第一次卖出的多　　②第二次卖出的多　　③同样多 4. 两根同样长的铁丝，第一根用去 $\frac{3}{5}$ 米，第二根用去全长的 $\frac{3}{5}$，两根铁丝剩下的部分相比较，（　　）。 ①同样长　　　　②第一根长　　　　③无法比较

三、算一算。

$\frac{3}{25} \times 5 =$ $\frac{12}{13} \times 39 =$ $12 \times \frac{7}{24} =$ $\frac{19}{20} \times \frac{10}{19} =$

$\frac{4}{7} \times \frac{7}{12} =$ $\frac{7}{15} \times 25 =$ $\frac{3}{8} \times 32 =$ $\frac{6}{7} \times \frac{1}{7} =$

四、动手操作。

1. 涂一涂，算一算。$\frac{3}{4}$ 的 $\frac{1}{3}$ 是多少？

2. 玲玲和妈妈回家看望外婆，全程的一半坐火车，余下路程的 $\frac{2}{3}$ 坐汽车，最后剩下的路程步行。请在下面的线段图上表示出这三段路程。

玲玲家 |_____| 外婆家

五、解决问题

1. 一根长 $\frac{8}{5}$ 米的竹竿，全长的 $\frac{3}{4}$ 插在水中，其余的露在外面，插在水中的部分有多长？

2. 欢欢和笑笑一起帮爷爷浇花，欢欢浇了 8 盆，笑笑浇的盆数比欢欢少 $\frac{1}{4}$。欢欢比笑笑多浇了多少盆花？

3. 有资料显示，儿童的负重最好不要超过体重的 $\frac{3}{20}$，否则会对身体产生不利的影响。张敏的书包超重吗？为什么？

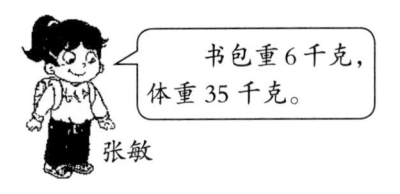

书包重6千克，体重35千克。

张敏

4. 圆圆家上个月一共支出2000元，其中购买食品支出占总支出的 $\frac{2}{5}$，购买文化用品支出比食品支出多 $\frac{1}{4}$，购买食品支出多少元？购买文化用品比食品多支出多少元？

	5. 同一款冰箱在两家商场销售，去哪家商场购买便宜一些？ 文峰商场 原价4000元八折优惠　　星地商场 原价3500元九折优惠

单元作业设计

英语

Happy holidays !

基本信息			
教师姓名	张萍	教科书版本	北京版
年级	一年级	课题	Happy holidays !
单元框架结构图		Unit Six Happy Holidays! 下分四课： **L23 Merry Christmas**：圣诞节祝贺语"Merry Christmas to you"以及"beard、dear、deer、ears"等单词的发音及含义。 课时作业： 1. 听录音并朗读课文。 2. 用本课所学内容与家人朋友互道圣诞快乐。 3. 自己制作圣诞贺卡，赠送给家人朋友。 **L22 Happy New Year**：元旦祝贺语"Happy New Year"以及"dog、box、Bob"等单词的发音及含义。 课时作业： 1. 听录音并朗读课文。 2. 用本课所学内容与家人朋友互道新年快乐。 3. 自己设计制作新年贺卡，赠送给家人朋友。 **L21 Happy Chinese New Year**：春节祝贺语和回答语"Happy Chinese New Year. The same to you"。能够区分新年和春节。掌握单词bed、pen、Helen"等单词的发音及含义。 课时作业： 1. 听录音并朗读课文。 2. 用本课所学内容与家人朋友互道春节快乐。 3. 自己设计制作春节画报或贺卡。 **L24 Happy holidays**：复习圣诞节、元旦、春节的不同文化元素，明确三个节日的时间点，并利用恰当的语言，与家人朋友问候、表达祝福。复习本单元词汇。 课时作业： 1. 听教科书59页录音并朗读。 2. 结合教科书58页，与家人完成"Touch and say"游戏。		
单元目标		1. 能够听懂、会说有关于圣诞节、新年、春节的祝贺语及其应答语，并在情景中运用。 2. 能认读单词 a beard、a deer、dear、ears、a dog、a box、Bob、a bed、a pen、Helen；感知单词中的元音。		

续表

	3.能够通过学习节日祝福语，使学生了解中西方节日文化，感受世界节日文化的丰富多彩，激发学生热爱生活、热爱世界的情感。
	第一课时课题：Christmas
课时内容介绍	本课时主题为Christmas，要求学生掌握圣诞节祝贺语"Merry Christmas to you"以及"beard、dear、deer、ears"等单词的发音及含义。
课时目标	1.能够听懂、会说"Merry Christmas to you！"相互问候，知道Christmas及Santa。 2.能够听懂、会说，并能初步整体辨认dear、a beard、a deer、ears。 3.了解字母组合ear，eer的发音规则，在图片帮助下，根据语音规则认读以下词汇：beard、deer、ears并朗读相关韵文。
课时活动链结构图	合唱英文歌曲，引出主题 → 合唱歌曲《We love Christmas!》，激发学生兴趣，开启课堂，引入本课内容。 ↓ 师生交流，圣诞节的装饰 → 借助歌曲内容及主题图片，师生谈论圣诞节话题，装饰圣诞树。 ↓ 学习对话，突出重点 → 观察主题图，谈论图片内容。通过语篇导入学习圣诞节祝福语。学生小组合作，练习对话。 ↓ 重点词汇学习，语音拓展 → 在情境中学习词汇，学习字母组合"ear, eer"并进行词汇拓展练习。 ↓ 复习本课所学，学唱儿歌 → 根据本课所学，激发学生兴趣，学唱儿歌。 ↓ 实践作业，激发情感 → 学生之间互赠圣诞贺卡，并互道"Merry Christmas"。

续表

课堂学习单和作业设计
*课堂学习单介绍

1. 学习对话内容环节

> 读句子，圈出与句子相符的图片。
> Merry Christmas

2. 操练复习环节

> 将图片与对应单词连线。

3. 课堂输出环节，互赠圣诞贺卡和礼物

> 学生互赠自己绘制的贺卡和礼物，互道"Merry Christmas！"。

4. 课堂学习单的作用和效果

（1）学习对话内容环节设计学习单，是为了检测学生在课文学习后，是否能够正确地理解圣诞节的表达，以及圣诞节中的一些经典元素。通过完成学习单（一），学生们可以巩固课文所学，内化复习圣诞节。

续表

（2）操练复习环节设计学习单，是为了检测学生对于本课重点词汇的掌握情况，通过图片与单词的连线的方式，可以帮助学生很好地区分和辨别重点词汇的含义。通过完成学习单（二），学生们可以复习巩固本课重点词汇，为后续学习小韵文做充足的准备。

（3）课堂输出环节设计互赠贺卡及礼物的学习单，是帮助学生就本课所学内容，创设真实的语用环境，让学生在真实的情境中体会节日用语及节日习俗，既巩固了本课所学又能很好地激发学生兴趣。

课后作业：

1. 作业类型：本课的课后作业分别为基础性作业、拓展性作业和实践性作业，学生可以根据自身能力水平，选择性完成。

2. 作业设计详细内容。

（1）基础性作业：听录音朗读本课课文。

（2）拓展性作业：根据本课所学，向家人或朋友互道圣诞快乐。

（3）实践性作业：制作一张圣诞贺卡或一个圣诞礼物，赠予他人。

3. 作业设计的功能、目标及效果（课后说效果，课前说如何评价）。

（1）基础性作业可以帮助学生巩固课文所学知识，听录音并朗读课文，可以保证学生一定量的英语输入和输出。

（2）拓展性作业可以让学生将课文中所学内容，应用到实际生活中，能够很好地拓展学生应用英语的能力，扩大语用范围。

（3）实践性作业可以让学生在制作圣诞贺卡和礼物过程中，内化巩固圣诞节的元素，加深知识印象，并在制作后赠送，体会到正确的语用环境，并能感受到节日的快乐。

\multicolumn{2}{c|}{第二课时课题：Happy New Year!}	
课时内容介绍	本课时主题为 Happy New Year，要求学生能够正确使用节日祝贺语"Happy New Year"以及"dog、box、Bob"等单词的发音及含义。
课时目标	1. 能够听懂、会说"Happy New Year,..."及其答语，能在元旦情境中运用。 2. 能够听懂、会说，并能初步整体认读 a box、a dog、Bob，能读准所学单词。 3. 通过对元旦问候语"Happy New Year,..."及其答语的学习，培养学生有礼貌、主动和他人进行节日问候的意识。
课时活动链结构图	合唱英文歌曲，引出主题 ⇒ 欣赏歌曲《We wish you a Merry Christmas!》，激发学生兴趣，复习旧知识并引入本课内容。

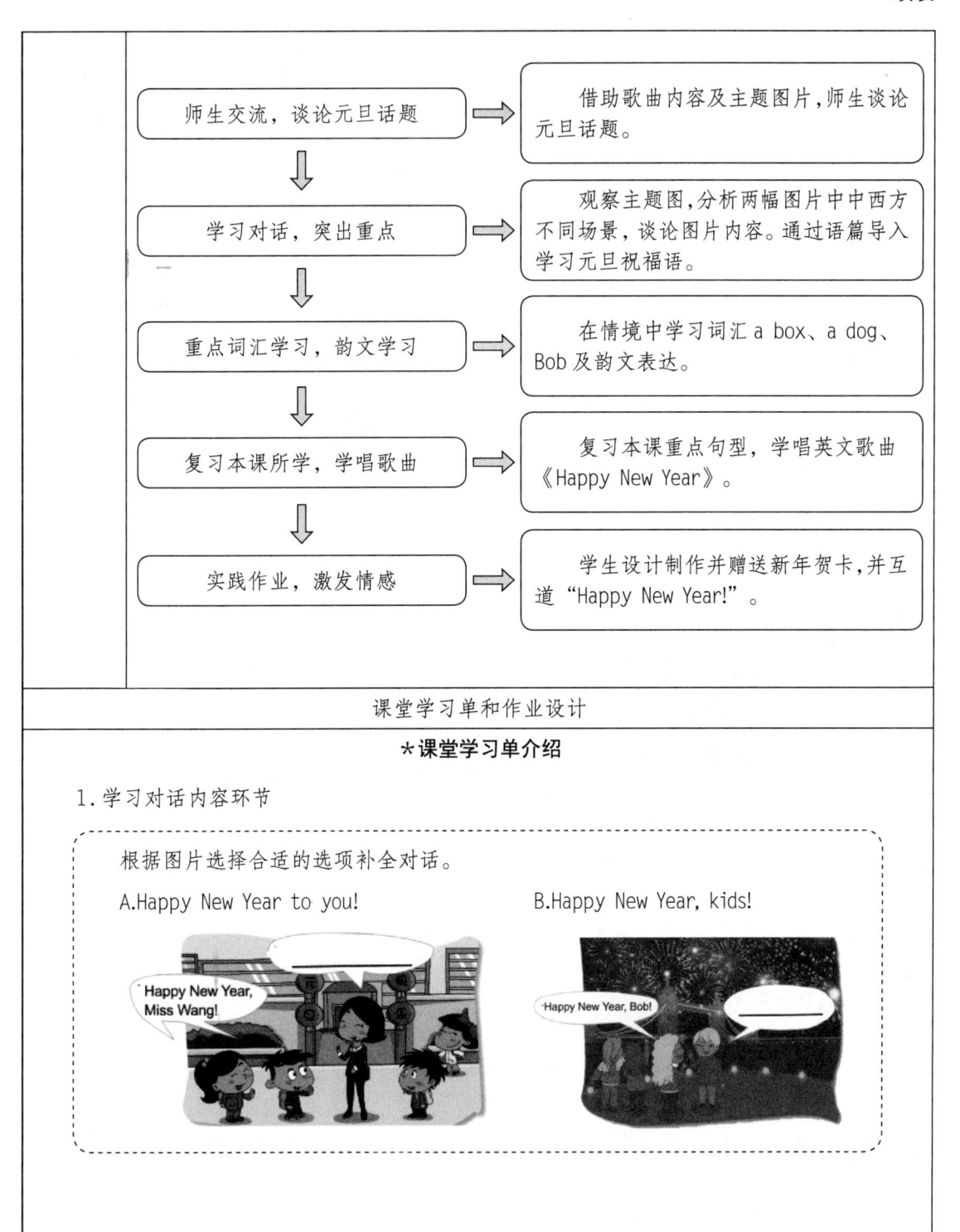

续表

```
师生交流，谈论元旦话题 → 借助歌曲内容及主题图片，师生谈论元旦话题。
    ↓
学习对话，突出重点 → 观察主题图，分析两幅图片中中西方不同场景，谈论图片内容。通过语篇导入学习元旦祝福语。
    ↓
重点词汇学习，韵文学习 → 在情境中学习词汇 a box、a dog、Bob 及韵文表达。
    ↓
复习本课所学，学唱歌曲 → 复习本课重点句型，学唱英文歌曲《Happy New Year》。
    ↓
实践作业，激发情感 → 学生设计制作并赠送新年贺卡，并互道"Happy New Year!"。
```

课堂学习单和作业设计

*课堂学习单介绍

1. 学习对话内容环节

根据图片选择合适的选项补全对话。

A. Happy New Year to you!　　　　B. Happy New Year, kids!

（图片1：Happy New Year, Miss Wang!）
（图片2：Happy New Year, Bob!）

续表

2.操练复习环节

根据所给图片，圈出句子中所缺单词的序号。

（1）This is a big（A. box   B.cat）.

（2）I have a lovely（A. socks   B. dog）.

（3）Happy New Year, Uncle（A.Bob   B.kids）.

3.课堂输出环节，绘制新年贺卡

学生绘制新年贺卡并赠送，互道"Happy New Year"

4.课堂学习单的作用和效果

（1）学习对话内容环节设计学习单，是为了检测学生在课文学习后，是否能够正确地理解本课主要内容，能够结合课文主题图选择对话答语。通过完成学习单（一），学生可以巩固本课重点内容以及元旦快乐的正确表达。

（2）操练复习环节设计学习单，是为了检测学生对于本课重点词汇的掌握情况，通过结合图片、选词补全句子的形式，可以监测学生在图片的辅助下，能否正确理解单词和句意的含义。通过完成学习单（二），学生可以复习巩固本课重点词汇，为后续学习小韵文做充足的准备。

（3）课堂输出环节，设计制作新年贺卡，是帮助学生将本课的内容应用到实际生活中，在设计制作贺卡的过程中，学生由兴趣引领，结合所学知识充分发挥主观能动性，创作出各式各样的新年贺卡。再将自己的贺卡赠送给亲朋好友，从而体会到节日愉快的氛围和赠送贺卡的快乐！

课后作业：	
1.作业类型：本课的课后作业分别为基础性作业、拓展性作业和实践性作业，学生可以根据自身能力水平，选择性完成。 2.作业设计详细内容 （1）基础性作业：听录音并朗读本课课文。 （2）拓展性作业：根据本课所学，向家人或朋友互道元旦快乐。 （3）实践性作业：制作一张元旦贺卡，赠予他人。	

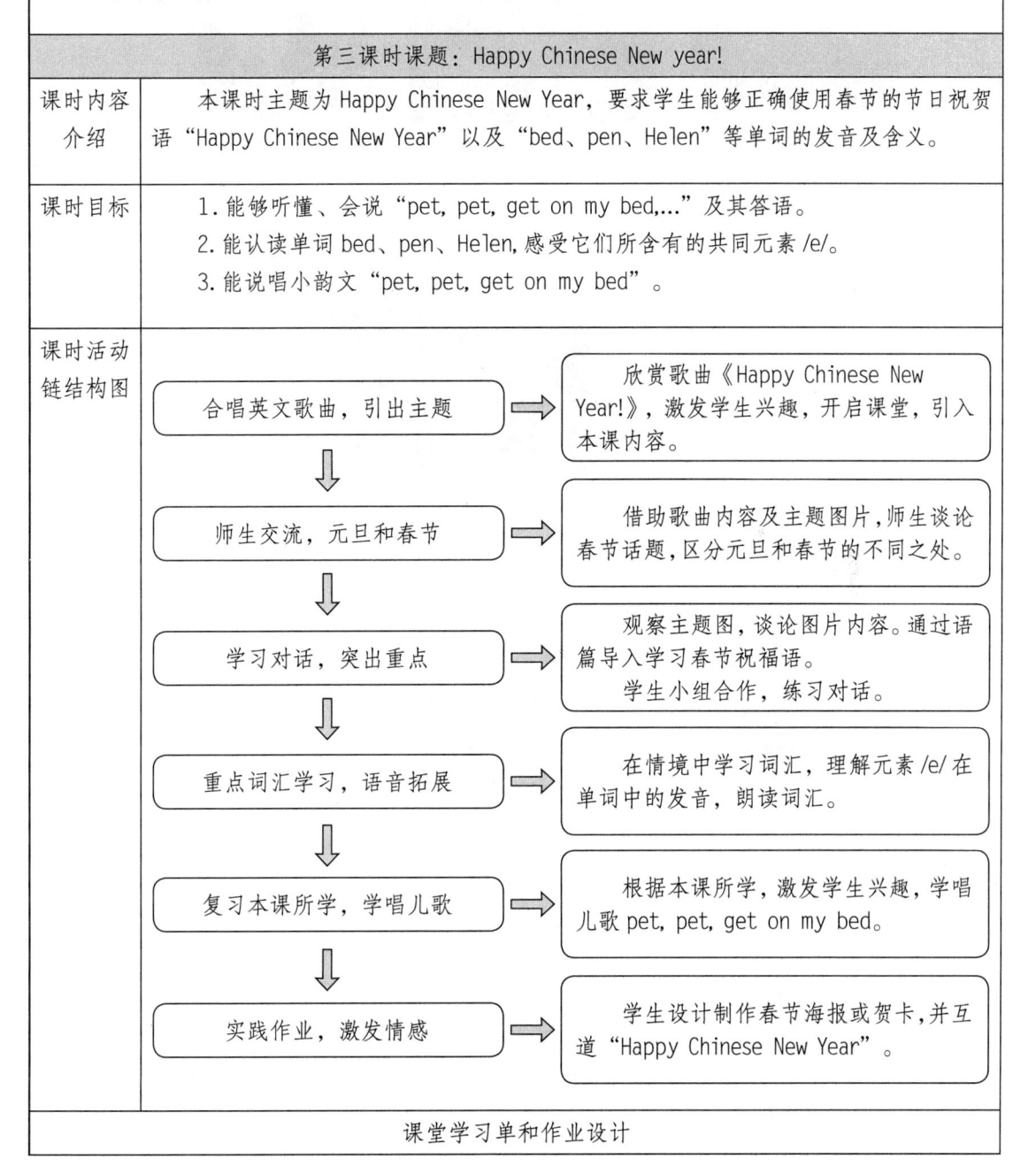

第三课时课题：Happy Chinese New year!	
课时内容介绍	本课时主题为Happy Chinese New Year，要求学生能够正确使用春节的节日祝贺语"Happy Chinese New Year"以及"bed、pen、Helen"等单词的发音及含义。
课时目标	1.能够听懂、会说"pet, pet, get on my bed,..."及其答语。 2.能认读单词bed、pen、Helen,感受它们所含有的共同元素/e/。 3.能说唱小韵文"pet, pet, get on my bed"。
课时活动链结构图	合唱英文歌曲，引出主题 → 欣赏歌曲《Happy Chinese New Year!》，激发学生兴趣，开启课堂，引入本课内容。 师生交流，元旦和春节 → 借助歌曲内容及主题图片,师生谈论春节话题，区分元旦和春节的不同之处。 学习对话，突出重点 → 观察主题图，谈论图片内容。通过语篇导入学习春节祝福语。学生小组合作，练习对话。 重点词汇学习，语音拓展 → 在情境中学习词汇，理解元素/e/在单词中的发音，朗读词汇。 复习本课所学，学唱儿歌 → 根据本课所学，激发学生兴趣，学唱儿歌pet, pet, get on my bed。 实践作业，激发情感 → 学生设计制作春节海报或贺卡,并互道"Happy Chinese New Year"。
课堂学习单和作业设计	

续表

＊课堂学习单介绍

1. 学习对话内容环节

> 读句子，圈出与句子相符的图片。
> Happy Chinese New Year!

2. 操练复习环节

> What do you see in the picture?
> I can see... .

3. 课堂输出环节，互赠圣诞贺卡和礼物

> 学生设计绘制春节画报及贺卡，互道"Happy Chinese New Year"。

4. 课堂学习单的作用和效果

（1）学习对话内容环节设计学习单，是为了检测学生在课文学习后，是否能够正确地理解春节的表达以及能否区分春节和元旦两个节日的不同。通过完成学习单（一），学生可以巩固课文所学，内化复习春节内容。教师通过练习题讲解，可以帮助学生在时间、节日元素等方面再次区分春节和元旦两个节日。

续表

　　（2）操练复习环节设计学习单，是为了检测学生对于本课重点词汇的掌握情况，以及对图片的观察能力，通过观察图片并运用句型"I can see... ."对图片进行描述，并学习新的单词表达"a red pen"，进一步理解元素 /e/ 在单词中的发音。本学习单可以帮助学生很好地区分和辨别重点词汇的含义。通过完成学习单（二），学生可以复习巩固本课重点词汇，为后续学习小韵文做充足的准备。

　　（3）课堂输出环节由学生设计和制作春节画报或者春节贺卡，是帮助学生就本课所学内容，结合美术等元素，内化理解春节。制作春节贺卡，是帮助学生创设真实的语用环境，让学生在真实的情境中体会节日用语及节日习俗。此类学习单能很好地激发学生兴趣并且巩固本课所学。

课后作业

　　1.作业类型：本课的课后作业分别为基础性作业、拓展性作业和实践性作业，学生可以根据自身能力水平，选择性完成。

　　2.作业设计详细内容。

　　（1）基础性作业：听录音并朗读本课课文。

　　（2）拓展性作业：根据本课所学，向家人或朋友互道圣诞快乐。

　　（3）实践性作业：制作一张圣诞贺卡或一个圣诞礼物，赠予他人。

　　3.作业设计的功能、目标及效果（课后说效果，课前说如何评价）。

　　（1）基础性作业可以帮助学生巩固课文所学知识，听录音并朗读课文，可以保证学生一定量的英语输入和输出。

　　（2）拓展性作业可以让学生将课文中所学内容，应用到实际生活中，能够很好地拓展学生应用英语的能力，扩大语用范围。

　　（3）实践性作业可以让学生在设计春节画报和贺卡的过程中，内化巩固春节的元素，加深知识印象，并在制作后赠送，体会到正确的语用环境，并能感受到节日的快乐。

第四课时课题：Happy holidays!	
课时内容介绍	本课时为一年级英语上册，第六单元最后一课时，本课时的主要内容为复习圣诞节、元旦、春节这三个节日的时间以及节日祝贺语。同时通过练习等方式复习本单元的词汇。
课时目标	1.按照时间顺序回顾圣诞节、元旦、春节这三个节日的不同文化，明确三个节日的时间点，并利用恰当的语言，与家人朋友问候、表达祝福。 　　2.复习字母 e、o 在闭音节中的发音和字母组合 eer、ear 的发音规则，运用发音规则直呼语音词汇，并说唱相关韵文。 　　3.梳理、巩固课堂提交作业和道别的表达方式。

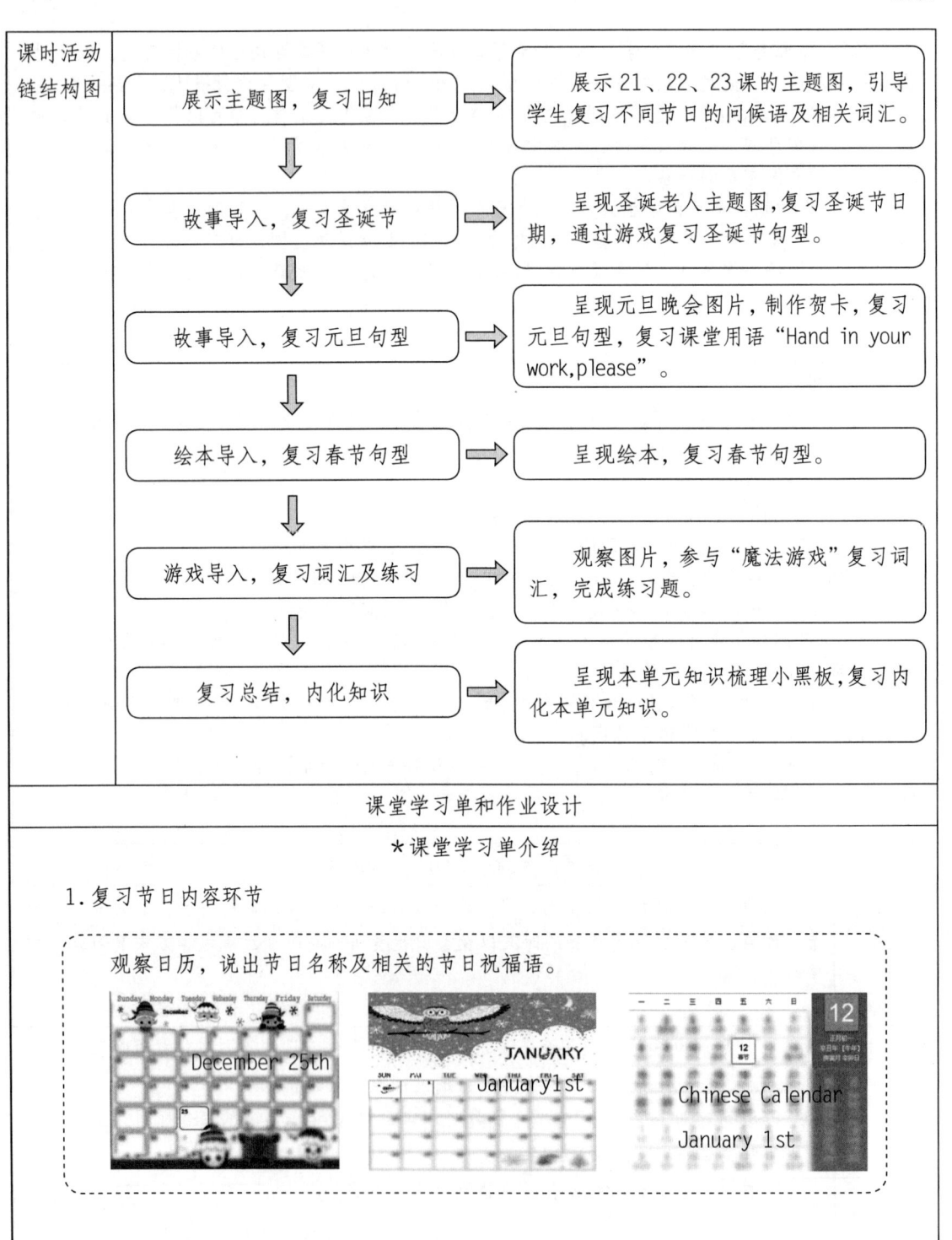

"研思同行，共享提升"：单元作业设计初探

续表

课时活动链结构图	
展示主题图，复习旧知 →	展示21、22、23课的主题图，引导学生复习不同节日的问候语及相关词汇。
↓	
故事导入，复习圣诞节 →	呈现圣诞老人主题图，复习圣诞节日期，通过游戏复习圣诞节句型。
↓	
故事导入，复习元旦句型 →	呈现元旦晚会图片，制作贺卡，复习元旦句型，复习课堂用语"Hand in your work, please"。
↓	
绘本导入，复习春节句型 →	呈现绘本，复习春节句型。
↓	
游戏导入，复习词汇及练习 →	观察图片，参与"魔法游戏"复习词汇，完成练习题。
↓	
复习总结，内化知识 →	呈现本单元知识梳理小黑板，复习内化本单元知识。

课堂学习单和作业设计

*课堂学习单介绍

1. 复习节日内容环节

观察日历，说出节日名称及相关的节日祝福语。

December 25th　　January 1st　　Chinese Calendar January 1st

2.操练复习词汇环节

观察图片，说出与图片相对应的单词。

3.课堂输出环节

亲爱的小朋友，请你按照教材第58页 Touch and say 部分，与家人、朋友玩一玩"摸一摸、猜一猜、说一说"的游戏吧！

4.课堂学习单的作用和效果

（1）复习三个节日内容环节设计学习单，是为了再次复习巩固学生对于圣诞节、元旦、春节相关内容的掌握。完成学习单（一），学生通过观察日历的方式复习三个节日的日期，再说出相应的节日祝福语，可以有效地巩固本单元课文所学内容。

（2）操练复词汇环节设计学习单，是为了检测学生对于本课重点词汇的掌握情况。通过完成学习单（二），学生可以复习巩固本课重点词汇，bed、pen、dog、box、beard、deer、ears等，并巩固字母e、o在闭音节中的发音和字母组合eer、ear的发音规则。

（3）课堂输出环节由学生小组合作完成教科书58页"Touch and say"部分内容。通过小组成员之间猜谜的形式复习本课的词汇，同时通过组员之间语言描述出节日的元素，猜出正确的节日名称等活动，让学生在游戏中再次巩固本单元重点知识，可以很好地激发学生的学习兴趣，达到很好的复习效果。

课后作业

1. 作业类型：本课的课后作业分别为基础性作业、拓展性作业和实践性作业，学生可以根据自身能力水平，选择性完成。

2. 作业设计详细内容

（1）基础性作业：听录音并朗读教科书59页内容。

（2）实践性作业：根据本单元所学，与家人进行"Touch and say"游戏。

3. 作业设计的功能、目标及效果（课后说效果，课前说如何评价）

（1）基础性作业可以帮助学生巩固课文所学知识，听录音并朗读课文，可以保证学生一定量的英语输入和输出。

（2）实践性作业可以让学生利用单元所学内容与家中物品进行结合，设计成为游戏道具，设计游戏规则，与家人一起游戏，增加英语作业的趣味性，同时可以让学生将课本知识与实际生活相结合，真正做到学以致用！

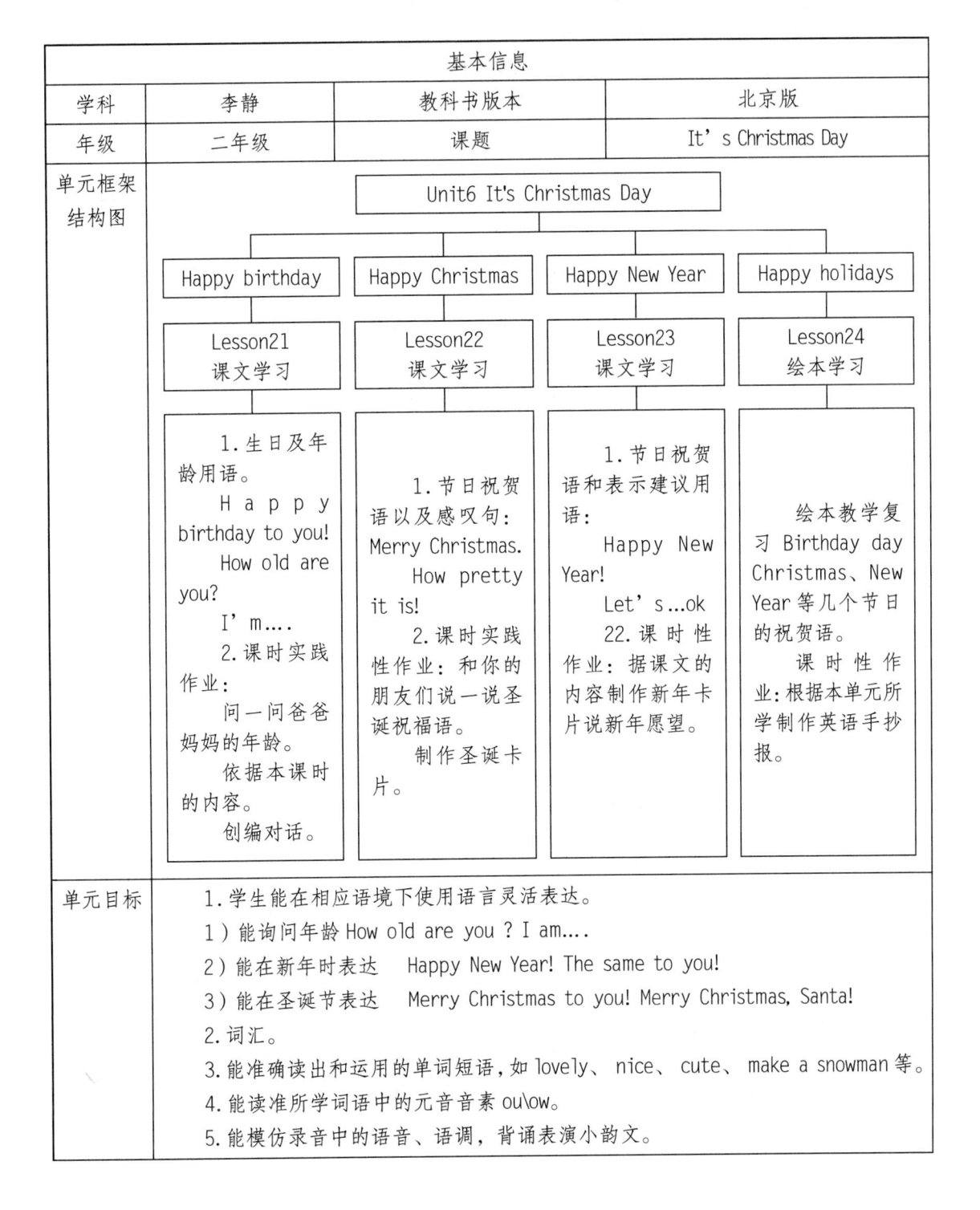

It's Christmas Day

基本信息

学科	李静	教科书版本	北京版
年级	二年级	课题	It's Christmas Day

单元框架结构图

Unit6 It's Christmas Day

- Happy birthday — Lesson21 课文学习
- Happy Christmas — Lesson22 课文学习
- Happy New Year — Lesson23 课文学习
- Happy holidays — Lesson24 绘本学习

Lesson21内容：
1. 生日及年龄用语。
Happy birthday to you! How old are you? I'm....
2. 课时实践作业：问一问爸爸妈妈的年龄。依据本课时的内容。创编对话。

Lesson22内容：
1. 节日祝贺语以及感叹句：Merry Christmas. How pretty it is!
2. 课时实践性作业：和你的朋友们说一说圣诞祝福语。制作圣诞卡片。

Lesson23内容：
1. 节日祝贺语和表示建议用语：Happy New Year! Let's...ok
22. 课时性作业：据课文的内容制作新年卡片说新年愿望。

Lesson24内容：
绘本教学复习 Birthday day Christmas、New Year 等几个节日的祝贺语。
课时性作业:根据本单元所学制作英语手抄报。

单元目标

1.学生能在相应语境下使用语言灵活表达。
1）能询问年龄 How old are you ? I am....
2）能在新年时表达 Happy New Year! The same to you!
3）能在圣诞节表达 Merry Christmas to you! Merry Christmas, Santa!
2.词汇。
3.能准确读出和运用的单词短语,如 lovely、nice、cute、make a snowman 等。
4.能读准所学词语中的元音音素 ou\ow。
5.能模仿录音中的语音、语调,背诵表演小韵文。

第一课时课题：Birthday	
课时内容介绍	本课是北京版小学英语二年级上册 Unit 6 It's Christmas Day 第一课时。本单元的核心内容是重要节日圣诞节和元旦以及过生日时的问候语和回应。本单元的不同课时呈现不同的情景，分别从不同的切入点展开交流。第 21 课是以玲玲的朋友为玲玲庆祝生日为背景使学生学会表达询问年龄用语"How old are you"以及回答"I'm...years old"。通过接受生日的祝福感知来自同学之间的友谊，体会在这个特殊日子的愉快与幸福。
课时目标	1. 能够听懂、会说"How old are you""I'm...years old" 的交际用语，并能够在一定情境中运用。 　　2. 能够认读和运用数字 1—20 和同伴进行年龄的交流。 　　3. 能够正确、流利地读出对话，与同伴一起进行表演。 　　4. 能够主动向过生日的人表示祝贺，并询问和回答年龄。
课时活动链结构图	激趣复习旧知 → 通过吟唱关于数字的歌曲，复习 1—20 的数字，为本课所学的关于年龄话题做铺垫。 ↓ 视频引入新知 → 通过视频引领，借助图片理解，感受过生日的过程。 ↓ 新授理解内容 → 通过语篇的输入，帮助学生进一步体会梳理过生日时可以做的事情，感受过生日的快乐。 ↓ 操练巩固语言 → 通过创设情境，复习巩固关于询问年龄以及回应的功能句。 ↓ 实践拓展提高 → 通过生活实际和对话练习，进一步体会年龄用语在生活中的运用，提高理解与运用语言的能力。 ↓ 作业激发情感 → 通过课下自己动手制作生日愿望卡等实践性作业，进一步感受过生日的快乐，激发学生热爱生活的感情。

续表

课堂学习单和作业设计
*课堂学习单介绍

课堂学习单要说明位于哪个环节

1.【操练环节】（1）让我们交一些新朋友吧：

What's your name? My name is ... .
How old are you? I'm ... .

【操练环节】（2）你想对小猪佩奇说什么？请选择出来：

A:How old are you?　　　B:Make a wish　　　C:Happy birthday to you!

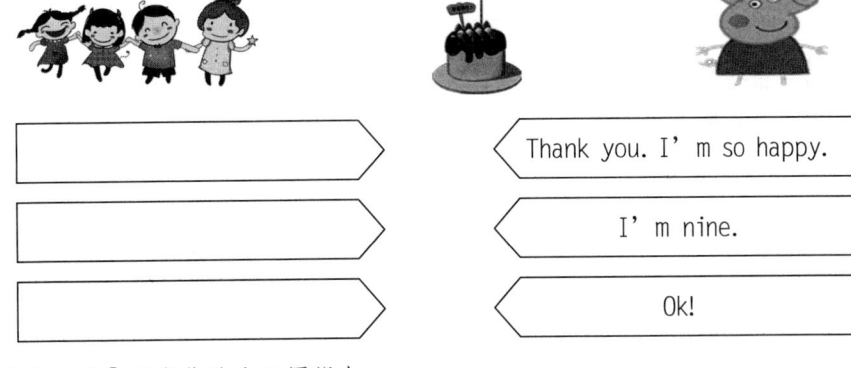

Thank you. I'm so happy.

I'm nine.

Ok!

2.【输出环节】写出你的生日愿望卡：

I'm __ ____.
I'm_____.
I want a_____on my birthday.

续表

3.课堂学习单的作用和效果

（1）操练环节：

1）此学习单的作用在于根据已经掌握的关于动物和数字的知识，学生通过在森林里寻找"朋友"为契机，能够练习说出询问年龄"How old are you"以及回应"I'm..."来进行功能句的理解与操练。

2）此学习单主要是为学生两人一组的语言交流提供了桥梁，学生借助生日图片和提示句式，能够顺畅进行语言交流。

（2）输出环节：制作生日愿望卡

通过讨论制作自己的生日愿望卡，既复习了数字的知识也表达了学生的真实愿望，感受了在生日这个特殊日子里的快乐情绪。

*课后作业介绍

1.作业的目的：《英语课程标准》把"激发和培养学生学习兴趣，使学生树立自信心，养成良好的学习习惯和形成有效的学习策略，发展和自主学习的能力和合作精神"放在了英语课程任务的首位，进一步明确了小学英语课程改革的方向。

2.作业类型和作业设计详细内容：

实践类作业：主要针对基础弱的学生需要基本掌握的内容，同时也是学生必须掌握的基本知识，如朗读本课的对话、重点词汇、重点语句和儿歌等。

预习作业：在学习新的单元和课文前对有关知识通过看主题图片、听课文和儿歌的录音等形式对相关知识进行有效的了解与认知

拓展作业：根据所学内容引导学生根据自己的实际情况进行姓名、年龄的描述并将自己的生日愿望用图片的形式表达出来。

实践性作业：根据课堂上习得的知识对家人和朋友进行采访，了解亲人及朋友的实际年龄，感知家人的温暖和友谊带来的快乐。

3.作业设计的功能、对应课时的那个目标及效果（课后说效果，课前说如何评价）

通过多种形式的作业设计可以实现学生复习巩固所学知识，拓展提升学生的英语学习能力，有效激发学生对英语的兴趣，能够主动向过生日的人表示祝贺，并在询问和回答年龄同时也能够感受到在这个特殊日子里的快乐情绪

4.作业展示：

写出你的生日愿望卡：

I'm Ci Ci.
I'm 8
I want a _____ on my birthday.

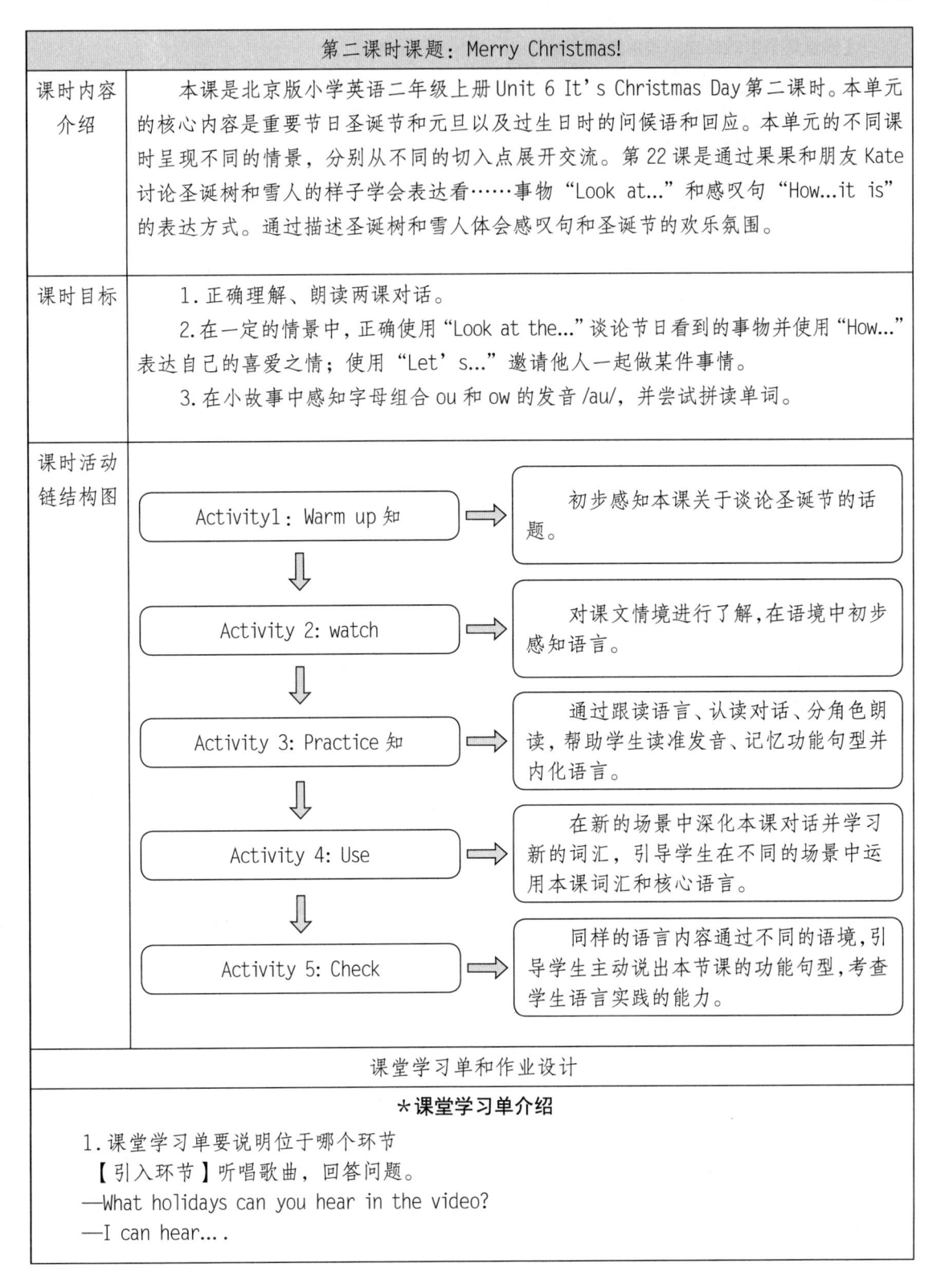

续表

	第二课时课题：Merry Christmas!
课时内容介绍	本课是北京版小学英语二年级上册 Unit 6 It's Christmas Day 第二课时。本单元的核心内容是重要节日圣诞节和元旦以及过生日时的问候语和回应。本单元的不同课时呈现不同的情景，分别从不同的切入点展开交流。第22课是通过果果和朋友Kate讨论圣诞树和雪人的样子学会表达看……事物"Look at…"和感叹句"How…it is"的表达方式。通过描述圣诞树和雪人体会感叹句和圣诞节的欢乐氛围。
课时目标	1.正确理解、朗读两课对话。 　　2.在一定的情景中，正确使用"Look at the…"谈论节日看到的事物并使用"How…"表达自己的喜爱之情；使用"Let's…"邀请他人一起做某件事情。 　　3.在小故事中感知字母组合 ou 和 ow 的发音 /au/，并尝试拼读单词。
课时活动链结构图	Activity1: Warm up 知 → 初步感知本课关于谈论圣诞节的话题。 Activity 2: watch → 对课文情境进行了解，在语境中初步感知语言。 Activity 3: Practice 知 → 通过跟读语言、认读对话、分角色朗读，帮助学生读准发音、记忆功能句型并内化语言。 Activity 4: Use → 在新的场景中深化本课对话并学习新的词汇，引导学生在不同的场景中运用本课词汇和核心语言。 Activity 5: Check → 同样的语言内容通过不同的语境，引导学生主动说出本节课的功能句型，考查学生语言实践的能力。
	课堂学习单和作业设计

＊课堂学习单介绍

1.课堂学习单要说明位于哪个环节

【引入环节】听唱歌曲，回答问题。

—What holidays can you hear in the video?

—I can hear….

续表

【操练环节】教师自编故事内容：Be fun with friends	

After taking photos, Baobao and Lingling decide to make cards for their friends. In the evening, Baobao and Lingling are watching TV and they want to sing and dance with the kids. Then, they hear the sound of fireworks. They go out of the door to see the fireworks.

— Look at... .
— How... it is!
— Let's ... .
— OK!

【输出环节】应用场景：Colour the Christmas tree

圣诞节即将来临，同学们一起准备圣诞聚会。两位同学正在涂圣诞树。学生在此情景中，运用目标语言进行交流。

— Look at... .
— How... it is!
— Let's ... .
— OK!

2.课堂学习单的作用和效果

（1）引入环节：

此学习单的作用在于通过歌曲激发学生的学习兴趣，培养学生认真听的习惯并复习拓展关于节日的词汇。

（2）操练环节：

此学习单的作用在于学生通过教师自编的故事让学生复习巩固课文，培养阅读的能力并通过新故事体验节日快乐的氛围。

（3）输出环节：给圣诞树涂色

通过这个活动让学生根据自己的想象给圣诞树涂上自己喜欢的样式，并根据自己创造出的圣诞树装饰生活中真正的圣诞树，从而体会实践的快乐。

第三课时课题：Happy New Year	
课时内容介绍	本课是北京版小学英语二年级上册 Unit 6 It's Christmas Day 第三课时。第23课是通过几个朋友互问新年快乐，以及描述雪人的样子，体会在庆祝新年的氛围和快乐以及朋友之间的友谊。
课时目标	1.能听懂、会说"Let's..."，能在情境中运用 2.能认读单词短语 make a snowman、make a card sing and dance、take the fireworks 3.能够跟随录音说唱小韵文。

课时活动链结构图	问题导入 → 通过提出问题使学生初步了解新年的具体时间。 学习对话 1 → 通过跟读语言、认读对话、分角色朗读，帮助学生读准发音，记忆功能句型并内化语言。 学习对话 2 → 通过跟读语言、认读对话、分角色朗读，帮助学生读准发音，记忆功能句型并内化语言。 拓展输出 → 通过制作贺卡，表达新年的祝福。

课堂学习单和作业设计

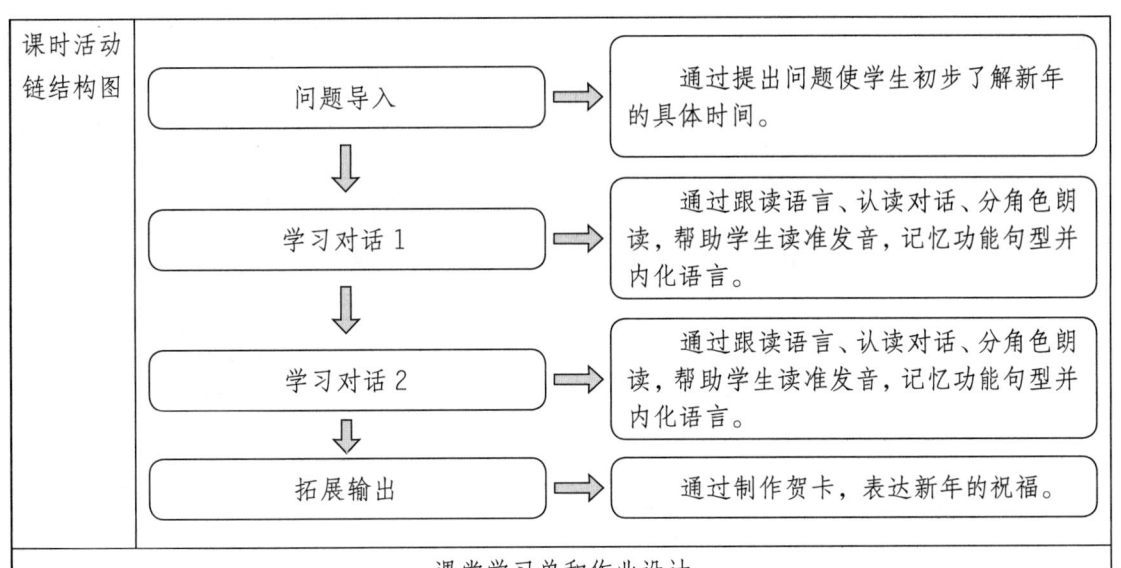

*课堂学习单介绍

课堂学习单要说明处于哪个环节

【引入环节】根据提问，回答问题。

通过师生交流，借助相关的节日日历谈论节日，激活学生已知，引入节日话题

【操练环节】自编儿歌：Happy New Year

Happy New Year! Happy New Year!
Let's make a snowman.

【输出环节】应用场景：制作新年贺卡：

学生通过自制新年贺卡，将新年的计划和安排画出来，为新年做好计划，体会新年带来的快乐与喜悦的心情。

	第四课时课题：Revision
课时内容介绍	本课是北京版小学英语二年级上册 Unit 6 It's Christmas Day 第四课时。本单元的不同课时呈现不同的情景，分别从不同的切入点展开交流以及字母组合 ou\ow 在单词中的正确发音。
课时目标	通过本节课的复习，学生能够： 1. 听懂、会说、认读本单元词汇，能结合句型使用。 2. 在一定情景中恰当地运用本单元的表达，谈论自己喜欢的事物，邀请他人一起活动。 3. 读准字母组合 ou 和 ow 在单词中的读音 /au/。 4. 在生日或者节日等场合恰当祝福他人并邀请朋友一起做有意义的活动。 使用 "Look at the..." 谈论节日看到的事物；能够使用 "Let's..."。

续表

课时活动链结构图

```
Review the dialogues  →  复现课本中的情境,帮助学生在情境中复习第六单元对话,聚焦本单元主要功能句型。
        ↓
pronunciation         →  进一步巩固字母组合 ou 及 ow 的发音,使学生能够熟练运用发音规律拼读单词,提高学生拼读能力。
        ↓
Look and Read         →  拼图的游戏,使整个复习活动更加有趣。运用动画的形式帮助学生再次复习主要的单词。
        ↓
Listen and Number     →  再次复习本单元的重点短语;完成听力练习,考查学生对重点短语发音是否掌握。
        ↓
talk and act          →  考查学生能否运用本单元所学主要功能句型在新的语言情景中进行交流,培养学生的交际能力。
```

课堂学习单和作业设计

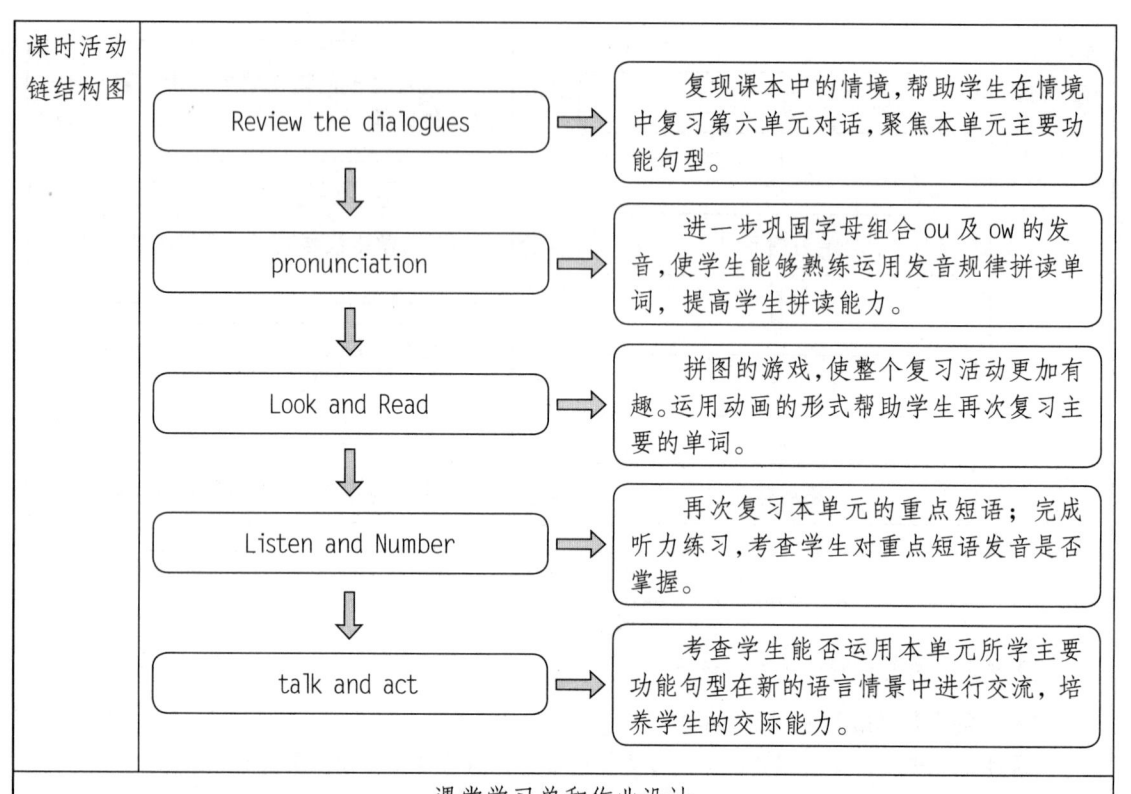

*课堂学习单介绍

1.课堂学习单要说明位于哪个环节:

【学习任务一】朗读单词:

house 房子　　loud 大声的　　cloud 云　　mouth 嘴　　count 数数
cow 奶牛　　how 怎样　　now 现在　　owl 猫头鹰　　brown 棕色的

通过单词的朗读,体会字母组合 ou 和 ow 的正确发音 /aʊ/,将所学的字母组合运用到单词的实践操练中。

【学习任务二】朗读本单元重点短语

have a party 生日聚会　　sing and dance 唱歌跳舞　　have some cake 吃蛋糕
Christmas tree 圣诞树　　Christmas gifts 圣诞礼物

通过短语的朗读,学生能够将本单元的短语进行复现,帮助理解短语在句子中的意思。

【学习任务三】听力练习 Listen and number （教材 P58）

听力内容:
Number 1 Let's sing and dance.
number 2 Let's dance.
number 3 Let's make a snowman.
number 4 Let's watch the fireworks.
number 5 Let's take photos.

续表

学生通过观察图片，复现短语，培养学生细致的观察能力。通过听句子标出序号，将加深学生对句子的理解并正确和图片进行匹配。

【学习任务四】 绘本故事阅读：

MY FIRST CHINESE NEW YEAR
Karen Katz

通过绘本故事的阅读，增加学生的词汇量，在理解课本知识的基础上，拓展到中国传统的节日春节，继而使学生不局限于课本知识。与此同时也培养了学生的阅读能力。

2.作业类型和作业设计详细内容：

实践类作业：主要针对基础弱的学生需要基本掌握的内容，同时也是学生必须掌握的基本知识，如朗读、背诵本课的对话，重点词汇、重点语句和儿歌等。

将所学的知识进行操练和巩固，使学生将所学的新知识进行自我消化和理解。通过手抄报的绘制将本单元所学的知识进行有效的实践性内化。

"研思同行,共享提升":单元作业设计初探

Holidays we know

基本信息				
教师姓名	李洪英	教科书版本		北京版
年级	三年级	课题		Holidays we know
单元框架结构图	\multicolumn{4}{l	}{}

Unit 7 Happy Holidays

Lesson23 Holidays we know	Lesson24 Happy Christmas	Lesson 25 Celebrate Chinese New Year	Lesson26 Talk about Holidays
学生能够在较真实情境中用"When is…""It's in…"语句询问节日所在的月份。 学生通过对感恩节的学习,学会珍惜朋友,理解父母,懂得感恩。 作业设计: 1. 找一找课文对话中涉及的节日活动并记录下来。 2. 选一个喜欢的节日与朋友或家人交流。 3. 制作一本西方或中国节日的绘画书或短视频。	学生能用"I like…"交流自己喜欢的物品并描述其颜色。 能在表达有关节日物品的情境中展示自己的热情和礼仪。 作业设计: 1. 自己动手装饰或画一棵漂亮的圣诞树,并进行自我介绍(视频或录音)。 2. 展示自己收到的或自己想要得到的圣诞礼物,与同学合作创编对话或制作一份手抄报。	能用"Let's celebrate…together"提出建议,巩固表"Happy…"等结构节日祝福语。了解自己国家节日,感受生活的美好和节日快乐。 作业设计: 1. 收集自己家中过春节的照片,编成小故事。 2. 收集过春节的问候语,尝试创编对话进行表演。 3. 绘制一张过春节的手抄报。	能够描述节日物品及所做事情交际语的表达。通过韵文的学习,学生能感受到春节到来时的幸福感,从而激发学生更加热爱中华传统节日和文化。 作业设计: 1. 以视频方式介绍中西方的重要节日。 2. 展示自己制作的"Holidays book"。

续表

单元目标	1.通过观看视频课件、师生交流等方式，学生能够理解对话内容，分角色朗读对话。 2.能使用表达询问彼此所知道的中外节日名称及所在月份时间，如在情境中问答语句"Can you tell me some of..." "We have..." "When is ..."，陈述和提建议语句"It's... . I like..., Let's ..."等。 3.能模仿录音中的语音、语调朗读和表演韵文。 4.能感知字母 a, o 及字母组合 er, or 在单词中的发音。 5.能享受阅读的乐趣，在谈论节日过程中，感受生活的美好，表达自己对祖国的积极情感意识。
	第一课时课题：Holidays we know
课时内容介绍	本课是北京版小学英语三年级上册 Unit 7 When is Thanksgiving 第一课时。本单元的核心内容是描述中外节日活动。本单元的不同课时呈现不同的情景，分别从不同的切入点展开交流。第23课通过 Yangyang 和 Sara 的交流了解几个中外节日名称及其所在月份时间。第24课创设圣诞节的节日背景，通过 Mike 向 Yangyang 和 Lingling 介绍圣诞树上彩球特点，并且表达自己得到礼物的喜爱之情，同时描述了礼物的颜色。第25课 Sara 和 Mike 过春节时到 Lingling 家做客所看到的过节所需的物品，并互致祝福词。整个单元以节日为主线贯穿始终。
课时目标	1.通过观察图片、视听对话等，学生能够正确理解和有感情的朗读对话。 2.通过观察图片、视频和问题引领等，学生能够理解、会说和认读 Halloween, Thanksgiving, Christmas, New Year's Day, Chinese New Year, National Day, November 等节日名称和词汇。 3.通过创设情境、合作学习，学生能用"Can you tell me some of ..." "Sure" "We have ..."和"When is ..." "It's in ..."等学习运用本课功能句型，谈论一些名称和节日所在时间，并能在实际情境中运用。 4.学生通过对感恩节的学习，学会珍惜朋友，理解父母，懂得感恩。
课时活动链结构图	师生交流，引出主题 → 通过师生交流，借助相关的节日日历谈论节日，激活学生已知，引入节日话题。 ↓ 对话学习，突破重点 → 通过问题引领，借助图片理解、感受中西方节日差异。 ↓ 猜谜游戏，语言铺垫 → 通过语篇的输入猜一猜的活动帮助学生进一步梳理所学节日的名称、时间及特色节日活动，初步了解节日文化。通过视频重点理解感恩节的由来及意义。 ↓

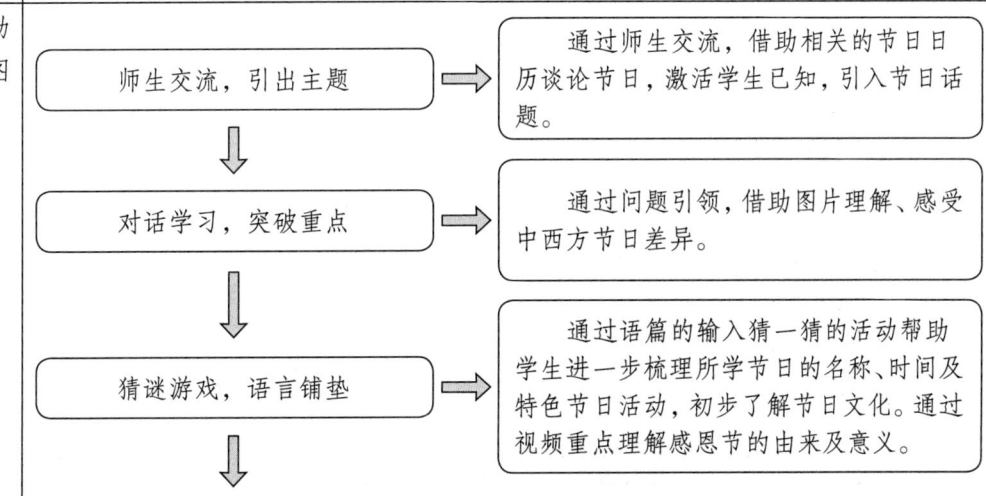

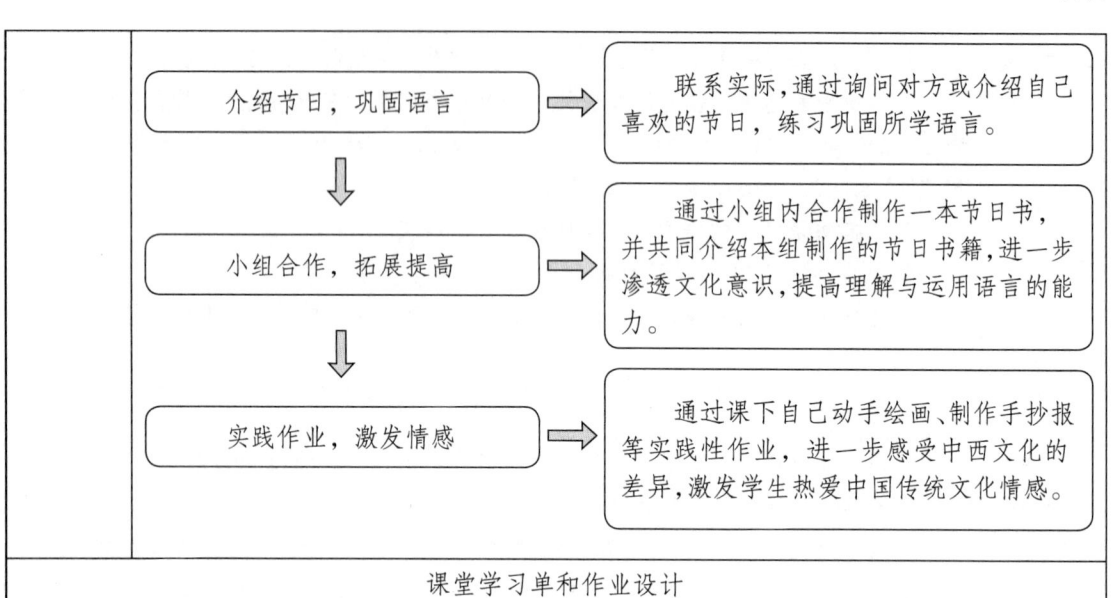

续表

```
介绍节日,巩固语言  →  联系实际,通过询问对方或介绍自己喜欢的节日,练习巩固所学语言。
        ↓
小组合作,拓展提高  →  通过小组内合作制作一本节日书,并共同介绍本组制作的节日书籍,进一步渗透文化意识,提高理解与运用语言的能力。
        ↓
实践作业,激发情感  →  通过课下自己动手绘画、制作手抄报等实践性作业,进一步感受中西文化的差异,激发学生热爱中国传统文化情感。
```

课堂学习单和作业设计

1. 课堂学习单要说明处于哪个环节

(1) 初听对话环节。

What holidays does Sara say?

Thanksgiving   Chinese New Year   Christmas   National Day   Halloween
(   )   (   )   (   )   (   )   (   )

(2) 操练环节(一)读一读,猜一猜。

It's a Chinese holiday.
Tian'anmen Square will be decorated (装饰) with flowers

It is a golden week (黄金周) for Chinese people to travel.
We don't go to school and have 7 days holidays
This is (   ).

It's a western (西方的) holiday.
It's a big holiday for Children.
Some children dress up (化妆), knock on doors and ask for candies.
It is on October 31st.
This is (   ).

续表

（3）操练环节（二）问一问，说一说。

Hello! ... Which holiday do you like?

I like ... .

When is ... ?

It's in /on... .

What can you do on ... ?

I can ... .

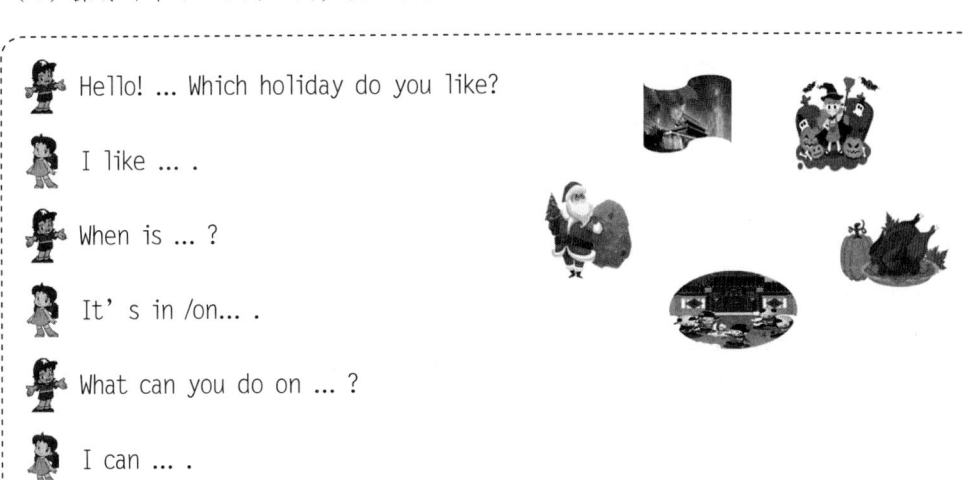

（4）输出环节：制作节日书。

Christmas　　get gifts　　December　　Sing a song

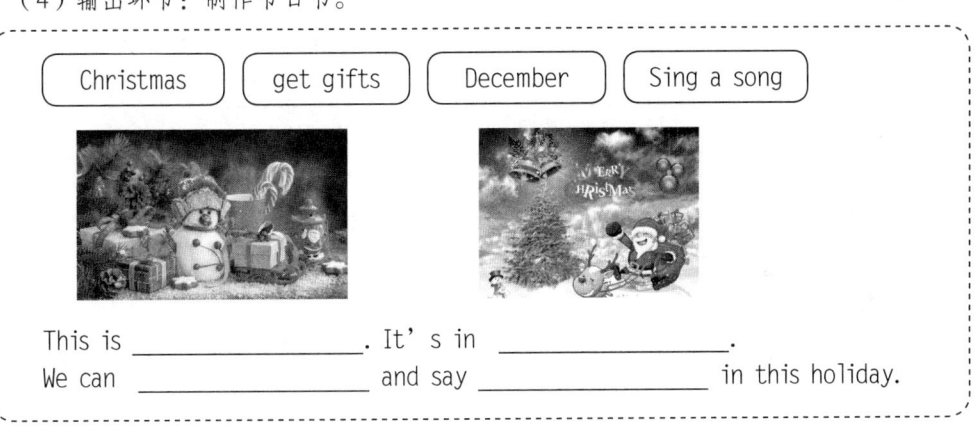

This is _____ . It's in _____ .
We can _____ and say _____ in this holiday.

2.课堂学习单的作用和效果

（1）初听对话环节的设计单教学目的就是检查学生能否在初听对话的基础上，能够听懂对话谈论的主要内容及根据所听清晰辨别西方的主要节日。通过作业单的设计，学生能够准确标识出 Sara 介绍的美国节日。

（2）操练环节（一）

此学习单的作用是引导学生通过阅读语篇内容，在读一读、猜一猜的活动中帮助学生进一步梳理所学节日的名称、时间及特色节日活动，初步了解节日文化。学生在此活动中，兴趣浓厚，能根据每个节日特色准确说出节日名称，为后续的语言交流做了很好的铺垫。

（3）操练环节（二）

语言操练的学习单主要为学生两人一组的语言交流提供了支架，学生借助中西方不同的节日图片和主题句式，能够顺畅进行语言交流，同时也为英语基础较好的学生拓展了交流的内容，达到了学习语言、运用语言的教学目的。

续表

（4）输出环节：制作节日书

通过小组内合作制作一本节日书，并共同介绍本组制作的节日书籍，进一步提高理解与运用语言的能力。在学生制作完本组节日书展示时，可以看出学生对中西方节日的理解与喜爱，更能运用准确的语言进行表达。

＊课后作业

1. 作业类型：预习作业　基础作业　实践类作业　创造性作业
2. 作业设计详细内容
　　（1）预习作业：搜集中外节日的习俗、活动，重点是感恩节的由来。
　　（2）基础作业：熟读对话；抄写重点节日及句式；进行节日简单问答。
　　（3）操作性作业：制作节日书或节日海报。
　　（4）创造性作业：整理关于"holidays"思维导图。
3. 作业设计的功能

依据本节课的教学目标，我首先设计了课前搜索关于节日的风俗活动及时间等内容，为学生更好地理解主题内容，能结合自己了解的内容能够与师生进行话题交流；基础性的作业目的检查学生是否理解内容，能够准确认读词句，为自主完成语言操练或动手操练环节做准备。

第二课时课题： Happy Christmas	
课时内容介绍	本课是北京版小学英语三年级上册Unit7 When is Thanksgiving第二课时。本单元的核心内容是描述西方圣诞节的活动。第24课通过创设圣诞节的节日背景，Yangyang和Lingling到Mike家一起庆祝节日时描述圣诞树上的彩球特点，表达自己得到礼物的喜爱之情。
课时目标	1. 通过观察图片、视听动画等方式，学生能够正确理解对话和有感情朗读对话。 2. 通过图片、动画视频等方式，学生能够理解、听懂、会说和认读颜色类词汇gold, silver, pink和物品类单词gift, ball, bell, star等，并在实际情境中运用。 3. 通过创设情境，学生在相应的情境中，能用句型"I like…""They are…"交流自己喜好的物品并描述其颜色等。 4. 能在表达有关节日物品的情境中展示自己的热情以及礼仪。
课时活动链结构图	复习交流，歌曲引入 ⇒ 通过复习上节课节日内容，在歌曲演唱中引入节日新知。 ⇩ 对话学习，内化理解 ⇒ 通过问题引领，借助图片理解、感受对圣诞树及圣诞礼物的喜爱之情。 ⇩

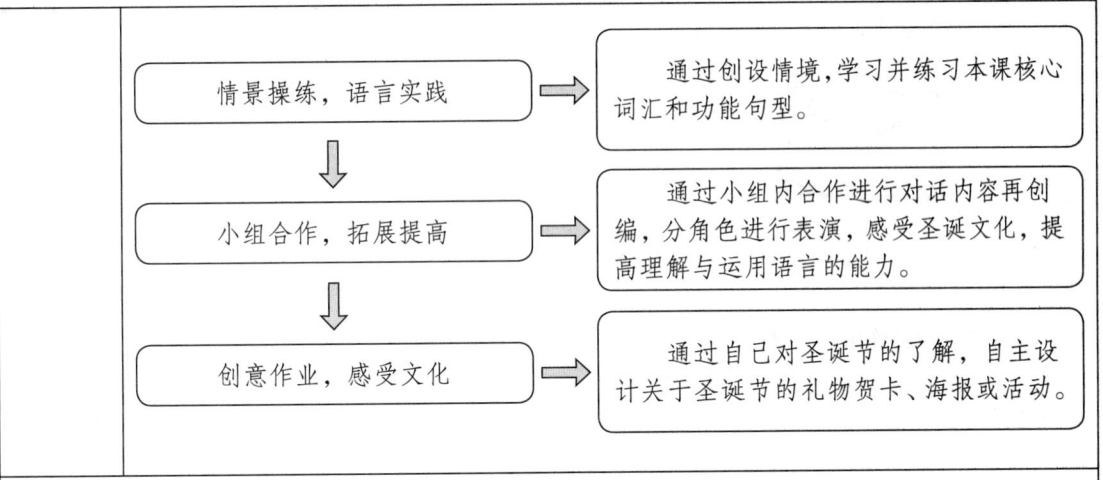

续表

```
情景操练，语言实践  →  通过创设情境，学习并练习本课核心词汇和功能句型。
         ↓
小组合作，拓展提高  →  通过小组内合作进行对话内容再创编，分角色进行表演，感受圣诞文化，提高理解与运用语言的能力。
         ↓
创意作业，感受文化  →  通过自己对圣诞节的了解，自主设计关于圣诞节的礼物贺卡、海报或活动。
```

课堂学习单和作业设计

课堂学习单要说明处于哪个环节

（1）基本操练环节

结合对话内容，读句子，选择正确的答语，在序号下画"√"

1. Does Yangyang like Christmas tree?
   A. Yes, he does.　　B. No, he doesn't.　　C. Yes. he like.

2. Does Lingling like colourful balls?
   A. Yes, she does.　　B. No, she doesn't.　　C. Yes. she like.

3. What colour are the balls?
   A. red, yellow and blue　　B. red, gold and green
   C. red, gold and silver

4. Do Yangyang and Lingling like their gifts?
   A. Yes, they are.　　B. Yes, they do.　　C. Yes, they like.

（2）情景操练环节

创设圣诞节情景，自主选择其中一幅圣诞图片与同伴进行交流。

A: Hi！…Today is Christmas Day! I like… .How about you?
B: I like Christmas tree, …
A: I have some gifts. Look! It's a …
B: I have some gifts, too. It's a blue toy car. That is …
A: Wow! How beautiful!

续表

（3）小组合作，拓展提高

a. Decorate Christmas tree.
b. show some Christmas gifts.

课堂学习单的作用和效果

（1）基本操练环节的学习单主要检查学生在学习对话内容后，学生是否对内容有了准确理解及正确的语言表达，从学生完成的效果看，大多数学生掌握较好，个别学生还存在不理解句意问题。

（2）情境操练环节的学习单主要检查学生对圣诞节的文化内涵的理解，借助图片运用本节课的重点语言词汇从多方面多角度表达自己对圣诞节的喜爱之情。

（3）拓展提高环节采取分组抽取任务单，结合本节课的主要内容联系生活实际重新创编对话并进行表演，通过学生的合作表演，可以看到学生在生活中愉快谈论圣诞节。

＊课后作业

1. 作业类型：预习作业　　基础类作业　　拓展作业　　创造性作业

2. 作业设计详细内容

（1）预习作业：关于圣诞节，你还知道哪些知识？或结合对话内容，你能提出哪些问题？

（2）基础作业：熟读对话；抄写重点节日及句式；会用"I like ..."句式表达。

（3）拓展作业：根据所学及搜索资料用一段话介绍圣诞节。

（4）创造性作业：创作圣诞节的海报或故事。

3. 作业设计的功能

依据本节课的教学目标，我首先设计了课前搜索更多的关于圣诞节风俗活动的环节，让学生更好地理解主题内容，能结合自己了解的内容与师生进行话题交流；基础性的作业目的检查学生是否理解内容，能够准确认读词句，为自主完成语言操练或动手操练环节做准备；收到学生的操作性作业和创造性作业，我们可以看出学生对圣诞节的特色活动及小小心愿，能够通过图片和丰富的语言表达出自己对节日的喜爱之情。

第三课时课题： Happy Chinese New Year		
课时内容介绍	本课是北京版小学英语三年级上册 Unit 7 When is Thanksgiving 第二课时。本单元的核心内容是描述中国传统节日——春节的活动。第25课 Sara 和 Mike 过春节时到 Lingling 家做客所看到的过节所需的物品，并互致祝福词。
课时目标	1. 通过观察图片、视听动画等方式，学生能够理解对话并能够有感情地朗读课文。 2. 通过图片、动画等方式学生能听懂，会说和认读 bright, house, candy, together, same 等词汇，并在实际情境中运用。

续表

	3.通过创设情境，学生能用"Let's celebrate ...together"提出建议，并能在实际情境中运用。 4.通过学习中国春节这一传统节日，学生更加了解和喜欢中国的传统节日和与之相关的文化习俗。
课时活动链结构图	观看视频，引出主题 ⇒ 通过观看简笔画视频，学生猜出本课重点学习的节日是中国的春节。 ⇩ 对话学习，内化理解 ⇒ 通过问题引领，借助图片理解、感受中国传统春节文化习俗。 ⇩ 情景操练，语言实践 ⇒ 通过创设情境，学习并练习本课核心词汇和功能句型。 ⇩ 小组合作，拓展提高 ⇒ 通过小组内合作进行对话内容再创编，分角色进行表演，感受春节文化，提高理解与运用语言的能力。 ⇩ 创意作业，感受文化 ⇒ 通过自己对春节的了解，自主设计关于春节的礼物贺卡、海报或活动。
课堂学习单和作业设计	

1.课堂学习单要说明处于哪个环节
（1）基本操练环节

　　Let's celebrate＿＿＿＿＿together.
（2）情境操练环节

　Make jiaozi reunion dinner watch TV put up pictures   get lucky money
A:Chinese New Year is coming. What can you do on Chinese New Year?
B: I can ＿＿＿＿＿＿＿＿＿＿＿＿＿＿＿＿＿＿. How about you?
A: I can ＿＿＿＿＿＿＿＿＿＿＿＿＿＿＿＿＿＿.
B: Let's celebrate Chinese New Year together.
A: Wonderful!

（3）小组合作，拓展提高：续编对话，小组合作表演。

2.课堂学习单的作用和效果

（1）基本操练环节的学习单主要检查学生在学习对话内容后，学生能够运用"Let's celebrate together"这一句式对不同节日的准确表达以迎接美好节日的到来。

（2）情境操练环节的学习单主要检查学生对中国传统节日——春节的文化内涵的理解，借助图片运用本节课的重点语言词汇从多方面多角度表达中国传统春节的习俗活动。

（3）拓展提高环节采取小组合作探究表演，结合本节课的主要内容联系生活实际重新创编对话并进行表演，通过学生的合作表演，可以看到学生在生活中家人与朋友们一起庆祝春节的真实情景，以表达对中国春节的喜爱之情。

*课后作业

1.作业类型：预习作业 基础类作业 拓展作业 创造性作业

2.作业设计详细内容

（1）预习作业：调查你的家人，看看你家是如何庆祝春节这一传统节日的？

（2）基础作业：熟读对话；抄写重点节日及句式；会用"Let's celebrate ... together"句式表达对不同节日的庆祝

（3）拓展作业：制作一张庆祝春节的海报。

（4）创造性作业：讲一讲你家过春节的故事

3.作业设计的功能

依据本节课的教学目标，我首先设计了课前调查学生自己与家人是如何过春节的环节，为学习中国传统春节及对春节的表达做好准备。基础性的作业目的检查学生是否会运用"Let's celebrate ... together"句式表达对不同节日的庆祝，为自主完成语言操练或实践输出活动进行有效铺垫；收到学生的拓展性作业和创造性作业，可以看出学生对春节的特色活动热情参与，并能够通过图片和丰富的语言表达出自己对节日的喜爱之情。

	第四课时课题：Talking about holidays
课时内容介绍	本课时围绕本单元节日话题内容进行多维度复习，以及在情境中感知字母a,o及字母组合er,or在单词中的发音，通过韵文的学习感知并表达过春节时的快乐情感。
课时目标	1.通过观看视频课件、师生交流等方式，学生能够听懂并能够向他人简单描述所学节日的相关信息。 2.通过复习本单元所学词汇，学生能够听懂、读出并能在实际情境中正确使用节日、颜色、形容物品特征等词汇。 3.通过视听"Now I know the sound"板块学习，学生能够感知字母a, o以及字母组合er, or在单词中的共同发音。 4.通过韵文的学习，学生能够感受到春节到来时的幸福感，从而激发学生更加热爱中华传统节日和文化。

续表

课时活动链结构图	
导图方式，单元复习 →	通过思维导图的方式，围绕单元主题进行不同节日内容复习。
↓	
听读练习，巩固基础 →	通过听一听、说一说、读一读、连一连巩固本单元基本词汇与语句。
↓	
情景操练，语言实践 →	通过创设情境，学习并练习本单元核心词汇和功能句型。
↓	
主题引领，指导书写 →	通过单元主题内容，指导学生依据书写范例，结合自己喜爱的节日图片进行书写练习，培养书写能力。
↓	
综合练习，提高能力 →	通过自主选择综合性练习，不断提高自己自主学习能力。

课堂学习单和作业设计

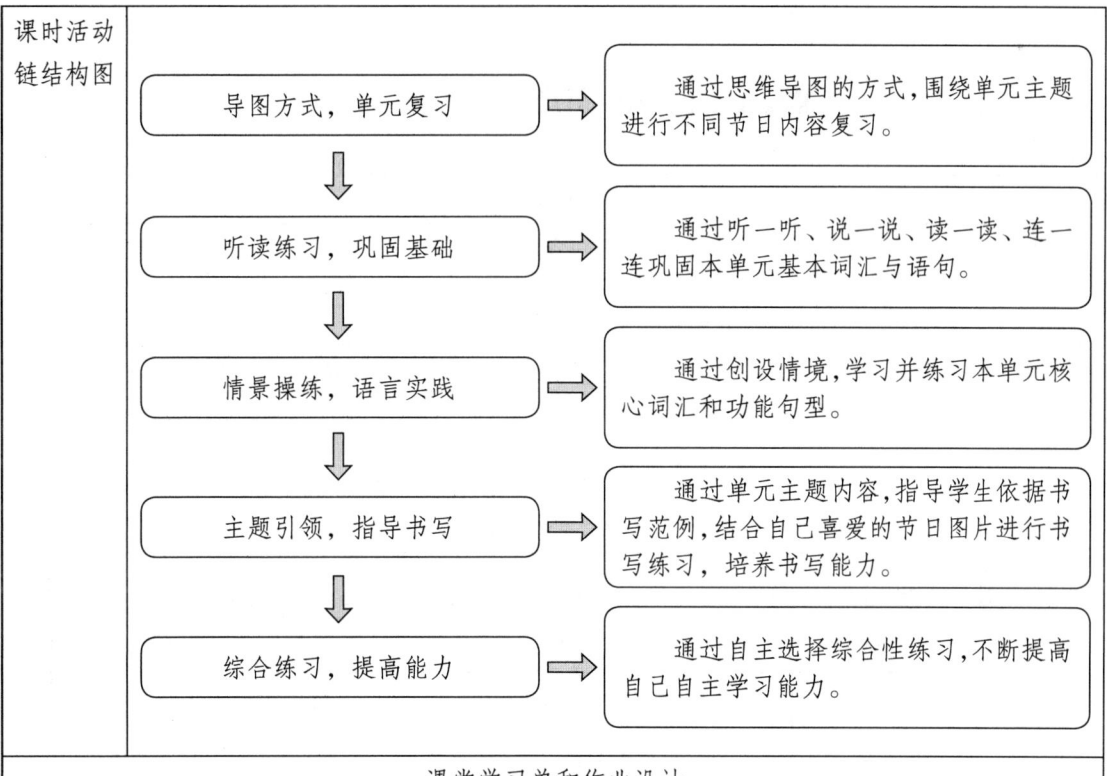

＊课后作业

1. 作业类型：基础性作业　语言实践作业　书写性作业　综合性作业
2. 作业设计详细内容
（1）基础性作业：制作节日卡片。
（2）语言实践作业：以录制音频或视频的方式讲述一种节日。
（3）书写性作业：自主选择自己喜爱的一个节日进行简单介绍，要求不少于4句话。
（4）综合性作业：结合单元主题完成一份综合性知识练习。
3. 作业设计的功能（巩固知识，提升能力）、对应课时的那个目标及效果（课后说效果，课前说如何评价）

依据本节课的教学目标，我首先设计基础性作业：制作节日卡片，练习书写或默写节日词汇，为以后的学习打下坚实基础；语言实践性作业，目的是充分发挥每一个学生的学习自主性，练习开口讲英语，既要提高口语表达能力，又要巩固本单元所学的重点话题内容；书写性作业主要开始培养书写语段能力，为高一年级的写作打基础；综合性作业从听、说、读、写四个方面检查学生对本单元知识掌握情况。

"研思同行，共享提升"：单元作业设计初探

Weather in different seasons

基本信息			
教师姓名	李晶	教科书版本	北京版
年级	三年级	课题	Weather in different seasons
单元框架结构图			
单元目标			

单元框架结构图：

Weather in Different Seasons
- 基础课时
  - It's sunny (Lesson15)：通过创设情境学习对话。学生能用"What's the weather like"。It's …询问天气情况，同时也能根据实际情况进行回答。
  - It's rainy (Lesson16)：学生在情境中学习对话，能运用"It's rainy. I can put on my…"描述天气情况，并表达自己想要穿的服装。
  - It's snowy (Lesson17)：通过创设下雪的场景学习对话。学生运用"Do you have a lot of…in…"询问不同地区某个季节的特点并进行回答。
  - My nice day (Lesson18)：通过听、说、读、写活动的设计复习整理本单元的知识点，并设计自己的Weather book。
- 基础课时
  - Have fun in all seasons (绘本课)：通过绘本学习，能谈论四季更替带来的天气、植物、昼夜以及着装的变化，感受大自然之美。

单元目标：
1. 通过观看视频课件、师生交流等方式，学生能够理解对话内容，分角色朗读对话。
2. 能使用"What's the weather like…"在相应的情景中询问天气情况并回答；能够使用"I can put on my …"表达自己在不同的天气中选择合适的服装；能够使用"Do you have a lot of … in … "询问不同地点的天气特点。
3. 能模仿录音中的语音、语调朗读和表演韵文。
4. 能感知字母组合 ear、eer 和 ere 在单词中的发音。
5. 能理解绘本内容，享受阅读的乐趣，在语言交际活动中表达自己热爱大自然的情感。

续表

第一课时课题：Lesson 15 It's sunny	
课时内容介绍	本课是北京版小学英语三年级上册 Unit 5 Weather in different seasons 第一课时。本课时是学习天气的单词和表达方式。呈现了 Mike 和妈妈看到天气晴朗，心情很好，于是一家人一起去公园野餐的场景。
课时目标	**教学目标：** 1. 能理解对话内容，并能正确朗读对话。 2. 能听懂、会说、并初步运用 "What's the weather like today? It's sunny/hot/warm/cool/cold" 询问天气情况，同时也能根据实际情况进行回答。 3. 能正确认读 sunny、warm、cool、cold、hot 等表示天气和冷暖的词汇。 4. 能根据 sunny、warm、cool、cold、hot 等不同天气条件选择比较适宜的活动，如 go to the park、go to the zoo、go swimming 等，并享受不同的天气。 5. 用 "I like autumn" 等表达自己热爱大自然的情感。 **教学重点：** 1. 能听懂、会说、并初步运用 "What's the weather like today? It's sunny/hot/warm/cool/cold" 询问天气情况，同时也能根据实际情况进行回答。 2. 能理解对话内容，并能正确朗读对话。 **教学难点：** 能根据 sunny、warm、cool、cold、hot 等不同天气条件选择比较适宜的活动，如 go to the park、go to the zoo、go swimming 等，并享受不同的天气。
课时活动链结构图	师生交流，引出主题 ⇒ 通过一首好听的英文歌引出本节课的主要内容。 ⇓ 对话学习，突破重点 ⇒ 通过思维导图的形式引导学生复习二年级所学的有关季节的内容。通过观察图片，了解对话发生的情境；通过观看动画，感知并获取对话的关键信息。 ⇓ Listen and say. ⇒ 通过视听，聚焦细节，帮助学生结合自身生活经验理解细节信息。借助问题引领，启发学生思维，帮助他们感知并学习核心语言，培养学生听、说、读、思的语言能力。 ⇓ Make a new dialogue. ⇒ 依托本课主题，通过在合理而连贯的情景下进行有效的话语输出，发展学生综合运用语言进行真实交流的能力。 ⇓ 小组合作，拓展提高 ⇒ 提高合作能力，发展学生综合运用语言进行真实交流的能力。

"研思同行，共享提升"：单元作业设计初探

续表

课堂学习单和作业设计
＊课堂学习单介绍
  1.通过本课学习，你需要做到：
  （1）能理解课文对话内容，并准确、流畅地朗读课文。
  （2）能听懂、会说、并初步运用 "What's the weather like today? It's sunny/hot/warm/cool/cold" 询问天气情况，同时也能根据实际情况进行回答。
  （3）能正确认读 sunny、warm、cool、cold、hot 等表示天气和冷暖的词汇。
  （4）能根据 sunny、warm、cool、cold、hot 等不同天气条件选择比较适宜的活动，如 go to the park、go to the zoo、go swimming 等，并享受不同的天气。
  2.课前学习任务：1.预习第15课对话内容，标出自己不懂的词汇和句型。
         2.复习二年级下册第六单元中有关季节的词汇和句子。
  3.课堂学习单要说明处于哪个环节。

课上学习任务

【学习任务一】
能准确朗读课文对话内容。

【学习任务二】
  Read and judge.（T or F）读句子，根据对话内容判断，正确的在括号内填T，不正确的在括号内填F。

  1）They all like autumn.（ ）
  2）They all feel good in the park.（ ）

Read the picture book. 朗读以下绘本。

  4.课堂学习单的作用和效果
  （1）初听对话环节的学习单教学目的就是检查学生能否在初听对话的基础上，能够听懂对话谈论的主要内容及根据所听了解天气。通过作业单的设计，学生能够描述天气。
  （2）对话环节
  通过视听，聚焦细节，帮助学生结合自身生活经验理解细节信息。借助问题引领，启发学生思维，帮助他们感知并学习核心语言，培养学生听、说、读、思的语言能力。
  （3）操练环节
  语言操练的学习单主要为学生两人一组的语言交流提供了支架，学生借助图片，能够顺畅进行语言交流，同时也为英语基础较好的学生拓展了交流的内容，达到了学习语言、运用语言的教学目。 |

续表

＊课后作业

1. 作业类型：实践类作业　预习作业　拓展作业　创造性作业
2. 作业设计详细内容

（1）熟练朗读第15课对话；

（2）Match and say. 连线并说一说。

cool　　warm　　hot　　cold

（3）创编一个谈论天气的完整的对话。

（4）Match and say.

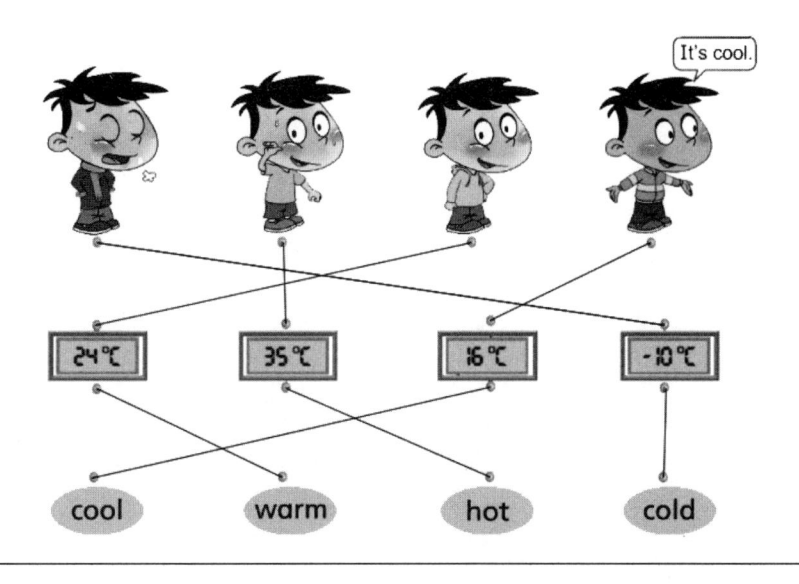

It's cool.

cool　　warm　　hot　　cold

（5）参看下图中选择一个内容，创编一个完整的对话。（答案不唯一）

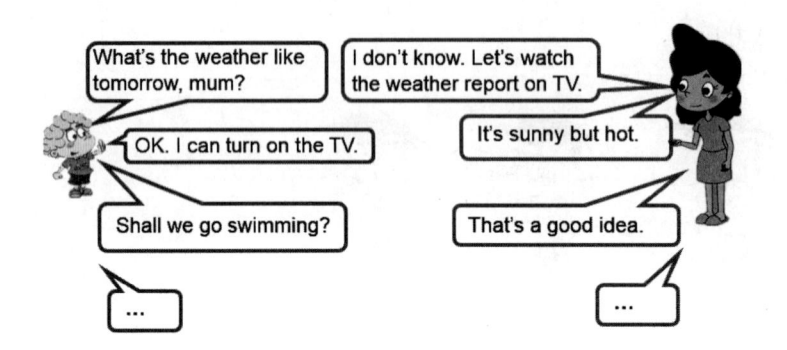

- What's the weather like tomorrow, mum?
- I don't know. Let's watch the weather report on TV.
- OK. I can turn on the TV.
- It's sunny but hot.
- Shall we go swimming?
- That's a good idea.
- ...
- ...

3. 作业设计的功能、对应课时的哪个目标及效果（课后说效果，课前说如何评价）

依据本节课的教学目标，我首先设计了课前搜索关于天气冷暖活动等内容的环节，为学生更好地理解主题内容，能结合自己了解的内容能够与师生进行话题交流；基础性的作业目的检查学生是否理解内容，能够准确认读词句，为自主完成语言操练或动手操练环节做准备；收到学生的操作性作业和创造性作业，可以看出学生在模拟情境中运用所学语言与他人讨论天气及穿戴什么服装合适。

Festivals in the world

基本信息			
教师姓名	苏桂芳	教科书版本	北京版
年级	五年级	课题	Festivals in the world
单元框架结构图	\multicolumn{3}{l	}{ Unit 3 Festivals }	

Lesson 9 Mid-Autumn Festival

学生能用"When is the ..? What are ..."等句型询问中秋节的日期、饮食、传统活动等信息并做出相应回答。

作业设计：
1. 能够说出中国传统节日的名称。
2. 根据思维导图上提示的信息用英文制作一张中秋节的海报并介绍给你的家人或朋友。

Lesson 10 Double-Ninth Festival

学生能够对传统节日及传统食物进行认读和理解。在实际交流情境中，对"We eat ..."句型的理解与恰当运用。

作业设计：
1. 4个传统节日的特色食品与该节日进行连线。
2. 在重阳节这一天，你想为家中的老人做些什么呢？请你说一说，写一写。

Lesson 11 Halloween

学生了解西方节日文化，丰富文化背景知识，能够运用"Can you tell me more about ..."向他人询问更多信息，并回答。

作业设计：
1. 画一画万圣节那天，你想装扮成什么？
2. 请和你的小伙伴一起说一说你最喜欢的节日并记录下来。

Lesson 12 Talk about Festivals

复习巩固本单元所学词汇、句型，听懂会说认读并简单写一写中西方传统节日的相关内容，并能进行简单的介绍。

作业设计：
1. 以视频方式介绍中西方的重要节日。
2. 展示自己制作的"Festivals in the world"。

单元目标

1. 围绕中西方传统节日简单介绍日期、特色饮食及传统活动等。
2. 能够听懂、会说、认读节日名称等专有名词。
3. 能够运用字母 l 在单词中的发音为 /l/ 的规律拼读单词，朗读句子。

	4.能理解对话内容，并能正确朗读对话。 5.能读懂转述课文的语段，并尝试复述。 6.了解中国和英语国家的重要传统节日、饮食、传统活动等。
第一课时课题：The Mid-Autumn Festival	
课时内容 介绍	本课是北京版小学英语五年级上册Unit 3第一课时。学生初步了解了中国四个重要传统节日的特色食品、传统活动及其相关表达。了解中秋节的内在意义，体会中秋节是全家团圆的节日。
课时目标	1.能够理解并正确朗读对话内容。 2.能用"When is the …""Can you tell me more about …""What are …"等句型询问中秋节的日期、饮食、传统活动等信息并做出相应回答。 3.能听懂、会说、认读中秋节the Mid-Autumn Festival、重阳节the Double Ninth Festival、元宵节the Lantern Festival、端午节the Dragon Boat Festival等专有词汇。 4.能够初步了解中国四个重要传统节日的特色食品、传统活动及其相关表达。了解中秋节的内在意义，体会中秋节是全家团圆的节日。
课时活动 链结构图	师生交流，引出主题 ⟹ 通过师生交流，借助相关的节日日历谈论节日，激活学生已知，引入节日话题。 ⇩ 对话学习，突破重点 ⟹ 通过问题引领，借助图片理解、感受中秋节。 ⇩ 介绍节日，巩固语言 ⟹ 联系实际，通过询问对方或介绍自己喜欢的节日，练习巩固所学语言。 ⇩ 小组合作，拓展提高 ⟹ 通过小组内合作制作节日画报，并共同介绍本组制作的手抄报，进一步提高理解与运用语言的能力。 ⇩ 实践作业，激发情感 ⟹ 通过课下搜集中秋节的节日风俗视频，进一步感受这个节日的特色。

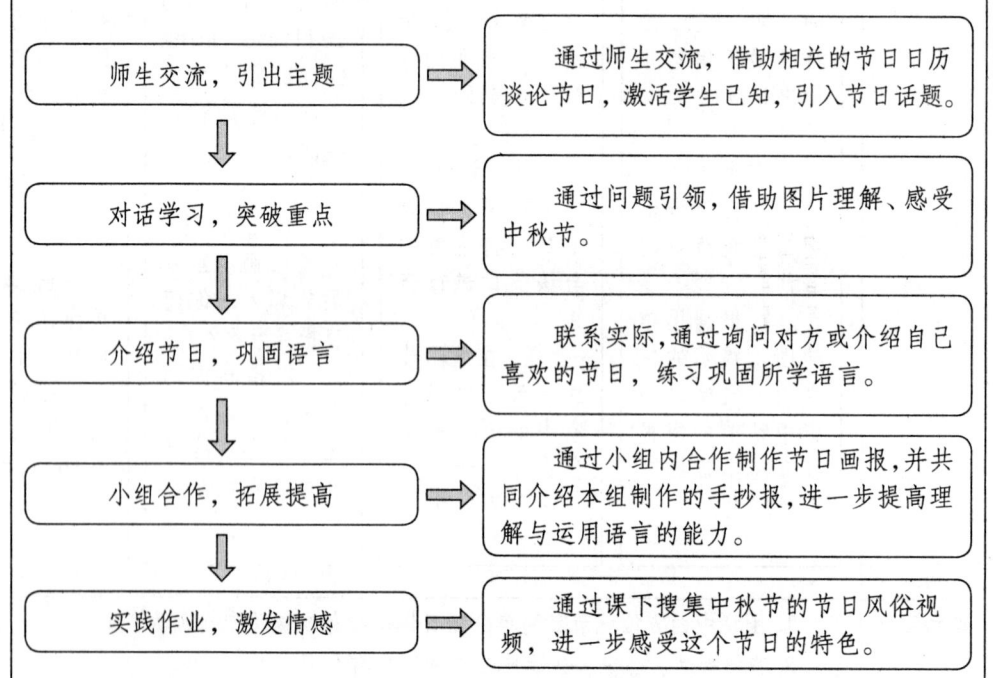

续表

课堂学习单和作业设计

课堂学习单要说明处于哪个环节

1. 初听对话环节

    根据图片的提示，正确说出以下节日的名称。

2. 操练环节

    请将传统节日、日期与相应食物连线。

    the Lantern Festival　　　　　　　　the fifth day of the fifth month

    the Dragon Boat Festival　　　　　　the fifteenth day of the eighth month

    the Double Ninth Festival　　　　　　the ninth day of the ninth month

    the Mid-Autumn Festival　　　　　　the fifteenth day of the first month

3. 输出环节

    根据思维导图上提示的信息用英文制作一张中秋节的海报并介绍给你的家人或朋友。

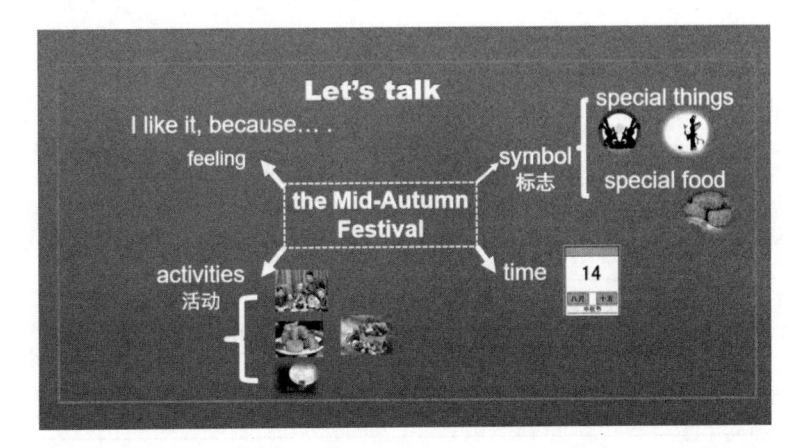

    Let's talk

    I like it, because….

    feeling　　symbol 标志　　special things / special food

    the Mid-Autumn Festival

    activities 活动　　time　14

课堂学习单的作用和效果

1. 初听对话环节的学习单教学目的就是检查学生能否在初听对话的基础上,能够听懂对话的主要谈论的内容及根据所听清晰辨别中国的主要节日。通过学习单的设计,学生能够准确标识出我国的传统节日。

2. 操练环节

此学习单的作用引导学生通过学习对话和功能句型,掌握四个传统节日的时间与特色美食。通过观察图片,初步了解节日文化。学生在此活动中,兴趣浓厚,能根据每个节日特色准确说出节日名称、日期以及特色美食。

3. 输出环节:制作中秋节海报

根据思维导图上提示的信息,通过小组内合作制作节日海报,并共同介绍本组制作的节日海报,进一步渗透文化意识,提高理解与运用语言的能力。在学生制作完本组节日海报展示时,可以看出学生对中秋节节日的理解与喜爱,更能运用准确的语言进行表达。

课后作业介绍

1. 作业的目的

首先依据教材内容和教学目标,针对知识、技能,开展一定的练习,有助于巩固和提升学习的内容,其次结合学生的学情为不同层次的学生设计适合的作业内容,让每个学生能够在作业中获得成功体验与进步发展。

2. 作业类型

基础性作业:主要针对基础弱的学生需要基本掌握的内容,同时也是学生必须掌握的基本知识,如对话的朗读、重点词汇、重点语句的认读与书写,仿照例句造句等。

拓展性作业:根据所学内容引导学生利用网络资源自己围绕中秋节的节日时间、特色活动、自己喜欢在这个节日中可以做的事情制作手抄报。

实践性作业:自己和家人一起制作一张中秋节的节日海报或节日短视频。

3. 作业展示

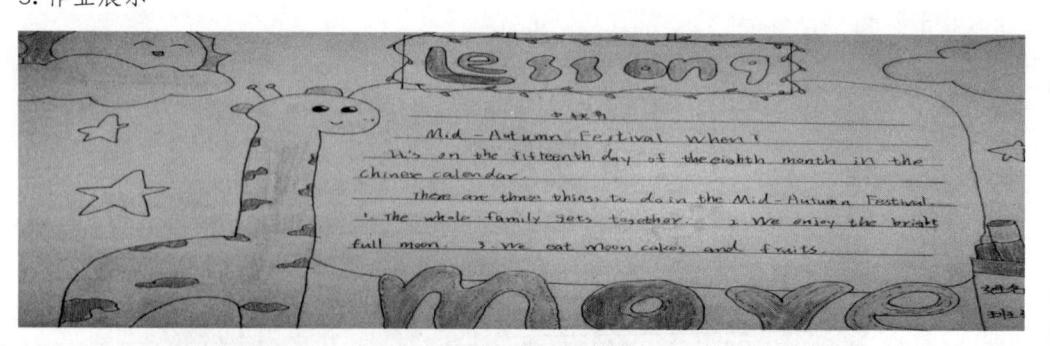

第二课时课题:Double-Ninth Festival		
课时内容介绍		本课是北京版小学英语五年级上册 Unit 3 第二课时。通过学习本课学生能够了解重阳节的活动以及四个传统节日的特色美食。

续表

课时目标	1. 学生能够理解并正确朗读对话内容。 2. 学生能听懂、认读 the Double Ninth Festival, climb mountains, sounds like 等相关词汇。能够运用"We eat... on ..."向他人介绍传统节日的特定食物。 3. 理解并能够弘扬重阳节尊老、爱老的传统美德。 4. 初步了解并能简单介绍4个中国传统节日的特色活动及其相关信息。
课时活动链结构图	师生交流，引出主题 → 通过师生交流，借助中秋节的节日活动，激活学生已知，引入节日话题。 ↓ 对话学习，突破重点 → 通过问题引领，借助图片理解、感受中秋节与重阳节的差异。 ↓ 介绍节日，巩固语言 → 联系实际，通过询问对方或介绍自己喜欢的节日，练习巩固所学语言。 ↓ 小组合作，拓展提高 → 通过小组内合作制作重阳节日画报，并共同介绍本组制作的手抄报，进一步渗透文化意识，提高理解与运用语言的能力。 ↓ 实践作业，激发情感 → 通过课下搜集重阳节的风俗视频，进一步感受中国传统文化的博大精深。
课堂学习单和作业设计	

1. 课堂学习单要说明处于哪个环节

（1）初听对话环节

What do you know about the Double Ninth Festival?

选择正确图片，在表格中填写信息。

```
Time:
..............................................
Symbol
(food):
..............................................
Activities:
```

续表

（2）操练环节

请把下列4个传统节日的特色食品与该节日进行连线。

the Spring Festival

the Lantern Festival

the Dragon Boat Festival

the Double Ninth Festival

（3）输出环节

在重阳节这一天，你想为家中的老人做些什么呢？请你说一说，写一写。

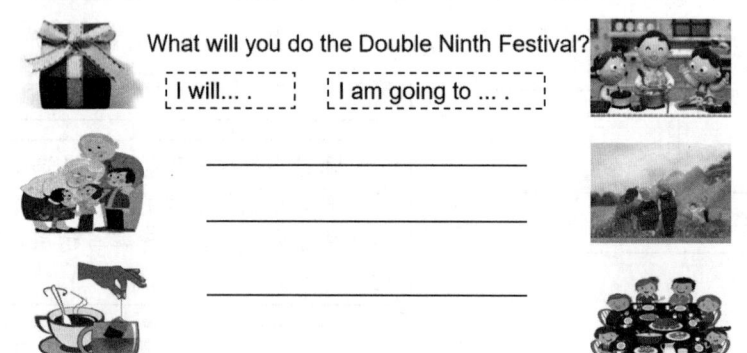

What will you do the Double Ninth Festival?

I will... .   I am going to ... .

2. 课堂学习单的作用和效果

（1）初听对话环节的学习单教学目的就是检查学生能否在初听对话的基础上，能够听懂对话的主要内容及根据所听掌握重阳节的时间以及活动。通过作业单的设计，学生能够准确找出重阳节的时间以及特色食物和参加的活动。

（2）操练环节

此学习单的作用引导学生通过对话和功能句型，掌握四个传统节日的特色美食，了解节日特色美食。学生在此活动中，兴趣浓厚，能根据每个节日特色准确说出节日名称以及节日的时间，为后续的语言交流做了很好的铺垫。

（3）输出环节

通过小组内看图片，谈论重阳节这天为老人做的事情，进一步渗透文化意识，提高理解与运用语言的能力。在学生谈论过程中，可以看出学生对重阳节的理解与喜爱，更能运用准确的语言进行表达。

课后作业介绍

（1）作业的目的

依据教材内容和教学目标，针对知识、技能开展一定的练习，有助于巩固和提升学习的内容，其次结合学生的学情为不同层次的学生设计适合的作业内容,让每个学生能够在作业中获得成功体验与进步发展。

(2) 作业类型

基础性作业:主要针对基础弱的学生需要基本掌握的内容,同时也是学生必须掌握的基本知识,如对话的朗读,重点词汇、重点语句的认读与书写,仿照例句造句等。

拓展性作业:根据所学内容引导学生利用网络资源自己围绕重阳节的节日时间、特色活动、自己在这个节日中可以做的事情制作手抄报。

实践性作业:自己和家人一起制作一张重阳节海报或节日短视频送给家中的老人。

(3) 作业展示

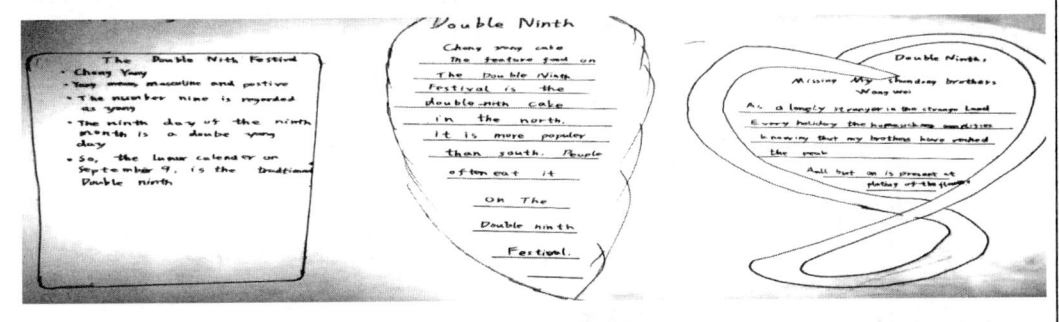

	第三课时课题:Halloween
课时内容介绍	本课是北京版小学英语五年级上册Unit 3第三课时。通过学习本课学生能够了解万圣节的节日时间以及活动。初步掌握和了解国外的一些节日的活动以及这些节日的特色美食。
课时目标	1.学生能够理解并正确朗读对话内容。 2.学生能听懂、认读Halloween, knock on, dress up, trick or treat, superheroes, alien等相关词汇。 3.能够运用"Can you tell me more about …"向他人询问更多信息,并回答。 4.了解西方节日文化,丰富文化背景知识,具有参与西方节日文化活动的能力。
课时活动链结构图	师生交流,引出主题 → 通过师生交流,借助已学的节日活动,激活学生已知,引入此课话题。 ↓ 对话学习,突破重点 → 通过问题引领,借助图片理解、感受中西方节日的差异。 ↓

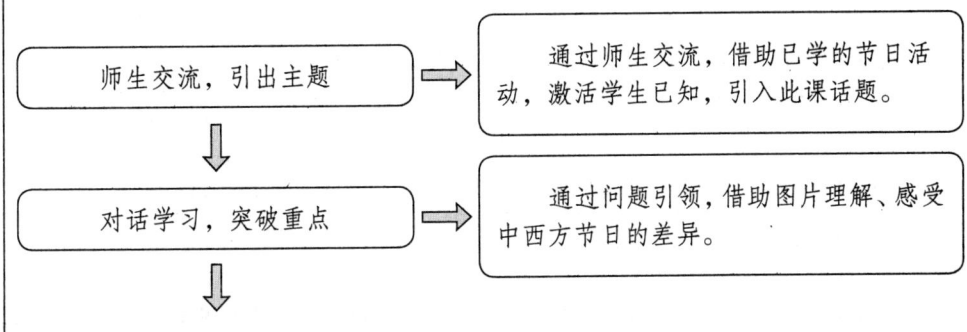

续表

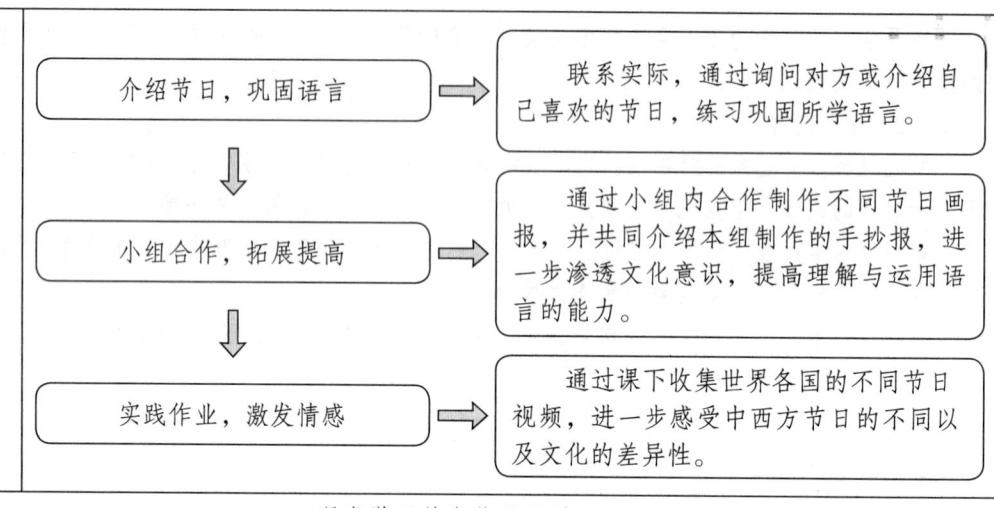

介绍节日，巩固语言 ➡	联系实际，通过询问对方或介绍自己喜欢的节日，练习巩固所学语言。
⬇	
小组合作，拓展提高 ➡	通过小组内合作制作不同节日画报，并共同介绍本组制作的手抄报，进一步渗透文化意识，提高理解与运用语言的能力。
⬇	
实践作业，激发情感 ➡	通过课下收集世界各国的不同节日视频，进一步感受中西方节日的不同以及文化的差异性。

课堂学习单和作业设计

1. 课堂学习单要说明处于哪个环节
（1）初听对话环节
根据图片的提示，正确说出以下节日的名称。

（2）操练环节
画一画万圣节那天，你想装扮成什么样子？

Let's do
What will you dress up as at Halloween?
Can you draw a picture?
I'd like to be an alien.
I want to be … .
I will be … .

（3）输出环节
请根据问题的提示，和你的小伙伴一起说一说你最喜欢的节日并记录下来。
① What's your favourtie festival?
② When is it?
③ What do you do on that day?
④ How do you feel?
⑤ What's it for?
（for children, for old men, for family reunion）

My favourite festival is_____
_____. It's on_____.
On that day,_____
_____
_____
It's a day _____.

续表

2.课堂学习单的作用和效果

（1）初听对话环节的学习单教学目的就是检查学生能否在初听对话的基础上，能够听懂对话谈论的主要内容及根据所听掌握万圣节节日的时间以及活动。通过作业单的设计，学生能够根据图片准确找出这些节日。

（2）操练环节：

此学习单的作用引导学生通过对话和功能句型，掌握万圣节的日期以及活动。通过这个练习让学生认真观察图片，学生参与活动兴趣浓厚，能够根据这个节日特色准确表达自己的愿望，学生思维很活跃。

（3）输出环节：

通过小组内看提示词语和问题，谈论自己最喜欢的节日，进一步渗透文化意识，提高理解与运用语言的能力。在学生谈论过程中，可以看出学生对自己喜欢节日的理解与喜爱，更能运用准确的语言进行表达。

课后作业介绍

1.作业的目的

首先依据教材内容和教学目标，针对知识、技能开展一定的练习，有助于巩固和提升学习的内容，其次结合学生的学情为不同层次的学生设计适合的作业内容，让每个学生能够在作业中获得成功体验与进步发展。

2.作业类型

基础性作业：主要针对基础弱的学生需要基本掌握的内容，同时也是学生必须掌握的基本知识，如对话的朗读、重点词汇、重点语句的认读与书写，仿照例句造句等。

拓展性作业：根据所学内容引导学生利用网络资源自己围绕万圣节的节日时间、特色活动、自己在这个节日中可以做的事情制作手抄报。

实践性作业：自己和家人一起制作一张万圣节节日海报或节日短视频。

3.作业展示

第四课时课题：Talk about the festivals	
课时内容介绍	本课是北京版小学英语五年级上册Unit 3第四课时。学生学习了中国的传统节日以及国外的一些节日，初步了解这些节日的特色食品、传统活动及其相关表达，让他们体会世界各个国家的风土人情以及文化意识。
课时目标	1.通过观察图片、自主阅读、提取信息等活动，能够感知和正确理解绘本的主要内容，提高学习能力。

续表

	2.通过回答问题、完成选择、排序等任务，了解并梳理春节期间的活动和寓意，进行相关内容的描述，提升语言表达能力。 3.通过阅读，理解绘本内容，了解春节的风俗习惯和美好寓意，感受中国传统节日的魅力，提高文化意识。
课时活动链结构图	师生交流，引出主题 ⇒ 通过师生交流，借助相关的节日日历谈论节日，激活学生已知，引入节日话题。 ⇓ 对话学习，突破重点 ⇒ 通过问题引领，借助图片理解、感受各个节日。 ⇓ 介绍节日，巩固语言 ⇒ 联系实际，通过询问对方或介绍自己喜欢的节日，练习巩固所学语言。 ⇓ 小组合作，拓展提高 ⇒ 通过小组内合作制作节日画报，并共同介绍本组制作的手抄报，进一步提高理解与运用语言的能力。 ⇓ 实践作业，激发情感 ⇒ 通过课下搜集各个国家的节日风俗视频，进一步感受每个节日的特色。
课堂学习单和作业设计	
1.课堂学习单要说明处于哪个环节 （1）阅读故事 Read and find 找到书中女孩在哪里庆祝她的第一个春节。 Where does she celebrate her first Chinese New Year? She celebrates it in＿＿＿＿＿＿＿＿＿＿＿＿＿． （2）操练环节 Read and tick 勾出除夕夜前女孩一家做的事情。 ☐ see the parade　　☐ have hair cut　　☐ buy flowers ☐ honor ancestors　☐ decorate the walls　☐ buy new clothes ☐ sweep the house　☐ get red envelopes　☐ make special food （3）输出环节 Make your story book, My Chinese New Year. 制作你的绘本，题目为：My Chinese New Year. 2.课堂学习单的作用和效果 （1）初听阅读故事的学习单教学目的就是检查学生能否在理解绘本故事的基础上，能够理解	

故事的主要内容并能够准确找出答案。通过作业单的设计，学生能够准确标识出问题的答案。

（2）操练环节

此学习单的作用引导学生通过进一步理解故事，逐一找出小女孩在除夕夜前做的事情。通过读绘本故事，了解节日文化。学生在此活动，兴趣浓厚，掌握我国春节传统节日的文化活动。

（3）输出环节：制作绘本书

根据故事提示的信息，通过小组内合作制作节日绘本书，并共同介绍本组制作的节日绘本书，进一步渗透文化意识，提高理解与运用语言的能力。在学生制作完本组节日绘本书并进行展示时，可以看出学生对我国传统节日的理解与喜爱，更能运用准确的语言进行表达。

课后作业介绍

1. 作业的目的

首先依据教材内容和教学目标，针对知识、技能开展一定的练习，有助于巩固和提升学习的内容，其次结合学生的学情为不同层次的学生设计适合的作业内容，让每个学生能够在作业中获得成功体验与进步发展。

2. 作业类型

基础性作业：主要针对基础弱的学生需要基本掌握的内容，同时也是学生必须掌握的基本知识，如对话的朗读、重点词汇、重点语句的认读与书写，仿照例句造句等等。

拓展性作业：根据所学内容引导学生利用网络资源自己围绕所学的节日时间、特色活动、自己在这个节日中可以做的事情制作手抄报。

实践性作业：自己和家人一起制作一张自己喜欢的节日海报或节日短视频。

3. 作业展示

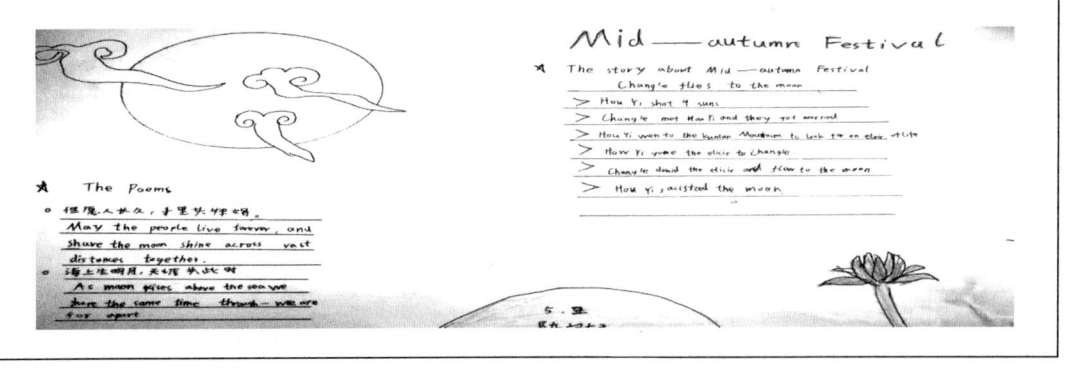

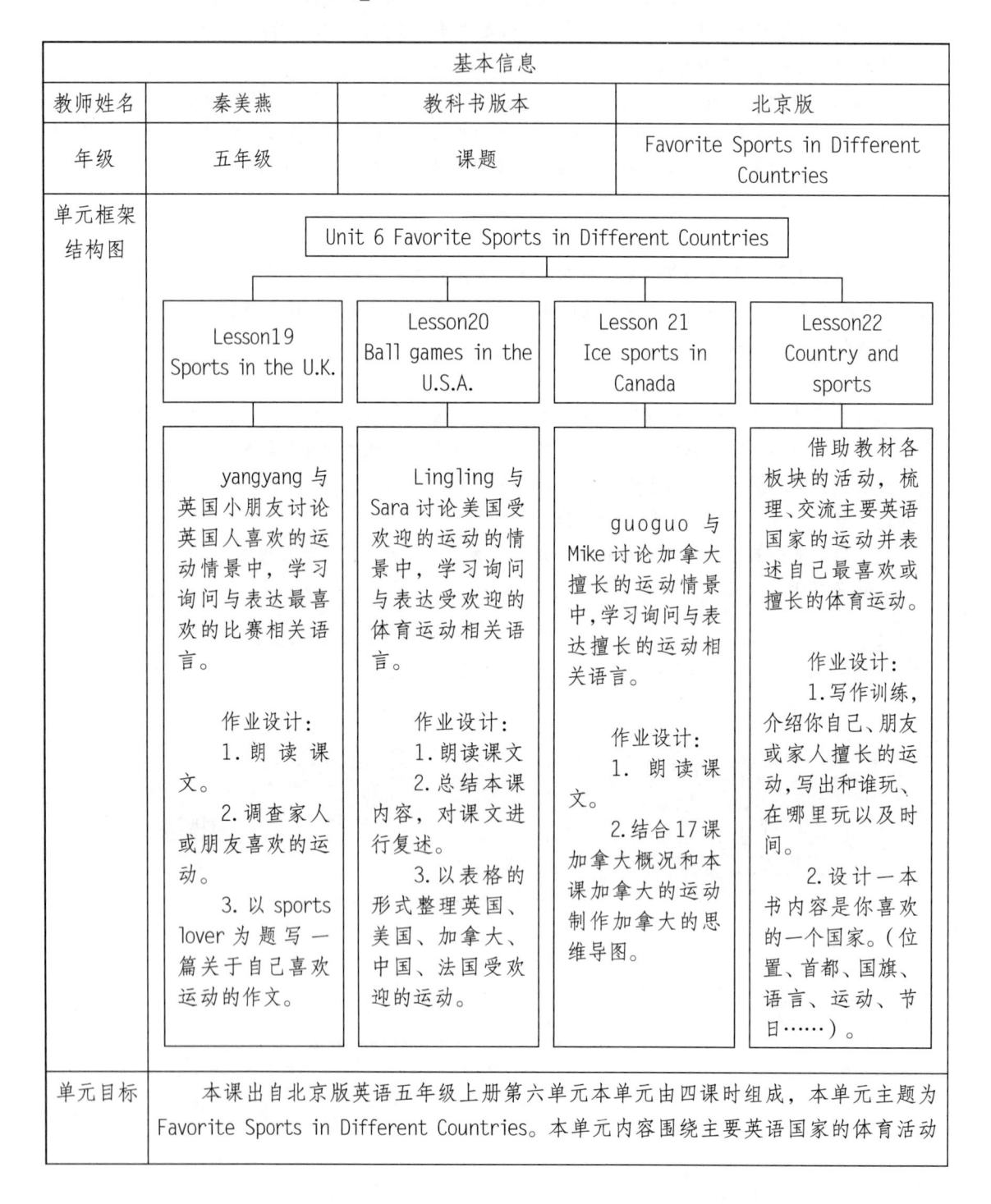

Favorite Sports in Different Countries

<table>
<tr><td colspan="4" align="center">基本信息</td></tr>
<tr><td>教师姓名</td><td>秦美燕</td><td>教科书版本</td><td>北京版</td></tr>
<tr><td>年级</td><td>五年级</td><td>课题</td><td>Favorite Sports in Different Countries</td></tr>
<tr><td>单元框架结构图</td><td colspan="3">

Unit 6 Favorite Sports in Different Countries

Lesson19 Sports in the U.K.	Lesson20 Ball games in the U.S.A.	Lesson 21 Ice sports in Canada	Lesson22 Country and sports
yangyang 与英国小朋友讨论英国人喜欢的运动情景中，学习询问与表达最喜欢的比赛相关语言。 作业设计： 1. 朗读课文。 2. 调查家人或朋友喜欢的运动。 3. 以 sports lover 为题写一篇关于自己喜欢运动的作文。	Lingling 与 Sara 讨论美国受欢迎的运动的情景中，学习询问与表达受欢迎的体育运动相关语言。 作业设计： 1. 朗读课文 2. 总结本课内容，对课文进行复述。 3. 以表格的形式整理英国、美国、加拿大、中国、法国受欢迎的运动。	guoguo 与 Mike 讨论加拿大擅长的运动情景中，学习询问与表达擅长的运动相关语言。 作业设计： 1. 朗读课文。 2. 结合17课加拿大概况和本课加拿大的运动制作加拿大的思维导图。	借助教材各板块的活动，梳理、交流主要英语国家的运动并表述自己最喜欢或擅长的体育运动。 作业设计： 1. 写作训练，介绍你自己、朋友或家人擅长的运动，写出和谁玩、在哪里玩以及时间。 2. 设计一本书内容是你喜欢的一个国家。（位置、首都、国旗、语言、运动、节日……）。

</td></tr>
<tr><td>单元目标</td><td colspan="3">本课出自北京版英语五年级上册第六单元本单元由四课时组成，本单元主题为 Favorite Sports in Different Countries。本单元内容围绕主要英语国家的体育活动</td></tr>
</table>

续表

	展开，基于学生在生活中的实际情况设置了三个主要的语言学习情景，情景虽有不同，但都围绕运动话题，借助不同情景，增强语言学习的可持续性。通过本单元的学习，学生能够了解英国、美国、加拿大等国家的运动，并能借助相关句型与词汇谈论、介绍相关国家的主要运动、自己或他人最喜欢的或擅长的运动等。
第一课时课题：L19 Sports in the U.K.	
课时内容介绍	本单元分别学习了英、美、加3个英语国家所流行的体育竞技活动。通过学习使学生了解3个国家的风土人情，文化背景。19课以询问人们喜爱什么样的体育活动的话题 "What's their favorite game? It a rugby" 为主，主要介绍了英国人喜爱的球类运动以及赛马比赛。
课时目标	1.学生能通过情景对话、观看视频、角色扮演等，正确理解、朗读对话。 2.学生能通过游戏、小调查等，听懂、会说 "What's your favourite game? It's ..." 询问对方喜欢什么运动的句子及答语。 3.学生能通过游戏、情景应用等，听懂、会说 rugby, badminton, tennis, basketball, ice hockey, volleyball, baseball, golf 等。 4.学生能够了解英国流行运动，培养健康运动的意识。
课时活动链结构图	师生交流，引出主题 ⇒ 通过free talk和观看运动的视频，复习学过的有关运动的词汇，激活学生已有知识，为话题做铺垫。 ⇩ 由Peter过渡到课文 ⇒ Peter来自英国，所以他们谈论英国的运动，进而过渡到后面的课文学习环节。 ⇩ 学习课文，谈论英国运动 ⇒ 通过语篇的输入，学生对英国的运动有所了解，在此基础上又扩展了英国人热爱的其他运动项目，培养学生的跨文化意识。 ⇩ 总结英国人喜欢的运动 ⇒ 对英国人的所喜爱的运动进行总结，为后面的输出进行铺垫。 ⇩ 拓展提高 ⇒ 谈论我们自己国家喜欢的运动，谈论我们学校的学生喜欢的运动，提高理解与运用语言的能力。 ⇩ 实践作业，激发情感 ⇒ 通过描述并写出自己喜欢的运动，激发学生热爱生活的情感。

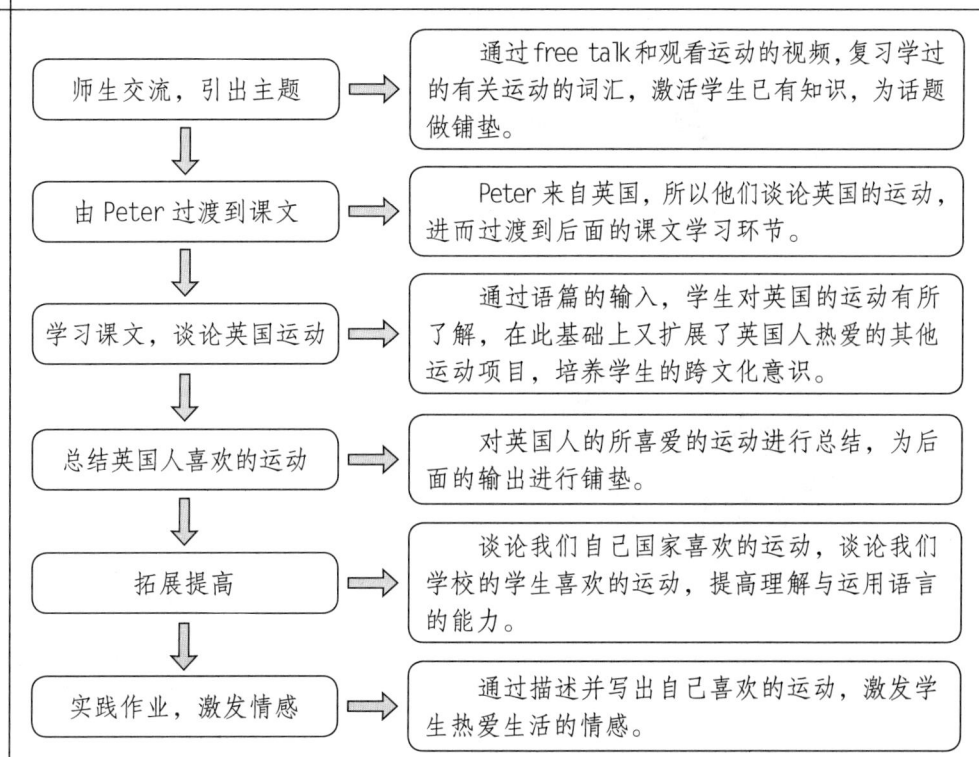

续表

课堂学习单和作业设计
＊课堂学习单介绍 1.课堂学习单要说明处于哪个环节 （1）初听Peter朋友喜欢的运动 （2）操练环节we are sport lovers （3）输出环节：写作文 I am a sports lover 2.课堂学习单的作用和效果 （1）操练环节（一） 　　首先通过训练学生的听力和表达能力，并对英国人所喜爱的运动进行总结，为后面的输出进行铺垫。 （2）操练环节（二） 　　谈论我们自己国家喜欢的运动，再说我们学校的学生喜欢的运动是什么以及自己的喜欢的运动，训练学生的口语表达和写的能力。

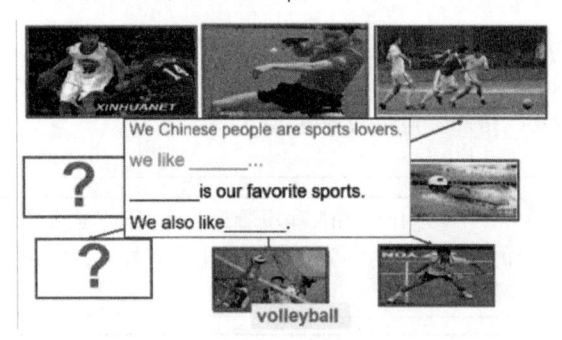

（3）输出环节

通过写自己喜欢的运动，激发学生热爱运动，更能运用准确的语言进行表达。

课后作业介绍

（1）作业的目的

首先依据教材内容和教学目标，针对知识、技能开展一定的练习，有助于巩固和提升学习的内容，其次结合学生的学情为不同层次的学生设计适合的作业内容，让每个学生能够在作业中获得成功体验与进步发展

（2）作业类型

基础性作业：主要针对基础弱的学生需要基本掌握的内容，同时也是学生必须掌握的基本知识，如对话的朗读，重点词汇、重点语句的认读与书写，仿照例句造句等等

拓展性作业：根据所学内容调查家人或朋友喜欢的运动

实践性作业：以 sports lover 为题写一篇关于自己喜欢运动的作文

（3）作业展示

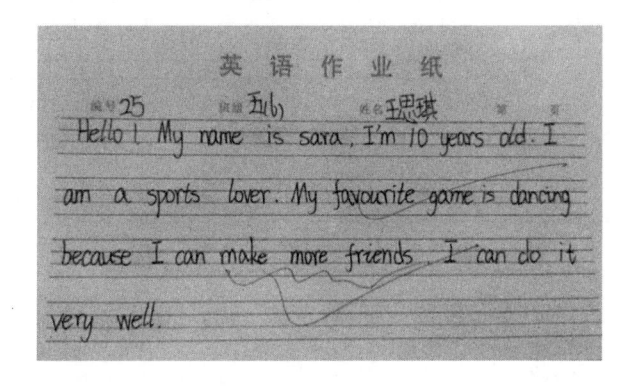

第二课时课题：L20 Ball games in the U.S.A.	
课时内容介绍	本单元分别学习了英、美、加三个英语国家所流行的体育竞技活动。20课介绍了美国人喜爱的体育运动和NBA联赛，拳击赛在美国也是很流行的。主要功能句式：I know bowling is also very popular. And so is boxing.
课时目标	1.学生能通过对话情景学习、角色扮演等活动，正确理解、朗读对话。 2.学生能在谈论美国体育运动的情境下，听懂、会说"American football is popular"介绍受欢迎的体育运动，并用"So is baseball"呼应谈话内容，发展对话。 3.学生能在谈论美国体育运动的情境下，听懂、会说运动相关词语 American football, baseball, football, table tennis, taekwondo, Chinese kung fu 等。 4.学生能够了解美国的主要体育运动，培养健康运动的意识。

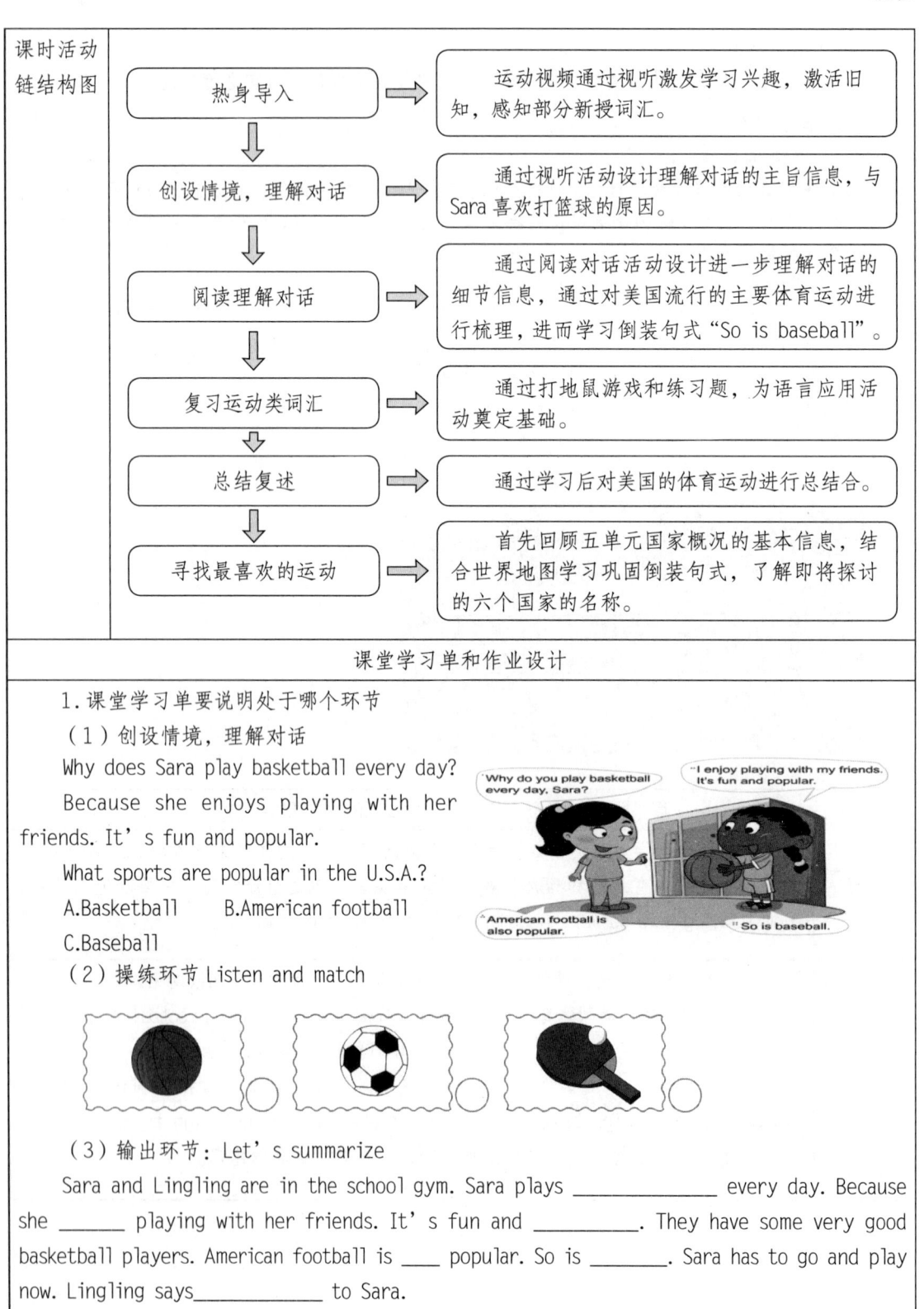

"研思同行，共享提升"：单元作业设计初探

续表

课时活动链结构图	热身导入 → 运动视频通过视听激发学习兴趣，激活旧知，感知部分新授词汇。 创设情境，理解对话 → 通过视听活动设计理解对话的主旨信息，与Sara喜欢打篮球的原因。 阅读理解对话 → 通过阅读对话活动设计进一步理解对话的细节信息，通过对美国流行的主要体育运动进行梳理，进而学习倒装句式"So is baseball"。 复习运动类词汇 → 通过打地鼠游戏和练习题，为语言应用活动奠定基础。 总结复述 → 通过学习后对美国的体育运动进行总结合。 寻找最喜欢的运动 → 首先回顾五单元国家概况的基本信息，结合世界地图学习巩固倒装句式，了解即将探讨的六个国家的名称。

课堂学习单和作业设计

1. 课堂学习单要说明处于哪个环节

（1）创设情境，理解对话

Why does Sara play basketball every day?

Because she enjoys playing with her friends. It's fun and popular.

What sports are popular in the U.S.A.?

A. Basketball B. American football

C. Baseball

（2）操练环节 Listen and match

（3）输出环节：Let's summarize

Sara and Lingling are in the school gym. Sara plays _____ every day. Because she _____ playing with her friends. It's fun and _____. They have some very good basketball players. American football is ___ popular. So is _____. Sara has to go and play now. Lingling says _____ to Sara.

2. 课堂学习单的作用和效果

（1）操练环节（一）

通过视听活动设计理解对话的主旨信息与 Sara 喜欢打篮球的原因，并学习关键词汇 popular。并梳理美国流行的主要体育运动。

（2）操练环节（二）

通过书上的练习题检测主要词汇在语境中的正确理解。

（3）输出环节

通过课文的学习对美国受欢迎的体育运动进行归纳总结，既锻炼了学生的总结能力又为后面学习其他国家受欢迎的体育运动做铺垫。

课后作业介绍

1. 作业的目的：

通过课文让学生对美国体育运动进行梳理，并查找英国、美国、加拿大三个国家受欢迎的运动，并拓展到中国和法国的运动，让学生通过在课文里查找，到网络上查找，逐步锻炼学生学习能力。

2. 作业类型

基础性作业：朗读课文。

拓展性作业：总结本课内容，对课文进行复述。

实践性作业：以表格的形式整理英国、美国、加拿大、中国、法国受欢迎的体育运动。

3. 作业展示

课时内容介绍	第三课时课题：L21 Ice sports in Canada
	本单元分别学习了英、美、加三个英语国家所流行的体育竞技活动。通过学习使学生了解三个国家的风土人情，文化背景。21 课主要介绍了加拿大的冰上运动。谈论的话题是你最擅长什么，能根据问句做出相应的回答的功能句式：What are you good at? We are good at … .通过功能话题 "We have the best figure skaters and the best ice

续表

	ice hockey teams in the world"的展示，让我们知道了加拿大的滑冰运动员和他们的冰球队在世界上是很出名的。
课时目标	1. 学生能听懂、理解对话大意，能朗读对话。 2. 学生能够在谈论体育运动的情境中听懂、认读、会说 skiing, diving, take a break, be good at, ice hockey team 等单词短语，并能够用 "What are you good at? 以及 We are good at ..." 的句式询问并回答某国人民擅长的体育运动。 3. 学生能够通过观察图片、视频，认读、理解不同国家人民所热爱并擅长的体育运动，并能将体育运动初步分类。 4. 学生通过本课学习，能够进一步感知体育运动的魅力，建立民族自豪感，逐渐形成热爱体育、乐于参与运动的意识。
课时活动链结构图	猜谜，引出主题 → 通过图片，引导学生猜出加拿大人民所喜爱的是冰雪运动，为话题做铺垫。 ↓ 对话学习，突破重点 → 通过图片帮助学生理解相关的短语，初步建立 ice sport 的概念。了解哪些运动属于 ice sports 相关短语，初步建立 ice sports 的概念。 ↓ 朗读课文，训练语音语调 → 观看视频跟读课文录音，形成优美的语音语调。 ↓ 听力练习，巩固所学 → 通过 free talk 和观看运动的视频，复习学过的有关运动的词汇，激活学生已有知识，为话题做铺垫。 ↓ 句型学习，拓展练习 → 请学生与课文人物做对话，使用本课句式询问并描述不同国家人民所擅长的运动。 ↓ 拓展练习，运动分类 → 引导学生对所学过的运动进行分类，并用本课所学表述自己擅长的运动。
课堂学习单和作业设计		

1.课堂学习单要说明位于哪个环节
Listen and number.听短文将图片排序。

课后练习二：运动分类，并表述自己擅长的运动

I am good at_____.

We are good at_____.

2.课堂学习单的作用和效果

操练环节一：通过书上听力练习，帮助学生巩固所学，重点区分 go skating , go skiing。

操练环节二：利用书上的练习以及单元前两课所学，将新知与旧知整合在一起操练语言。在掌握语言的同时，进一步了解不同国家人民所擅长的运动。学生对学过的运动进行简单分类，并请学生初步运用本课的语言，向他人描述自己所擅长的运动，培养学生乐于参与体育运动的意识。

作业的目的：通过17课加拿大概况学习，以及本课对加拿大的运动学习后，完成加拿大的思维导图。

作业类型

基础性作业：朗读21课的课文。

综合性作业：结合17课加拿大概况和本课加拿大的运动制作加拿大的思维导图（可以从位置，首都，国旗，语言，运动等方面进行）。

作业展示：课前3分钟请同学根据自己的思维导图对加拿大进行介绍。

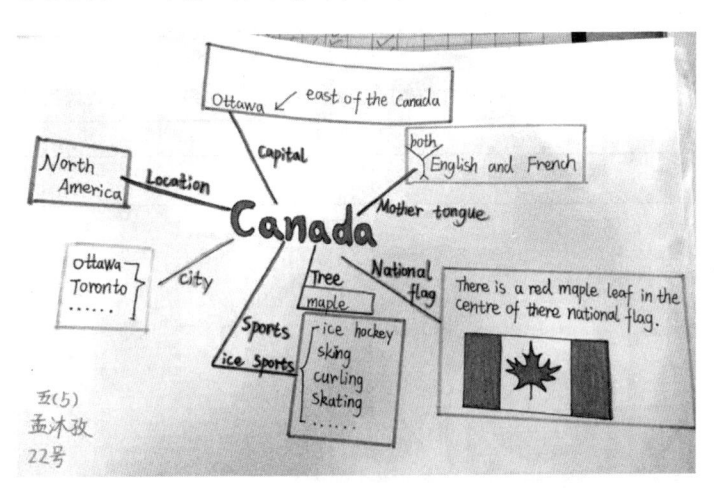

第四课时课题：L22 Country and sports	
课时内容介绍	通过本单元的学习，学生能够了解英国、美国、加拿大等国家的运动，并能借助相关句型与词汇谈论、介绍相关国家的主要运动、自己或他人最喜欢的或擅长的运动等。

课时目标	1.学生能够通过猜谜游戏、连线游戏、阅读短文等活动，巩固本单元所学，能够就不同国家人民喜爱或擅长的运动做提问并做合理描述。 2.学生能够在谈论运动的情境中，运用本单元词汇和句型，就这一话题展开交流，并能进行阅读、写作等活动，培养综合语言能力。
课时活动链结构图	Let's review ⇒ 通过阅读的活动，学生复习本单元重点词汇与句型。 ⇓ Now I can understand ⇒ 预测主人公所喜爱或擅长的运动，再根据听力活动进行检测。培养学生听的策略。复习重点句型。 ⇓ Now I can read ⇒ 学生在电话情境中根据课文内容补全短文。通过读、写的方式对本单元的句型进行了初步巩固复习。 ⇓ Now I can write ⇒ 布置任务，让学生在与书中人物结交笔友的过程中综合运用本课语言做自我介绍。 ⇓ Now I know the sound ⇒ 通过听教师示范朗读、听录音、观看视频、观看教师口型等活动，学生掌握n的发音规律。 ⇓ Let's summarize ⇒ 出示思维导图Favorite sports in different countries，总结本单元知识要点。

课堂学习单和作业设计

1.课堂学习单要说明处于哪个环节

【学习任务一】Listen and match

Mary　　Jack　　Tom　　Sara

续表

【学习任务二】Read and choose

A. American football, and baseball   B. go skating and skiing
C. Rugby is a popular game in the U.K.

British people love sports. They play football, tennis, and golf. _____.
Many people also like horse racing.

American people play basketball,_____.

Canadian people love ice sports. In winter they _____. Even old people do some sports. Canada has the best ice hockey teams in the world.

【学习任务三】Read and write

British people love sports. They play football, tennis, and golf. Rugby is a popular game in the U.K. Many people also like horse racing.

American people play basketball, American football, and baseball.

Canadian people love ice sports. In winter they go skating and skiing. Even old people do some sports. Canada has the best ice hockey teams in the world.

British people play_____.
Americans like_____.
Canadians love_____.

课堂学习单的作用和效果

操练环节（一）

学生根据本单元所学提前预测主人公所喜爱或擅长的运动，再根据听力活动进行检测。培养学生听的策略。复习重点句型。

操练环节（二）

学生在电话情境中根据课文内容补全短文。通过读、写的方式对本单元的句型进行了初步巩固复习。

操练环节（三）

教师通过任务布置，让学生在与书中人物结交笔友的过程中综合运用本课语言做自我介绍。

作业的目的：训练学生的学习能力，表达能力。

作业类型

实践性作业：介绍你自己或朋友、家人擅长的运动，写出和谁玩在哪里以及时间。

综合性作业：设计一本书内容是你喜欢的一个国家。（位置、首都、国旗、语言、运动、节日……）。

"研思同行，共享提升"：单元作业设计初探

续表

作业展示：

My name is a Andy. I'm ten years old. I'm from China. I'm good at table tennis. I often play with my mum. I play it every day.

U.S.A.
The United States has its own good sports, such as American football, basketball and baseball so on.
American football
baseball

目录
主编：
1 …… Britain's best sport
2 …… America's best sport
3 …… Canada's best sport
4 …… Postscript

U.K.
Britain is good at many sports, such as rugby, tennis and so on.

The Twelve Animals

基本信息				
教师姓名	李丽丽	教科书版本		北京版
年级	六年级	课题		The Twelve Animals.
单元框架结构图	The Twelve Animals ├─ Twelve birth-year animals ─ Lesson23 课文学习 ─ 通过对话学习，了解生肖的名称及生肖的轮回。学习生肖知识，感知传统文化。 ├─ The order of the birth-year animals ─ Lesson24 课文学习 ─ 通过故事学习、了解十二生肖的顺序。了解生肖的由来，认同传统文化。 ├─ The similar traits with people and the birth-year animals. ─ Lesson25 课文学习 ─ 通过对话学习、了解属相与人物性格特点。感知生肖内涵，加深文化理解。 └─ I can tell more about the birth-year animals. ─ Lesson26 综合运用 ─ 通过复习，巩固生肖与人物性格特点等相关知识。体会生肖内涵，加深文化理解。			
单元目标	1.学生能听懂、读懂、理解本单元的三个对话内容，并能熟练地有感情地朗读对话，能根据需要表演对话或复述对话内容。 2.学生在春节的情景中能够听懂、说出十二生肖的名称，并能运用生肖词汇和功能句型介绍十二生肖的轮回、顺序、某人的属相及每个属相与人物性格特点的关系。 3.理解生肖文化，借助思维导图及关键词的支撑传播生肖文化。			
第一课时课题：Twelve birth-year animals.				
课时内容介绍	本课内容：Sara 和 Yangyang 在相互问候新年的语境下谈论十二生肖"Chinese birth-year animals"。本课内容是以十二生肖为主线，在春节背景下学习十二生肖名称及循环频率。			
课时目标	教学目标： 1.学生在春节的情景中能够听懂、理解、会说并能用"How often does each animal come around? Every twelve years"谈论十二生肖名称及其轮回的频率等，并能进行知识迁移。			

续表

	2.学生能在具体情景中听、说、读本课中出现的tiger, twelve, rat, rabbit, dragon, snake等词汇,理解come around, Chinese calendar, name ... after..., enter, birth-year animal等词汇并能在恰当情景中运用。 3.学生能听懂、读懂、理解对话并能熟练地有感情地朗读对话。 4.学生在了解了中国生肖文化后,能够结合本节课所学及自身情况主动谈论生肖文化,传播生肖文化。有进一步学习和谈论生肖文化的积极性。
课时活动链结构图	谜语导入 → 通过谜语激发学生的参与热情,激起学生对special animals的好奇心。 观察主题图 → 通过观察主题图,感受对话背景,感知并预测学习内容。 播放动画,整体感知 → 通过语篇的完整输入,引出主题"the twelve Birth-year animals"。 问题引领,逐层突破 → 通过音频及视频材料的播放,获取信息,突破重难点。 小组合作,实践提升 → 结合实际生活,小组内介绍家人及朋友的生肖巩固提升。

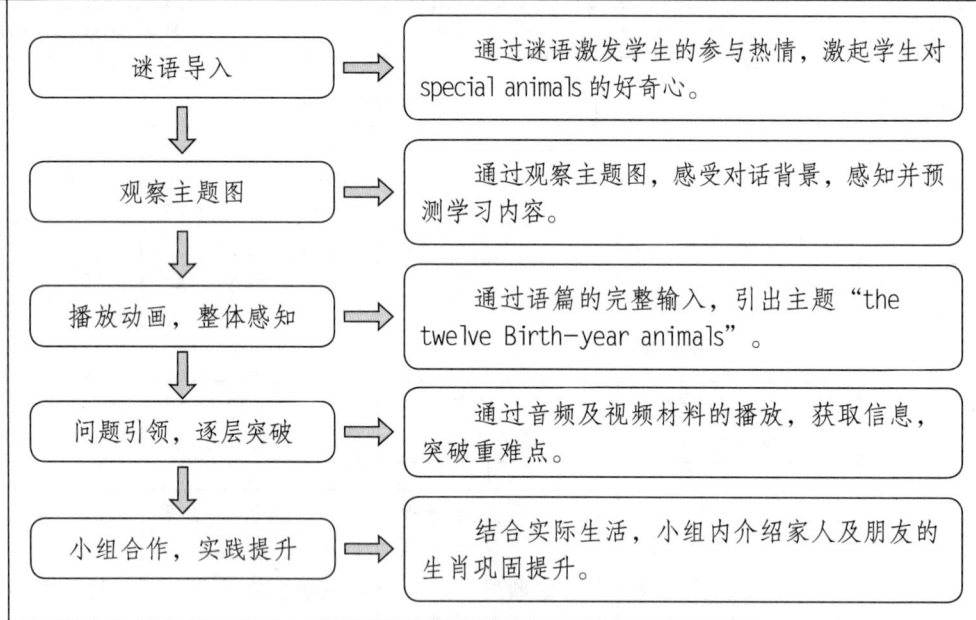

课堂学习单和作业设计

＊课堂学习单介绍

1.课堂学习单要说明处于哪个环节

(1)【问题引领、逐层突破环节】Write down the names of the years.

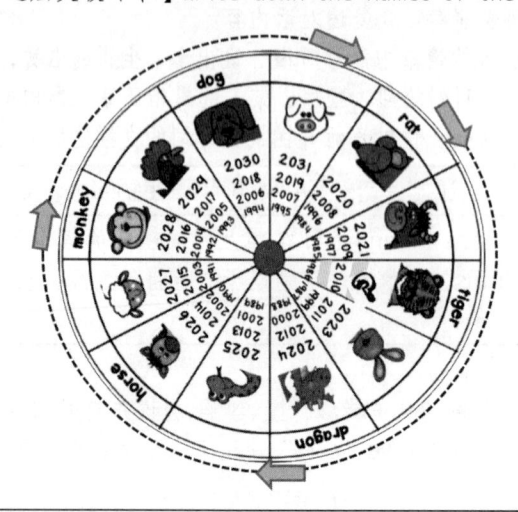

（2）【问题引领、逐层突破环节】：Do you know the year of the tiger?

Task 2: Do you know the year of the tiger?
1986, _____, 2010, _____

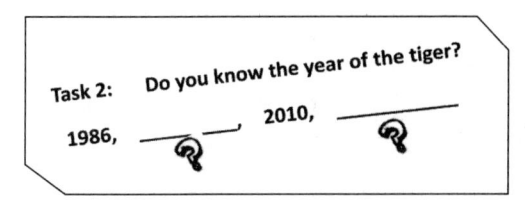

（3）【操练环节】：listen and match.

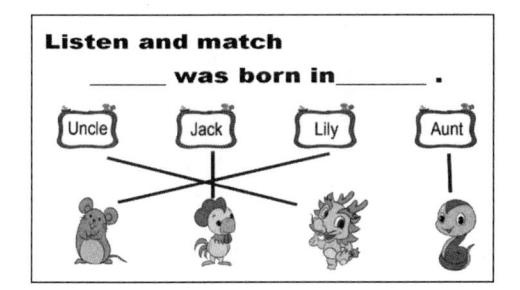

Listen and match
_____ was born in _____ .
Uncle　Jack　Lily　Aunt

（4）【输出环节】向Mike介绍中国生肖文化，并在小组内询问介绍家人的生肖。

We Chinese named the years….
They are Rat, Ox….
Can you tell me more about the birth-year animals?
Each animal comes around….
…

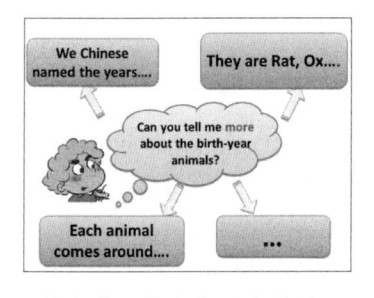

I have a happy family. I was born in the year of ____, so my birth-year animal is _____. My mother was born in the year of____, so her birth-year animal is _____. She is very_____. My father…
I love my family very much.

2.课堂学习单的作用和效果

（1）新授环节【问题引领、逐层突破环节】：Write down the names of the years.

学习单的作用在于，根据学生的生活经验，激活学生已有的知识储备；关注学生思维的同时，让学生有词语积累和储备意识；在拼写年的名称的同时，把学生的无意注意转化为有意注意，在后续的学习中，学生有突破自己拼写障碍词汇的意识和聚焦点。

（2）新授环节【问题引领、逐层突破环节】：Do you know the year of the tiger?

通过学习单，帮助学生理解每种生肖动物，每十二年轮回一次。内化知识点，同时理解性地操练语言：Each animal comes around every twelve years.

（3）操练环节：通过听连线的方式，检验学生的理解；连线后，通过学生的语言达操练巩固本课的重点句，_____was born in the year of_____. His/her birth-year animal is _____.

（4）输出环节：向Mike介绍中国生肖文化，并在小组内询问介绍家人的生肖。

通过小组合作及小组之间学生的信息差互补，巩固知识点，提升表达技能，将知识和生活相结合，让语言回归真实、回归生活。

续表

*课后作业介绍

1.作业的目的:《英语课程标准》中指出关于中西方文化知识的教学,教师要创造有意义的语境,基于语篇承载的文化知识,引导学生挖掘其意义与内涵,帮助学生在语言练习和运用中内化语言与文化知识。通过感知、理解、认同加深对中国传统文化的理解,学会用英语讲述好中国故事,帮助学生坚定文化自信,增强国家意识。所以,在课后作业的设计上,我本着理解、应用实践、迁移创新等层层递进的语言、思维、文化相融合的方式,布置了相关作业。通过作业,巩固课堂内容,进一步了解中国传统生肖文化的博大精深,中国人民的智慧。

2.作业类型和作业设计详细内容:

实践类作业:

高年级两极分化明显,实践类作业:朗读本课课文;能够向父母介绍自己的生肖,询问家人及朋友的生肖等,有助于激发并保持学生的学习热情,让这些学生有学习成就感。

预习作业:

高年级学生学习兴趣广泛,获取知识的途径及能力较强,不仅仅局限于课本,布置相关话题的作业,不仅有利于课内学习,同时还可以拓展学生的知识面。

拓展作业:

根据课内所学,介绍生肖文化,询问家人生肖,把获取的信息以介绍或猜谜的方式反馈回课堂,能够提升学生的学习主动性。

3.作业设计的功能、对应课时的那个目标及效果(课后说效果, 课前说如何评价)

学生学习及获取知识的能力各不相同,学生与学生之间也存在不同的差异。通过多种形式的作业设计,我们可以全面调动学生的参与率,提高不同层次学生学习的成就感。薄弱类学生,能够用 "I was born in the year of the____. My birth-year animal is the____" 表达语言,他们会体验到语言真实有效的表意功能。优秀类学生,能够将语言综合运用,如"My father was 26 years older than me. I was born in the year of the tiger. Guess, How old is my father? And what is my father's birth-year animal",能表达并提出此类问题的孩子,会体会到语言学习、挑战的乐趣。两类学生都能在完成作业中,收获满足感。

第二课时课题: The order of the birth-year animals

课时内容介绍	第二课时,Sara 和 Yangyang 继续谈论有关生肖的内容,以一个故事阐述 the order of the birth-year animals。
课时目标	1.通过课文学习和文本阅读,能够听懂、会说、认读以下词汇:order, cycle, The Jade Emperor;在谈论生肖的情境中巩固 first ... twelfth 这十二个序数词,并能用英语正确说出十二生肖的顺序。 2.学生能用英语简述十二生肖比赛的故事。

单元作业设计——英语

续表

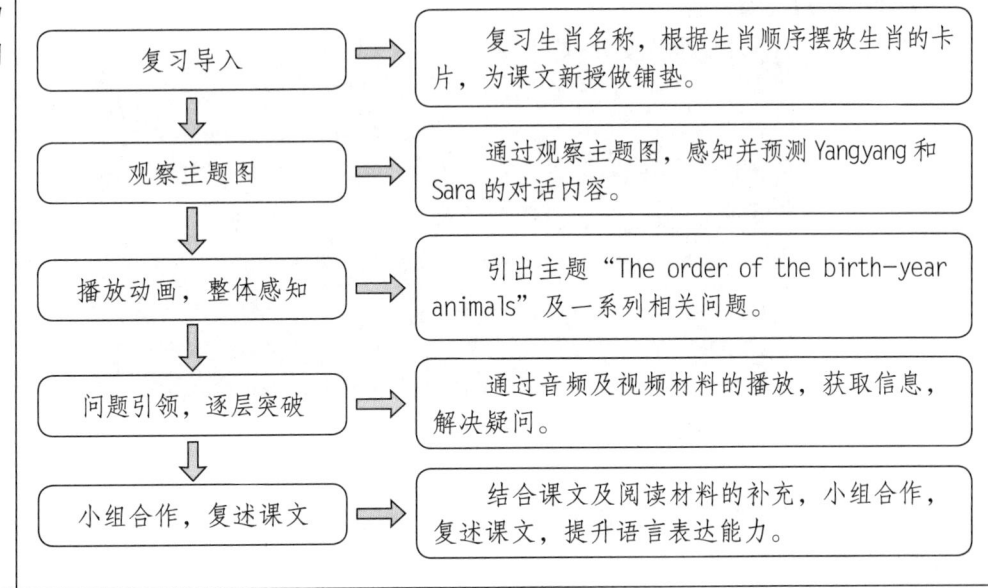

课时活动链结构图	
复习导入 →	复习生肖名称，根据生肖顺序摆放生肖的卡片，为课文新授做铺垫。
观察主题图 →	通过观察主题图，感知并预测 Yangyang 和 Sara 的对话内容。
播放动画，整体感知 →	引出主题"The order of the birth-year animals"及一系列相关问题。
问题引领，逐层突破 →	通过音频及视频材料的播放，获取信息，解决疑问。
小组合作，复述课文 →	结合课文及阅读材料的补充，小组合作，复述课文，提升语言表达能力。

课堂学习单和作业设计

*课堂学习单介绍

1. 课堂学习单要说明处于哪个环节

【引入环节】What are the Twelve birth-year animals?
Put them in order.

[Image: Circle of 12 zodiac animals labeled: Dog, Pig, Rat, Ox, Tiger, Rabbit, Dragon, Snake, Horse, Sheep, Monkey, Rooster — with "birth-year animals" in the center]

【新授环节】

【学习任务一】：阅读文本，完成问题。
1. Which animals won the race?
　　_____
2. What did the Jade Emperor do next?
　　_____

He held a swimming race and decided to name the years after the twelve animals.

The rat was the first of the race.
He won the game.

续表

【输出环节】故事复述

> **The Great Race**
> _Chinese_ years are named after the twelve animals.
> There are many stories about the _order_ of the twelve animals.
> One of them says: the Jade Emperor held a _swimming_ race to choose animals for the names of the years.
> The _rat_ was the fastest, and the other eleven animals followed him, so the Jade Emperor named the years in the order they finished the _race_.

2. 课堂学习单的作用和效果

（1）引入环节：

此学习任务的作用在于通过复习生肖名称激活知识储备；给生肖动物排序，可以充分调动学生的思维，和参与积极性，为后续学习做好铺垫。

（2）操练环节：

此学习单，有助于培养和提升学生自主阅读文本，获取信息的技能。

（3）输出环节：课文的复述

通过这个活动，学生可以将习得的知识条理化，有助于提升学生的语言表达能力。

*课后作业介绍

（1）作业的目的：《英语课程标准》中指出对于中西方文化知识的教学，教师要创造有意义的语境，基于语篇承载的文化知识，引导学生挖掘其意义与内涵，帮助学生在语言练习和运用中内化语言与文化知识。

（2）作业类型和作业设计详细内容：

实践类作业：

高年级两极分化明显，实践类作业：朗读本课文；向父母用英文介绍生肖的顺序及决定生肖顺序的人物及方式，有助于激发并保持学生的学习热情，让大多数学生有学习成就感。

预习作业：

通过预习，解决词汇障碍，可以提升课堂学习效率。

拓展作业：

根据所学内容，结合教师的补充资料，对生肖文化的进一步复述，会满足英语程度好的学生的需求，让他们时刻保持学习热情，有持续努力的方向。

实践性作业：

根据课堂上习得的知识对家人和朋友进行生肖故事介绍，感受中国生肖文化的趣味性及生肖文化的博大精深。

续表

	（3）作业设计的功能、对应课时的哪个目标及效果（课后说效果，课前说如何评价）。 通过多种形式的作业设计，学生可以实现复习巩固所学知识；拓展提升英语学习能力；有效激发英语学习兴趣；增进学生对中国文化的热爱等功能。在了解父母生肖，讲述生肖故事的同时，学生既完成了作业，又增进了与家人的关系，是对课堂学习的有效延展和补充。
第三课时课题：	The stamps and the similar traits with people and the birth-year animals.
课时内容介绍	第三课时 Mike 和 Yangyang 谈论各自生肖及爱好；同时谈论生肖动物及人们所具备的与生肖动物相似的性格特征。
课时目标	1. 能够读懂、听懂并会使用 stamp、caring、hard、strong、ox、as...as 等与本课主题相关的词汇。 2. 能在谈论生肖邮票的情景中用句型"Sb. likes ... best, and he/she is as ... as a/an ..." 讨论某人喜欢的生肖动物与该人的相似特性。 3. 能正确理解对话，流利朗读对话；能模仿对话与他人谈论自己的属相、喜欢的动物以及自己和属相动物或所喜欢的动物的相似特性。 4. 能初步了解生肖邮票文化、英语的夸张和明喻修辞手法以及一些与动物相关的英语习语。
课时活动链结构图	歌曲语导入 ⇒ 通过听歌曲，说一说听到的动物名称，过渡到对生肖话题的谈论。 ⇓ 观察主题图 ⇒ 通过观察主题图，获取非文本信息，预测感知学习内容。 ⇓ 播放动画，整体感知 ⇒ 获取关键信息 "Why does Yangyang give Lingling a tiger-year stamp"。 ⇓ 问题引领，逐层突破 ⇒ 通过音频及视频材料及文本内容，获取信息，突破重难点。 ⇓ 小组合作，实践提升 ⇒ 介绍自己及家人的生肖；并分别介绍自己及家人与生肖相似的性格特征。
课堂学习单和作业设计	
*课堂学习单介绍	
（1）课堂学习单要说明处于哪个环节 【引入环节】播放歌曲、猜谜，通过歌曲和谜语，自然过渡到师生交流，谈论生肖话题，激活学生已知，为后续学习做铺垫。	

【新授环节】 通过文本内容，提炼关键信息。

【操练环节】复述课文

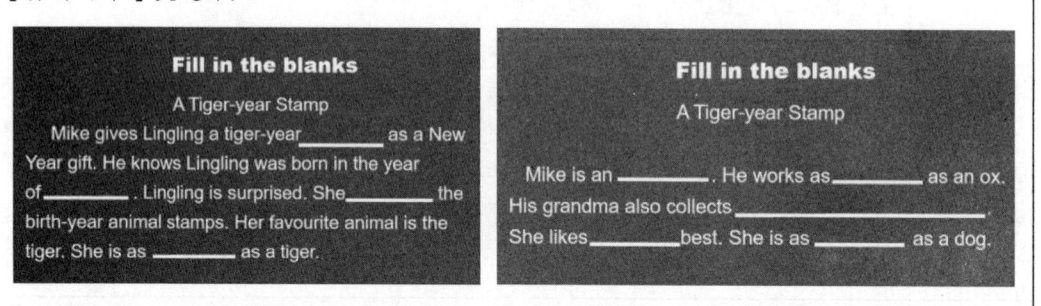

Fill in the blanks
A Tiger-year Stamp
Mike gives Lingling a tiger-year _____ as a New Year gift. He knows Lingling was born in the year of _____ . Lingling is surprised. She _____ the birth-year animal stamps. Her favourite animal is the tiger. She is as _____ as a tiger.

Fill in the blanks
A Tiger-year Stamp
Mike is an _____ . He works as _____ as an ox.
His grandma also collects _____ .
She likes _____ best. She is as _____ as a dog.

【输出环节】：小组合作，介绍自己和家人生肖，并介绍相关生肖的性格特征。通过大家的认可或朋友的评价，获得成就感。

My father likes ... . He is as ... as a ... .

My sister likes the rabbit best. She is as friendly as a rabbit.

（2）作业类型和作业设计详细内容：

实践类作业：高年级两极分化明显，实践类作业：朗读本课文；向父母用英文介绍自己的生肖及性格特征，根据家人的生肖，给予相关性格特征的表述，有助于激发并保持学生的学习热情，让大多数学生有学习成就感。

预习作业：通过预习，解决词汇障碍，可以提升课堂学习效率。

拓展作业：介绍自己及家人的生肖及与之相关的性格特征，根据语言表述的需要，搜集相关性格特征的词汇，让自己的语言更贴切。

续表

课时内容介绍	第四课时课题：I can tell more about the birth-year animals.
	本课是北京版小学英语六年级上册Unit7，第四课时。学生能够根据思维导图完整地描述12生肖的名称、周期顺序、家庭成员和朋友的生肖和特征，能够解释生肖的传说。
课时目标	1.学生能够在相应的情境中理解、认读和辨别生肖相关词汇，如tiger, twelve, animal, order, decide, choose等，并能够在谈论生肖的情境中进行运用。 2.学生能够熟练表达生肖的名称、轮回顺序、喜爱的生肖、家庭成员和朋友的生肖和生肖特征，能够多角度谈论中国的生肖文化。 3.学生能够完成Now I Can understand和Now I can write的任务，并能够尝试提取和梳理其中的关键信息。 4.学生能够正确读出含有字母组合pl, pr的单词和句子。
课时活动链结构图	谜语导入 ⇒ 谜语导入激活学生本单元话题的已有认知和对中国生肖文化的兴趣。 ⇓ 文本阅读 ⇒ 阅读57页文章，匹配故事的标签，并完成故事的表格。 ⇓ 归纳总结 ⇒ 总结补充生肖特征，完整描述生肖话题。 ⇓ 小组合作，实践提升 ⇒ 通过小组合作及知识点补充，帮助学生提升书写能力。 ⇓ 语音操练 ⇒ 呈现语音板块，提升学生的拼读技能。

课堂学习单和作业设计

*课堂学习单介绍

1.课堂学习单要说明处于哪个环节：

【学习任务一】I can read page 57 and complete the form.

【操练环节】学习上任务单一：Fill in the blanks.

将12生肖的动物名称按照顺序补充完整。

Rat _____   Tiger _____   Dragon _____

Horse _____   Monkey _____   Dog _____

续表

学习任务单二：听力练习 Listen and match

Listen and match.

学习任务单三：Fill in the blanks

> stamps　show　twelve　animal　started
>
> I like to collect _____. I _____ collecting them when I was 6 years old. I have a whole set of the _____ birth-year _____ stamps in my collection. My grandma in Canada has the same set. Let me _____ you my stamps.

【输出环节】整理归纳，为 writing 做铺垫。

Let's review
- Name
- Traits
- Chinese birth-year animals
- Cycle
- Story

Writing: Chinese birth-year animals

（2）作业类型和作业设计详细内容：

实践类作业：介绍生肖年的名称；通过听读提炼基本信息，有助于激发并保持学生的学习热情，让大多数学生有学习成就感和满足感。

预习作业：高年级学生学习兴趣广泛，获取知识的途径不仅仅局限于课本，布置相关生肖话题的作业，不仅有利于课内学习，同时还可以拓展学生的知识面。

拓展作业：根据所学内容，引导学生进行绘本故事的阅读，拓展思维，开阔视野。

实践性作业：利用思维导图和制作海报的形式，引导学生将知识系统化，提升学生语言运用和表达技能。

Ordering food

基本信息			
教师姓名	薛源	教科书版本	北京版
年级	四年级	课题	Ordering food
单元框架结构图	\multicolumn{3}{l	}{Unit Six Ordering Food 下设四个板块：}
	\multicolumn{3}{l	}{**Ordering in the Chinese Restaurant** — Lesson19 课文学习 1.功能句：What would you like to eat?I'd like some vegetables. 2.作业设计 1.Listen and read Lesson 19. 2.Make your breakfast menu.}
	\multicolumn{3}{l	}{**Ordering in the Western Restaurant** — Lesson20 课文学习 1.功能句：May I take your order now?Yes.I'd like/I'll have a salad,fish,and mushroom soup. 2.作业设计 1.Listen and read Lesson 20. 2.Design your own menu.}
	\multicolumn{3}{l	}{**Ordering and check out** — Lesson21 课文学习 1.功能句：How much is it?It's sixty-nine yuan. Here is the money.He is your change. 2.作业设计 1.Listen and read Lesson 21. 2.Try to order a meal with your parents.}
	\multicolumn{3}{l	}{**Ordering Food** — Lesson22 复习 1.功能句：What would you like to have?I'd like… How much…?It is… 2.作业设计 根据本单元所学的点餐文化，任选一个餐厅，制作英语手抄报。}
单元目标	\multicolumn{3}{l	}{一、语言能力 1.能在语境中，正确朗读、书写、背诵和运用有关中西餐及快餐的餐饮类英文名称，并能与他人谈论自己喜欢的食物。 2.能在语境中，听懂、会说、会用关于点餐、购买快餐食品、结账、找零钱的交际用语。 3.能在听、读、看的活动中，理解有关点餐内容及餐饮文化的语篇，在语言支架、}

续表

	思维导图的帮助下初步复述语篇内容。 4.能够根据发音规则拼读含有字母i和含有字母a的单词。 5.能围绕餐饮偏好和点餐话题，综合运用本单元核心语言，并用说和写的方式进行综合表达。 二、学习能力 1.能在听、读和阅读活动中，理解点餐和餐饮文化相关的语篇，运用阅读策略进行信息提取、分析和填写。 2.能在实践活动成果分享交流前，查找线上线下的学习资源，进行选择、整合和阐述。 三、思维品质 1.在搜集资源完成实践活动的过程中，了解健康饮食、均衡膳食的重要性以及中西方餐饮文化的异同，以小组合作的方式进行主题汇报，提高解决问题的能力。 2.通过复述语篇、同伴对话、小组交流、信息搜集、架构单元主题思维导图，形成学习策略，培养英语语言思维。 四、文化品格 通过对餐饮文化背景的了解和学习，帮助学生理解文化内涵，比较文化异同，汲取文化精华，形成正确的价值观，坚定文化自信，形成自尊、自信、自强的良好品格，具备一定的跨文化交际和传播中华优秀文化的能力。
\multicolumn{2}{c	}{第一课时课题：Ordering in the Chinese Restaurant}
课时内容 介绍	本课是北京版小学英语四年级上册Unit6 May I take your order？第一课时。本单元的核心内容是在中餐厅点餐。Mike一家人去中餐厅就餐，首先他们一家人讨论了各自想吃的食物，然后服务员为他们进行了点餐。
课时目标	1.正确朗读Lesson 19对话内容； 2.在情景中尝试运用本课单词"vegetables, Peking Duck, jiaozi, meatballs, soy milk, orange juice, a glass of, eat, drink, have"及点餐用语"What would you like to eat?"及答语"I'd like ..."进行对话交流； 3.借助食物词汇，初步感知字母i在开音节和字母a在闭音节时的发音； 4.初步树立健康饮食的意识。

续表

课时活动链结构图	歌曲导入，自由交流 → 通过关于食物的歌曲导入主题，与学生交流相关食物。 ↓ 对话学习，内化理解 → 通过问题引领，借助图片理解，学习如何在中餐厅点餐。 ↓ 情景操练，语言实践 → 通过创设情境，学习并练习本课核心词汇和功能句型。 ↓ 小组合作，拓展提高 → 通过小组内合作进行对话内容再创编，分角色进行表演，感受中餐厅文化，提高理解与运用语言的能力。 ↓ 创意作业，回归生活 → 结合自己的实际情况，为自己的一日三餐选择健康有营养的食物。

课堂学习单和作业设计

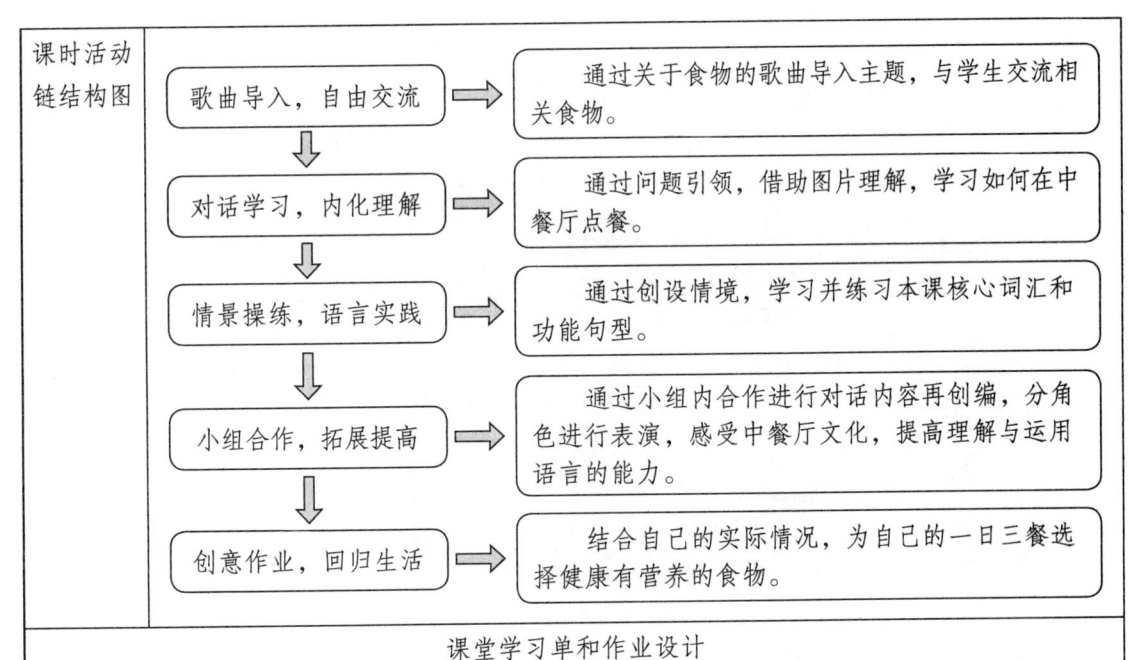

＊课堂学习单介绍

【新授环节】

一、Listen and tick.

-What would they like to eat? – Mike would like ...

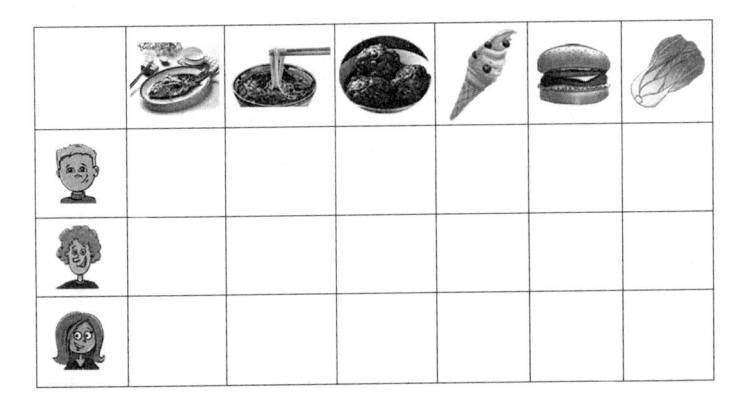

（表格）

【作用和效果】

主要检查学生在学习对话内容后，学生是否对内容有了准确理解及正确的语言表达，从学生完成的效果看，大多数学生掌握较好，个别学生还存在不理解句意问题。

【情境操练环节】

二、Work in groups and make a new dialogue.

小组合作，根据菜单创编对话

A: What would you like to eat?　　B: I'd like <u>some meatballs</u>. How about you?

A: I'd like some vegetables. They are healthy.　B: What would you like to drink?
A: I'd like a glass of milk.　B: I'll have a glass of orange juice.

Word bank

1. Vegetables: tomatoes, potatoes, green beans, celery, mushrooms, Chinese cabbage…
2. Meat: sweet and sour fish, meatballs, beef, Peking duck, chicken…
3. main food: rice, noodles, jiaozi, baozi, pancake
4. drinks: milk, soy milk, tea, coffee, orange juice
5. western food: hot dog, hamburger, fried chicken

【作用和效果】

情境操练环节的学习单主要检查学生对在中餐厅点餐的理解,借助菜单在情景中尝试运用本课单词"vegetables, Peking Duck, jiaozi, meatballs, soy milk, orange juice, a glass of, eat, drink, have"及点餐用语"What would you like to eat?"及答语"I'd like … "进行对话交流。大多数学生可以表达自己想点哪些食物,完成基本对话。

【输出环节】

三、Writing.

My name is Lucy. I am 26 years old. I like Chinese food. I'd like an egg and a glass of milk for my breakfast. I'd like noodles and some vegetables for my lunch. I'd like jiaozi and tomato soup for my dinner. I like them because they are healthy.

【作用和效果】

输出环节的写作练习旨在锻炼学生综合运用所学语言的能力,将学生所学内化然后整合最后进行综合的运用和输出。大部分学生都能正确地表达自己一日三餐都吃了哪些食物并且有合理膳食的意识。

续表

＊课后作业

一、作业类型：预习作业 基础类作业 拓展作业 创造性作业

二、作业设计详细内容

（1）预习作业：你去过中餐厅就餐吗？中餐厅有哪些食物？写出3—5个你知道的中餐食物。

（2）基础作业：熟读对话；写出重点食物单词及点餐句式。

朗读第19课对话并根据朗读情况给自己打分！

☆ ☆ ☆ ☆ ☆

（3）拓展作业：去中餐厅就餐，理解中餐的点餐以及上菜顺序。

（4）创造性作业：为家人设计一日三餐的菜单。

Make your family breakfast menu.

Menu for breakfast			
Grains（谷物）	Protein（蛋白质）	Vegetables	Fruits

三、作业设计的功能

首先依据教材内容和教学目标，针对知识、技能开展一定的练习，有助于巩固和提升学习的内容，其次结合学生的学情为不同层次的学生设计适合的作业内容，让每个学生能够在作业中获得成功体验与进步发展。

第二课时课题：Ordering in the Western Restaurant	
课时内容介绍	本课是北京版小学英语四年级上册 Unit 6 May I take your order？第二课时。本课是第20课，故事发生在西餐馆，在本单元有承上启下的作用。通过与上一课在中餐馆的菜单比较，学生可以了解到西餐的饮食文化，同时文中提到了两种快餐食品，为下一课时的学生做了铺垫。语言方面：主要学习餐馆服务员询问点什么餐时的问答句："May I take your order now?" "I'd like / I'll have ..."
课时目标	本课是北京版小学英语四年级上册 Unit 6 May I take your order？第二课时。本课是第20课，故事发生在西餐馆。在本单元有承上启下的作用。通过与上一课在中餐馆的菜单比较，学生可以了解到西餐的饮食文化，同时文中提到了两种快餐食品，为下一课时的学生做了铺垫。语言方面：主要学习餐馆服务员询问点什么餐时的问答句："May I take your order now?" "I'd like / I'll have ..."

续表

课时活动链结构图	Activity1: Warm up → 初步感中餐厅西餐厅的不同和中西餐就餐的食物上餐顺序不同。 Activity 2: watch and learn → 对课文情境进行了解，在语境中初步感知语言。 Activity 3: Practice → 通过跟读语言、认读对话、分角色朗读，帮助学生读准发音，记忆功能句型并内化语言。 Activity 4: Use → 在新的场景中深化本课对话并学习新的词汇，引导学生在不同的场景中运用本课词汇和核心语言。 Activity 5: Check → 同样的语言内容通过不同的语境，引导学生主动说出本节课的功能句型，考查学生语言实践的能力。

课堂学习单和作业设计

＊课堂学习单介绍

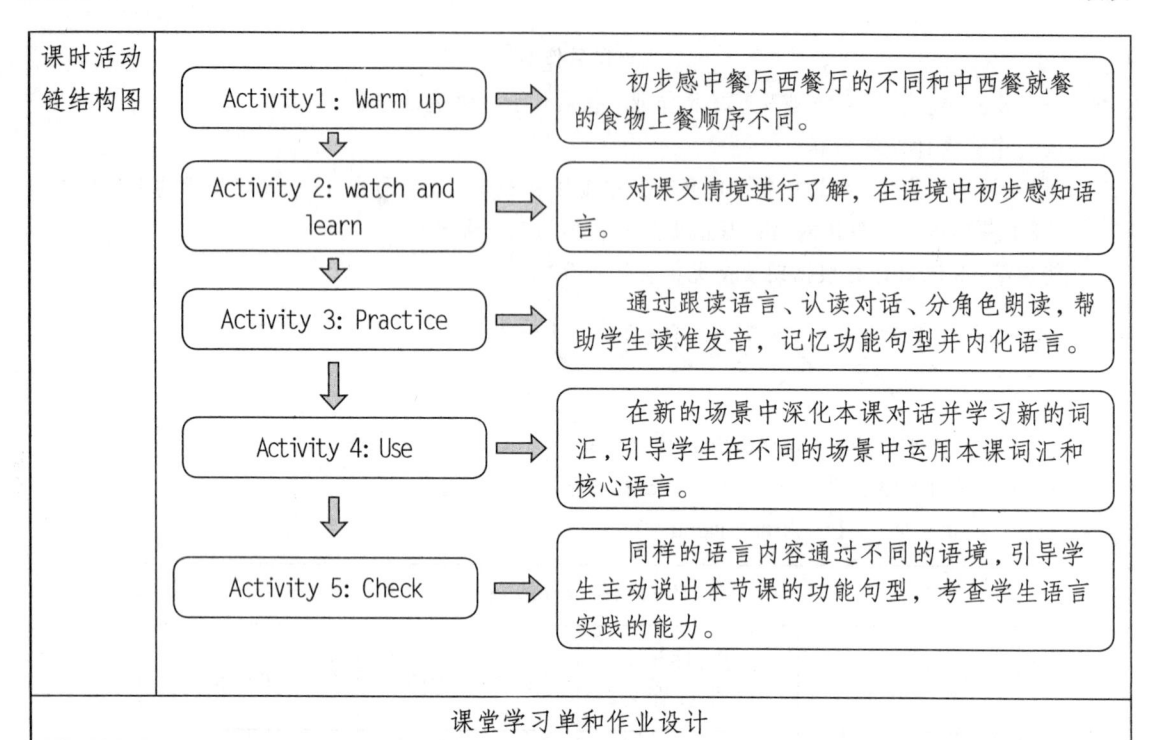

1.【新授环节】Task 1 listen and circle 圈出 Sara 一家在西餐厅点的食物

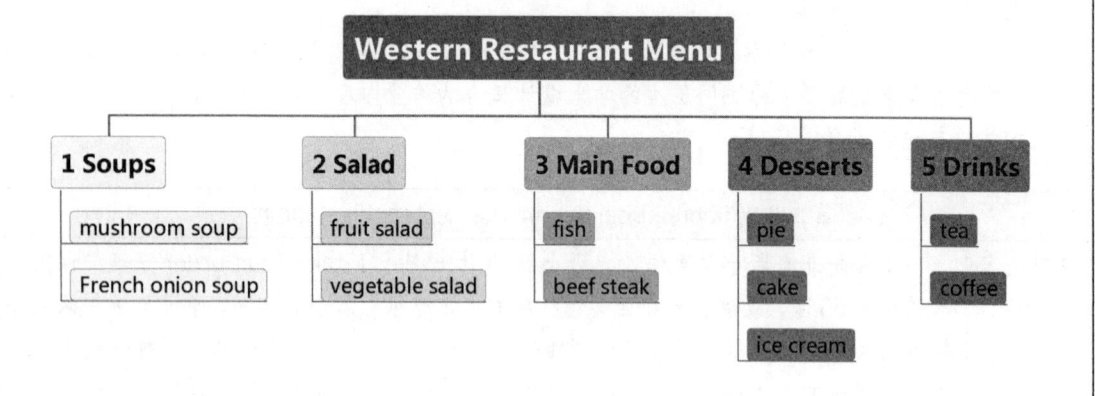

Western Restaurant Menu

- 1 Soups: mushroom soup / French onion soup
- 2 Salad: fruit salad / vegetable salad
- 3 Main Food: fish / beef steak
- 4 Desserts: pie / cake / ice cream
- 5 Drinks: tea / coffee

1.【作用和效果】

主要检查学生在学习对话内容后，学生是否对内容有了准确理解及正确的语言表达，从学生完成的效果看，大多数学生可以选出 Sara 一家人点的食物，个别学生有遗漏。

2.【情境操练环节】

Task2 Choose and fill in the blanks

Task 2
Choose and fill in the blanks.

dessert　salad　soup　main food

In the western restaurant, people have the _____ at first. Then the _____, and then the _____. Finally you have the _____ with tea or coffee.

【作用和效果】

小组合作讨论喜欢吃的菜，引导学生在情境中练习西餐词汇。选词填空为复习西餐的上菜顺序。小组合作学习能培养学生的合作意识，加深对知识的理解，引导学生发挥各自的优势。

3.【情境操练环节】Task 3　Make a dialogue according to the menu.

结合餐单，完成对话。并练习朗读。（可改编对话。）

Waiter: Welcome to our restaurant! May I take your order now?

Customer A: Yes. I'd like _____.

Customer B: Do you have _____?

Waiter: Yes, we do. What would you like for dessert?

Customer C: I'll have _____.

【作用和效果】

在真实的语言情境中培养学生的创造力，创编对话并表演，操练本课句型，培养学生的合作意识。能听懂、会说点餐用语"May I take your order now? Yes. I'd like …"，并根据提供的情景，进行对话交流。

＊课后作业

一、作业类型：预习作业　基础类作业　拓展作业　创造性作业

二、作业设计详细内容

（1）预习作业：你去过西餐厅就餐吗？西餐厅有哪些食物？

（2）基础作业：熟读对话；抄写重点西餐食物单词及西餐点餐句式。

朗读第20课对话并根据朗读情况给自己打分！

☆　☆　☆　☆　☆

续表

（3）拓展作业：去西餐厅就餐，理解西餐的点餐以及上菜顺序。
（4）创造性作业：选择一家餐厅，中餐厅或者西餐厅，为其设计菜单。
Make your own menu.

参考菜单

西餐

中餐

西餐模板：

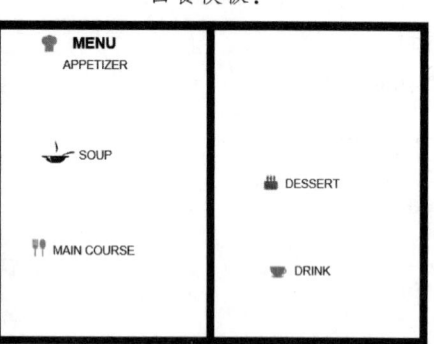

西餐食物：

中餐模板：

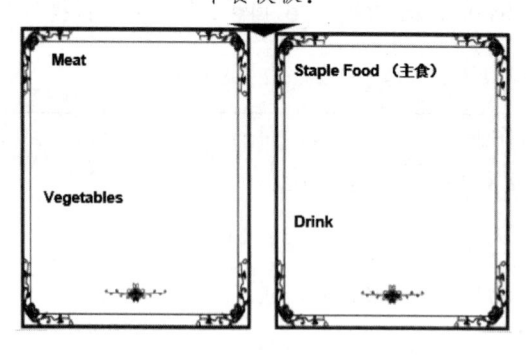

中餐食物：

三、作业设计的功能

激发和培养学生学习兴趣，使学生树立自信心，养成良好的学习习惯并形成有效的学习策略，发展自主学习的能力和合作精神。作业是课堂教学的延伸和补充，作业目的是让学生快乐地完成作业，从作业中取得成就感并反作用于课堂学习，提高英语学习效率。

续表

课时内容介绍	第三课时课题：Ordering and check out
	本课是北京版小学英语四年级上册 Unit 6 May I take your order? 第三课时。本课是第21课，图一为玲玲去快餐店点餐的故事，图二是 Mike 在蛋糕店买蛋糕的故事。通过快餐店和蛋糕店窗口点餐，学生将会学习询问食物价格并模拟付款找零的过程的英语对话。
课时目标	通过本课学习，你需要做到： 1. 能够正确理解和朗读对话内容。 2. 能听懂、会说本课食物词汇 fried chicken wings, change, money。 3. 能够借助本课重点句型"How much is it? That's … yuan" "Here is the money. Here is your change"询问食物价格并模拟付款找零的过程。 4. 培养健康饮食观念。
课时活动链结构图	问题导入 → 创设情景，到餐厅谈论自己想要吃的食物，引入点餐的对话情景。 学习对话1 → 通过跟读语言、认读对话、分角色朗读，帮助学生读准发音，记忆功能句型并内化语言。 学习对话2 → 通过跟读语言、认读对话、分角色朗读，帮助学生读准发音，记忆功能句型并内化语言。 操练巩固 → 延续故事情景，在新语境中巩固练习结账用语。 拓展输出 → 在新的场景中深化本课对话并学习新的词汇，引导学生在不同的场景中运用本课词汇和核心语言。

课堂学习单和作业设计

*课堂学习单介绍

【新授环节】

学习任务一：根据对话内容回答问题

1. What would Lingling like to have?
A. fried chicken wings   B. Sandwich   C. hamburger   D. orange juice

【作用和效果】

主要检查学生在学习对话内容后，学生是否对内容有了准确理解及正确的语言表达，从学生完成的效果看，大多数学生掌握较好。

【操练环节】学习任务二

2.Make a dialogue.

May I take your order now?

I'd like ….

对话仅供参考

A: May I take your order now?　　B: I'd like some chicken and two bowls of rice.
C: I'll have some Chinese cabbage.
A: OK.　　　　　　　　B: How much are they?
A: They are 79 yuan.　　B: Here is the money.

【作用和效果】

情境操练环节的学习单主要检查学生对对话的理解，借助图片在情境中操练所学知识，大多数学生可以正确运用所学，完成基本对话。

【输出环节】学习任务三

根据短文内容，将对应的选项填在横线上。

A: OK. I'll have a pizza and orange juice.　　B: What would you like to have?
C: How much are they?

Sara:_____
Guoguo: I'd like a salad and some noodles. And you?
Sara: I'd like a pizza, some fried chips, mushroom soup, orange juice and ice cream.
Guoguo: Don't eat too much. It's bad for your health.
Sara:_____.
Then they take a order …
Guoguo: _____.
The shop assistant: They are 89 yuan. You can use Alipay or WeChat.
Guoguo: OK, I'll use Alipay.

【作用和效果】

根据所学在不同的语境中完成练习。

续表

＊课后作业

一、作业类型：预习作业　基础类作业　拓展作业　创造性作业

二、作业设计详细内容

（1）预习作业：你去过快餐餐厅窗口点餐吗？快餐餐厅有哪些食物？

（2）基础作业：熟读对话；抄写快餐及窗口食物单词及重点句式。

朗读第21课对话并根据朗读情况给自己打分！

☆ ☆ ☆ ☆ ☆

（3）拓展作业：进行一次快餐窗口点餐，询问食物价格并完成付款和找零。

（4）创造性作业：设计一张快餐厅的菜单。

	第四课时课题：Revision
课时内容介绍	本课是北京版小学英语四年级上册 Unit 6 May I take your order? 第四课时。本课是第22课，进行了整个单元的复习。有听力、口语、语音、阅读和写作的练习。
课时目标	1. 通过复习本单元有关点餐及结账的交际用语，能够听懂、认读、交流运用。 2. 复习本单元所学词汇、短语，能够听懂、正确朗读及运用。 3. 巩固字母 a 和字母 i 的读音，能够朗读含有这些发音的单词或句子。 4. 培养健康饮食的观念。
课时活动链结构图	Review the dialogues ⇒ 复现课本中的情境，帮助学生在情境中复习第六单元对话，聚焦本单元主要功能句型。 ⇓ pronunciation ⇒ 进一步巩固字母组合 i 及 a 的发音，使学生能够熟练运用发音规律拼读单词，提高学生拼读能力。 ⇓ pronunciation ⇒ 拼图的游戏，使整个复习活动更加有趣。运用动画的形式帮助学生再次复习主要的单词。 ⇓ Listen and Match ⇒ 再次复习本单元的重点短语；完成听力练习，考查学生对重点短语发音是否掌握。 ⇓ talk and act ⇒ 考察学生能否运用本单元所学主要功能句型在新的语言情景中进行交流，培养学生的交际能力。 ⇓ writing ⇒ 通过写作训练并内化语言。

课堂学习单和作业设计

*课堂学习单介绍

【学习任务一】

阅读49页文章，回答问题

　　Mike and his parents like Chinese food. They often eat in restaurants. There are all kinds of dishes on the menu, but they always order vegetables, fish, meat, and soup. They sometimes go to fast food restaurants for hamburgers.

What would they like to have?

_____

【学习任务二】

根据提示填空

Linging goes to a fast food restaurant. She wants_____ 🍔 ,_____ 🍟 ,and _____ 🥤 .And then, Mike has a cake. It's _____ ¥69 .Mike gives seventy yuan. So the shop assistant gives_____ 💴 .

【学习任务三】

*课后作业

一、作业类型：预习作业　　基础类作业　　拓展作业　　创造性作业

二、作业设计详细内容

（1）复习作业：复习回顾19、20、21课。

（2）基础作业：整理本单元的重点单词和句子。

（3）拓展作业：为本单元制作一张思维导图。制作一道健康的菜。

（4）创造性作业：如果你可以开一家餐厅，你会选择哪种餐厅呢？请选择一种餐厅，并设计一张菜单，和同伴进行一次服务员和顾客之间的点餐会话。

三、作业设计的功能

促进学生理解和巩固基础知识、内化形成知识系统，发展自我提升意识。培养学生自我创作和研究意识，发掘自主学习能力，在实践中提高学科融合意识，为长远发展储备技能。